한국근현대학술총서
대한제국 정치리더 연구
❶❶❸

# 서재필 평전
시민 정치로 근대를 열다

이 저서는 2015년 대한민국 교육부와 한국학중앙연구원(한국학진흥사업단)의 한국학총서사업의 지원을 받아 수행된 연구임(AKS-2015-KSS-1230002)

## 이 황 직 李滉稙

숙명여자대학교 기초교양학부 부교수.

충북 보은 출생. 연세대 사회과학대학 행정학과를 졸업하고 고전강독 모임 작은대학(1기)을 수료했다. 대학 재학 중 『세계의 문학』에 '푸른 별' 외 4편의 시를 발표하며 등단했고, 『언어세계』에 평론 '5·18 시의 문학사적 위상'을 발표했다. 연세대 대학원 사회학과에 진학하여 "'5월시'의 사회적 형성에 관한 연구"로 석사학위를 받았고, "근대 한국의 윤리적 개인주의 사상과 문학에 관한 연구: 정인보, 함석헌, 백석, 윤동주를 중심으로"로 박사 학위를 받았다. 석사학위논문을 축약한 "5월시의 사회적 형성"이 『5월문학총서 4 - 평론』에 실렸다. 작은대학 총무교수, 독서대학 브네21 기획위원을 맡아 독서·교육운동에 힘썼고, 현재는 한국사회이론학회 총무이사·편집위원, 한국인문사회과학회 학술이사를 맡고 있다. 한국인문사회과학회 학술상(2017)을 수상했다.

『독립협회, 토론공화국을 꿈꾸다』(2007), 『군자들의 행진 - 유교인의 건국운동과 민주화운동』(2017), 『민주주의의 탄생 - 왜 지금 다시 토크빌을 읽는가』(2018) 등의 단독 저서를 냈고, 『한국의 사회개혁과 참여민주주의』(2006), 『유종호 깊이 읽기』(2006), 『뒤르케임을 다시 생각한다』(2008), 『남북민족지성의 삶과 정신』(2011) 등의 공동 저서를 냈다.

---

한국근현대학술총서 - 대한제국 정치리더 연구 003
**서재필 평전 - 시민 정치로 근대를 열다**
2020년 11월 23일 초판 1쇄 인쇄
2020년 11월 30일 초판 1쇄 발행

지은이 ■ 이황직
펴낸이 ■ 정용국
펴낸곳 ■ (주)신서원
서울시 서대문구 냉천동 260 동부센트레빌 아파트 상가동 202호
전화 : (02)739-0222·3 팩스 : (02)739-0224
신서원 블로그 : http://blog.naver.com/sinseowon
등록 : 제300-2011-123호(2011.7.4)
ISBN 978-89-7940-347-3 93300
값 20,000원

신서원은 부모의 서가에서 자녀의 책꽂이로
'대물림'할 수 있기를 바라며 책을 만들고 있습니다.
잘못된 책이 있으면 연락주세요.

한국근현대학술총서 ❶❷❸
대한제국 정치리더 연구

# 서재필 평전
## 시민 정치로 근대를 열다

이황직 지음

신서원

| 서문

# 시민 정치의 리더,
# 서재필

발전하는 사회의 눈은 미래로 향하지만, 정체 또는 퇴보하는 사회는 고개를 과거로 돌린다. 바깥의 위협에 처하거나 내부 갈등이 격화되어 위기를 겪는 사회는 비로소 문제해결의 열쇠를 역사에서 찾는다. 그때마다 역사는 새로 쓰인다. 역사의 존재 이유를 교훈과 성찰에 두게 된 데는 인간의 불완전함 못지않게 변덕스러움도 한몫했다. 근대에 들어 역사의 독자가 제왕에서 시민과 민중으로 바뀌면서 역사를 해체하고 재구성하는 작업이 유행했지만, 역사의 주체만 바뀌었을 뿐, 역사에서 지혜를 얻을 수 있다는 신화는 변함없이 유지되었다.

평전評傳은 한 인물을 통해서 그 시대를 조명하는 서사 장르로서, 일반적인 역사 서술의 방법과 지향을 대체로 공유한다. 다만 평전이 조명하는 대상에 따라서 강조점은 달라진다. 예술가 평전의 저자는 주인공의 예술 세계에 대한 이해를 우선시해야 한다. 주인공의 삶을 담은 캔버스나 악보로서 평전은 그 자체가 작품이다. 슈테판 츠바이크Stefan Zweig의 예술가 평전들이 그 보기이다. 사상가와 학자에 관한 평전은 그 사상의 특성을 학술사의 흐름에서 해명할 뿐만 아니라 그것이 실제 세계를 얼마나 잘 포착하고 개념화했는지에 대해 평가해야만 한다. 따라서 사상가와 학자에 관한 평전은 그 자체로 사상과 학술 저술로 간주한다.

그런데 혁명을 비롯한 정치변동의 주역이나 개혁 운동의 리더를 다루는 평전 서술은 다른 경우보다 조금 더 까다롭다. 정치인 평전도 한 인물에 관한 서술인 까닭에 주인공의 신실함이 훼예포폄毁譽褒貶의 기준이다. 그런데 그 행적이 한 민족과 국가의 운명과 관계되는 까닭에 그의 실천 상의 헌신성과 효과성 못지않게 그가 시대적 소명에 얼마나 부응했는지가 평가의 중요 기준으로 작용한다. 이 때문에 정치 리더에 대한 평가는 정치사뿐만 아니라 사상사의 측면까지 포괄한다. 문제는 '시대적 소명'에 대한 인식이 당대에도 엇갈렸고 세월이 흐르면 더욱 합의가 불가능하다는 점에 있다. 1894년의 혁명에 대한 인식의 극적 변화가 보기이다. 당시 조정과 유림은 이들을 동비東匪로 부르며 탄압했지만, 오늘날 최제우와 최시형의 종교적 실천에 담긴 평등주의는 자생적 근대 관념으로, 동학도의 봉기는 반봉건·반외세 민중혁명으로 평가되고 있다.

그런데 이런 평가 변화가 정당화되려면 역사에 목표가 있다고 간주해야 한다. 종말론적 시간관과 유물론적 역사관 같은 극단 사례까지 가지 않더라도, 우리는 역사주의의 목적론적 역사관이 여전히 역사 서술을 지배하고 다시 그 결과로 역사의 존재 이유를 설명하는 순환론의 달콤함에 길들여 있다. 건축물도 아닌 역사를 정권이 바뀔 때마다 허물고 바로 세우려 드는 것도 역사주의의 잔재이다. 역사가 정치화되는 상황에서 역사 서술은 현재 기준으로 과거를 재단한다는 측면에서 상대주의의 한계에 노출된다.

이럴 때일수록 역사가에게는 민족과 세계를 아우르는 드넓은 안목이 필요하다. 평전 서술도 마찬가지이다. 정치 리더에 대한 평가 기준도 이제는 일국사—國史의 편벽함에서 벗어나 세계 수준의 보편적 원리를 반영해야 한다. 정치 영역에서는 다양한 이념과 가치가 경쟁하고 대립하며 더구나 특정 시대에 관한 판단도 사람마다 다르다. 그렇지만 인권, 자유, 평등 같은 것이 정치가 추구할 목표와 과정이라는 것은 최소한의 원칙으로 동의할 수 있다. 정치 리더에 대한 평가 기준이 보편적이어야 한다는 뜻은 특정 정치 이념을 모두에게 적용해야 한다는 뜻이 아니라 정치적 목표의 실천 과정을 공정하게 평가해야 한다는 뜻이다. 그가 사회주의자인지 자유주의자인지가 중요한 것이 아니라 그 실천 과정이 시민의 자율성과 합의에 기초했는지에 대한 여부가 중요하다는 뜻이다. 이 기준이야말로 '최소한의 도덕'에 상응할 만한 '최소한의 정치'의 판단 근거일 것이다.

그런데 이렇게 마련한 보편적 기준조차도 현실 정치에 적용할 때는 늘 객관성 확보의 어려움에 봉착하게 된다. 누가 자신의 관점을 객관적이라고 함부로 주장할 수 있는가? 우리는 객관이라고 불렀던 것이 주관과 주관 사이, 곧 간間 주관적主觀的인 어떤 것임을 알고 있다. 그렇다고 해서 우리가 진실을 볼 수 있는 관점의 존재를 부정한다는 뜻은 아니다. 우리는 어떤 주관들 사이의 대화를 통해서 하나의 관점보다 더 많은 진실을 찾을 수 있다. 어떤 렌즈도 빛을 왜곡시키지 않을 수는 없지만, 여러 렌즈를 번갈아 사용하다 보면 볼록렌즈와 오목렌즈 사이의 어디쯤 가장 굴절률이 적은 렌즈가 있다는 것을 알 수 있다. 그런 관점과 유사한 것이 『도덕 감정론』의 저자가 말하는 '공평한 관찰자'이다. 물론 정치에서는 그런 관점을 확보하기가 쉽지 않다.

따라서 현실적인 대안은 평전 저자가 자신의 관점을 먼저 드러내고 그것이 그 밖의 다른 관점보다 더 많은 것을 설명할 수 있다는 것을 입증하는 것이다. 그 관점이 해당 인물에 대한 기존 해석을 바꿀 수 있을 만큼 새롭다면 더 좋다. 전에는 주변적이었던 사건과 배경이 중요한 사료로 재발견되는 것은 모두 새 관점 덕분이다. 이 관점의 힘으로 정치인 평전은 당대의 정치변동, 나아가 정치사에 대한 새로운 해석을 향해 나아갈 수 있다. 정치 평전 저자는 자신의 관점으로 주인공을 평가하지만 동시에 그 관점의 적절성 정도에 따라 독자들에게 평가받는 작가이다.

이 책의 주인공은 서재필徐載弼(1864~1951)이다. 촉망받는 관료였던 이 청년은 혁명을 꿈꾼 김옥균金玉均의 뜻에 따라 선뜻 일본 군사 유학을 떠났고 귀국해서는 갑신정변의 주역으로 군사 책임을 맡았다. 그 실패 후에는 일본으로, 다시 미국으로 쫓겨 떠나야 했지만, 그 망명지에서 시민 민주주의를 접하며 새롭게 태어났다. 11년 만에 귀국해서는 최초의 민간 신문인 『독립신문』을 창간하여 백성이 눈을 뜨고 귀를 열게 했고, 최초의 근대적 시민단체인 독립협회를 창설하여 개혁과 자주권 회복 운동을 펼쳤다. 배재학당을 비롯한 여러 근대 교육기관의 학생과 청년들에게 민주주의의 이상을 설파하여 이들이 최초의 시민집회인 만민공동회를 개최하도록 이끌었다. 공론장과 시민사회 중심의 변화를 주창한 그의 생각을 따른 청년 세대는 훗날 독립운동의 첫 세대가 되기도 했다. 개화사 연구의 선구자인 이광린 선생이 일찌감치 서재필을 '한국의 볼테르'로 칭한 이유이다.

그의 구한말 행적이 너무나 강렬했기 때문에 서재필이 세상을 떠난 지 거의 칠십여 년이 지난 현재까지도 그에 대한 추모 사업은 여전히 성대하게 행해지고 있다. 그의 삶과 생각에 관한 관심도 끊이지 않아서, 구한말에 국한되지 않고 그의 생애 전체로 연구 관심이 확대되었는데, 운동사 및 언론사 측면을 넘어서 한글 보급, 소설 창작, 의학 연구, 미주 한인사, 기업 경영과 경제 발전 전략, 공론장과 시민사회 등 다양한 분야에서 그의 선구적 역할이 조명되고 있다. 서재필 후반기 삶의 무대였던 미국 자료가 발굴되면서 이십여 년 전부터 그에 대한 온전한 전기 저술이 가능해지기도 했다.

그런데, 산이 높으면 골도 깊다고, 서재필에 대한 부정적 시각과 극단적인 비난은 백여 년 전부터 지금까지도 계속되어왔다. 황현은 『매천야록』에서 서재필을 국왕 앞에서까지 방자했던 인물로 그렸고 1897년 이후 외국인의 대한제국 이권침탈利權侵奪을 독립협회 탓으로 돌렸다. 친러·보수파의 터무니없는 비난을 옮긴 전언으로서, 물론 사실이 아니다. 서재필에 대한 비난은 가끔 그와 가까웠던 인물들이 남긴 사적인 기록에도 드물게 보이는데, 같은 출전에 등장하는 절대다수의 긍정적 기록을 무시한 채 강조되곤 한다. 서재필이 쓰지도 않은 자서전의 몇 구절을 들어 그를 거짓말쟁이로 모는 비난 방식은 서재필을 친일·친미 세력의 앞잡이인 양 몰아가는 것에 비하면 장난처럼 보인다.

1890년대 후반의 정치 지형을 굳이 친러, 친일, 친미 등으로 구분할 때 그 기준은 조선 근대화 모델의 차이일 뿐, 1904년 이후의 친일파와 1945년 이후의 친미파 분류 기준과는 아무런 관련성이 없다. 1890년대 후반 친러 세력은 러시아 전제 왕조를 지향한 이들로 주로 보수 세력과 연대했는데, 그들에게 민주주의를 지향하는 서재필은 공동의 적이었다. 1894~1895년의 친일 세력은 갑오경장 이후 복귀한 옛 갑신정변 주체로서 일본의 메이지유신처럼 '위로부터의 개혁'을 꿈꿨지만, 서재필의 1차 귀국 직후 이미 소멸했다. 당시 친미 세력이라고 이름 붙일 만한 이들은 한 줌의 개화 관료들뿐이었는데, 굳이 더하자면 서재필을 따라 '아래로부터의 개혁'을 지향했던 시민 세력으로서 후기 독립협회와 만민공동회에 참여했던 자들일 것이다. '굳이'라고 표현한 이유는 실제 이들이 미국의 민주 정치를 동경했을지라도 미국과는 아무런 관계가 없었다는 점 때문이다. 훗날 이들은 국외 독립운동을 전개하며 초기 대한민국임시정부의 한 축을 이뤘다. 한편, 관이 주도했던 초기 독립협회 간부진 가운데 이완용을 비롯한 몇 명이 훗날 친일파가 되었는데, 그들은 1898년 시민 주도의 후기 독립협회에 의해 이미 제명되었거나 비판 대상으로 전락해 있었다. 이들의 존재를 빌미로 후기 독립협회를 비난하는 것은 발생적 오류이다. 인물 평가의 기준은 다양할 수 있지만, 기준 자체가 합리적이어야 하고 무엇보다도 정치적 삶의 보편 원리를 반영할 필요가 있다.

서재필에 관한 부정적 평가가 여전히 남아 있지만, 그것을 바로잡을 자료들은 더 많이 그리고 더 오랫동안 축적되었다. 그가 민족의 선구자이자 위대한 계몽·독립운동가라는 합의는 정착된 지 오래다. 지난 이십 년 사이 저술된 빼어난 전기와 관련 연구 결과를 뒤바꿀 만한 새로운 자료 발굴이 불가능한 시점에서 새 평전을 쓰려면, 이 작업이 앞서 언급한 정치인 평전 성공을 위한 조건인 새로운 관점의 제시, 곧 서재필이라는 정치 리더를 통해 근현대 한국 정치사를 새롭게 해석하는 데 도움을 줄 수 있다는 믿음이 있어야 한다. 이를 위해 이 평전은 먼저 기존 정치사에서 당연하다고 간주했던 관념부터 점검한다.

오랫동안 우리는 정치를 권력 획득을 위한 행위들과 그것이 행해지는 장 또는 전체 사회의 목적 달성 기능을 수행하는 하위 체계로 개념화했다. 이러한 기능론적 정치 개념의 기계적 중립성에 만족하지 못하는 측에서는 억압받는 집단을 해방하기 위한 노력을 정치와 동일시하는 갈등 모델로서의 정치 관념을 내세운다. 더 전통적인 정치 관념, 곧 무언가를 바로잡는 정의로운 행위로서의 정치 관념이 있는데, 이것과 갈등 모델이 결합하면 목적론적 정치 관념으로 발전하여 정치 운동을 촉발하기도 한다. 그런데 정치에 대한 기능 모델, 갈등 모델, 전통 모델, 구원 모델 등은 결과로서 권력의 강제성을 전제한다는 점에서 공통된다. 이러한 권력의 획득과 행사로서의 정치 관념 대신, 이 책은 시민의 견해가 형성되고 결집하는 과정으로서 정치를 바라볼 것을 제안한다.

공론장의 작동과 시민 참여를 강조하는 시민 정치 모델의 역사는 그 연원이 깊다. 19세기 초중반에 알렉시 드 토크빌Alexis de Tocqueville은 시민 참여의 문화가 미국 민주주의가 작동하는 데 기초가 된다는 점을 발견했고, 한 세기 후에는 한나 아렌트가 폭력과 강제 대신 공공 영역에서 설득과 참여자의 자발성을 정치적 삶의 핵심으로 제시했다. 이들의 관점은 지난 이십여 년 동안 '강한 민주주의'를 주창하는 사회과학 진영의 생각에 반영되었다. 독립협회 지도 세력에 대한 초창기 연구자이기도 한 박영신은 1970년대부터 일찍감치 이러한 시민 정치 관념을 바탕으로 한국 사회와 사회운동에 관한 분석을 발전시켰다. 독립협회 연구를 정초한 신용하는 근대 민족주의 정치학의 근거로서 시민 정치 관념을 활용하기도 했다.

이런 관점을 서재필의 생애 전체에 적용할 때 그의 삶과 생각을 입체적으로 분석하면서도 일관성 있게 그려낼 수 있다고 필자는 판단했다. 조선 말기에 출생한 이들의 삶에 한국 근현대사가 그대로 온축되어 있기는 하지만, 서재필의 삶은 수동적 반영보다 능동적 대결로 아로새겨졌다는 점에서 차이가 있다. 전통 유교의 옹호자인 친가·외가와 세도가인 양가·양외가의 기대를 받으며 자랐음에도 그것에 맞서 급진개화파가 되었고, 혁명 실패 후에는 국가 주도 개조론을 버리고 시민 주도 개혁론을 수용했다. 평생 목표는 변함없이 개혁이었지만, 주체는 시민으로 변했다. 그 과정에서 정치 관념도 함께 변했다. 권력 중심의 정치 관념을 버리고 자유와 책임을 바탕으로 시민의 합의를 형성하고 실현하는 과정으로서의 정치 관념을 수용했다. 독립협회 시기부터 시민 정치는 기본 원칙으로 채택되었고 미주 독립운동 시기와 해방정국에서의 활동에서도 일관되게 적용되었다.

시민 정치의 관점에서 서재필 평생의 삶은 '시민 민주주의의 지향과 실천'으로 깔끔하게 정리된다. 계몽운동, 교육운동, 언론운동, 독립운동, 기업인으로서 활동, 미군정 고문으로서의 활동 등으로 다채롭게 전개되었을지라도 그 노력은 시민 민주주의의 실현이라는 목표로 귀일했다. 그런 까닭에 그의 시민 정치론은 산업화와 민주화 이후 목표를 잃고 방황하는 오늘의 대한민국에 방향을 제시할 사람이라면 반드시 가장 먼저 되새겨야 할 원칙이다. 시민 정치의 관점에서 서재필의 삶에 담긴 의미를 온전히 담아내기 위해 필자는 다음 사항들에 주력했다.

첫째, '자주적 개화 → 독립 → 민주 정부 수립'으로 이어지는 한국 근현대의 과제에 주도적으로 개입한 정치 리더로서 서재필의 모습을 조명할 것이다. 일반적인 근대사 서술에서는 1896~1898년 독립협회 활동 시기만을 서재필이 한국사에 주도적 역할을 한 것으로 인정한다. 하지만 이 책은 서재필이 1919년 이후 미주 독립운동기와 해방 이후 2차 귀국기에 여전히 주도적인 정치 리더였다는 점을 그려내려 했다. 권력 획득을 향한 투쟁과 음모, 그 수단으로 대중을 동원하기 위한 이념과 조직, 고색창연한 명분과 선악 이분법 등에 의존하는 정치사 서술에서는 서재필의 도덕적 리더십이 간과되겠지만, 시민 정치의 관점에서는 시민을 일깨워 자발적으로 운동의 주체로 세우고 운동 세력 간의 통합을 위해 헌신한 서재필을 최고의 정치 리더로 조명하게 된다. 서재필을 허브로 하는 네트워크를 통해 헐버트, 윤치호, 박영효, 유길준 등뿐만 아니라 이상재, 이승만, 주시경, 정교, 안창호, 김규식 등이 서로 영향을 주고받으며 한국 정치사를 이끌어갔기 때문이다.

둘째, 흔히 행위의 의도와 결과가 인물 평가의 기준으로 제시되지만, 이 평전은 정치적 삶의 '과정'을 더 중요한 평가 기준으로 부각했다. 서재필은 중요한 정치적 목표를 달성하면서 책략이나 권위에 의존하는 것을 거부하고 대신 과정과 수단 자체를 민주화하여 많은 사람이 결정에 참여하는 것이 더 중요하다는 것을 가르치고 실천한 최초의 한국인이었다. 같은 자유민주주의자인데도 서재필이 이승만과 구별되는 것은 정치 목표와 의도의 차이 때문이 아니라 수단과 과정의 다름에 있다. 위로부터의 혁명이었던 갑신정변의 실패 이후 미국으로 망명한 청년 서재필은 정치 목표를 달성하기 위해서는 권력 획득 자체보다 시민들 스스로 대화하고 토론하면서 공론을 형성하고 정책의 의제 설정부터 실행과 평가에 참여하는 것이 더 중요하다는 점을 인식하게 되었다. 이 책은 그러한 생각이 그의 1차 귀국기 활동에서 협성회와 독립협회의 조숙했던 찬반 토론회와 그 확대로서의 만민공동회에 반영되었을 뿐만 아니라 이후 미주 독립운동과 해방정국의 미군정 최고고문으로서의 활동에서도 일관되었다는 점을 드러내려 했다. 이때 서재필은 한국 근대 공론장과 시민사회 형성의 선구자로서 특별히 강조될 것이다.

셋째, 평전 역시 전기이므로 서재필의 삶을 충실히 복원하기 위해 노력했다. 학술 평전에서는 기록 자료가 부족한 시기를 서술할 때는 간략히 시대상을 언급하고 건너뛰는 경우가 많다. 극적 긴장감을 높이기 위해 드라마에서 사소한 에피소드를 과감히 생략하듯이, 서사물인 평전도 중요도에 따라 서술 내용을 취사선택하게 된다. 그런데 그렇게 해서 서사의 얼개가 한번 정해지면 이후에는 그 틀에서 벗어나기 어렵다. 인물에 새 성격을 부여하기 위해서는 자료를 충분히 발굴·축적하거나 아예 장르를 바꿔야 한다. 예컨대, 소년기와 관련된 중요한 새 자료가 발견되면 과거 자료에 의해 만들어진 옛 서사를 수정하게 된다. 그의 행위를 설명하던 심리 체계도 바뀐다. 그렇게 되면서 기존 서사 구성에서 배제되었던 자료들이 새로운 의미를 얻게 되면서 종국에는 새로운 서사가 만들어진다. 따라서 불필요한 자료는 없다. 사소한 자료일지라도 그것에 주목하면 최소한 어떤 날 한 인물의 낯빛을 그러낼 수 있는데, 거기에 전하지 못한 진실이 담겨 있을 수 있다. 이런 방식으로 이 책은 소년 서재필의 출계 배경을 새롭게 해석하고 이를 통해서 혁명가와 고학생을 오가는 청년기 독립적 삶의 심리를 설명하려 했다. 강한 리더보다 시민을 강조하는 정치론과 도전과 협력을 강조하는 개신교 경제 윤리 수용도 그의 일관된 심리적 발전 과정으로 그려내려 했다. 그동안 베일에 가려졌던 2차 귀국기 라디오 방송 강연의 실제를 구성했다. 서사의 자연스러운 전개를 위해 반론·이설 소개와 반박 그리고 자료 출처 등은 따로 본문 아래에 달아두었다.

그런데 사적인 삶의 편린에서 일관된 정치적 의미를 찾을 수는 없다. 삶은 정치보다 크다. 주체는 이데올로기적 호명의 효과이고 자아는 실체가 아니라 지배적 관념에 순응해서 만들어지는 허구라는 극단적인 주장이 호응을 받는 것을 보면, 애초에 한 개인의 삶을 일관된 정치적 의지의 실현으로 그려내려는 평전의 존재 근거는 너무나 깨지기 쉽다. 하지만 비록 가상이라 할지라도 모든 사회는 존재 목적을 필요로 하고 그 달성을 위해 분투한 역사를 갖고 있다. 그러한 공동의 기억들이 존재하는 한 그 공동체는 실재가 된다는 뜻에서, 사회는 '상징적 실재'이다. 한 개인의 삶도 마찬가지이다. 그의 삶을 개체와 사회와의 교섭으로 설명하고자 할 때, 그가 단순히 외부 조건에 따라 수동적으로 움직이는 존재가 아니라 능동적으로 대응해가는 주체이기 위해서는 비록 그것이 실재인지 아닌지는 알 수 없더라도 '자아'가 필요하다. 사회문화와 심리의 교섭을 설명할 수 있는 자아 심리학이 이 평전 서술의 전제가 되는 까닭이다. 이 책은 아주 제한적으로 서재필의 생애를 심리 사회적 발달 과정으로 분석할 것이다. 서재필 삶의 세부에서 찾아낸 조각조차도 그 삶의 전체를 들여다보는 데는 크게 기여할 것이다.

이 평전은 2015년 한국학진흥사업단 한국학총서 '한국인물평전' 지원 사업에 이희주(서경대, 연구책임자), 박민영(한국독립운동사연구소), 윤대식(한국외국어대) 선생님이 기획한 '대한제국 전후 시기의 정치 리더 연구'에 필자가 뒤늦게 함께 할 기회를 얻으면서 시작되었다. 대한민국의 역사를 지성사와 정신사의 관점에서 재정립하겠다는 과제 취지에 공감하면서도 처음 평전 저술에 임한다는 두려움에 참여하기를 주저했던 필자를 선배 선생님들은 따뜻한 격려와 조언으로 이끌어주셨다. 이념과 조직 중심의 근대사 서술에서 벗어나 정신사의 연속성 측면에서 정치 리더의 정세 인식과 대응을 조명하려는 연구팀의 목적에 부응하고자 노력했지만 그만큼 결과로 뒷받침되었는지 자신할 수 없어 죄송할 따름이다. 이 책 출간을 기획·지원하여 서재필에 대한 필자의 오랜 연구 관심을 마무리할 기회를 주신 한국학중앙연구원 한국학진흥사업단과 단계별 평가위원님들께 감사드린다.

이 평전의 주인공인 서재필의 삶과 생각에 관한 자료는 대부분 선행 연구에서 큰 도움을 받았다. 이광린, 이정식, 신용하, 정진석, 전영우, 백학순, 김승태, 최기영, 홍선표 등 앞선 학자들의 저술과 자료는 필자에게 출발점이자 이정표였다. 이 평전 곳곳에 필자가 참고한 내용의 출처를 적어둔 것으로 부족하나마 감사함을 표현했다. 그밖에 기초 자료를 제공·번역·편집하고 관련 연구를 진행하신 역사학자와 정치사학자에 대한 고마움을 미주와 참고문헌 목록에 담았다. 이태 전 급하게 소천하신 고 박정신 선생님께 뒤늦게 감사드린다. 평전 저술 계획을 듣고 조언을 아끼지 않으신 선생님의 한결같은 사랑을 이렇게 짧게라도 적어 추모하고자 한다. 한편, 사진 자료를 미처 준비하지 못해서 저술 막바지에 곤란을 겪던 필자에게 흔쾌히 관련 사진 사용을 허락해 준 서재필기념회와 관계자 여러분께 감사한다. 해방정국에서 서재필의 활동상은 필자의 글보다 사진을 통해 더 잘 전달되는 까닭에, 관련 자료를 꾸준히 모으고 펴내 온 서재필기념회와 출판사 기파랑의 공헌은 절대적으로 크다.

　학부 재학 시절부터 필자는 시민 정치의 관점으로 독립협회와 서재필을 연구한 사회학자 박영신 선생님의 논문을 읽으며 근대화를 가치 변동의 과정으로 인식하고 그 실현 과정에서 시민 참여의 중요성을 깨우쳤다. 이 관점에서 보면, 서재필의 일생을 통틀어 그가 전통 사회의 관습적 가치가 짓누르는 의미 세계를 돌파하여 새로이 근대적 정치관을 수용해 가는 의식의 해체/재구성 과정이야말로 가장 극적인 순간이 된다. 당신은 이 관점으로 서재필과 독립협회의 사유 체계를 분석했고 나아가 한국 근대의 사회변동 연구의 이론적 틀로 확장했다. 평전 저술 초기부터 제자를 믿고 격려해 준 선생님께는 아무리 감사를 표해도 그 가르침을 다 드러내는 데 부족할 뿐이다.

　필자는 십여 년 전에 서재필의 1차 귀국기 활동을 서사적으로 재현한 『독립협회, 토론공화국을 꿈꾸다』를 쓴 적이 있다. 불과 3년 남짓한 짧은 기간의 활동만을 다뤘으나 그 경험 덕분에 필자는 서재필 평전에 착수할 용기를 낼 수 있었다. 당시 출간을 권유해 주신 출판사 프로네시스의 김정민 대표께 감사한다. 그리고 그 책의 주 내용인 당시 토론회의 재현에 아이디어를 준 숙명여자대학교 의사소통센터(현 기초교양학부)의 선배 교수들께도 감사한다. 당시 '발표와 토론(현 '비판적 사고와 토론')' 교과목 수강생들이 보여주었던 수준 높은 찬반 토론은 서재필이 제자들인 협성회 회원들의 토론회를 지켜보았을 때의 마음을 대리 체험할 기회였다. 소설 형식으로 쓴 전작은 메시지 전달에 성공했음에도 불구하고 학술 저작으로서는 형식적 한계가 있었는데, 오늘 이 책을 펴냄으로써 아쉬움을 덜어낼 수 있게 해 주신 도서출판 신서원의 정용국 대표님의 넓은 마음과 편집진의 노고에 특히 감사드린다.

　아쉽게도 오늘 우리 사회에서뿐만 아니라 세계적으로 옳고 그름을 차분히 따지고 토론하는 공론장의 이상이 쇠퇴하고 있다. 열광과 분노가 지배하는 광장에서 독립적인 인격끼리의 이성적 대화와 토론을 외치는 마음은 무력하고 쓸쓸하다. 공론장과 시민 정치의 계승을 주장하는 이들은 그럴 때마다 서재필이 맞닥뜨렸던 그 엄혹하고 열악했던 상황을 떠올리면서 마음을 다잡게 된다.

망원동 우거에서, 기해년에 짓고 경자년에 깁다

## 차례

서문　시민 정치의 리더, 서재필　　　　　　　　　　　005

제1부　혁명가의 길　　　　　　　　　　　　　　　　023

　제1장　소년에서 사관으로　　　　　　　　　　　　025
　　　　친외가親外家에서 보낸 유년 시절
　　　　양외숙 집에서 독립심을 키우다　｜　운명으로서의 김옥균
　　　　촉망받던 문관, 사관생도가 되다　｜　기다림의 나날

　제2장　위로부터의 혁명에 나서다　　　　　　　　　047
　　　　개화당이 결성되기까지　｜　갑신정변의 시말
　　　　처절한 실패, 쫓기는 혁명가

　제3장　시민으로 거듭나다　　　　　　　　　　　　067
　　　　조선에서 온 망명객들　｜　소년들에게서 배운 민주주의
　　　　스콧 교장 댁에서 보낸 여름　｜　최초의 한국계 미국 공무원
　　　　의대생으로 삶을 설계하다　｜　최고 의사들 곁에 서다
　　　　결혼 그리고 아메리칸 드림의 실현

## 제2부  개혁가의 길                                              099

### 제4장  『독립신문』, 공론의 장을 열다                            101

11년 만에 조선으로  ▮  갑신정변 주역의 마지막 귀환
고종과의 재회  ▮  유길준과 의기투합하다
신문 발행의 위기와 행운  ▮  한글 신문을 내다
백성에서 시민으로, 조선을 깨우다

### 제5장  토론하는 시민 - 협성회와 독립협회                       130

시작은 독립문 건립부터  ▮  최초의 시민단체가 결성되다
배재학당에 씨를 뿌리다  ▮  협성회, 근대 토론을 시작하다
독립협회도 토론회를 열다  ▮  토론회의 발전과 시민의 탄생
사회개혁론의 근거로서 자유주의 경제관념

### 제6장  아래로부터의 개혁, 만민공동회                           164

고종, 전제군주를 꿈꾸다  ▮  독립협회의 성격 변화
대한제국의 위기와 고종의 선택
러시아에 맞선 독립협회, 1차 만민공동회  ▮  의회 설립 투쟁
서재필 추방 공작과 결과  ▮  서재필 없는 독립협회
독립협회 해산과 그 이후  ▮  독립협회의 유산
아래로부터의 개혁

## 제3부  독립과 건국의 길                                         207

### 제7장  의사에서 사업가로                                       209

경력을 잃은 의사  ▮  필라델피아의 사업가 서재필
1905년의 교훈  ▮  이승만의 방문과 조국의 운명
1918년의 희망

## 제8장 미주 독립운동의 최전선에서     228

    '독립을 향한 행진' ｜ 공화국의 이름으로
    미국인을 동지로 ｜ 외교전의 전개
    파산과 재기 ｜ 운동세력의 단결 촉구
    생계를 위해 의학계로 복귀 ｜ 경제관의 변화와 성숙

## 제9장 다시, 자유의 종을 울리고     267

    49년 만의 귀국 ｜ 무엇이 문제인가
    라디오 토크, 민주주의를 가르치다
    산업 부흥 없는 독립은 불가능하다
    이승만과의 갈등 ｜ 단독선거와 남북협상 사이에서
    대통령 추대를 거절하며 ｜ 다시 자유의 종을 울리다

**서재필 연보** 322
**참고문헌** 326
**찾아보기** 334

• 자료

| | | |
|---|---|---|
| 자료 1-1 | 갑신정변 후 일본 체류 때 사진(1885) | 059 |
| 자료 1-2 | 콜럼비안 의과대학 졸업사진(1892) | 091 |
| 자료 1-3 | 서재필의 부인 뮤리엘 암스트롱 | 097 |
| 자료 2-1 | 『독립신문』 창간호 1면 | 123 |
| 자료 3-1 | 디머앤드제이슨상회(1904~1913)의 신문 광고 *Philadelphia Inquirer*, Dec 21, 1908 | 214 |
| 자료 3-2 | 1차 한인대회(한인자유대회, 필라델피아, 1919년 4월 14~16일) 참석자들 | 232 |
| 자료 3-3 | 구미위원부 청사에서 한국대표단장 이승만과 함께 | 244 |
| 자료 3-4 | 하와이에서 열린 범태평양회의(1925)의 한국대표단과 함께 | 256 |
| 자료 3-5 | 안창호와 함께 | 257 |
| 자료 3-6 | 노년의 서재필 부부 | 263 |
| 자료 3-7 | 차녀 뮤리엘과 함께(1947) | 272 |
| 자료 3-8 | 서재필 귀국을 환영하기 위해 도열한 인사들(1947년 7월 1일, 인천) | 273 |
| 자료 3-9 | 서울운동장에서 시구하는 서재필 | 276 |
| 자료 3-10 | 독립문 건립 50주년 기념식(1947년 11월 16일) | 277 |
| 자료 3-11 | 미군정청 회의실에서 안재홍(민정장관)과 헬믹 대령(군정장관 대리)과 함께 | 277 |
| 자료 3-12 | 서울중앙방송의 '라디오 토크' | 279 |
| 자료 3-13 | 김규식, 여운형과 함께 귀국길 서울행 자동차에서(1947) | 296 |
| 자료 3-14 | 서재필 대통령 출마 요청서(표지) | 309 |
| 자료 3-15 | 서재필 대통령 출마 요청서(명단) | 309 |

| | | |
|---|---|---|
| 표 2-1 | 협성회 토론회 진행 순서 | 141 |
| 표 2-2 | 독립협회 토론회 목록 | 154 |
| 표 3-1 | 서재필의 라디오 토크 '국민의 시간' 방송 목록(추정) | 282 |

제 1 부
# 혁명가의 길

제1장

# 소년에서 사관으로

　1864년 1월 7일, 전라남도 동복군 문덕면 가천리(현 보성군 문덕면 용암리) 서광언徐光彦과 성주 이씨 사이에서 사내아이가 태어났다. 아이가 태어난 집은 서광언의 처가였다. 서광언이 약 두 달 전에 진사시에 급제한 것에 뒤이은 경사였다. 겹경사를 기념하여 서광언은 차남으로 태어난 이 아이에게 '쌍경雙慶'이라는 아명을 붙였는데, 훗날 근대적 시민사회와 공론장을 탄생시킨 사회운동가이자 한국 민주주의와 독립운동의 대부로 불리게 될 서재필이다.[1]

## 친외가親外家에서 보낸 유년 시절

　서광언은 충청남도 은진군 구자곡면 화석리(현 논산시 연무읍 금곡리)에 세거世居한 대구 서씨 가문의 후손이었다. 은진의 대구 서씨 문중은 향반으로서의

---

[1] 서재필의 출생 일시에 대해서는 여러 설이 존재한다. 이 책은 『大邱徐氏世譜』와 『국조방목』을 바탕으로 생년일을 확증한 이광린을 따라 음력 계해년(1863) 11월 28일을 양력으로 변환한 1864년 1월 7일을 서재필의 생일로 정리했다. 이광린, 「서재필의 개화사상」, 『동방학지』 18호, 1978, 4~6쪽.

위세를 가지고 있었다. 서재필은 외가에서 태어나 자랐고 더구나 어린 나이에 양가로 출계했기 때문에 친가와는 거의 교류가 없었다. 그런데도 훗날 서재필이 갑신정변甲申政變에 가담했다는 이유로 친가는 그 죄의 책임을 전적으로 도맡았다. 반면에 서재필의 외가는 외조부부터 내리 4대가 문집을 낼 만큼 지역에서 현저한 가문이었다. 서재필의 외가 4대가 남긴 문집을 읽어 보면, 서재필의 유소년기에 대한 기존의 전기 서술을 바로잡을 필요가 있다는 것을 알 수 있다.

서재필이 태어난 전라남도 동복군 가천리는 성주 이씨의 세거지이다. 모친은 동복군에서도 손꼽히는 부호 이기대李箕大(1792~1858)의 다섯째 딸이었다. 서재필의 외조부 이기대는 출사하지 않고 학문에 힘을 쏟아서 그의 집에는 선비들의 발길이 끊이지 않았다. 이기대의 서책 사랑은 젊어서부터 남달랐다고 하는데, 돈이 떨어졌을 때는 자신의 옷을 전당 잡혀서라도 구매했다고 한다. 자식에게 황금을 남기는 것보다 시렁에 가득한 책을 주는 것이 낫다고 말했다고 행장에 전한다.[2]

이렇게 수집한 서책을 보관하기 위해 정사를 짓고 책을 찾는 선비들이 자유롭게 읽도록 하여, 이기대의 덕망은 인근을 넘어 호남 전체에 알려졌다. 이기대는 조카 병용秉容과 아들 지용志容(1825~1891)은 물론이거니와 사위 이최선李崔善과 서광언까지 학문에 힘쓰도록 이끌었다. 병용이 사마시司馬試에 급제하고 지용과 사위들이 모두 소과에 급제한 것은 이기대의 독려 덕분이었다. 다만 이기대는 사위 서광언의 급제 소식만큼은 듣지 못한 채 세상을 떠

---

[2] 송재서재필기념사업회 엮음, 『可川世稿 : '可隱實記, 小松遺稿, 日峯遺稿, 小峯遺稿』- 송재 서재필 선생 유소년기의 배경』, 송재서재필기념사업회, 1995, 102쪽(『可隱實記』, 「行狀」). 『가천세고』는 이기대와 그 후손들의 한문 문집을 묶어 새로 만든 것이다. 이기대 사후 간행된 『가은실기』에 따르면, 이기대의 '묘지명'은 기정진(奇正鎭), '묘비명'은 임헌회(任憲晦)가 각각 지었을 정도로 당시 이기대 가문의 위세는 대단했다.

났다. 한편, 행장에는 기록되지 않았지만, 이기대는 농업으로 큰 부를 축적한 대지주였다.³ 서재필의 외가 출생은 당시 풍속을 따른 것이라기보다는 외조부 이기대 가문의 배려 덕분이었다. 외가의 경제적 풍요 덕분에 서재필은 그 누구보다 풍족한 소년 시절을 보냈다.

이기대의 사후에는 석성현감을 지낸 장남 지용이 집안을 이끌었다.⁴ 이지용은 지방관으로 다니며 선정을 베풀었고, 선친의 뜻을 이어 학당을 운영하여 지역 선비들까지 학문에 정진할 수 있게 격려했다. 구휼사업에도 힘써 1876년 대흉에는 천여 명에게 곡식을 무료로 나눠주어 칭송받았다.⁵ 이지용은 부친의 사후에도 매제 서광언이 과거 시험에 전념할 수 있도록 경제적 지원을 아끼지 않은 듯한데, 서광언의 아들 넷 모두가 이지용의 집에서 태어난 것에서 짐작할 수 있다.

서재필이 어렸을 때 본 외가의 가장 큰 어른이 마흔 살이 채 안 된 외삼촌 이지용이었다. 이지용은 여러 생질 가운데 서재필을 특히 아껴 직접 글을 가르쳤다고 전하지만, 서재필이 어려서 익혔다는 『동몽선습』은 그에게서 배우지 않았을 것이다.⁶ 이지용은 1880년에 고향을 떠나 서재필의 친가가

---

3   이기대는 농업에 힘써 오천 석을 수확하는 부를 쌓아 당시 그의 가옥에는 큰 기와집만 일곱 채가 늘어서 있었다고 전한다(『경향신문』 1969년 8월 9일). 이 기사는 1969년의 지역 탐방 기사로서, 촌로들의 기억에 의존한 것이다. 이 마을에 전하는 이야기에 따르면, 소년 서재필은 고을 원님 앞에서도 당당해서 그에게서 큰 인물이 될 것이라는 칭찬을 받았다고 한다.
4   서재필의 회고에 등장하는 외조부에 대한 희미한 기억은 실제로는 외삼촌 이지용에 대한 것이었다.
5   『可川世稿』, 419~425쪽(『小松遺稿』, 「行狀」, "墓誌銘"). 『소송유고』의 '행장'은 기우만, '묘지명'은 최익현이 각각 지었는데, 이들 모두 구한말 대표적 의병장이었다. 이런 연유로 이지용의 아들 이교문과 손자 이일 모두 의병전쟁에 참여했다.
6   이정식, 『구한말의 개혁·독립투사 서재필』, 서울대학교출판부, 2003, 6~9쪽. 한편, 해방 후 미군정 최고고문으로 귀국한 서재필을 찾은 김도태와 김여제가 쓴 『서재필 박사 자서전』(1948년 초판 간행)에는 서재필이 서울 양외숙의 사숙에서 『동몽선습』을 처음 배운 것으로 서술되어 있다. 이하 이 책 인용은 재간행본(김도태, 『서재필 박사 자서전』,

있는 충청도 덕은(당시 은진군) 구자곡으로 이사하여 사우들과 학문을 논하며 여생을 보내려 했다. 이지용이 서재필 친가 마을로 옮겨 가서 살았다는 사실을 통해 그가 매제 서광언과 얼마나 친했는지를 잘 알 수 있다.

    1884년 갑신정변으로 이지용 역시 연좌될 위기에 처했는데, 곤욕을 치르기 전에 고향으로 돌아와서 큰 화를 면했다.[7] 오히려 이지용은 1886년부터 벼슬에 나아가 충청 지역의 지방관을 역임했다. 그 시기에 서재필의 친가가 있던 은진의 구휼에 나서기도 했는데,[8] 매제 서광언 가문의 참혹한 몰락상을 확인하며 착잡한 심정이었을 것이다. 『소송유고』 "유사遺事"에 이지용이 은진에 객거客居했다고 특별히 기록해 두었는데, 직접적으로 역적인 서재필의 친가를 언급할 수 없던 상황에서 "유사"의 저자인 장남 이교문이 부친 이지용과 서재필 친가 사이의 애틋한 관계를 암시하기 위해서였을 것으로 보인다. 한편, 이지용은 부친상을 당했을 때 임헌회任憲晦에게 받은 묘비명의 글씨를 김성근에게 맡겼다.[9] 김성근은 훗날 서재필의 양외삼촌이 되는 인물이다. 이지용과 김성근은 서재필이 태어나기 전부터 알고 지냈을 가능성이 농후하다. 이들의 관계를 통해 서재필 출계 배경에 대한 새로운 설명이

---

      을유문화사, 1972)을 기준으로 했다.
7   이지용의 귀향에 대한 공식적인 이유는 '조상의 분묘와 멀고 친척이 멀어질 것을 우려해서'인데, 이지용의 은진 구자곡 집이 연못까지 조성한 큰 규모였고 그의 자호 '소송(小松)'도 구자곡 우물가의 소나무에서 유래했다는 것을 고려하면 그런 설명은 설득력이 없다. 실제로 이교문은 부친의 「家狀」(『日峯遺稿』 수록. 『可川世稿』, 676쪽)에 그의 귀향이 군요(軍擾)에 따른 것이라고 서술했는데, 이교문이 모친 회갑 기념으로 지은 시에 이미 임오군란이 종결된 이후인 임오년 음력 6월 19일에 은진(덕은)으로 옮긴 집에서 모였다고 서술되어 있으므로(『可川世稿』, 461쪽), 그 '군요'는 갑신정변일 수밖에 없다. 따라서 이지용의 귀향은 갑신정변 이후 서재필 친가에 닥친 박해의 참혹함을 더 지켜볼 수 없었던 안타까운 마음과 혹시라도 자신에게 닥칠 위험에서 벗어나기 위한 계책을 마련해야 한다는 현실적 판단이 함께 작용한 것으로 해석하는 것이 타당하다.
8   『小松遺稿』, 「遺事」(『可川世稿』, 407쪽).
9   김성근에게 글씨를 부탁했다는 근거는 다음을 참조. 『小松遺稿』, 「行狀」(『可川世稿』, 403~404쪽).

가능하다.

이지용의 사후에는 장남 교문敎文(1846~1914)이 가문을 이끌었다. 이교문은 조부 이기대와 부친 이지용의 가르침을 따라 일찌감치 학문에 뜻을 두어 17세에 노사蘆沙 기정진奇正鎭의 문하에 들어가 그 학재學才를 인정받았다.[10] 이교문은 서재필의 외사촌이었지만 그보다 열여덟 살이나 연상이어서 사촌형제로 살갑게 지내지는 않았을 것이다. 더구나 서재필이 태어날 무렵에는 학문에 정진하며 집을 비울 때도 많았다. 그럼에도 이교문은 서재필 삶의 행로에 가장 큰 영향을 미쳤는데, 부친 이지용의 대를 이어 그가 서재필의 양외삼촌이 될 김성근과 시를 주고받으며 친교를 쌓고 있었기 때문이다.[11]

그밖에 이교문이 벗한 이로 조성가趙性家, 기우만奇宇萬, 정재규鄭載圭 등 노사학파의 선배·동문과 강화학파 이건창李建昌 등이 있었고, 최익현崔益鉉과도 교분이 두터웠다. 조선의 국운이 이지러진 을사년 이후 기삼연奇參衍과 기우만이 노사학파 학맥을 바탕으로 의병을 일으키자 이교문도 휘하 21명을 이끌고 호남창의소 의진에 참여하여 군율 참모를 맡았다. 하지만 필사의 노력으로도 국망을 막지는 못했다.[12] 수백 년간 지켜온 소중화小中華로서 조선의 몰락을 비탄하는 수많은 시를 남겼을 뿐이다. 위정척사衛正斥邪의 뜻으로 개화와 외세에 맞서야 했기 때문에, 사촌지간이었을지라도 서재필과는 뜻을 같이할 수 없었을 것이 분명하다.

이교문의 아들 일鎰(1868~1927) 역시 학문이 넓고 의기가 높은 인물이었다. 이일 역시 아버지와 함께 의병에 나섰다. 1907년 이후 후기 의병전쟁부터

---

10  『日峯遺稿』, 「行狀」(『可川世稿』, 690~694쪽).
11  이교문이 김성근과 함께 한 취운정(翠雲亭) 시회에서 남긴 시(『日峯遺稿』, 권1 수록. 『可川世稿』, 442쪽) 외에도 『일봉유고』에는 장기간에 걸친 김성근과의 교유 기록이 열 편 이상 전한다. 부친이 조부의 묘비명 글씨를 김성근에게 부탁했을 때 청을 넣으러 다녔던 인연으로 이교문은 열 살 연상의 김성근과 정치적 차이를 넘어 친교를 쌓았다.
12  이희재, 「19세기 유생 이교문의 위정척사 사상」, 『공자학』 31호, 2016.

양반·유생 중심에서 해산 군인과 포수, 농민 등 전체 민중으로 참여 세력이 확대되고 전투 부대로서의 성격이 강화되기는 했지만,[13] 당시 의병 활동이 가장 활발했던 호서·호남의 의병부대는 여전히 유림이 주력이었다. 대한제국의 병탄 전후, 일제는 가장 강력한 저항 세력인 의병을 물리치기 위해 이른바 '남한폭도대토벌작전'을 수행했다. 마지막까지 일제에 맞서 싸운 호남의병은 일본군의 집중 공격 대상이었다.[14] 노사학파를 포함한 호남의진의 유림 사회는 이때 궤멸 수준의 피해를 겪었고, 이후 세력을 회복하지 못했다. 이일도 일본군에 체포되어 형장에까지 끌려갔는데 총알이 빗겨 가면서 기적적으로 살아남았다.[15] 이교문과 이일 부자의 의병 활동을 즈음해서 가세는 완연히 기울었다.

국망 이후 세월이 흐르며 이일의 사상에도 변화가 일어났다. 이일은 체미 중인 서재필과 서신 교환을 하며 독립운동 전선에서 힘을 합쳐 나아가고자 했다고 전한다. 서재필과 이일이 네 살 차이이기 때문에 그러한 교유가 가능했을 수 있다. 연보를 통해서, 소년 서재필은 응석받이였던 이일을 아끼고 귀여워했었을 것이라고 추측할 수 있다. 이일의 아들 용순龍淳은 6·25 전쟁 때까지 이들이 주고받은 서신을 보관했지만 전쟁 통에 불탔다고 회고했는데 참고할 만하다. 1947년 서재필이 귀국하자 이용순이 그를 예방했는데, 이때 서재필은 그에게 정치에 관여하지 말고 시민 교육에 헌신하라고 당부했다고 전한다.[16] 이용순은 서재필 덕분에 미군정청 시절 전라남도 고

---

13  조동걸, 『한말 의병전쟁』, 독립기념관 한국독립운동사연구소, 1989, 211쪽.
14  일본군 기록 「조선폭도토벌지」에 따르면, 1906~1911년 의병 사상자가 21,485명으로 보고되었다. 그밖에 일본은 의병 활동을 위축시키기 위해 의병이 기의한 곳과 활동한 지역을 모두 불태웠는데, 1907년 7월부터 약 1년여 간 6,681호가 사라졌다. 최근 조사 결과에 따르면, 일본군의 의병 학살 기록은 매우 축소된 것이고, 실제 의병 집단의 피해는 기록된 것보다 훨씬 컸다. 김상기, 「한말 일제의 침략과 의병 학살」, 『역사와 담론』 52집, 2009.
15  『小峯遺稿』, "墓碑銘".

문으로 위축되어 지역 발전에 힘썼다.

훗날 양자로 출계하기 전까지 서재필은 소년 시절 전체를 외가에서 보냈다. 그랬던 까닭에 훗날 노년의 서재필이 두 번째 귀국했을 때에도 친가 종친뿐만 아니라 외가 사람들과도 가까이 지냈다. 갑신정변에서 겨우 살아남은 친가 쪽 인물들과는 교유가 많지 않았다. 자신 때문에 사실상 멸족의 위기까지 겪은 데에 대한 미안함이 내면에 억압되어 있었던 까닭이었을 것이다. 흔한 오해와 달리, 서재필은 가문이라는 전통적 결속을 비판하기는 했으나 개인으로서의 친인척과 만나는 것을 주저하지 않았다. 친가와 외가 인물들이 남긴 비공식적 기록에 이런 정황은 더 잘 드러나 있다. 이들의 방문은 노인 서재필에게 예기치 않은 위안이었는데, 60년 가까이 타의로 외국에 나가야 했던 망명객에게 삶에서 가장 정서적으로 충만했던 나날을 떠올리게 했을 것이기 때문일 것이다.

한 인물의 성격 형성에 유년기의 경험이 크게 영향을 미친다는 것을 고려할 때, 친부모를 제외하고 서재필에게 가장 큰 영향을 미친 이는 외삼촌 이지용과 외사촌 이교문이라고 할 수 있다. 이들의 학문에 대한 열정과 의기를 이해할 나이는 아니었지만 소년 서재필은 타협하지 않는 불굴의 자세와 공부에 임하는 그들의 근면한 태도에 강렬한 인상을 받았을 것이다. 한양으로 떠난 소년 서재필은 그들의 기대와 달리 급진 개화파 청년으로 변모하는데, 공적 목표에 전적으로 충성하는 성격만큼은 외가 어른들과 다르지 않았다.

---

16  이대순, 「성주 이씨 가은 이기대 공을 위시한 연 4대의 행적 약기」, 송재서재필기념사업회 엮음, 『可川世稿』, 1995, 3~4쪽.

## 양외숙 집에서 독립심을 키우다

평온했던 소년 서재필의 삶은 일곱 살 무렵 재당숙 서광하徐光夏의 양자가 되어 충청남도 진잠(현 대전광역시 유성구 진잠동)으로 옮겨 가면서 요동치기 시작했다. 향반으로 현저했던 은진의 친부 문중처럼, 양부 서광하 역시 명망을 누렸다. 더구나 양모 안동 김씨 가문은 세도가로 유명했다.

당시에는 출계出系(양자로 대를 이음) 사례가 드물지 않았기 때문에, 양부모가 서재필을 남들처럼 양육했다면 평범한 소년 시절을 보낼 수도 있었을 것이다. 하지만 양모 김씨는 총명한 서재필의 교육과 장래를 위해 서울에 있는 남동생인 김성근金聲根(1835~1919)의 집으로 올려 보내고자 했다. 그리하여 서재필은 출계하자마자 곧바로 서울의 양외삼촌 집에서 생활했다. 서재필에 관한 기존의 전기는 이러한 기본 패턴을 갖고 있다.

그런데 이러한 설명에는 치명적인 약점이 숨어 있다. 친부모만큼은 아니더라도, 양부모도 대를 이을 양자와 생활하며 사랑을 키워가는 것이 일반적이다. 아무리 입신양명에 눈이 멀었다고 할지라도 고작 일곱 살짜리 어린이를 입적하자마자 유학시키지는 않을 것이다. 더구나 아무리 누나의 부탁이라고 해도, 누나의 친자식도 아닌 아이를 흔쾌히 맡아서 장성할 때까지 가르치겠다고 나서는 동생은 더더욱 없을 것이다.

그런데, 서재필의 양외삼촌 김성근이 서재필의 친외가 인물들과 친했다면 사정은 달라진다. 김성근은 전부터 서재필의 친외가와 교류하고 있었다. 김성근의 부친은 공조판서를 지낸 김온순金蘊淳이었고, 김성근 자신도 훗날 전라도 관찰사와 이조판서 등을 역임하여 권세가 높았다. 김성근은 젊은 시절부터 이미 명필로 이름을 날렸는데, 서재필의 친외삼촌 이지용은 부친 이기대의 묘비명 글씨를 김성근에게 맡겼다. 이때를 전후해서 이지용과 김성근 사이에서 심부름을 맡았던 외사촌 이교문은 아예 상경하여 성균관에서 수학하며 김성근과 교분을 더욱 키웠는데, 김성근이 주최하는 시회詩會에 참석하여 많은 시를 남긴 것이 그 근거이다. 이때 김성근이 이교문에게서 그의 어린 외사촌 동생(서재필)이 뛰어난 재능을 가졌다는 얘기를 들었을 수 있다.

그렇다면, 서재필의 출계出系는 그의 친부모와 양부모가 아닌 친외가와 양외가 사이의 친밀한 관계 덕분에 성사된 것이라는 추측도 가능하다. 그것이 사실이 아닐지라도, 김성근과 이교문의 친교는 그 밖의 여러 추론을 가능하게 한다. 우선, 출계한 서재필의 조기 상경 유학에 이 둘의 교분이 영향을 미쳤다고 생각할 수도 있다. 김성근이 진잠의 매형과 누나가 양자로 들인 아이 서재필이 마침 전부터 알고 있던 이교문의 이종사촌 동생이었다는 것을 알았다면, 누나의 양아들을 맡아 공부를 시켜볼 생각을 하기가 어렵지는 않았을 것이다. 그 반대로, 서재필이 김성근 집으로 가게 되면서, 우연히 그 사실을 알게 된 이교문과 김성근이 더욱 가깝게 사귀게 되는 계기가 되었을 수도 있다. 어찌 됐든, 서재필의 유소년기는 친부모와 양부모만큼이나 친외가와 양외가의 영향을 크게 받았다는 것만은 분명하다.

사실상 입양과 동시에 진행된 서울 유학 생활 때문에 그의 후반부 소년기는 또래 아이들이 누렸을 정서적 안정감이 결핍될 수밖에 없었을 것이다. 무엇보다도 지배 문화의 전수자이자 초자아로서 규범의 내면화를 이끌 '아버지' 역할을 해야 할 친부와 양부 모두의 부재 속에서 10년 이상의 시간을 보냈다는 점이 그의 성격 형성에 결정적 역할을 했을 것으로 보인다. 당시 문화에서 자연스럽게 여겨졌던 출계 자체보다는 출계 직후 가족의 품을 떠나서 자랐다는 사실이 훗날 서재필이 기성 질서에 동조하지 않고 거꾸로 그것에 맞서는 길을 선택하는 데 더 크게 작용했다. 유소년기의 분리 체험이 당시 조선인에게는 드문 독립심과 투쟁심을 갖는 엘리트 청년을 만든 셈이다.[17]

---

17 사람의 성격 발달에 유소년기의 경험뿐만 아니라 그를 둘러싼 문화적 조건과 자아와의

서재필이 양외삼촌 집에서 성장하던 1870년대는 흥선대원군興宣大院君 이하응李昰應 집권 후반기와 고종 친정 체제 구축기에 걸쳐 있다. 1870년대 초반 조선은 대원군의 개혁 정책이 효과를 보면서 짧은 안정기를 누렸으나 서원철폐에 대한 유림의 반발이 거세지며 중앙과 지방, 정부와 양반 사이의 갈등이 시작되었다. 병인양요와 신미양요의 충격으로 쇄국정책鎖國政策을 강화하면서 잠시 갈등이 봉합되기도 했지만, 제로섬 게임일 수밖에 없는 가산제 국가의 권력 투쟁 성격 때문에 지배 집단 내부의 갈등은 근원적으로 해소될 수 없었다. 고종의 친정이 시작되면서 시작된 권력 공백을 조 대비와 중전 민씨 척족戚族이 파고들면서 이들의 부패와 탐학貪虐은 과거 세도정치 때보다 더 심해졌다.

당시 지배층은 여전히 노론 명문가들로 채워졌기 때문에, 양모 안동 김씨는 동생 김성근에게 서재필의 교육을 맡기는 것이 유리하다고 판단했을 것이다. 서재필을 불러들였을 때 김성근은 이미 당상관에 이르렀고, 1878년에는 대사성, 1879년에는 도승지와 부제학을 제수할 정도로 높은 지위에 이르렀다.[18] 갑신정변 1년 전인 1883년에는 전라감사를 역임했다. 딸 뮤리엘이 받아 쓴 서재필의 회고록에 따르면, 운현궁 근처에 터 잡은 김성근의 사저는 수많은 부속 건물들이 회랑으로 연결되어 있을 정도로 규모가 커서, 8명의 관리인 외에도 셀 수 없이 많은 하인을 거느렸다고 한다.[19]

---

교섭 관계가 중요하다는 자아심리학의 관점에 근거한 해석이다. 에릭 에릭슨 저, 윤진·김인경 옮김, 『아동기와 사회』, 중앙적성출판사, 1988.

18 김성근에 대한 고종의 신뢰는 무척 두터워서 갑신정변 이후에도 이조참판에 임명할 정도였다. 이기대 가문이 살아남은 데는 김성근의 도움도 있었을 것이다. 노년에도 김성근은 대한제국의 탁지부 대신과 예장원경(禮掌院卿)을 맡아 국정에 참여했다. 병탄 이후 조선귀족령에 의해 일제의 자작 작위를 받은 것은 그의 삶에서 가장 큰 흠이다. 명필로 인정받은 김성근의 필적은 그 시기 많은 간행물과 현판에 실려 현재까지 전한다.

19 뮤리엘의 회고록을 직접 본 임창영(林昌榮)의 서재필 전기(임창영 저, 유기홍 옮김, 『위대한 선각자 서재필 박사 전기』, 공병우글자관연구소, 1987)에 따랐다. 뮤리엘의 회고는 임창영의 글을 다시 따왔다. 한편, 임창영은 1952년에 서재필에 대한 첫 전기를 썼는

민씨 척족 중심 권문세족 연합의 지배 질서를 깨뜨린 힘은 내부가 아니라 외부에서 왔다. 1868년 메이지유신을 통해 조선보다 먼저 근대화를 추진한 일본은 1875년 운요호雲揚號를 강화도에 출동시켜 조선군의 포격을 유발했고, 이 문제 처리 과정에서 조선과 강화도조약(1876)을 체결했다. 비록 조선에 불리한 조약이었지만, 조약 체결 과정에서 기존 중화론中華論 중심의 세계 질서에서 벗어나 근대적인 자주권을 갖는 주체임을 알렸다는 데 의미가 있었다. 1880년 김홍집金弘集이 수신사修信使로 일본을 방문하면서 일본의 발전상에 비로소 눈을 뜬 조선은 이전과 다른 외교 정책을 추진하기 시작했다.

하지만 급작스럽게 행해진 개방은 내부적 갈등을 촉발했다. 김홍집이 귀국하면서 가져온 황쭌셴黃遵憲의 『조선책략私擬朝鮮策略』의 내용이 서서히 퍼지게 된 것이 계기였다. 한 달 후 병조정랑 유원식劉元植의 탄핵 상소와 이듬해(1881) 이만손李晩孫 소두의 영남만인소를 시작으로 정국은 유림의 척사 상소로 들끓었다. 조정은 이만손을 유배시켜 그 흐름을 차단하고자 했으나 불길은 사위어 들지 않았다. 그해 여름 홍재학洪在鶴이 왜양일체론倭洋一體論을 주장하며 국왕까지 비판하는 상소를 올렸다가 능지처참을 당하기도 했다. 영남만인소와 홍재학 상소의 뒤에는 이항로李恒老 사후 화서학파를 이끈 중암重菴 김평묵金平默이 있었다.

그 와중에 이른바 '동도서기론'이 등장하여 정부의 개혁 정책을 유교 논리로 정당화하기도 했다. 동도서기론은 1881년 7월 곽기락郭基洛의 상소에서 시작하여 1882년 벽두에 윤선학尹善學의 상소에서 그 이론적 정교화를 이뤘다. 김성근의 가숙家塾에서 경전을 공부하면서도 서재필은 위정척사론과 동도서기론의 충돌로 들끓던 당시 정국에 자연스럽게 관심을 가졌을 것이다.

---

데, 영문으로만 간행된 첫 전기는 뒤에서 별도로 영어로 표시한다.

## 운명으로서의 김옥균

어린 시절을 보냈던 지방과는 달리 격동하는 서울의 정치 분위기에 서재필이 쉽게 적응했는지는 알 수 없다. 서재필은 서울에서 보낸 소년기에 대해 공개적으로 회고한 적이 없기 때문이다. 다만, 서재필과의 대화를 통해 작성된 뮤리엘의 회고록과 임창영의 전기에 등장하는 서재필은 시골에서처럼 여전히 독립심이 강한 소년이었다. 이 소년은 최상위 계층의 안락함과 풍요 대신 자유로움에 이끌렸다. 목욕까지 하인에게 의존했던 당시 명문가 자제들과 달리, 서재필은 대신 씻겨주지 않으면 주인에게 혼나게 된다는 하인들의 간청에도 불구하고 스스로 목욕했고 그 밖의 일상사도 직접 해결할 줄 아는 소년으로 자랐다. 곱게만 자란 인근 권세가 자제들과 달리, 강건했던 소년 서재필은 하인 아이들과 놀이를 즐기면서 어울릴 줄도 알았다.[20] 훗날 갑신정변 정강의 기조가 될 서재필의 사민평등四民平等 의식은 그가 개화당 인사들과 접촉하기 이전에 이러한 소년 시절의 체험에서 자연스럽게 몸에 익힌 것이다.

서재필은 김성근의 가숙에서 동갑내기 사촌을 비롯한 여섯 명의 친지 아이들 및 인근 지역 유력가 아이들과 함께 한문을 배웠다. 그 가운데 이완용李完用도 있었는데, 그는 늘 가마를 타고 배우러 왔고 양털을 덧댄 두루마기를 입고 다녔다고 한다. 영리했지만 나이 어린 서재필 역시 마냥 공부가 즐겁지는 않았을 것이다. 양외숙 집에서 공부하던 시기에 유일한 낙이 있었는데, 바로 양외조부 김온순金蘊淳이 판관으로 재직하던 수원부에 놀러 가서 맘껏 뛰어노는 것이었다.[21]

---

20  임창영 저, 앞의 책, 38쪽.
21  임창영의 전기에는 수원의 조부 집에 놀러 갔다고 기록되어 있지만, 서재필의 친가와 양가 모두 수원과는 연고가 없으므로 사실이 아닐 것이다. 대신 양외조부 김온순의 집에 놀러 간 것을 잘못 기억했을 수 있다. 그렇다면, 김온순이 수원부 판관에 임명(『承政

당시의 일반적 교육과정에 따라 서재필과 가숙의 소년들은 『천자문』과 『동몽선습』을 익힌 후 곧바로 사서삼경을 익혀 나갔는데 서재필은 누구보다도 그 배움의 속도가 빨랐다. 양외숙에게 인정받기 위해서 서재필은 능력을 입증해야만 했는데, 그러려면 게으름 피울 수 없었을 것이다. 1882년에 시행된 별시別試 문과文科에서 서재필은 마침내 자신의 존재를 드러낼 기회를 얻게 되었다.

이 시험은 중전 민씨의 쾌차를 경하하기 위해 마련한 전시殿試로서 명문가 자제와 중망衆望 받는 학자만을 대상으로 진행되었는데, 합격자 23명 가운데 서재필이 가장 연소자였다.[22] 그의 나이 열여덟 살 때의 일이었다. 서재필은 하급 관료로 임용되었으나 곧바로 칭병사직한 끝에 교서관校書館에서 근무했다.[23] 남다른 능력과 외삼촌의 배경을 고려하면 서재필 앞에는 탄탄대로가 놓여 있었을 것이다. 하지만 서재필의 관심은 이미 다른 데로 향하고 있었다. 서재필이 김옥균 일파의 개혁 구상에 매료되어 그들과 어울리기 시작하면서 그의 삶은 다시 한번 요동치게 된다.

소년 시절 서재필의 양외삼촌 집에는 전도유망한 청년 관료들이 자주 드나들었는데, 그 가운데 하나가 풍운아 김옥균이었다. 당시 김옥균과 김성근은 같은 안동 김씨 일문으로 이웃하고 살았는데,[24] 서재필은 아저씨뻘인 서

---

院日記』 고종 11년(1874) 11월 27일)된 때가 1874년 이후이므로 서재필이 최소 만 10세 이전에 김성근의 집으로 떠났다는 방증이다.

[22] 『國朝榜目』 임오년(1882) 3월 22일(음력) '별시전시방'에 따르면, 당시 합격자는 갑과(甲科) 1명, 을과(乙科) 3명, 병과(丙科) 19명이었다. 갑과 1명은 윤영식(尹榮植), 을과 3명은 노상익(盧相益), 김병연(金炳淵), 정규섭(鄭圭燮) 등이었다. 서재필은 병과 19명 가운데 3등으로 우수한 성적이었다. 병과 합격 동기생 가운데 여규형(呂圭亨), 이도재(李道宰), 민종식(閔宗植) 등 구한말 역사에서 서재필과 대립하는 인물이 많이 있다.

[23] 『승정원일기』 133책(탈초본 2899책), 고종 19년 4월 25일.

[24] 「갑신일록」 각주에서 김옥균 스스로 서재필의 집이 '자기 집과 이웃하고 있다'고 달아두었다. 김옥균 외 저, 조일문·신복룡 옮김, 『갑신정변 회고록』, 건국대학교출판부, 2006, 112쪽.

광범徐光範과 김옥균이 일본 시찰에 나설 때 비로소 정식으로 인사할 수 있었다. 중견 관료 김옥균은 갓 소년티를 벗은 서재필이 저처럼 출계하여 자란 것을 알고서는 더 깊은 관심을 보였을 것이다. 김옥균은 서재필의 급제를 치하하면서 곧바로 개화당에 끌어들였다.[25]

서광범과 박영효朴泳孝 등 개화파 관료들 모두 김옥균과 뜻을 같이한 동료였다. 하지만 그들은 김옥균의 생각을 그대로 따르지는 않을 만큼 개혁에 관한 저마다의 생각이 있었다. 그런데 아직 사상이 성숙하지 않은 열여덟 살의 청년 서재필은 김옥균을 극진한 존경의 대상으로 삼았기 때문에 그의 말 하나하나를 그대로 따랐다. 서재필의 회고를 보자.

> 이 학생들의 바로 도동渡東(일본 파견)하기 전 나는 서광범을 개介하여 김옥균을 만났는데 그때 김씨 외에 홍영식洪英植, 박영효와 이제 와서는 기억조차도 할 수 없는 몇몇의 지명지사知名之士들과 알게 되었다. 누구누구하여야 나에게 제일 강한 인상을 끼친 이는 김옥균이었다. 그의 서書와 평문評文은 물론이고 사죽絲竹(음악)에 이르기까지 통하지 않은 데 없는 그 높은 재기는 나를 사로잡지 않고는 마지아니하였다.[26]

[25] 서재필과 김옥균의 첫 만남이 정확히 언제인지는 알 수 없다. 서재필의 「회고 갑신정변」(『동아일보』 1935년 1월 1일)에 따르면, 서재필은 1882년 4월 서광범과 김옥균이 일본 시찰하기 직전에 서광범의 소개로 김옥균과 만났다고 했는데 이는 서재필의 급제 시기와 겹친다. 1882년 이전에도 서재필과 김옥균 사이에 별다른 교류는 없었으나 김성근을 통해서 몇 차례 지나치며 본 기억은 있었을 것이 확실하다. 서재필이 정식으로 개화당 모임에 참여한 시기도 현재로서는 알 수 없다. 해방 후 귀국한 서재필의 통역 역할을 했던 손금성과 서재필의 대화 기록에 따르면, 서재필은 봉원사 모임에서 이동인의 존재에 대해 들은 것이 확실하다(손금성, 『회고 서재필』, 칼빈서적, 1995, 25쪽). 이는 뮤리엘의 기록과도 같다. 뮤리엘은 서재필이 개화당 모임에서 개화승 이동인과 만나 그가 일본에서 가져온 서적과 만화경을 보면서 얘기를 들은 것으로 기억했다(임창영 저, 앞의 책, 47~48쪽). 이동인이 일본으로 떠난 후 실종(암살)된 것이 1881년 5월이므로, 서재필의 기억이 옳다면, 서재필은 과거급제 이전인 17세 무렵에 이미 개화당의 일원이었던 셈이다. 하지만, 이 평전에서는 그 가능성만 언급해 두는 정도로 하고, 대신 서재필이 급제 이후 김옥균에게 끌려 개화당에 가담했다는 기존 서술을 수용했다.

여기 등장하는 서광범은 서재필의 13촌 아저씨이다. 족보를 중시하는 조선의 문화에서도 당내간을 벗어나면 친족 간 교류가 쉽지 않다. 그런데도 서재필은 서광범을 통해 김옥균과 만난 사실을 강조했다. 본래 김성근과 김옥균은 바로 이웃해서 살고 있었으므로 서재필은 어려서부터 개화 정책의 추진자인 김옥균에 대해 잘 알고 있었다. 하지만 그때 불과 만 열여덟 살의 서재필이 이미 서른한 살인 김옥균과 친밀한 관계를 형성하기는 어려웠다.

서재필의 회고는 서광범이 오래전부터 김옥균의 개화당 구성원으로 함께했던 동지였다는 것을 강조하기 위한 것으로 읽을 수 있다. 개화당 인사들이 처음 만나 개화의 뜻을 다진 곳은 서울 재동 박규수朴珪壽의 사랑이었다. 박규수는 연암燕巖 박지원朴趾源의 손자로서 평안도관찰사로 재직하던 1866년에 무장한 미국 상선 제너럴셔먼호를 격침하여 흥선대원군의 신임을 얻었다. 하지만 1872년 청국 황제 혼례 축하 사절 대표로 청국에 가서 양무운동의 성과를 확인하면서 가전의 사상이자 신념이었던 개화 정책을 추진할 것을 적극적으로 주장해서 흥선대원군의 눈 밖에 나기 시작했고, 우의정이던 1873년에 일본과의 근대적 외교 관계를 맺기를 그에게 설득했다가 권력에서 멀어졌다.

박규수는 1875년 은퇴 이후 재동 사랑에 김옥균, 박영효, 박영교朴泳教(박영효의 형), 홍영식洪英植, 서광범 등의 청년을 모아 박지원의 문집을 강의하고 청 사신들이 가져온 서구의 지식과 기기를 소개했다.[27] 박규수의 청년들은

---

26 『동아일보』 1935년 1월 1일.
27 박규수 사랑채에서의 모임에 대해서는 박영효의 회고(이광수, 「갑신정변 회고담 - 박영효 씨를 만난 이야기」, 『동광』 19호, 1931, 14쪽)를 통해 확인된다. 다만, 그 모임이 언제 시작되었는지는 불확실한데, 홍영식이 박규수의 문하를 출입한 것은 1869년으로 소급되고 또 박영효가 철종의 딸과 결혼한 1872년에 이미 박규수의 가르침을 받았던 것으로 보아, 1870년 전후에 이미 몇몇 인물이 개별적으로 박규수 문하에 출입한 것은 확실하다. 이광린은 이들의 교유가 1877년경 본격화되어 1879년 무렵 결당의 수준에 이르렀고 1883년에 혁명을 모의했다고 판단했다(이광린, 『개화당 연구』, 일조각, 1973). 김종학은 이러한 기존 해석을 비판하고, 중인 역관 중심으로 개화당을 재해석했다(김종

박지원의 저술에 나타난 신분제와 문벌 의식 비판에 공감했고 특히 서구의 신사상에서 평등론과 민권론의 중요성을 깨우쳐갔다. 이론은 있지만, 일반적으로 이들이 박규수 문하에 출입하며 배우고 교유했던 이 시기를 개화당의 출발점으로 잡는 것이 무난하다.

소년 서재필은 인사차 가끔 들렀을 서광범을 통해 이미 이웃으로 지내며 알고 있던 김옥균을 소개받았을 것이다. 어린 시절에는 김옥균과 서광범의 정치적 사상적 지향에 대해서 알지 못했겠지만, 개화와 척사를 둘러싼 갈등이 심각해졌던 1881년 이후에는 그들의 지향에 서재필이 스스로 관심을 표명했을 가능성이 크다. 그 무렵 직접 봉원사의 개화당 모임에 대해 듣고 청년기 특유의 이상주의가 발동했을 것이다. 그런 까닭에 서재필은 급제 직후 정식으로 서광범과 김옥균을 찾아가서 정세에 대해 듣기를 청했다. 그 자리에서 어떤 이야기들이 오갔는지 정확히는 알 수 없지만, 김옥균은 서재필에게 뜻밖의 제안, 곧 일본 군사유학을 권유했던 것만은 분명하다. 아무리 진취적이었다고 할지라도, 서재필은 그러한 권유에 고심했을 것이다. 전도유망한 명문가를 배경으로 둔 최연소 문과 급제자에게 하급 무관이거나 상민들이 마지못해 지원할 군사유학을 권유한 김옥균도 대단했지만, 그 제안을 수용한 서재필의 용기와 결단력은 그것보다 더 대단했다.

서재필에게 김옥균은 단순한 역할 모델 그 이상이었다. 정신분석학적으로 보자면, 부모와 떨어져 지낸 십여 년의 세월 동안 내면에서 갈구했던 '아버지의 상'을 서재필은 김옥균에게서 발견했고, 그의 도덕적 정치적 권위에 내면의 자존감을 겹쳐 자신의 정체성으로 수용한 것이다. 양외숙 김성근의 영향에서 벗어나려는 반항 심리도 함께 작용하여, 마침내 서재필은 군사유학을 결심하게 된다.

---

학, 『개화당의 기원과 비밀외교』, 일조각, 2017).

## 촉망받던 문관, 사관생도가 되다

조선 정부의 유학생 파견 계획에 따라 1883년 4월 말부터 서너 차례에 걸쳐 약 60여 명의 청년·학생들이 서울을 떠나 일본으로 향했다. 출발 비용은 김옥균이 일본에 포경권을 넘기는 대가로 얻은 것으로 보인다.[28] 서재필은 그 가운데 제1진 17명을 대표하는 인솔자였다. 일행은 5월 14일 나가사키를 경유하고 5월 20일 도쿄에 도착하여 일단 후쿠자와 유키치福澤諭吉의 게이오기주쿠慶應義塾에서 기숙하며 일본어와 신문화를 학습했다. 그때까지 조선을 동반자로 인식했던 후쿠자와 유키치는 유학생들에게 최선의 배려를 했다. 당시 서재필 일행의 학습 능력은 무척 뛰어나서, 이들은 6개월 만에 일본어를 자유롭게 구사할 수 있었다. 동행했던 대마도 출신의 통역 가네코金子가 필요 없을 정도였다.[29]

어학 과정을 마친 다음에 조선인 유학생들은 각자 목표에 따라 상급학교나 기관으로 가서 전문 교육을 이수하게 되어 있었다. 이들이 배우게 될 기관은 게이오기주쿠, 요코하마 세관, 체신성 산하 전신강습소, 농업학교, 도야마戶山학교(정식 명칭은 陸軍戶山學校) 등이었다. 서재필은 본래 계획대로 14명의 휘하 학생들을 인솔하여 도야마학교로 진학하게 되었다.[30] 일본 육군사

---

28  임창영 저, 앞의 책, 51쪽; 손금성, 앞의 책, 25~26쪽.
29  가네코는 갑신정변 중에 서울에 체류하다가 조선 백성에 의해 살해되었다. 임창영 저, 앞의 책, 83쪽.
30  『時事新報』 1883년 10월 8일 자에 보도된 도야마학교 입학 허가자 명단은 다음과 같다. 〈사관학술〉 서재필, 〈부사관학술〉 신응희(申應熙), 임은명(林殷明), 정행징(鄭行徵), 신중모(申重模), 백낙운(白樂雲), 이병호(李秉虎), 이건영(李建英), 이규완(李圭完), 윤영관(尹泳觀), 정난교(鄭蘭教), 박응학(朴應學), 하응선(河應善), 정종진(鄭種振). (박영준, 서재필기념회 엮음, 「서재필과 일본 군사유학」, 『서재필과 그 시대』, 서재필기념회, 2003, 83~84쪽에서 다시 따옴) 이들은 동년 10월 3일부터 통학하며 교육을 받기 시작했다. 대부분 평민 출신이거나 개혁당 인사의 식객·하인이었던 이들은 갑신정변에서 가장 중책을 맡은 행동대원으로 가담했다. 이들 외에 갑신정변에서 사관생도로 서재필의 지휘를 받아 고종 호위에 나선 이들이 몇 명 더 있는데 그들의 유학 여부는 확실치 않다.

관학교보다 2년 일찍 설립된 이 학교는 1880년부터 부사관 양성 및 초급 장교 임관 교육 기관으로 전환되었다. 이런 이중적 교육과정 때문에 서재필 일행도 같은 훈련을 받았으나 등급을 달리 배정받았다. 다른 일행들이 부사관 교육 대상자였던 데 반해, 서재필은 유일하게 사관 과정 교육 대상자로 분류되었다. 이미 과거에 급제한 양반 관료로서 서재필을 귀족으로 특별 대우한 것이다. 이 학교에서 서재필과 학생들은 제식 훈련 외에 사격 훈련도 이수했다.

서재필 일행은 대부분 상한常漢('상놈'의 뜻이나 평민을 통칭) 출신으로서 모두 건장했고 무예에 능했다. 서재필의 가복家僕으로 호종한 강원도 출신의 임은명은 혼자 십여 명을 당해내는 장사였고, 박영효의 가복인 이규완은 택견의 명수였다.[31] 이처럼 건장한 평민 출신의 유학생들에게도 힘든 간부 양성 과정은 기골이 장대한 서재필도 견디기 쉽지 않았을 것이다. 그런데 더욱 참기 힘든 것은 일본인 교관들이 조선인 학생들을 차별대우하며 모욕하기 일쑤였다는 점이다. 참다못한 임은명이 한 일본인 동료 생도를 그대로 내다 꽂기도 했다.[32]

학생 대표로서 서재필 역시 유사한 저항을 한 듯하다. 사관학교 교정에서 훈련받던 때의 일화이다. 서재필이 교관의 구령대로 하지 못하자 그 교관이 꾸중하며 주먹으로 때리려고 했다. 이에 서재필이 얼른 손을 빼서 교관을 먼저 때려눕혔다. 그랬더니 오히려 일본인 교관은 서재필을 공손히 대

---

31 이규완, 「조선개화당사건 갑신대변란의 회상기, 그 일도 벌서 44년이 되었다」, 『별건곤』 3호, 1927, 3쪽.
32 김도태, 『서재필 박사 자서전』, 을유문화사, 1972, 96쪽. 이 글에서 '강원도 사람 임 모'가 바로 홍천 출신의 임은명이다. 임은명은 서재필의 가복으로 군사유학까지 호종(護從)한 셈이다. 서재필은 동료 이규완(박영효의 가복)에게 택견을 배우고 임은명에게 씨름을 배웠다고 한다. 서재필이 일본인 교관에게 당당할 수 있었던 데에는 이런 연유가 있다.

하고 유학생들에게 친절하게 대했다.³³ 서재필은 일본인의 습성에 대해 하나 깨달았는데, 그들은 힘이 제일이라는 믿음이 있으므로 힘으로써만 그들을 굴복시킬 수 있다는 것이다. 서재필과 일본인 교관 사이의 갈등이 일단락하자, 서재필 일행은 교육 훈련에 성실히 임했다. 당시 『지지신뽀時事新報』가 전하는 서재필의 훈련 모습은 다음과 같다. "서씨는 조선의 귀족임에도 규칙을 잘 준수하고 있다. 여타 생도와 일과를 끝내고 귀숙歸宿한 후에도 스스로 규칙을 정해 다른 생도들을 격려하며 병서 및 산술 등을 연구하고 있다."³⁴

서재필과 일행들이 사관·부사관 교육을 끝까지 마칠 수 있었던 데에는 고국을 강국으로 만들겠다는 꿈이 있었다. 그 꿈은 김옥균의 격려 속에서 더욱 굳건히 다져졌다. 김옥균은 1883년 6월에 박영효를 수행해서 다시 도쿄에 와서 1년간 머물렀는데, 학생들은 매주 휴일마다 김옥균을 방문하여 가르침을 받았다. 김옥균은 이들을 친동생처럼 극진히 아끼고 가슴 속에 묻어둔 말까지 솔직히 토해내곤 했다. 당시 서재필과 함께 도야마학교에 유학했던 일행으로 갑신정변 때 처형된 신중모의 국안鞠案(신문조서)에 따르면, 당시 김옥균은 이들에게 다음과 같이 말했다곤 한다. "서양 각국은 모두 독립국이다. 어느 나라를 막론하고 독립한 연후에야 화친할 수 있는데, 조선은 홀로 중국의 속국이 되어 있으니, 심히 부끄럽다. 조선은 어느 때에나 독립하여 서양 여러 나라와 동렬에 설 수 있을 것인가!"³⁵

이미 일본의 발전상을 확인한 유학생들에게 김옥균의 한탄은 큰 공감을 자아냈다. 이들은 진실로 김옥균의 생각을 따르기 시작했다. 이들은 조선

---

33 김동환(술), 「서재필씨 회견기」, 『삼천리』 속간 3호(7월), 1948; 최기영 엮음, 『서재필이 꿈꾼 나라』, 푸른역사, 2010, 367쪽.
34 『時事新報』 1884년 2월 28일. 신동준, 『개화파 열전』, 푸른역사, 2009, 229쪽에서 재인용.
35 박은숙 엮고 옮김, 「大逆不道罪人喜貞等鞠案」, 『갑신정변 관련자 심문·진술 기록』, 아세아문화사, 2009, 79쪽.

최초로 근대적 군사 훈련을 받는 인재들이라는 자부심을 바탕으로 귀국 후에 나라를 위해 목숨을 바칠 군인이 될 것을 다짐했다.[36]

## 기다림의 나날

도야마학교에서의 교육 과정은 1884년 5월 31일에 모두 종료되었다. 한 달 정도 일본에 더 체류한 이들은 7월 1일 요코하마에서 귀국선에 올랐다. 윤치호尹致昊의 일기에는 7월 29일에 귀국한 것으로 적혀 있는데, 실제로는 이보다 훨씬 빨리 국내로 돌아왔을 것이다. 이들의 직접적인 귀국 사유는 조선 정부의 재정 부족이었지만, 김옥균의 정변 계획도 작용했을 것이다. 재정과 시간상의 여유가 있었다면 이들은 기본 교육과정 외에 추가로 여러 종류의 심화 교육을 이수했을 것이다.

이들이 귀국하자 김옥균은 본래 구상대로 이들을 중심으로 사관학교 설립을 추진했다. 당시 이 계획을 고종에게 주청한 사람은 윤치호였는데, 이는 김옥균의 지시에 따른 것이었다.[37] 그해 10월 10일 고종은 친히 사관생도들을 불러 교육받은 내용을 시범하도록 했고, 생도들은 체조와 철봉 그리고 사열 행진 등을 보여주었다. 고종은 시범에 흡족해했다.

> 우리가 호산학교(도야마학교)를 마치니 조선 사관들에게 신전술을 가르치라는 목적으로 귀환 명령을 받았다. 우리는 1884년 4월에 서울로 돌아와

---

36  이들보다 1년여 앞서 도야마학교를 거친 조선 학생이 있었다. 1881년 11월 박영효의 개인적 관심에 의해 장대용과 신복모(申福模)가 도야마학교에 입교하여, 신복모만 1년간의 술과(術科) 과정을 마쳤다. 신동준, 『개화파 열전』, 푸른역사, 2009, 226~228쪽. 하지만 체계적인 계획에 의한 집단적 군사유학으로서는 서재필 일행이 최초였다. 한편, 그 일행 가운데 신중모는 신복모의 동생이다.
37  윤치호 저, 송병기 옮김, 『국역 윤치호 일기』 1권, 연세대학교 대학출판문화원, 2001, 155쪽(1884년 8월 9일).

보니 정계는 떠나기 전보다 가일층 험악한데, 조정 내외가 우리를 시의猜疑와 적의를 가지고 대했던 것이다. 그러나 고종께서는 우리 일행을 인견引見하시어 일신한 군복에 창검을 꽂은 총을 메고 어전에 나타났다. 금액禁掖(궐내 내정)으로 들어가서 유연체조와 다른 운동을 하여 보라고 하명하신 것을 보아 확실히 고종께서는 우리들의 복장과 모든 것에 이열怡悅(기쁨)을 느끼신 것이었다.[38]

고종은 서재필을 미리 설치해 둔 조련국操練局의 사관장으로 임명하여 사관 양성 임무를 맡기면서도 중전 민씨 세력인 한규직韓圭稷을 대장으로 임명해서 그의 지휘를 받도록 했다. 고종은 금위영禁衛營의 화약고를 조련국 소속으로 옮기고, 10월에는 조련국 건물 신축을 지시할 만큼 관심을 표했지만,[39] 김옥균의 사관학교 설립 계획은 끝내 실패로 돌아갔다.

표면적으로는 임오군란 이후 남별궁南別宮에 주둔하며 고종을 압박하고 있었던 위안스카이袁世凱의 반대 때문이었다. 위안스카이는 일본에 유학한 생도들을 통한 일본의 영향력 행사를 우려했다. 하지만 속사정을 들여다보면, 조정 내 개화당과 사대당의 대립이 사관학교 설립의 걸림돌이 되었다.

수구 세력들은 도야마학교 졸업생들을 자기 세력으로 끌어들이고자 시도했다. 특히 민응식閔應植과 한규직은 이 청년들에게 눈독을 들였다. 만약 이 청년들이 김옥균이 주관하게 될 사관학교에서 신식 군인을 양성하게 된다면 향후 정예군의 병권은 개화당 일파가 쥐게 될 것이 명약관화하므로, 그럴 바에는 사관학교를 두지 않는 편이 낫다고 생각한 것이다. 그 반대로 이 청년들을 자기들 휘하에 끌어들일 수 있다면 사대당이 사적으로 군사 세

---

38 서재필, 「회고 갑신정변」, 『동아일보』 1935년 1월 2일.
39 『承政院日記』 고종 21년(1884) 7월 23일, 8월 29일. 이광린, 「서재필의 개화사상」, 『동방학지』 18호, 1978, 10쪽에서 재인용.

력을 키우는 데 요긴하게 쓸 수 있을 것이다. 이런 판단하에 민응식과 한규직은 이들을 개별 접촉하여 자기 휘하에 두고자 했다. 사관학교 교관이 된다는 꿈이 물거품이 된 상황에서 몇몇 졸업생이 그 꾐에 넘어가기도 했다.[40] 하지만, 다수의 졸업생은 여전히 서재필과 함께 굳게 결속하면서 일본에서 다졌던 큰 뜻을 펼칠 기회만을 기다리고 있었다. 그리고 그 운명의 날은 생각보다 빨리 닥쳤다.

---

[40] 이규완, 「조선개화당사건 갑신대변란의 회상기, 그 일도 벌서 44년이 되었다」, 『별건곤』 3호, 1927, 3쪽. 서재필 역시 사관학교 개설이 수포로 돌아간 것이 중전 민씨와 그 일당의 반대 때문이라고 믿고 있었다. 서재필, 「회고 갑신정변」, 『동아일보』 1935년 1월 2일.

제2장

# 위로부터 혁명에 나서다

서재필은 김옥균을 평생 존경했다. 김옥균은 개화당을 출범시키고 갑신년의 거사를 통해 자신의 구상을 실현하고자 했다. 김옥균 개화 이상의 진실성은 그가 아랫사람을 대할 때 평등 의식을 실천했다는 데서 확인된다. 그래서 서재필을 비롯한 후배 세대에게 김옥균은 "대인격자"이자 "진정한 애국자"로 인식되었다.[41] 그런 까닭에, 외세에 의존해서 궁정 쿠데타를 결행하는 등 여러 점에서 한계가 많은 갑신정변의 전개 과정에서도 일단 참여했던 인물은 최선을 다해 자신의 역할을 했고 심지어 체포되어 국문을 당할 때조차 서로를 위로할 만큼 굳게 결속할 수 있었다. 갑신정변에서 서재필의 활동을 이해하기 위해, 시계를 잠시 뒤로 돌려 김옥균과 개화당 세력의 삶과 생각에 대해 살펴볼 필요가 있다.

---

[41] 『동아일보』 1935년 1월 2일. 김옥균을 향한 서재필의 존경심은 일관되었다. 1927년 안재홍(安在鴻)에게 보낸 편지에는 다음과 같은 구절이 보인다. "김옥균 같은 이는 조선이 확실히 자랑할 만한 인물입니다. 그는 천재이었고 정치가이었고 고급의 정치적 및 사회적 지도자이었고 그뿐 아니라 진정한 의미에 있어서 그는 참 애국자이었습니다." 『조선일보』 1927년 3월 10일.

## 개화당이 결성되기까지

조선 후기 실학의 여러 노선 가운데 북학北學은 고종 재위기 개화파 형성에서 사상과 인물 양면에 큰 영향을 미쳤다. 18세기 말 19세기 초, 박지원과 그를 따른 박제가朴齊家 등 북학파는 조선의 쇠락을 막기 위해 기존 북벌론과 소중화론小中華論에서 벗어나서 청의 발전을 직시하고 그 기술과 경험을 배우고자 했다.

북학파의 주장은 19세기 중반 이후 청의 쇠락으로 빛이 바랬지만, 비록 오랑캐의 문물이라 할지라도 그 가운데 올바른 것을 취해야 한다는 논리는 화이론華夷論적 질서의 붕괴 조짐이 감지되던 1870년대에 개화파 시무책의 기초에 자리 잡고 있었다. 이러한 생각이 무르익은 곳은 박지원의 손자 박규수의 사랑이었다. 김옥균, 박영효, 홍영식, 서광범 등은 박규수를 통해 두 세대 앞선 시기 북학의 정수를 수용한 바탕에서 청과 일본을 통해 전해진 서구의 사상과 지식을 수용하기 시작했다. 그 결정체가 개화당 결성이었고, 중심에는 김옥균이 있었다.

김옥균은 1851년 충남 공주에서 김병태金炳台의 장남으로 태어나 1856년 서울의 당숙 김병기金炳冀의 양자로 출계한다. 양부가 세도정치의 중심이던 안동 김씨 일문이었던 까닭에, 영특한 소년 김옥균은 공부에 전념하여 스물한 살이 된 1872년 봄 알성시 문과에 장원급제한 후 사헌부, 홍문관 등의 청직淸職을 두루 거치며 청년 관료로 두각을 나타냈다.

그 와중에 박규수 문하에 출입하며 개화문물에 밝은 유대치劉大致(본명 劉鴻基)와 오경석吳慶錫 등과 교유하며 개화를 이끌어갈 청년 세력을 규합하기 시작했다. 김옥균과 유대치는 1879년에 개화승으로 알려진 범어사 승려 이동인李東仁을 일본에 밀파하여 신서적을 반입하게 했고, 그들의 아지트라 할 탑골승방과 봉원사 등에서 독회를 하면서 뜻을 다졌다. 앞서 언급한 박영효, 홍영식, 서광범 등이 그 독회의 구성원이었다. 이동인은 고종에게까지 소개되어 1881년 개화 정책을 통괄할 기구로 설립된 통리기무아문에서 참모관으로 활동하며 군함 수입 등의 비밀 업무를 수행하다가 실종되었는데, 암살된 것으로 추정된다. 김옥균은 그들 외에도 김홍집, 김윤식金允植, 유길준俞吉濬 등과 만나 이들을 개혁 구상에 동참시켰는데, 특히 중전의 총애를 받던 민영익閔泳翊까지 끌어들여 고종의 개화 정책을 뒷받침할 인재 집단을 형성하는 데 성공했다.

　조정 분위기도 개화에 적극적이었다. 1881년 5월 홍영식은 박정양朴定陽, 어윤중魚允中과 함께 일본에 조사시찰단朝士視察團(속칭 신사유람단)으로 파견되어 3개월간 일본의 변화를 관찰했고, 그해 11월에는 청국에 김윤식이 인솔하는 영선사 사절과 유학생 등 총 83명을 대거 파견하여 군기제조와 관련된 기술과 그 배경인 양무운동을 관찰하도록 했다. 1882년 5월 미국과의 수교를 시작으로 서구 열강과의 외교와 통상도 본격적으로 추진될 예정이었다. 역사에 '만약'이란 없다지만, 조정과 청년 관료들이 개화에 적극적이었던 1880년대 초반의 분위기가 계속되었다면, 김옥균과 개화당은 정변과 같은 극단적 선택 없이 국가 주도의 점진적인 자주 개화를 수행했을 것이다.

　개화당의 급진 노선 선회에 가장 큰 영향을 미친 것은 임오군란이라는 예기치 않은 사태였다. 임오군란 와중에 잠시 정권을 되찾았던 흥선대원군이 리훙장李鴻章에 의해 청으로 납치되면서 정국은 청군에 의해 좌지우지되었다. 개화당이 볼 때 이런 사태 전개가 나쁜 것만은 아니었다. 적어도 1882년의 시점에서 민씨 척족 가운데 민영익을 비롯한 일부는 개화에 우호적이었고, 대외적 쇄국과 대내적 보수 정책의 상징적 기수였던 대원군의 세력 기반이 붕괴했기 때문에, 개화당이 개혁 정책을 추구하기에는 나름 좋은 조건이 조성되었다. 임오군란 때 피해를 본 일본에 보상 문제를 협의하기 위해 1882년 8월에 조선 정부가 일본에 파견한 수신사 일행으로 개화당 세력이 결집할 계기가 마련된 것이 첫 번째 계기였다. 당시 수신사 일행의 정사는 박영효, 부사는 김만식金晩植, 종사는 서광범이었고, 김옥균과 민영익은 고문으로 동행했다. 그 밖에 류혁로柳赫魯, 변수邊燧, 박제경朴濟敬 등 훗날 갑신정변의 행동대원이 될 청년들도 수신사로 종사했다. 일본에 머무는 동안 이들은 일본의 정객들과 면담하며 그들의 동아시아 구상을 소상히 파악하고 이를 바탕으로 조선에서 일본식 개혁 정책을 구상하기도 했다. 하지만, 이들이 귀국할 때쯤 조선 정국의 주도권은 청이 쥐고 있었다.

임오군란 얼마 후 청의 리훙장은 독일 출신의 묄렌도르프Paul Georg von Möllendorff, 穆麟德를 파견하여 조선의 외교와 세관 업무에 개입하고자 했다. 1882년 겨울에 입국한 묄렌도르프는 본래 임무를 넘어 당시 재정 부족 해소책으로 추진했던 당오전當五錢 발행에도 개입하여 이에 반대한 김옥균과 대립했다. 김옥균은 묄렌도르프와 함께 외아문外衙門에서 일했으므로 묄렌도르프와 청의 움직임을 잘 알고 있었다. 당오전 발행은 청 주둔군 장수 오장경吳長慶이 처음 말을 낸 것을 민태호閔台鎬가 대리하여 고종에게 주청하며 추진되었다.

김옥균은 과거 대원군 때 당백전 발행으로 인해 경제가 혼란에 빠졌던 것을 잘 알고 있었으므로, 어전에서 민태호와 맞서 다투고 건백建白(상전에 보내는 건의서)을 수십 차례 작성하기도 했다. 민영익의 청에 따라 묄렌도르프에게 자문하니, 그는 당오전 주조에 전혀 문제가 없다고 했다. 서양인으로서 악화 발행의 위험성을 모를 리 없는 묄렌도르프가 당오전 주조에 찬성하는 것을 보고 김옥균은 그가 결국 민씨 척족 편에 섰다고 확신했다. 김옥균은 당오전 발행 같은 편법이 초래할 국가적 혼란을 막기 위해 일본에서 차관을 도입하자고 주장해서 고종의 윤허를 받았으나 묄렌도르프의 간섭으로 끝내 실패했다.[42] 묄렌도르프의 전횡은 당오전 발행 기관인 전환국典圜局 업무에 국한되지 않고 국정 전반으로 치달았다. 한편, 묄렌도르프는 갑신정변 직후 조러밀약을 추진하여 러시아 세력을 한반도에 끌어들였는데, 이는 모국 독일의 아프리카 진출을 위한 책략이었다.[43]

한편, 개화파와 수구파 사이에서도 세력 변화가 생겼다. 묄렌도르프가 입국하던 무렵에 박영효는 한성부판윤에 임명되었는데, 도로 확장과 정비뿐만 아니라 신문 발행에 착수하여 1883년 2월에는 모든 준비를 마쳤다. 하지만 이 모든 일은 보수파의 반발에 따라 박영효가 광주유수로 형식상 좌천되면서 모두 중단되었다. 이때까지 김옥균과 뜻을 같이했던 민영익은 1883년 6월 보빙사로 미국을 방문한 다음 곧바로 귀국하지 않고 유럽을 거쳐 거의 1년 만에 귀국했는데, 이전과 달리 품행이 방자해지면서 변화를 거부했다.[44] 한때

---

[42] 김옥균,「갑신일록」, 김옥균 외 저, 조일문·신복룡 옮김,『갑신정변 회고록』, 건국대학교출판부, 2006, 42~48쪽. 김옥균은 당오전과 같은 악화를 주조하면 재정이 파탄을 면치 못하리라고 예측했는데(『승정원일기』고종 20년(1883) 4월 11일), 실제로 당오전 발행 1년도 되지 않아 그 폐해가 전국을 휩쓸었다. 인플레이션이 진행되어 당오전의 가치는 1/5로 떨어지게 되지만 국가에서 거둬들이는 세액은 액면가를 따랐으므로 결국 국가 재정이 파탄에 이르는 것이다. 당오전 발행으로 인한 경제 혼란은 갑신정변의 한 계기가 되었다.

[43] 갑신정변 직후 묄렌도르프는 고종을 설득하여 청 견제의 명목으로 러시아 세력을 끌어들이고자 했다. 러시아는 이 틈을 활용하여 조선에 대한 청과 일본의 영향력을 약화시키고자 했고, 이를 위기로 인식한 영국은 거문도를 점령하면서 러시아의 남하를 견제하기 시작했다(한성무,「구한말 묄렌도르프의 친러정책(1884~1885) 추진 배경에 관한 연구: 독일 변수를 중심으로」, 부산대학교 대학원 정치외교학과 석사학위논문, 2019, 42~50쪽). 1902년 영국이 일본과 동맹을 맺은 데는 이때의 경험이 작용했다. 한편, 조·러 밀약은 사실 묄렌도르프가 모국 독일을 위해 추진한 것으로 볼 수 있다. 러시아의 동방 진출로 영국과 일본의 관심이 조선으로 향하면, 후발 제국인 독일이 이미 영국과 프랑스가 장악한 아프리카에 진출하는 데 유리한 조건이 형성되기 때문이었다.

[44] 민영익은 1860년 민태호의 아들로 태어나 중전의 친오빠 민승호 부자가 대원군 추종 세력에 의해 폭사한 직후인 1875년 그 양자로 출계했다. 어린 나이에 중전의 조카로서 총애를 받아 1877년 급제하고 스무 살 무렵부터 권력의 핵심부에서 활동했다. 1905년 이후 상해로 망명해서 1914년에 죽은 민영익이 쌓은 막대한 재산 가운데 일부가 독립운동에 사용되었다고 전한다.

청년으로서 조선의 미래를 위해 헌신하고자 했던 개혁자 민영익은 이제 민씨 척족의 이익을 위해 친청·보수 정책의 대표가 되는 길을 택했다.

김옥균을 잘 알고 있던 민영익의 변신 때문에 개화파는 손발이 묶일 수밖에 없었다. 중전의 세력 부식에 위기감을 느낀 고종이 내밀하게 김옥균에게 힘을 싣고자 했지만, 이미 군대통솔권을 비롯한 조정 요직을 민씨 척족과 친청파가 장악한 상황에서는 국왕의 뜻조차 실현되기 어려웠다. 당시 김옥균의 심정은 이 책의 주인공 서재필과 다르지 않았을 것이다.

> 이전부터 청국이 (조선을) 속국으로 생각해 온 것은 참으로 부끄러운 일이다. 나라가 진작振作의 희망이 없는 것은 역시 여기에 원인이 없지 않다. 여기서 첫째로 해야 할 일은 기반羈絆('굴레'의 뜻으로 여기서는 청국의 간섭을 의미함)을 철퇴撤退하고 특히 완전한 자주독립국가獨全自主之國을 수립하는 것이다.[45]

김옥균을 비롯한 개화당 인물들은 원체 명문가의 자제들인 데다가 당시 중전의 총애를 받던 청년 재상 민영익과의 친교도 두터웠기 때문에 자신의 영달을 위해서라면 굳이 무리하게 개혁을 추구할 필요도 정변을 일으킬 이유도 없었다. 그러므로 개화당의 거사를 개인적 이익 추구에서 찾을 수는 없다. 개화당의 거사는 공적 측면, 곧 이들이 추구했던 이념과 가치 측면에서 찾아야 한다.

### 갑신정변의 시말

1884년 봄에 이르러 조선에 주둔하고 있던 청의 병력 3천 명 중 절반인 1천5백 명이 철수하여 베트남으로 이동했다. 임오군란을 기화로 조선의 속

---

[45] 김옥균, 「朝鮮改革意見書」, 『김옥균전집』, 아세아문화사, 1979, 110~111쪽. 김옥균의 의견서는 1883년 일본의 정객 고토 쇼지로(後藤象次郎)에게 발송한 것이다.

국화에 성공한 운을 과신한 청은 1883년 프랑스의 베트남 침략을 기화로 베트남까지 속국화하려 했다. 하지만 프랑스는 청이 만만히 볼 상대가 아니었다. 청은 조선에서 이동한 군대에 의용군 부대인 흑기군까지 더해서 전쟁을 준비했지만, 1884년 8월 청불전쟁이 개전하자마자 연전연패하며 밀리기 시작했다. 이런 상황은 개화당의 정변 계획에 유리한 조건으로 작용했다. 개화당은 자신들이 체계적으로 양성했던 정예 병사들을 활용할 기회로 생각했다.

고종의 묵인하에 청으로부터의 독립을 꿈꿨던 개화당의 군사력은 1884년에는 상당한 수준에 도달해 있었다.[46] 앞서 언급했듯이, 형식상은 좌천이었지만 박영효가 1883년 4월 경기도 광주유수로 임명된 데에는 결정적 시기에 사용할 군사를 양성하겠다는 고종과 개화당의 의지가 작용했다. 광주에서 박영효는 서재필 일행보다 1년 앞서 일본 도야마학교에서 훈련받은 신복모를 훈련대장으로 삼아 5백 명의 신식 군대를 양성했다. 이에 불안감을 느낀 수구 세력은 박영효의 광주 군사를 어영청으로 옮겨 배속시키고 한규직을 친군전영사親軍前營使로 삼아 관리하게 했다. 하지만 이 군대의 핵심 인물 가운데는 김옥균과 박영효가 준비했던 비밀결사인 충의계忠義契 소속이 많았고, 실제로 이들 가운데 일부는 갑신정변에 적극적으로 가담했다.

윤치호의 부친으로 고종의 총신인 무관 윤웅렬尹雄烈은 박영효의 광주유수 발령과 비슷한 시기에 함경남도 병마절도사로 부임하여 함경 남병영南兵營(북청 소재)에서 정병을 육성했는데, 그 수효 역시 5백 명에 달했다. 이를 알아차린 수구파가 윤웅렬의 파면을 요청했지만, 원체 윤웅렬 부자에 대한 고종의 신임이 도타운 까닭에 군사 양성을 마칠 때까지 윤웅렬은 자리를 지켰다.

광주와 북청의 군대 외에도, 일본에 파견했던 서재필 외 14명의 정예 지

---

[46] 개화당의 군사 양성 계획은 다음을 볼 것. 신용하, 「갑신정변의 주체세력과 개화당의 북청·광주 양병」, 『한국학보』 25권 2호, 1999.

휘관급이 귀국하여 대기하고 있었다. 그리고 1884년 10월, 마침내 북청의 정예군 4백70명이 상경하여 친군 전영에 주둔했다. 이 정도 군사력이면 정변은 성공하지 않을 수 없었다. 하지만 개화당에 우호적이었던 환관 류재현柳載賢이 변심하여 고종에게 참소했고, 이에 마음이 흔들린 고종과 윤웅렬은 70명을 제외한 병력 대부분을 북청으로 돌려보냈다. 정변 직전 개화당의 군사력은 처음 목표했던 천여 명의 절반 수준에 불과했고 그마저도 지휘 통솔 계통이 불완전하여, 실제 거사에서 적극적으로 활용할 군사력은 수백 명 수준에 머물고 말았다.[47]

더구나 거사를 최종 승인해야 할 고종의 의중도 오리무중이었다. 재위 기간 내내 고종의 관심은 권력을 두고 경쟁하는 집단 사이의 세력 균형에 있었는데, 이때도 마찬가지였다. 김옥균과 개화당 세력은 고종의 승인 없이 거사하기로 했다. 이때 내세운 목표는 크게 두 가지였다. 첫째, 민영익 이하 사대당의 거두와 궁중의 요망한 무리를 제거하는 것. 둘째, 청국의 간섭을 끊고 독립국의 체면을 유지하는 것.[48]

전력상의 열세 때문에 개화당에게는 수구파를 기습하여 일거에 정국을 장악하고 사후에 고종의 승인을 얻는 선택지밖에 남아 있지 않았다. 정변의 기획은 오래전 일이었지만 거사 날짜는 한 달 전에 비로소 잡혔다. 다케조에 신이치로竹添進一郎 공사를 통해 일본의 도움을 받을 수 있는 길이 열리자 김옥균은 최종적으로 1884년 12월 4일 거행될 우정총국 낙성식 축하 연회

---

[47] 개화당은 일관되게 자신들의 병력 수준을 천여 명으로 믿고 있었다. 그러나 북청 군대의 복귀와 광주 군대를 직할하지 못했던 상황을 고려하면 실제로 거사에 참여할 인원은 수백 명에 불과했을 것이다. 서재필이 지휘하는 사관생도 14명, 충의계 계원 43명과 달리 친군 전영과 후영에 각각 배속된 광주 군대와 북청 군대는 비밀리에 진행되어야 할 거사의 성격 때문에 충분히 활용되지 못했다. 개화당이 갑신정변 과정에서 일본군 150명의 차병(借兵)을 용인할 수밖에 없었던 데에는 이렇게 틀어진 상황도 고려해야 한다.

[48] 박영효의 회고(김옥균 외 저, 앞의 책)에 따르면 거사의 목표는 크게 세 가지였는데, 핵심은 위 두 가지이다.

를 거사 시점으로 정했다.

갑신정변 준비와 거사에서 서재필의 역할은 절대적이었다. 일본어에 능하고 일본 군대 사정에 밝은 서재필은 거사 한 달 전부터 일본군 중대장 무라카미 마사즈미村上正積와 자주 만나 작전 계획을 논의했다.[49] 그리고 거사 보름 전부터는 박영효, 서광범과 함께 실제 거사에 참여할 조선인 행동대원들과 접촉하여 그들이 마음을 굳게 다지게 했다. 이규완을 비롯한 서재필 휘하의 사관생도들 역시 그와 함께 명운을 같이하기로 다짐했다. 거사 실패 후 처형되는 서재필의 동생 서재창徐載昌도 마찬가지였다.

마침내 운명의 날이 왔다. 12월 4일 밤 우정총국 낙성식 연회에는 미국, 청국, 영국의 공사 등을 비롯한 외국인과 홍영식, 박영효, 김옥균 등의 개화당, 민영익, 한규직 등의 보수파 대신들이 대거 참석했다. 계획대로 별궁 방화를 시발로 거사하기로 했으나 그것이 불가능해지자 임시변통으로 우정국 옆집에 불을 지르는 것으로 거사가 시작되었다. 이 소동에 뛰쳐나간 민영익을 칼로 베었으나 그는 살아남았다.

직후 김옥균 등 일행은 창덕궁으로 향해 고종에게 청군의 소동이라며 거짓으로 알리고 고종과 중전을 경우궁景祐宮으로 모셔갔다. 경우궁은 갑신정변 초기 중요 정책과 인사 발표 그리고 수구파 대신들을 처단하는 공간이 되었다. 거사가 시작되면서 서재필은 사관생도 14명과 함께 고종을 가장 가까운 거리에서 호위했고, 경우궁에서는 정전 바로 앞에 시립하며 과단성 있게 보수파 신료들의 입대를 막아냈다. 거사 직후 병조참판 및 정령관으로서 형식상 고종의 직할 하에 군령을 통제하는 막중한 임무를 맡은 서재필의

---

[49] 김옥균의 회고(김옥균 외 저, 앞의 책)에 따르면 서재필과 무라카미는 일본공사관 행사를 빌미로 수시로 만났다. 이것이 김옥균의 지시에 의한 것이라는 점은 두말할 나위가 없다. 다만, 서재필은 거사 자체에만 신경을 써서 주로 행동대원을 포섭하는 역할에 주력했던 것으로 보인다.

나이는 그때 만 스물이었다.

당시 개화당의 경우궁 수비는 크게 세 겹의 방어망으로 구성되었다. 가장 바깥은 친군의 전영과 후영 각 5백 명씩 총 천 명의 조선군 수비대가 맡았고, 그 안쪽으로 일본군 1백50명이 경우궁 대문 안팎을 수비했고, 가장 안쪽에는 서재필의 사관생도들과 충의계 결사대원들이 고종과 개화당 인사를 호위했다.[50] 친군 전영의 소대장인 윤경완尹景完은 당직 사병과 함께 가까이에서 도열해서 만반의 준비를 했다.

김옥균은 그날 밤 어가의 이동 소식을 듣고 경우궁을 찾은 친군 대장들 이조연李祖淵, 윤태준尹泰駿, 한규직과 권신 민영목閔泳穆, 조영하趙寧夏, 민태호 등 모두 6인을 계획대로 죽였다. 고종이 간절히 만류했으나 김옥균은 아랑곳하지 않았다.[51]

---

[50] 서재필은 당시 정변 가담 군대의 실상을 가장 잘 알고 있는 증인이다. 그의 기억을 들어보자. "옛 한국 군대는 500명씩으로 편성된 4개 연대 2,000명 규모로 일컬어졌는데, (한 종류가 아니라) 다양한 종류의 소총이 지급되었던 데다, 탄약은 보급되지 않았고 훈련도 없었으니, 군대 규율에 대해서도 아는 바가 없었다. 장교들 역시 교육이나 군사 훈련의 면에서 사병들과 다를 게 없었다. 조직 목적에서 볼 때 전혀 쓸모가 없는 군대였다. 새 정부의 적들이 침투할 것에 대비하여 임시 궁궐의 문들을 경계하는 것이 나의 임무였지만, 옛 한국 병사들에게 이러한 임무를 맡길 수는 없었다. 그들 가운데 누구도 허리에 탄창을 차고 있는 사람이 없었다는 게 가장 큰 이유였고, 게다가 새 내각에 대한 그들의 충성심을 믿을 수도 없었다. 그래서 임시 궁궐을 호위하는 임무는 나와 함께 일본 군사학교에서 훈련을 받은 12명의 사관생도에게 맡겨졌다. 비록 이들에게도 지급된 실탄의 수효는 적었지만, 옛 한국 군인들의 장비보다 잘 갖춰져 있었다. 더구나 이들은 충성스러웠고 그들의 내면은 사적으로는 원수이고 국가적으로는 배신자였던 부패한 보수파들에 맞서 싸우겠다는 정신으로 가득 차 있었다. 보잘것없는 장비와 얼마 되지 않은 병력으로도, 이들 사관생도는 그 궁정에서 바람직하지 않은 모든 것을 제거하는 일을 훌륭하게 해냈다." *The New Korea*, Aug 18, 1938. 이 회고는 홍선표가 엮은 서재필 영문 기록 모음집인 다음 책을 이용했다. Philip Jaisohn, *My Days In Korea*, Sun-Pyo Hong(ed.), Seoul: Yonsei University Press, 1999, pp. 19~20. 이하 이 책은 '*My Days In Korea*'로 줄여 씀. 한편 일본 측의 정변 기록에 대해서는 다음 논문을 참고했다. 신동규, 「갑신정변 체험기 '遭難記事' 필사 원본의 발굴과 사료적 특징」, 『한일관계사연구』 47집, 2014.

[51] 『고종실록』 21년(1884) 10월 18일(양력 12월 5일).

다음 날 아침 개화당을 배신한 환관 류재현을 죽인 다음, 김옥균은 고종의 종형 이재원을 영의정, 홍영식을 우의정으로 하는 요직 개편을 단행했다.[52] 군권에 관계되는 전후 영사와 좌우 영사에 박영효와 서광범, 병조참판 겸 정령관에 서재필을 임명한 데에서 갑신정변 직후 인사가 군권 장악을 목표로 하고 있음을 알 수 있다.

거사 이튿날(12월 5일), 김옥균은 외국 공사들을 불러 권력이 자신의 수중에 있음을 과시하고 곧이어 박영효가 전영을 지휘하는 것을 고종에게 허락받았다. 고종은 여전히 사태를 관망하고 있었지만, 중전 민씨는 이미 상황을 꿰뚫고 있었다. 중전은 고종에게 개화당의 목표가 고종 폐위와 조선을 일본 속국으로 만드는 데 있다고 거듭 알렸다. 그리고 경우궁에 비할 바 없이 넓은 창덕궁으로의 환궁을 주장하여 개화당의 수비를 어렵게 하려 했다.[53]

다케조에 공사가 중전의 환궁 계획을 마지못해 수용하자, 김옥균은 마지못해 박영효를 보내 창덕궁의 상황을 검토하게 하고 결국 해 질 녘에 환궁했다. 서재필은 고종 곁에서 군령을 맡아 김옥균 등 선배들이 정세 판단과 개화 정책 발표에만 집중할 수 있게끔 여유를 주었다. 정변의 성패와 관계없이, 서재필이 생도들을 통솔하는 데는 한 치의 오차도 없었다.

그 사흘간 고종은 청년 서재필을 나쁘게 보지 않았던 듯하다. 훗날 서재필이 미국에서 1차 귀국했을 때 고종이 친히 그를 불러 대소 신료를 대상으로 강연하게 한 데에서 짐작할 수 있고, 아관파천 이후 친정체제를 구축했던 고종이 서재필의 신문 발간 및 독립협회 조직 등의 일에 관심을 가졌던 데에서도 추론할 수 있다. 그리고 이날 밤 14개 조항의 개혁 정책을 담은 정령이 반포되었다. 그 내용은 다음과 같다.

---

[52] 김옥균, 「갑신일록」, 김옥균 외 저, 앞의 책, 126쪽.
[53] 윤치호 저, 송병기 옮김, 『국역 윤치호 일기』 1권, 연세대학교 대학출판문화원, 2001, 215쪽(1884년 12월 15일).

1. 대원군을 조속히 모셔올 것. 조공과 허례는 의논하여 폐지함.
2. 문벌을 폐지하여 인민이 평등한 권리를 갖는 제도를 마련하여, 사람으로서 벼슬을 택하되, 벼슬로써 사람을 택하지 말 것.
3. 온 나라의 지조법地租法을 개혁하여 관리의 부정을 막고 백성의 어려움을 펴게 하는 동시에 국용國用을 여유롭게 할 것.
4. 내시부內侍府를 혁파하되, 그 가운데 인재는 모두 등용할 것.
5. 전후 간에 간악하고 탐욕스러워 나라를 병들게 함이 가장 심한 자는 정죄定罪할 것.
6. 각도의 환상還上(환곡)은 영영 와환臥還(이자인 모곡만 거둠)할 것.
7. 규장각을 혁파할 것.
8. 급히 순사巡査를 두어 절도를 막을 것.
9. 혜상공국惠商公局을 혁파할 것.
10. 전후 간에 유배되었거나 금고된 사람을 형의 양을 고려하여 방면할 것.
11. 4영四營을 1영으로 통합하고, 1영 중에서 장정을 뽑아 급히 근위대를 설치할 것. 육군대장에는 먼저 세자궁을 의망擬望(후보 추천)할 것.
12. 무릇 국내 재정에 관한 것은 모두 호조戶曹가 관할하고, 그 밖의 재부財簿를 맡은 관서는 일체 혁파할 것.
13. 대신과 참찬은 매일 합문 안 의정소에서 회의하여 완전히 결정한 다음에 정령政令을 반포 시행할 것.
14. 정부 육조 이외의 중요하지 않은 벼슬아치冗官는 혁파하되, 대신과 참찬으로 하여금 작의酌議하여 품계하게 할 것.

한편, 이날 뒤늦게 사태를 파악한 위안스카이는 진압 작전을 계획했다. 김옥균은 4백 명의 군사를 네 개로 나눠 궁 인근의 경계 강화를 지시했다.

거사 셋째 날(12월 6일), 김옥균은 각 영의 총기를 점검 보수하게 한 다음 다케조에 공사와 향후 개혁에 필요한 차관 도입을 상의할 정도로 자신감에

**자료 1-1** 갑신정변 후 일본 체류 때 사진(1885)
왼쪽부터 박영효, 서광범, 서재필, 김옥균
출처: 서재필기념회

차 있었다. 위안스카이가 이미 진압 작전을 준비 중이었다는 것을 미처 알아차리지 못했다. 이날 낮 2시 반 경에 청군은 동문과 남문으로 대포를 쏘며 공격해 들어왔다.

하필 총기 수리 중이었던 전·후영의 군사들은 모두 맨손으로 도망쳐 버렸다. 혼란을 틈타서 이미 중전을 비롯한 왕실은 모두 궁에서 빠져 나갔고, 고종 홀로 남아 궁전 후편 기슭에서 사태를 파악하고자 했다.

김옥균은 고종을 다시 연경당으로 모셨으나 사태는 여의치 못했다. 여기에 조선의 별초군(각 영의 정원외 군인) 백여 명이 청군의 지휘하에 궁에 대포를 쏘자 더는 버틸 힘이 없었다. 마침내 수비군 전력 핵심인 일본군이 퇴각하고 다케조에는 면책에 급급해 도망칠 궁리만 했다.

책임감이 강한 홍영식이 어가를 끝까지 모시기로 하고, 김옥균을 비롯한 거사의 핵심 인물들은 일본공사관으로 도망쳤다. 이들은 공사관 내 마른 우물에서 하룻밤을 보내고, 다음날 다케조에와 함께 제물포로 도망쳤다.[54] 이

---

54 지금까지 갑신정변의 경과는 「갑신일록」에 따랐고, 일본공사관으로 피신한 날 밤의 기록은 손금성의 서술(손금성, 『회고 서재필』, 칼빈서적, 1995, 26쪽)을 참고했다. 한편, 여기에 박영효의 회고(김옥균 외 저, 앞의 책)에서 주목할 만한 것을 덧붙이면 다음과 같다. (1) 거사 계획의 역할: 홍영식은 모의의 총괄, 박영효는 총지휘, 서광범은 참모, 김

것으로 갑신정변의 이른바 '삼일천하'는 막을 내렸다.

## 처절한 실패, 쫓기는 혁명가

갑신정변을 일본이 주도한 것으로 이해한 백성들은 이를 매국 행위로 간주하여 의연히 일어나 정변 군대와 일본에 맞섰다. 그 와중에 일본군 외에도 상인 등 거류민이 성난 백성에 의해 살해되어 일본인 사망자는 총 38명에 달했다. 일본공사관이 불타고 일본인 가옥과 상점이 습격당해 그 물적 피해도 상당했다. 이를 빌미로, 정변 이후 개입 책임 때문에 한동안 신중했던 일본은 곧 태도를 바꿔 조선에 손해배상을 요구하기도 했다.[55] 청군 9명도 교전 중 사망했다. 그러나 가장 큰 피해를 겪은 것은 피아로 갈려 싸운 조선이었다. 정변 중 피살된 관리들과 혼란 중에 숨진 일반 백성의 숫자도 1백49명에 달했다. 그리고 정변 가담자들과 그 가족들 앞에는 처절한 복수가 기다리고 있었다.

정변 실패 직후, 김옥균, 박영효, 서광범, 서재필 등 정변 핵심 인물과 사관생도 이규완, 변수, 류혁로, 신응희, 정난교 등 모두 9명이 다케조에 공사를 따라 일본으로 도망쳤다. 하지만 잔류 인물은 대부분 죽음을 면치 못했

---

옥균은 일본공사관과의 교섭, 서재필은 대문 방어와 병사 영솔, 이규완·윤경순은 사관생도 인솔 및 방화·주륙(誅戮) 등 하수(下手)의 임무 전체 지휘. (2) 거사 중 고종이 '일본 공사가 와서 짐을 보호하라'(日本公使來護我)는 친서를 써서 박영효에게 전했다. (3) 거사 이튿날 심상훈이 고종에게 전후 사정을 알려 고종과 중전의 환궁을 이끌었다. 박영효의 회고 가운데 (1)에서 홍영식과 자신의 역할을 과장한 것으로 보인다. (2)의 경우는, 정변 후 일본이 자신의 책임을 회피하는 근거로 작용했다. (3)은 중전의 총애를 받은 심상훈의 결정적 역할을 설명한다.

55 정변 두 달 후인 1885년 1월 9일 갑신정변의 사후처리와 관련한 조선과 일본의 조약(한성조약)이 체결되었는데, 일방적으로 일본에 유리했다. 일본에 11만 원을 배상하고 공관 신축 비용 2만 원을 별도 보상하며 일본 대위를 살해한 양민에 대해 그 죄를 물을 것 등의 내용을 담고 있다.

다. 끝까지 고종 어가를 호위한 홍영식, 박영교와 호위 사관생도 7명이 그 자리에서 살해되었다. 정변 실패 직후 정부는 가담자 체포와 색출에 나서, 전후로 20명이 체포되었다.

관련자에 대한 심문 기록인 『추안급국안』에 따르면, 이희정李喜定(충의계), 신중모, 윤경순 등이 '모반대역부도謀反大逆不道'로 능지처사凌遲處死, 신흥모 등 8명이 '모반부도謀反不道'로 참형, 서재창 등 8명이 '지정불고知情不告'로 참형 처분을 받아 총 21명이 처형됐다. 분노한 군중에 의해 참살된 인물도 많았는데, 박제경, 오감吳鑑 등이 그들이다. 윤영관, 이인종李寅鍾 등 10명은 백성에 의해 살해되었다고 전한다. 체포와 참살을 피한 가담자들은 도주하여 신분을 바꿔 10년간 숨어 살아야 했다.

정변 가담자의 가족도 비참하게 죽었다. 김옥균의 생부와 동생은 투옥 중 병사했고, 박영효의 경우는 형 박영교가 참살되자 부친이 손자들을 죽이고 자살했다. 홍영식의 부친 홍순목洪淳穆도 손자를 죽이고 자살했다. 서광범의 부친도 투옥 중 숨졌다.[56] 서재필 집안도 마찬가지였다. 정변 직후 체포된 동생 서재창이 지정불고죄로 참형 당했고, 생부 서광언은 정변 직후 음독하여 자살했고, 생모 성주 이씨와 처 광산 김씨는 두 달 후 같은 날에 함께 자진했다. 형 서재춘徐載春도 오랜 투옥 중 1888년에 음독으로 삶을 마감했다.[57] 부인 김씨가 시모를 따라 자진하면서 방치되었던 갓 돌 지난 아

---

[56] 정변 실패 후의 상황에 대해서는 다음의 글에 잘 정리되어 있음. 박은숙, 『갑신정변 연구』, 역사비평사, 2008, 516쪽, 522~523쪽.

[57] 정변 가담자 가족들의 피해에 대해서는 황현의 기록(황현 저, 허경진 옮김, 『매천야록』, 서해문집, 권1, 2006, 111쪽)에 근거하면서 사실과 다른 것은 족보 기록에 근거해 바로 잡았다. 『매천야록』에는 서재필의 서모가 난 아들 서재형(徐載衡)을 큰형으로 잘못 기술했다. 서재필의 막냇동생 서재우(1869년생, 당시 15세)가 나이가 어려 죽음을 면했다는 황현의 서술은 정확한데, 족보에도 서재우가 1905년에 사망한 것으로 기록되어 있다. 그 밖의 구전된 내용은 믿을 수 없다. 서재필이 의도적으로 잊고자 했던 비운의 부인 광산 김씨는 1856년생으로 김영석(金永奭)의 딸로 태어나 1881년 자신보다 여덟 살

이는 굶어 죽었다.

자기 때문에 빚어진 일가의 비극은 평생 서재필에게 정신적 상처가 되었다. 심리학적으로 말하자면, 서재필의 자아는 그 충격을 완화하기 위해 '망각'이라는 방어 기제에 의존해야 했다. 가족이라는 사적 영역의 비극을 잊기 위해 서재필은 이후 조선 전체의 개혁이라는 공적 영역의 소명을 수행하는 데 평생을 바치게 된다.

갑신정변은 청국에의 종속과 개화 정책의 후퇴라는 최악의 결과를 불러일으켰다. 국왕으로서 고종 역시 리더십에 상처를 입었다. 의욕적으로 추진했던 개화 정책이 정변이란 결과를 낳았기 때문에, 고종은 먼저 자신과 개화당을 분리하고 정변 책임자를 난적亂賊으로 규정했다. 나아가 고종은 개화당이 주도했던 정책을 취소하고 개화 정책을 총괄했던 통리기무아문統理機務衙門과 우정국을 혁파하는 방식으로 책임에서 벗어나고자 했다. 개화 정책에 반대 상소를 올렸다가 투옥되었던 이만손 등 위정척사파 유림을 석방한 것은 고종이 향후 정국을 어떻게 이끌어나갈지를 예고하는 조치였다. 조정은 이제 친청親淸 보수 세력에 의해 완전히 장악되었다. 청군의 출병을 요청했던 심순택沈舜澤이 영의정에, 친청파인 김홍집과 김윤식이 좌의정과 병조판서에 차후 임명되었다. 고종이 다시 친정체제를 구축하고 온건하나마 개화 정책을 재개하기까지는 1년을 더 기다려야 했다.

개화 정책의 후퇴보다 장기적으로 더 크게 부정적인 영향을 미친 것은 조선에 대한 청국의 종주권이 국제적으로 인정되었다는 점이다. 북양대신 리훙장은 정변 직후 조사와 사후처리를 명분으로 조선에 군함과 흠차대신欽差大臣을 파견하여 종주권을 강화하려 했다. 조선과 일본의 한성조약 체결 과

---

아래의 서재필과 결혼했다. 김영석은 삼사의 요직을 두루 거친 당대 명사 김경현(金敬鉉)의 아들로 태어나 여주 목사를 역임했다.

정에 간섭하기도 했다. 묄렌도르프가 전개한 인아책引俄策(러시아 유인을 통한 균형 정책)에 조선이 동의한 것은 청을 견제하기 위한 고육책이었다.[58]

일본이 청과 전쟁 중인 프랑스와 동맹을 맺을 가능성이 있고, 이에 더해 영국의 거문도 점령 이후 러시아의 관심이 조선의 항구와 기지 건설에 이르게 되는 복잡한 국제 정세를 고려했을 때, 청의 선택권도 많지는 않았다. 청의 입장에서는 종주권을 확인하고 조선에서 일본의 영향력을 막는 것이 최우선 목표였다. 따라서 1885년 4월 청·일 간에 체결된 톈진조약天津條約에서 청·일 양군이 조선에서 철병하는 것은 청의 목표에 부응하는 외교적 성과였다.[59] 양군이 모두 철병하면, 이미 일본과 친밀했던 개화당 세력이 궤멸한 조선에서 더는 일본의 영향력이 확대될 기회가 없을 것이라고 리훙장李鴻章은 판단했을 것이다. 또한, 조선 비상사태 발생 시 양군의 조선 파병 고지를 명문화하여, 제물포조약 이후 일본이 확보했던 수시 파병권을 무력화하고 대신 청의 파병권을 확립하는 성과를 거뒀다. 이후 일본은 표면적으로 조선에 대한 청의 종주권을 암묵적으로 인정하고 대신 조용히 실리 외교를 수행했다.

톈진조약에 따라 철병하면서도 청은 조선에 대한 영향력을 더욱 강화했는데, 이에 대한 조선 조정과 백성의 반응도 나쁘지 않았다. 본래 정통 유림

---

[58] 갑신정변을 기화로 일본에서는 청과의 전쟁도 불사하려는 분위기가 고조되었으므로, 이미 프랑스와 전쟁 중이던 청의 입장에서는 작은 불씨도 없애야 했다. 청의 조선 철병을 규정한 톈진조약을 일본에 유리한 것으로 해석하는 것은 그런 맥락을 고려한 것이다. 하지만 이 책은 당시 열강들의 외교전략을 종합적으로 고려할 때 톈진조약은 청에 유리했다는 다음의 해석들을 따랐다. 최문형, 「열강의 대한 정책에 대한 일연구 - 임오군란과 갑신정변을 중심으로」, 『역사학보』 92집, 1981; 우신(于晨), 「1885년 청·일 톈진조약의 재검토」, 『명청사연구』 43집, 2015.
[59] 톈진조약 제1조는 다음과 같다. '중국은 조선에 주둔한 병력을 철수하고 일본국은 공사관 호위를 위해 조선에 파견된 병력을 철수한다. 조약 조인 후 4개월을 기한으로 삼아 그 안에 모든 병력을 철수함으로써 양국이 충돌을 일으킬 우려를 없앤다. 중국군은 마산포를 통해 철수하고 일본군은 인천항을 통해 철수한다'

의 경우는 소중화론에 터해 수백 년간 청을 야만시했다. 임오군란 이후 청군이 주둔하며 내정에 심한 간섭을 했기 때문에, 청에 대한 조선 백성의 태도도 부정적이었다. 더구나 서울과 인천에서 청 상인들이 조선 상권을 장악해 가기 시작하면서 그러한 인식은 더욱 강화되고 있었다. 하지만 갑신정변에서 청이 원병의 역할을 하면서 청에 대한 태도는 극적으로 변전했다. 일본에 대한 반감이 커진 데 반해, 청은 구원자로서의 이미지를 갖게 되었다. 이에 더해 조선 조정은 리홍장이 신뢰하는 관계였던 김홍집과 김윤식 등 친청 세력이 장악하게 되었다. 이처럼 청은 외교와 내정 모두에서 조선을 둘러싼 열강의 세력 경쟁에서 우세를 점할 수 있었고, 반대로 그 후 10년간 조선은 청의 간섭에 개혁의 방향을 잃은 채 우왕좌왕하며 소중한 시간을 허비했다.

조선의 내정과 외교에 상처를 입힌 갑신정변의 성격에 대해서는 이미 많은 학문적 논의가 있었다. 요약하면, 일본의 메이지유신과 그 성과에 자극받은 소수의 정치 엘리트에 의한 '위로부터의 혁명'으로서 외세(일본)에 의존한 성급한 거사였고, 특히 민중의 지지를 받지 못해 실패했다는 것이다. 서재필도 비슷한 평가를 한 바 있다.

> 나 자신이 1884년 개혁운동(갑신정변)의 참가자였기는 했지만, 사적인 편견이나 선입견을 배제하고 현재의 나의 지식과 경험에 비추어 그 사건을 평가해 보겠다.
>
> 급진적 변화에의 요구가 있었다는 것은 의심할 여지가 없었고, 위험한 일을 몸소 수행해야 할 청년들을 움직인 숭고한 동기가 있었다는 것도 역시 의심의 여지가 없었다. 그러나 그들에게는 한 가지 중요한 실수가 있었으니, 급격한 변화를 위한 준비가 충분하지 못했다는 것이다. 민중은 개혁파(개화파)가 달성하고자 했던 바를 이해하지 못했다. 따라서 개혁파들은 개혁이 의도한 이익을 얻을 수 있던 대중들에게서 어떠한 공감과 지지도 얻

지 못했다. 어떤 정부 형태를 갖고 있든지 간에, 혁명적 정부는 민중의 지지 없이 지속할 수 없다.

만약 한국 백성의 10%라도 개혁을 지원했다면 한국이 개혁되고 주권이 수호되었을 것이다. 소규모의 개혁파 외부에 과연 우리 개혁 운동의 동기를 정확히 이해하고 있는 사람이 있었는지 나는 의심스럽다. 개혁파들은 민중의 지지를 확보하지 못했다는 것을 알았지만, 필사적으로 일본 장관(정부)의 지지를 얻고자 했다. 이것이 또다시 실책이었다는 것은 다음 두 가지 이유에서였다. 첫째, 다케조에 공사는 새로운 정부를 보호하기에 충분한 군대를 자신의 휘하에 갖지 못했다. 둘째, 한 외국인에게 그러한 부탁을 하는 것은 매우 현명하지 못하다. 설령 개혁 정부가 살아남았다고 할지라도, 의심의 여지 없이 일본은 보수파 정권하에서 중국이 수행했을 재난과 같은 영향력을 그 공헌에 대한 대가로 요구했을 것이다.

우리가 진보적이고 또 우리가 한국의 정치적 독립을 지향했기 때문에 일본인들은 그들이 우리와 한 편이라는 것을 우리가 믿게끔 이끌었지만, 우리는 일본인들이 다른 민족체를 상대할 때 반드시 진실만을 말하는 것은 아니라는 것을 나중에서야 깨달았다.

러일전쟁 이후에 한국에 대한 일본의 조치를 보면서 나는 일본인들이 자신들이 말하거나 약속했던 것이 진실이지도 성실하지도 않았다는 것을 알게 되었다. 그러한 이율배반적인 국가에 대해 어떤 믿음을 갖는다는 것은 우둔한 짓이다. 1884년의 한국의 젊은 개혁파들은 일본인들의 감언이설을 액면 그대로 받아들일 만큼 경험이 일천했고 순진했으며, 그 실수에 걸맞은 대가를 치러야 했다.[60]

서재필의 평가는 갑신정변에 대한 교과서적 평가와 다르지 않다. 특히, 갑신정변에서 일본의 도움이 순수한 의도에서가 아니라 조선에 영향력을 미치

---

60　*The New Korea*, Aug 25, 1938, in *My Days In Korea*, pp. 21~22. 인용문의 소제목은 '개혁파의 실수'이다.

려는 욕심 때문이었다는 것을 인정했다는 점에서 진지한 성찰과 반성을 담은 것이었다. 다만, 갑신정변 전후의 권력 갈등과 국제 관계에 관한 세밀한 연구가 진척된 현재 시점에서 사후적 비판에 치중하는 것보다는 정변 주도 세력의 목표가 갖는 진보성에 주목하는 해석을 시도할 필요가 있다.

앞서 검토했듯이, 갑신정변은 김옥균 등 개화당이 주도한 위로부터의 혁명이었다. 혁명의 목적은 크게 두 가지였다. 대외적으로는 임오군란 이후 내정에 간섭한 청으로부터의 자주독립이었고, 대내적으로는 민씨 척족의 보수 정치를 끝내고 개화 정책을 펴기 위한 것이었다. 특히, 정책의 내용 가운데 문벌 폐지와 만민평등의 권리를 보장한다는 조항에 주목해 보면, 갑신정변의 지향이 근대 민주적 제도 수립에 있다는 것을 짐작하게 한다.

개화당의 핵심이 엘리트였다고 하더라도, 행동대원으로 가담하여 목숨을 바친 다수의 평민 출신 군인들은 그러한 정치적 이상에 동의한 동지들이었다. 그들은 정변 성공 후의 논공행상을 통해 출세하고자 했던 인물이 아니었다. 정변의 방법에 한계가 있었을지라도, 북학파의 사상적 맥을 이어 신분제를 극복하고 자주적인 부강한 국가를 목표로 거사했던 갑신정변의 지향은 한국사에서 자주적 근대화의 출발점으로 기억해야 한다. 가장 가까이에서 이들을 지켜본 헐버트Homer B. Hulbert의 평가로 마무리하자.

> 개화파는 자기들이 살고 있는 시대보다 훨씬 앞선 시대에 살고 있으며, 그들이 원하는 것은 곧 그들 조국의 무궁한 번영이었다. 조선이 그것을 원하지 않았다고 해서, 그리고 조선이 그들을 받아들이지 않았다고 해서 그들에 대한 찬사가 감소될 수는 없는 것이다. 그들의 충의는 어느 누구보다도 순수한 것이었다.[61]

---

61   호머 헐버트 저, 신복룡 옮김, 『대한제국멸망사』, 집문당, 1999, 158쪽.

제3장

# 시민으로 거듭나다

김옥균을 비롯한 정변 생존자 9명은 다케조에 공사와 함께 인천으로 향했다. 서재필도 박영효, 서광범 등과 함께 그 무리에 섞여 있었다. 이들은 인천 주재 일본 영사의 주선으로 잠시 일본인 집에 은신했지만 추격하는 진압군의 손아귀에서 벗어나기는 어려웠다. 이들은 항구에 정박 중인 치도세마루千歳丸 호에 올라탔다. 다케조에는 조선 정부를 대신해서 파견된 묄렌도르프의 범죄자 인도 요구에 응하려 했지만, 일본인 선장 츠지 가쓰사부로辻勝三郎가 국제법을 인용하여 끝까지 버틴 덕에 배 안쪽 석탄 창고에 머물 수 있었다. 12월 11일 치도세마루 호가 출항하면서 김옥균과 서재필 일행은 한숨 돌렸지만, 묄렌도르프는 집요하게 이들의 뒤를 쫓아 요코하마까지 와서 이들을 인도할 것을 요구했다.

## 조선에서 온 망명객들

이제 이들은 망명객 신세로 전락했다. 일본으로 도망칠 때만 해도 이들에게는 일말의 기대가 남아 있었다. 조선의 개화와 거사에 협조적이었던 일본을 믿었기에, 일본에 머물며 시세를 관망하다 보면 다시 기회를 잡을 수도 있다고 생각했을 것이다. 그런데 일본의 생각은 달랐다. 개화파가 조선 조정에서 새로운 권력 집단으로 부상하던 시절에는 협조하려 했지만, 정변의 실패 이후 이들은 청국과의 관계에서 혹 같은 존재였다.

처음 일본에 도착했을 때만 해도 김옥균 일행은 일본 정객들과 교유交遊가 깊었던 까닭에 위세를 유지하는 데는 어려움이 없었다. 그러나 그들이 보여 준 후의厚誼도 잠시뿐이었다. 김옥균 일행은 일본이 자신들을 조선에 인도하지 않은 것만으로도 고마워했는데, 사실 이는 정변 준비 과정에서 이들이 일본과 협조했던 것이 드러나게 되어 책임을 추궁당할 것을 우려했기 때문이었다.

1885년 1월, 갑신정변 두 달 후 조선과 일본 간에 한성조약이 체결되면서 김옥균 일행은 조선 인도에 대한 두려움에서 벗어났지만, 그렇다고 해서 이들이 신변에 대한 불안감에서 해방될 수는 없었다. 묄렌도르프의 끈질긴 추격에서 알 수 있듯이, 친청파가 장악한 조선 조정은 이들 일행을 체포 또는 암살하기 위해 어떤 일이든 벌일 수 있었다. 아직 미련을 버리지 못한 김옥균을 제외하고, 박영효와 서광범은 신변 안전을 위해 미국행을 결심했다.[62] 보빙사報聘使 일행으로 미국에 체류했던 경험이 있던 서광범은 미국을 잘 안다고 생각했기 때문에 미국행에 적극적이었을 것이다. 박영효는 김옥균에게서 벗어나고 싶었기에, 서광범의 미국행에 동행하기로 했다.[63]

---

[62] 김옥균의 심복들은 처음부터 남기로 했지만, 박영효의 가신인 이규완과 서재필의 가신인 임은명, 그리고 보빙사 사절로 미국에 다녀왔던 변수는 미국행에 찬성했다. 배편을 마련하지 못해, 이규완 등의 미국행은 조금 늦어졌다. 박영효가 곧바로 일본으로 돌아가면서 자유로워진 이규완은 임은명과 함께 캘리포니아주의 농장에서 일하다가 1888년경 일본으로 돌아갔지만, 변수는 1887년 메릴랜드 농과대학에 입학했고 1891년 5월 졸업 후 미국 농무부 공무원으로 임용되었다가 그해 10월 기차 사고로 사망했다.

[63] 윤치호 저, 박정신 외 옮김, 『국역 윤치호 영문 일기』 4권, 국사편찬위원회, 2016, 115쪽(1897년 11월 30일). 이하 이 책은 『국역 윤치호 영문 일기』로 줄여씀. 이날 밤 서재필

서재필의 미국행은 서광범의 뜻에 따른 것이다. 서재필은 미국행이 김옥균과의 정치적 결별일 뿐만 아니라 인간적인 관계의 정리라는 것을 알고 있었다. 과거로서의 조선을 잊고 미래로서의 미국에서 새로운 삶을 살겠다는 청년으로서의 실존적 결단이 그런 어려운 결정을 내면적으로 정당화했다. 함께 일본까지 도망쳐온 자기 휘하의 청년 사관생도들의 미래를 위해서도 서재필은 미국행을 결단하지 않을 수 없었을 것이다.

서광범에게 미국에 대해 듣기 전에도 서재필은 일본을 강제 개항시킨 미국의 힘을 이미 잘 알고 있었다. 무엇보다도 게이오기주쿠慶應義塾의 스승 후쿠자와 유키치福澤諭吉가 두 차례의 미국행과 관련 영문 저서 독서를 통해 강대국으로서 미국 사회를 이끌어가는 사회 원리의 핵심에 민주주의 문화가 있다는 것을 깨달았다는 것을 서재필도 어렴풋이 알고 있었다.[64] 그의 미국행에는 개화를 물질문명의 진보로 수용한 일본의 본보기가 직접적으로 영향을 미쳤지만, 결과적으로 서재필이 미국에서 경험한 것은 평등에 기초한 민주적 정치체제와 자유와 자치의 프로테스탄티즘 종교 문화가 결합한 새로운 정신문명이었다.

미국행 자금은 직접 조달해야 했다. 서광범과 박영효는 김옥균이 써 준 글씨를 팔고 서재필은 선교사에게 한국어를 가르치며 뱃삯을 마련했다.[65]

---

은 윤치호가 흥미로워할 만큼 자신의 과거를 자세히 들려준 것으로 보인다. 다만 윤치호가 기록한 내용 모두를 신뢰할 수는 없다.

[64] 安西敏三, 『福澤諭吉と自由主義 - 個人・自治・國體』, 慶應義塾大學出版會, 2007. 이 책에는 후쿠자와가 토크빌의 『미국의 민주주의』 중요 내용을 일본어로 번역한 것이 50여쪽에 걸쳐 자료로 제시되어 있다. 후쿠자와 유키치의 초기 자유주의에 미친 토크빌의 영향을 일깨워준 이 책을 소개해 준 성희엽 교수께 감사드린다. 한편, 19세기 초반, 중반, 후반에 각각 미국을 경험한 프랑스의 토크빌, 일본의 후쿠자와 유키치, 조선의 서재필 이들 사상의 공통점과 차이를 밝히는 것은 차후 작업으로 미룬다.

[65] 일본인에게 판매할 글을 쓴 이는 김옥균일 가능성이 크다. 손금성의 기록(손금성, 『회고 서재필』, 칼빈서적, 1995, 27쪽)에는 김옥균의 글과 그림을 팔아서 90원을 벌었다는 서재필의 회고가 나와 있다. 김옥균은 나머지 일행들의 미국행에 실망했으면서도 그들

서재필은 4개월간 헨리 루미스Henry Loomis 목사에게 한국어를 가르치고 대신 영어를 조금 배웠다. 일행 가운데 몇 명은 세례를 받은 것으로 보이는데,[66] 진지한 고민 끝에 내린 결정은 아니었을 것이다. 마침내 이들은 1885년 5월 26일 시티 오브 페킹 호City of Peking, 北京市號에 몸을 실었다.[67] 태평양을 건너는 동안 이들의 가슴에는 회한과 불안 그리고 일말의 희망이 공존했을 것이다.

1885년 6월 11일, 마침내 이들은 샌프란시스코 항에 내렸다. 그들의 수중에 남은 돈이라야 고작 호텔에서 며칠 유숙할 정도였기에, 이들은 존슨이라는 부인이 운영하는 빈민가 하숙집에서 기식해야 했다. 일본에서 만난 선교사들의 추천 편지를 들고 이곳저곳을 다녔으나 이들을 도우려는 사람은 없었다.[68]

유일하게 관심을 준 사람은 펜실베이니아 출신으로 샌프란시스코에서 보험회사 중역으로 일하는 로버츠James B. Roberts 장로였다. 일본 체류 중 만났던 발라John Craig Ballagh 목사가 써 준 소개장을 본 로버츠는 이들에게 기독교 입교를 권했지만, 일행은 그럴 생각이 없었다. 이제 서재필 일행은 자신의 처지를 명확히 깨달았다. 일본에서는 정치적 '망명자'라는 위세만으로도 그들이 그린 시화를 사려는 사람들이 있을 만큼 관심받는 존재였지만, 미국에서는 그저 그런 수많은 '이민자'에 불과했다. 서재필은 당시 상황을 다음과 같이 회고한 바 있다.

---

      을 끝까지 도운 셈이다.
[66] *Western Methodist*(Wichita, Kansas), Jan 31, 1895.
[67] 임창영의 『서재필 박사 전기』에는 이들이 탄 배 이름이 'S. S. Empress of China'로 기술되어 있는데, 방선주 교수가 치밀하게 고증한 것(방선주, 「서광범과 이범진」, 『최영희 교수 화갑기념 한국사학논총』, 탐구당, 1987)을 따른 이정식 교수의 서술(『구한말의 개혁·독립투사 서재필』, 서울대학교출판부, 2003, 55~56쪽)에 따라 '시티 오브 페킹'으로 정리했다.
[68] 『국역 윤치호 영문 일기』 4권, 115쪽(1897년 11월 30일).

우리는 아는 사람도 없고 돈도 없고 언어도 통하지 않으며 이 나라 풍습에도 익지 못하였다. 이처럼 생소한 곳에서 우리는 온갖 고초를 맛보지 않을 수 없었다. 이곳에서는 금릉위錦陵尉이던 박영효 씨나 바로 1년 전까지 와싱톤 우리 공관에서 참사관 생활을 하던 서광범 씨의 지위를 알아주는 이가 전혀 없었다. 그러니 아무 명목도 없는 나인지라, 나 자신 남이 몰라준다고 물론 낙심하지를 아니하였다. 우리 세 사람은 태평양의 거친 파도에 밀려서 캘리포니아 해안에 표착한 쓰레기같이 외롭고 가엾어 보이는 존재들이었다.**69**

그런 가운데 이들이 선교사들의 소개장을 들고 다녔던 까닭에 조선에서 온 망명객에 대한 소문이 퍼져, 이들 일행의 과거 정변 경력과 조선을 둘러싼 청과 일본의 갈등이 현지 신문에 보도되기도 했다. 1885년 6월 19일 유력 일간지 『샌프란시스코 크로니클』은 '조선에서 온 망명객들'이란 제하의 기사를 내보냈다. 조선식과 일본식 이름을 병기할 정도로 객관적으로 세심하게 작성된 기사이므로 당시 이들의 처지를 잘 보여 주고 있다.

세 명의 상류 계층 조선인이 완전한 은둔 상태로 이 도시에 살고 있다. 이들은 작년에 파란만장한 시간을 보냈는데, 이는 어떤 경우에든 그들의 삶에 결코 지울 수 없는 인상을 남겼을 것이다. 이들의 이름은 박영효, 서광범 그리고 서재필이다. 이들은 모두 최근에 '고요한 아침의 나라'에서 불편한 경험을 했다는 점에서 공통된다. 이들의 정치적 망명을 설명하는 데에는 지난번 조선 혁명의 명확한 사실에 대한 간단한 소개가 필요하다. (……) 좀 작은 일반적인 일본식 양복을 입고 수염을 민 채 나타난 이 세 명의 조선인의 용모와 체형에는 주의를 끌 만한 매력이 없었지만, 이들은 조선의

---

**69** 서재필, 「체미 오십년」, 『동아일보』 1935년 1월 3~4일. 인용문에서 서광범이 옛 재미공사관의 참사관이라 한 것은 오류이다. 서광범은 1883년 9월 민영익의 보빙사 사절(종사관)로 미국에 파견되어 2개월가량 체류한 적이 있다.

청년 진보 세력의 가장 좋은 보기가 될 것이다. 최상류 계층으로서 동양의 사치에 익숙해 있었던 그들이지만 지금은 서구의 한 낯선 도시에서 하층민 구역의 거주자일 뿐이다. 한때 부와 권력을 누렸지만, 이제 그들은 가난하고 권력이 없고, 수입도 거의 없고 친구도 없다. 하지만 그들은 이러한 변화를 불평 없이 받아들이고, 또 스스로 불운의 노예가 아니라 대의를 따른 순교자로 간주한다. 그들은 영어를 전혀 하지 못하나 일본어에는 능숙하다. (……) 서재필은 25세 미만으로 세 명 가운데 가장 젊다. 그는 도쿄의 군사학교를 졸업했고 조선 군대의 대령을 역임했다. 동료들의 힘을 입어 북군과 남군의 부사령관에 임명되었다. (……) 김옥균은 일본으로 도망쳐서 은퇴한 상태로 아직 일본에 머무르고 있다고 알려져 있다. 이 기사의 주인공인 세 명의 관리들 역시 일본으로 도망쳤고, 다시 거기서 지난번 중국 증기선을 타고 샌프란시스코로 왔다. (……) 박영효, 서광범 그리고 서재필은 이곳에서 한가하게 보낼 생각이 없다. 이들의 첫 움직임은 영어 학교에서 배우는 것이 될 것이다. 이들은 처음에는 버클리 대학교에 입학할 생각이었지만, 교육의 사다리에서 낮은 단계에서 시작하는 것이 나을 것이라는 결론에 이르렀다. 더구나, 그들이 가려는 길에는 재정적인 어려움이 놓여있다. 비록 이들이 곤궁한 상태에 있는 것은 아닐지라도, 몰락한 귀족(박영효)과 그의 동료들은 모두 선한 진보적 시민들의 도움을 기다리는 처지에 놓여 있다.[70]

이 기사에는 서재필 일행이 자신의 현재 처지를 일종의 정치적 순교로 인식하고 이를 운명처럼 수용하고 있다는 것 외에도 이들이 영어를 익혀 버클리 대학에 다니려 했다는 구체적인 체미 계획이 있었다는 정보가 담겨 있어 흥미롭다.

---

[70] *San Francisco Chronicles*, Jun 19, 1885. 서재필 관련 부분을 필자가 우리말로 옮겼음. 상당히 긴 분량의 이 기사는 갑신정변 전후의 조선 정치사를 상세히 설명하고 이어서 일행을 온정적으로 소개하고 있다.

하지만 이 계획을 실행하기에는 현지의 상황이 좋지 않았다. 이미 샌프란시스코는 미국 횡단철도 공사로 태평양을 건넌 중국인으로 가득했기 때문에 서재필 일행은 자신들에게 행운이 따르지 않으리라는 것을 곧바로 알아차렸다. 박영효는 자신의 높은 지위에 무관심한 미국에 머물기보다는 일본으로 되돌아가는 편이 낫다는 것을 깨닫고 일찌감치 실행에 옮겼다. 일본에 머물러 정세를 관망하는 것이 고국 조선으로의 귀환을 도모하는 데 유리할 것이라는 판단이었다.[71] 다행히 서광범은 일본에서 알게 된 언더우드 목사 친형(사업가)의 호의로 뉴저지주의 러트거스대학으로 가게 되었다. 각자의 생업을 찾아서 부하 사관생도들도 하나둘 빈민가의 하숙집을 떠났다.

이제 서재필은 혼자가 되었다. 하지만 독립심이 강했던 서재필은 거추장스럽기만 했던 선배들과 헤어지는 편이 차라리 잘 됐다고 생각했다. 서재필은 그때부터 사망할 때까지 자신이 번 돈만으로 생계를 꾸렸다. 명문가의 일족이라는 신분도, 정변의 핵심 실세였다는 위세도 아무런 쓸모없는 것이 미국이다. 미국에서는 노력한 만큼 성과를 얻을 수 있었다. 서재필을 돈벌이로 내몬 것은 생존을 향한 본능이었지만 거기서 자본주의의 작동 원리를 배울 수 있었다. 한 기독교인이 서재필에게 일자리를 찾아 주기도 하고 저녁에는 YMCA 야학에서 영어 공부를 할 수 있다는 것을 알려 주었다. 만 스물한 살의 서재필에게는 당시 이민자들이 따를 수밖에 없던 이 정통적인 길이 그다지 어색하지 않았다.

서재필은 어떤 일자리도 마다하지 않았다. 신분 사회의 습속을 떨쳐내는 데는 정규교육보다 이러한 노동이 더 유익하다. 다행히 서재필은 당시 조선인으로서는 드물게 서양인에게 대적할 만큼 큰 체격을 가졌고, 사관학교를 마칠 만큼 육체적으로 건강했으며, 혁명가 출신으로서 성격적으로 담대했

---

71  *San Francisco Chronicle*, Jan 23, 1886.

다. 미국에서의 첫 16개월 동안 서재필은 일의 난이를 가리지 않았다. 그가 가장 쉬운 일이었다고 회고하는 일은 일당 2달러에 가구점의 광고지를 집마다 배부하는 작업이었는데, 발바닥이 갈라지도록 성실하게 일하는 그에게 주인은 최고라고 칭찬했다.

> 나는 1년 아니면 그 이상을 샌프란시스코에 홀로 남겨져 있었고 그 시기의 대부분을 생계를 위해 일했다. 가장 좋은 일자리는 그 도시의 주거 지역에 있는 집 문 앞에 가구점의 광고 전단을 배부하는 것이었다. 이 일은 언어 능력이나 영업 수완이 필요하지 않았기 때문에, 다리와 발만 있으면 되었고, 그 까닭에 하루에 10마일가량을 걸어야만 했다. 일당은 2달러였고 주일마다 5일과 반나절을 일했다. 저녁에는 영어를 배우러 YMCA 학교에 다녔다.[72]

노동의 경험을 통해 얻은 것은 돈만이 아니었다. 서재필은 미국 사회에서 경제적 자립이야말로 자유민이 되기 위한 최소한의 자격 조건이라는 것을 알게 되었다. 그리고 미국인의 자유가 그들의 종교인 개신교에 이어져 있다는 것을 어렴풋이 깨닫게 될 때쯤, 서재필은 자연스럽게 기독교에 입교한다.

서재필은 YMCA 야학에서 영어 공부를 위해 성경을 암송하면서 처음으로 강렬한 종교적 충동을 느끼고 입교를 결심했다고 한다. 서재필은 1886년 4월 4일 부활절에 샌프란시스코 메인 스트리트의 하워드 장로교회에서 세례를 받았다.[73] 미국에 체류한 지 거의 1년간은 입교를 하지 않은 채 사회

---

[72] *The New Korea*, Aug 25, 1938, in *My Days In Korea*, p.23. 이는 「체미 오십년」 회고 내용과 거의 일치한다.

[73] 이 사실은 재미 한국 이민사 연구자인 손상웅 목사의 조사로 처음 확증되었다(『미주 한국일보』 2005년 8월 4일 작성 기사. http://www.koreatimes.com/article/261107). 당

단체를 통해서만 기독교에 접했다가 비로소 그때 신앙고백을 한 것이다. 서재필은 이 교회에서 교인들과 평등한 관계에서 친교를 맺으며 미국인의 문화를 이해하게 되었다.

서재필이 입교했다는 소식을 들은 로버츠 장로는 진심으로 축하하고 그를 신앙의 친구로 받아들였다. 이후 로버츠는 외롭고 힘든 서재필을 주말마다 초대하여 저녁 식사를 하면서 격려했다. 이렇게 교회의 평등주의 문화에 익숙해지면서 서재필은 그의 마음에 흔적만 남아 있던 조선 신분제의 습속에서 벗어나게 하는 도덕적 원칙을 얻을 수 있었다. 그 10년 후 서재필은 『독립신문』 사설에 서양의 기독교인들이 일신의 안녕을 버리고 조선인의 도덕과 문명의 개화를 위해 노력하는 것을 특별히 칭송하는데,[74] 이때 자신의 청년 시절 미국 교회에서 받은 환대를 다시 한번 떠올렸을 것이다.

### 소년들에게서 배운 민주주의

그렇게 1년간 주경야독의 시간을 보내던 서재필에게 조력자가 나타났는데, 동부에서 온 58세의 신사 홀렌백John Wells Hollenback이다. 펜실베이니아주에서 광업으로 부를 축적한 홀렌백은 여름 휴가차 서부 샌프란시스코에 들렀다가 로버츠 장로의 소개로 서재필을 만났다. 이 신사는 동양인 청년의 성실함에 끌려서 자신이 운영하는 탄광이 소재한 윌크스베리Wilkes-Barre로 데려가서 공부를 시키기로 결심했다. 1886년 9월 서재필은 홀렌백이 이사

---

시 교인 명부에 적힌 영문명은 'Soh Jai Pil (of Korea)'이었다. 한편, 『서재필 박사 자서전』의 저자인 김도태는 서재필이 처음 다닌 교회가 '메이슨 가의 장로교회'로 적었는데(179쪽), 이는 김도태가 '메인 스트리트'를 '메이슨 스트리트'로 잘못 청취한 것으로 보인다.

[74] 『독립신문』 1986년 8월 20일. 이 책에서 서재필의 기독교 정신이 갖는 의미에 대해서는 대체로 다음을 참조했다. 박영신, 「독립협회 지도 세력의 상징적 의식 구조」, 『동방학지』 20호, 1978.

로 등재된 사립 해리 힐맨 고등학교Harry Hillman Academy에 입학했다. 서재필이 남긴 여러 회고 모두에서 홀렌백과의 첫 만남은 인생에서 가장 중요한 일로 그려져 있다.

서재필의 학교생활은 모범적이었을 것이다. 이미 과거급제자이자 일본 군사유학 경험자인 서재필에게 해리 힐맨에서의 공부 과정은, 언어상의 어려움만 제외하면, 결코 힘이 들지 않았을 것이다. 불과 2년도 채 안 되는 사이에 조선을 호령하던 청년 혁명가에서 열너덧 살 나이의 청소년들과 함께 공부하는 유학생으로 신분이 급변했지만, 서재필은 이 모든 변화를 전적으로 수용했다. 강대국이자 민주주의 국가인 미국에 관해 기초부터 배우려 하는 마음이 없다면 어려웠을 법한 처신이었다.

당시 해리 힐맨 아카데미는 자녀를 동부 명문 대학에 진학시키려는 윌크스베리 상류 계층의 요구에 부응하여 고전적인 교육법에 따른 교육과정을 충실하게 운영했다.[75] 이 학교 문과반에서 라틴어와 희랍어 같은 고전어 과목과 연설 과목이 필수로 지정 운영되었다는 데에서 이를 확인할 수 있는데, 중세 대학의 전통에서 고전어와 연설은 교양교육 과정의 핵심 커리큘럼이었다. 과목별로 성적 우수 학생에게는 상금 또는 메달이 수여되었다. 입학하고 1년이 지난 1887년 6월 서재필은 수학, 라틴어, 희랍어에서 장려상을 받았는데, 이를 통해 그가 얼마나 열심히 공부했는지 짐작할 수 있다. 또 서재필은 연설에서도 두각을 나타내어, 입학 후 2년째 과정이 마무리되던 1888년 6월에는 학생회에서 주최한 연설회에서 '가필드 대통령을 추모하며'라는 블레인James G. Blaine의 글을 낭독하여 3등 상과 5달러의 상금까지 받았다.[76]

---

[75] 해리 힐맨 아카데미는 현재 와이오밍고등학교(Wyomimg Seminary)에 편입되었다. 해리 힐맨 아카데미에 대한 서술은 다음의 글을 참조했다. 이광린, 「해리 힐맨 고등학교를 찾아서」, 현종민 엮음, 『서재필과 한국민주주의』, 대한교과서주식회사, 1990, 96~112쪽.

그런데 해리 힐맨 아카데미에서의 수학 과정에서 서재필에게 가장 큰 영향을 미친 것은 정규 과정이 아니라 비정규 과정, 곧 서클 활동이었다. 당시 해리 힐맨의 문과반 학생들은 리노니아The Linonia Society라는 토론 서클에 소속되어 자주 토론회를 열었다. 서재필은 곧바로 이 서클에 가입하여 적극적으로 활동했다.<sup>77</sup> 연령과 인종 차이, 그리고 언어상의 핸디캡을 극복하고 서재필은 연설과 토론 같은 공식적인 활동에도 참여했을 뿐만 아니라 이 클럽 연례만찬회의 전통인 익살스런 구호 제창에서도 역할을 할 만큼 학생 사회에 자연스럽게 녹아들었다.

미국의 민주주의 정치는 시민의 자치 관습에서 시작된다. 자생적 생활 공동체인 타운town에서 시작하여 카운티county, 주state, 그리고 연방으로 이어지는 정치공동체의 활동에서 시민들은 의사결정에서 외부의 강제가 아닌 자발적 협의를 중시하는 민주적 정치 과정에 참여하는 것이다. 타운의 주민회의town meeting는 미국 민주 정치의 원형으로서, 거주민들은 부와 지위 같은 외적 조건과 관계없이 모두 독립적 시민으로서 마을의 사안에 대해 자신의 견해를 표현할 권리를 갖는다. 타운 홀에서 행해지는 이러한 토론과 숙

---

76 *Wilkes-Barre Times Leader*, *The Evening News*, Jun 15. 1888. 서재필이 낭송한 글의 원문은 'Eulogy on James Abram Garfield'로서 블레인에 의해 1882년 저술·간행된 것이다. 미국의 제20대 대통령 가필드(James A. Garfield)는 대학교수 출신으로 남북전쟁에서 전공을 세운 인물로서 공화당 소속으로 1881년 대통령에 당선되어 흑인을 연방 고위직 공무원으로 임용할 만큼 진보적인 인물이었다. 서재필이 이 글을 선택한 데서, 갑신정변을 통해 진보적인 정책을 펼치려 했던 그가 미국에서도 인종차별 철폐를 포함한 보편적인 진보적 가치를 여전히 지지했다는 것을 알 수 있다. 한편, 당시 연설회에서 서재필이 받은 상은 2등 상(10달러)이 아니라 3등 상(5달러)이었다. 다음 기사 볼 것. *Wilkes-Barre Semi-Weekly Record*, Jun 22, 1888.

77 서재필이 리노니아 클럽에서 활동한 기록은 다음 두 기사에서 확인할 수 있다. (1) *Wilkes-Barre Times Leader*, *The Evening News*, Jun 11, 1887. (2) 같은 날짜, *Wilkes-Barre Record*. 서재필이 1896년 배재학당의 토론 모임 '협성회'를 지도하면서 당시 미국 교육에서 활용되었던 아카데미 찬반 토론 형식을 수용한 것은 리노니아 클럽에서의 활동 덕분일 것이다.

의熟議의 경험을 통해 미국 시민은 민주주의를 내면화하게 된다.[78] 이러한 관심 때문에 학교 교육에서도 회의 방식과 토론 절차와 방식을 강조하는 것이다.

토론의 교육적 기여는 단지 정치에만 있는 것은 아니다. 학생들은 찬반 토론 과정에서 주제에 관한 탐구 능력과 비판적 사고력을 계발할 수 있다. 자기보다 예닐곱 살 어린 미국 학생들이 당당하게 자기의 견해를 논리적으로 표현하는 것을 지켜보면서, 서재필은 미국 교육의 효과성에 주목하게 되었을 것이다.

서재필은 학교 안에서만 미국 민주주의를 배우지 않았다. 민주주의를 끌어가는 힘은 자율적인 시민 문화에서 나오는데, 시민은 정치적 독립뿐만 아니라 경제적 자립의 의무도 진다. 서재필은 무위도식을 부끄러워하지 않았던 조선인의 경제관념을 지우는 데서 그치지 않았다. 샌프란시스코에서는 나날의 생계를 위해 일을 했지만, 윌크스베리의 청년 유학생은 경제적으로 자립하지 않고는 책임 있는 시민이 될 수 없다는 미국 사회의 작동 원리를 깨우치고 있었다. 물론, 졸업 이후 홀렌백의 지원이 끊길 때를 대비해서라도 스스로 경제적 독립을 시도해야만 했다. 이는 서재필이 재학 중 스스로 작은 사업을 벌였던 것을 통해서도 알 수 있다.

당시 지역 신문 보도에 따르면, 서재필은 해리 힐맨 아카데미에 입학한 해인 1886년 겨울에 윌크스베리 웨스트마켓 가의 에반스 상점 주인의 호의로 그 상점 카운터 뒷자리에서 일본산 수입품을 판매하면서 영어 실력을 키우고 교육에 필요한 자금을 마련했다.[79] 단순한 아르바이트가 아니라 작더

---

[78] 미국 민주주의에 대한 설명은 다음의 책을 볼 것. 알렉시 드 토크빌 저, 이용재 옮김, 『아메리카의 민주주의』, 아카넷, 2018.

[79] *The Wilkes-Barre Record*, Dec 22, 1886.

라도 직접 사업을 벌인 것이다. 물품 판매는 일회적인 것이 아니었다. 서재필의 작은 사업은 이듬해 1887년 크리스마스 시즌에도 장소를 옮겨 계속되었다.[80] 이를 통해 당시 서재필이 더는 전통적 사대부의 이상에 얽매이지 않고 시민 계급의 경제관념을 적극적으로 수용했다는 것을 알 수 있다.

샌프란시스코에서의 아르바이트부터 방학 기간의 '가게 속 가게' 운영까지, 미국에 발을 디딘 1885년 여름부터 1887년 겨울까지 약 2년 반 가까운 기간 동안 서재필은 수업을 받는 날을 제외하고는 단 하루도 빠짐없이 생업에 종사했다. 이 경험은 노동의 가치를 소중히 여기는 프로테스탄트의 경제 윤리를 몸소 배워나가는 데 도움이 되었을 것이다.[81]

시민 간의 상호의존성을 조건으로 성립하는 근대 사회에서 개인의 이익 추구는 공공의 이익을 증진하는 데도 이바지한다는 공리를 서재필은 경제학 교과서뿐만 아니라 미국 체험을 통해 스스로 깨닫게 되었다. 노동을 통한 경제적 자립의 중요성을 강조하는 개신교의 경제관은 10년 후 그가 조선에 귀국하여 개혁 운동을 벌일 때 『독립신문』과 각종 연설을 통해 조선 사회에 전파되었다.

### 스콧 교장 댁에서 보낸 여름

뒤늦은 학창 시절을 끝마친 서재필은 1888년 여름을 스콧Edwin L. Scott 교장 집에서 머물렀다. 스콧 교장의 집은 윌크스베리 동쪽의 작은 도시인 모

---

80  *Wilkes-Barre Times Leader*, *The Evening News*, Dec 16, 1887.
81  최근 손상웅 목사는 윌크스베리의 제일장로교회의 옛 교인명부에서 서재필의 등록 기록을 발견했다. 서재필은 윌크스베리로 옮겨 온 직후인 1886년 10월 10일에 'Phil Jaisohn'(Korean)의 이름으로 등록부에 기재했다. 흥미로운 것은 불과 6개월 전 샌프란시스코 하워드 교회에서 사용했던 'Soh Jai Pil' 대신 미국식 이름으로 바꿔 사용했다는 점이다. 이를 통해, 서재필이 해리 힐맨 아카데미에서 공부를 시작할 때부터 비로소 미국식의 문화에 능동적으로 적응하고자 했다는 것을 알 수 있다.

스코moscow, lackawanna county에 있었다. 당시 지역 언론은 서재필이 9월에 라파예트대학에 입학할 예정이라고 보도했다.[82] 이때까지만 해도 서재필은 라파예트에서 보낼 대학 생활의 꿈에 부풀어 있었다. 하지만, 홀렌백과의 면담 이후 그 꿈은 순식간에 물거품이 되었다.

사정은 이렇다. 자신이 다니는 교회의 조선 선교 계획에 관심이 쏠려 있던 홀렌백은 예전 약속대로 대학 입학 자금을 청하러 온 서재필에게 새로 한 가지 제안을 했다. 서재필이 조선으로 돌아가 선교 활동을 하겠다고 약속하면 대학 4년뿐만 아니라 신학대학원 3년의 학자금을 모두 대주겠다는 것이다.[83] 홀렌백은 서재필이 당연히 이 제안을 수용하리라고 믿었다. 처음 윌크스베리로 올 때만 해도 서재필 역시 홀렌백의 선교 계획에 별 뜻 없이 동의했기 때문이었다.[84] 하지만 해리 힐맨에서 배운 2년간 서재필의 생각은 달라졌다. 비록 기독교에 입교하여 교회에 출석하고 전도단 모임에도 열심히 나가기는 했으나, 시간이 지날수록 자신이 선교사로서 부름을 받았다는 확신이 들지 않았다. 귀화하여 미국 시민이 된다고 할지라도 역적으로 몰려 있는 조선에 돌아가 선교 활동을 한다는 것은 현실적으로 불가능하다고 판단했다. 서재필이 그 제안을 거절하자 홀렌백은 서재필에게 20달러를 건네주고 냉정하게 관계를 끊었다.[85]

---

82　*The Wilkes-Barre Record*, Jul 14, 1888.
83　김도태의 『서재필 박사 자서전』에는 더 상세한 제안이 기록되어 있는데, 라파예트대학 4년 과정과 신학대학원 3년 과정을 합쳐, 연간 1천 달러씩 총 7천 달러의 학자금을 제공한다는 조건이었다. 홀렌백은 이를 서면으로 약속받고자 했다.
84　윌크스베리에서 한 학기를 보낸 시점까지만 해도 서재필도 자신이 조선에 돌아가 선교를 할 것이라고 밝혔다. *Wilkes-Barre Record*, Feb 14, 1887. 1887년 2월에 서재필이 법원에 첫 번째 귀화 신청을 한 것 역시 선교사가 되기 위해서였다고 보는 것이 타당할 것이다. 한편, 서재필은 1887년 가을까지도 지역의 전도단 모임에 나가서 연설할 정도로 선교에 관심이 있었다. *Wilkes-Barre Times Leader*, *The Evening News*, Sep 5, 1887.
85　*The New Korea*, Aug 25, 1938, in *My Days In Korea*, pp. 23~24.

서재필은 지킬 수 없는 약속으로 후원을 받겠다는 얄팍한 잔꾀를 부릴 생각이 추호도 없었다. 도덕적 엄격성과 진실함을 향한 용기는 망명 지식인으로서의 정체성만으로도 발휘될 수 있었다. 하지만 그것보다 더 중요한 정신적 원천은 학생 시절 사업 경험을 통해 깨달은 진실, 곧 자본주의 체제에서 시민권은 경제적 자립에서 비로소 성취된다는 원칙에 이어져 있었다. 경제적 자립은 돈의 노예가 된다는 뜻이 아니라 타인에게 예속되지 않기 위한 필수적인 조건을 뜻한다. 그런 점에서 경제적 자립은 공화주의적 시민 덕성의 핵심이고, 이를 통해서 비로소 인간으로서의 존엄과 시민적·정치적 권리상의 평등이 조화를 이룰 수 있다.[86]

　목가가 사라진 자리에 남은 것은 냉혹한 현실뿐이었다. 서재필은 스콧 교장의 후의로 방학이 끝난 후에도 얼마간 그 집에서 머물며 기존에 그렸던 미래를 모두 버리고 새로운 장래 계획을 짜야 했다. 우선 라파예트대학에 등록금을 마련할 동안 입학을 유예하겠다는 편지를 써 보냈다. 다행히 신입생 담당 교수인 하트Edward Hart 교수에게서 건강이 좋지 않은 자신 부부를 도우면서 학교에 다니라는 내용의 답장을 받았다. 이때 서재필은 잠깐이나마 학교 소재지인 필라델피아 이스턴에서 지낸 듯하다.[87] 하지만 운명은 서

---

[86] 모리치오 비롤리 저, 김경희·김동규 옮김, 『공화주의』, 인간사랑, 2006, 140쪽.
[87] 김도태의 『서재필 박사 자서전』과 임창영의 첫 번째 전기(Channing Liem, *America's Finest Gift to Korea: The Life of Philip Jaisohn*, New York: The William-Frederick Press, 1952, p.41)에는 서재필이 라파예트대학에 1년여 재학한 것으로 되어 있지만, 그 시기는 공식기록상 서재필이 코코란 과학학교와 콜럼비안대학교에 다닌 시기와 겹친다 (이하 임창영의 첫 번째 전기는 'Channing Liem, *America's Finest Gift to Korea: The Life of Philip Jaisohn*'로 줄여 씀). 서재필의 「체미 오십년」에도 라파예트대학에 다녔다는 서술은 없다. 그런데 당시 지역 신문에는 서재필이 라파예트대학에 합격해서 곧 입학할 것이라는 기사가 실렸다. 따라서 서재필이 어떻게든 라파예트대학과 관련을 맺은 것은 분명하다. 필자는 서재필이 입학 자격 획득 후 하트 교수의 코스를 잠시 수강한 후 장기 미수강으로 제적되었다고 추측한다. 한편, 외국인 선교사들도 서재필이 라파예트대학의 과학 코스를 졸업했다고 알고 있었는데(*The Korean Repository*, Aug 1898,

재필을 더 혹독하게 단련시켰다. 라파예트대학은 등록금 없이 청강생 자격으로 수강한 서재필을 공식적인 학생으로 인정할 수 없었다. 라파예트의 유일한 후원자인 하트 교수의 건강까지 악화하면서 서재필은 더는 그 학교에 다닐 수 없다는 것을 깨달았다.

그해 여름과 가을의 고난에서도 서재필은 새로운 배움의 기회를 얻을 수 있었다. 스콧 교장과 그 가족들의 도움 덕분이었다. 스콧 교장은 미지의 나라에서 온 청년 서재필에게 관심을 기울여 교육적 열정을 쏟았을 뿐만 아니라 대학 입학이 좌절된 서재필의 장래를 위해 실질적인 도움을 주고자 노력했다. 서재필이 생활비를 감당할 수 있는 수입을 얻도록 스콧 교장은 자기 집의 일을 맡겼는데, 서재필이 자립을 강조하는 미국 문화를 직접 배울 수 있게 하기 위함이었다. 서재필로서는 미국 중간계층 가정에서 함께 생활해 나가면서 배려와 공감의 관습까지 익힐 수 있었을 것이다.

그리고 무엇보다도, 서재필은 주 법원과 연방 법원의 판사를 역임하고 은퇴하여 딸의 집에서 노후를 보내던 한 노인에게서 배울 기회를 얻었다. 그 노인은 바로 스콧 교장의 장인이었다. 건국한 지 겨우 백여 년 지난 미국에서 법조계는 여전히 가장 지적인 인물들로 구성된 사회 집단이었다. 건국부터 당시까지 유력 정치인들은 대체로 동부 명문가 출신이거나 법조인 출신이었는데, 특히 법조계 인사들은 미국의 민주주의가 모범적으로 운영되는 데 필요한 학술적·제도적 기초를 제공할 뿐만 특히 법정에서 배심원 역할을 맡는 일반 시민들과 접촉하며 민주주의 교육의 역할을 하기도 했다.[88]

존경받는 법조계 출신의 노인에게서 서재필은 미국 민주 정치의 원리뿐

---

    p.282), 의대를 졸업한 서재필이 굳이 그들을 속일 필요는 없다. 서재필의 라파예트 회고는 학비 부족으로 학업을 지속할 수 없었던 상황에 대한 감정적 애착 때문일 것이다.

88    이황직, 『민주주의의 탄생』, 아카넷, 2018.

만 아니라 실제 작동 과정과 관행에 대한 상당한 수준의 학습을 할 수 있었다.

> 나는 그 학교의 교장 댁에서 기숙하였는데 역시 그 집에 같이 살고 있던 교장의 장인으로부터 미국 생활에 대한 많은 지식을 얻을 특전을 누렸었다. 그는 퇴직 법관으로 주와 중앙 입법부에의 다년 봉사한 분이었다. 그는 밤마다 입법과 법정에서의 자기 경험을 말해 주었는데, 미국 생활과 제도를 알기에 목마른 나에게는 유익하기만 할 뿐 아니라 재미만으로도 견줄 데 없었다. 나는 정규의 학과에서보다 배우는 것이 지나는 줄로 생각하였다. 미국의 학생들은 저희들의 부형이나 연상의 친척들에게 갖은 훈련과 교육(학과 이외의)을 받지만, 천애일각天涯一角의 고독한 신세인 나에게는 그 연령, 그 경험의 인물과 그다지도 친밀한 관계를 맺게 됨은 희한한 기회이었던 것이다.[89]

서재필은 스콧 교장 장인의 영향으로 대학에 가게 되면 법학을 전공해야겠다고 생각했다. 라파예트대학에 계속 다닐 수만 있었다면 우리는 '의사 서재필'이 아닌 '변호사 서재필'을 만날 수도 있었을 것이다. 사실 1차 귀국 후 독립협회를 이끌던 운동가 서재필의 모습은 의사보다는 진보적 법률가의 모습에 가깝기도 하다.

## 최초의 한국계 미국 공무원

서재필은 다시 홀로 서야 했다. 이스턴에서 돌아오자마자 서재필은 대도시 필라델피아로 가서 일자리를 찾고자 했으나 대학 학비를 벌 만한 직장을 구하는 데 실패하고 낙담한 채 윌크스베리로 돌아와야 했다. 서재필을 지켜

---

[89] 서재필, 「체미 오십년」, 『동아일보』 1935년 1월 3일.

보던 스콧 교장의 마음도 안타까웠다.

1887년 12월 겨울방학이 시작될 무렵, 데이비스Davis라는 워싱턴 D.C. 소재 대학 영문학 교수가 친구인 스콧 교장을 찾아 윌크스베리에 들렀다. 스콧 교장은 그에게 서재필의 상황을 소개했고, 데이비스 씨는 스미스소니언박물관의 큐레이터인 메이슨Otis T. Mason[90] 앞으로 서재필에 대한 소개장을 써 주었다. 서재필은 정든 필라델피아 주를 떠나 미국 정치의 중심지인 워싱턴으로 떠났다.

메이슨은 서재필의 경력과 능력에 흥미를 느꼈다. 뒤늦게 제국주의 경쟁에 나선 미국의 시각에서 태평양 건너 동아시아는 전략적으로 중요한 지역이었지만 그런 관심과는 반대로 미지의 지역으로 남아 있었다. 스미스소니언박물관에는 미국 팽창 정책의 전리품으로 동아시아의 미술품과 문서가 수집되어 있었지만, 이를 체계적으로 정리할 수 있는 인력은 부재했다. 이런 상황에서 한문과 일본어 그리고 영어까지 능통한 조선인 서재필의 등장은 메이슨에게도 기회였다. 메이슨은 우선 서재필을 임시직으로 붙잡아 두고 미술품 감정과 정리 작업을 맡겼다.

서재필은 그 일을 수행하면서 정규직 채용을 기다렸지만, 정규 직원 채용에는 국회 승인이 필요하고 더구나 그 기회가 자신에게는 돌아오지 않으리라는 것을 알게 되었다. 한 달 동안 약속했던 소임을 성실히 수행한 서재필을 지켜보고, 메이슨은 인근의 미국 육군 군의감 산하 의학도서관 관장인 빌링스Dr. John Shaw Billings에게 이 청년을 소개했다. 빌링스 관장 역시 동양

---

[90] 임창영의 『서재필 박사 전기』에는 '오티스'라고만 적혀 있는데, 이는 정확한 이름이 아니다. 당시 스미스소니언박물관의 큐레이터는 '오티스 메이슨'이었다. 이에 대해서는 다음 글을 볼 것. Robert Oppenheim, *An Asian Frontier: American Anthropology and Korea 1882~1945*, Lincoln and London: University of Nebraska Press, 2016, pp.55~56. 오티스 메이슨은 콜럼비안대학교 출신의 저명인사였다.

언어에 능통한 인재를 구하고 있었는데, 당시 육군 의학도서관에는 동양에서 수집한 의학 서적이 5천 권에 달했는데도 이를 활용할 방법을 찾지 못한 채 방치하고 있었다. 서재필의 능력은 이미 스미스소니언박물관에서 검증되었지만, 엄연히 국가 기관인 의학도서관 형편에서는 서재필의 자격을 공적으로 평가한 근거를 남겨야 했다.

　빌링스 관장은 인근 중국과 일본의 공사관에 시험 문제를 청해 서재필에게 번역을 요구했다. 서재필은 당시 시험 문제가 자신이 샌프란시스코 시절 YMCA 야학에서 영어 공부를 위해 익힌 신약 성경 구절이어서 쉽게 답을 쓸 수 있었다고 회고한 바 있다.[91] 시험 1주일 후 합격통보를 받은 서재필은 마침내 정식 사서로 의학박물관에서 일하게 되었는데, 조선인으로서 미국 공무원 되기는 그가 처음이었다. 처음에는 연봉 1천 달러의 급여였지만, 2년 만에 연봉 약 1천5백 달러를 받는 정식 1급(정규직 공무원 직급 가운데 최하급)으로 승진하였다.[92] 이때부터 의과대학 재학 시기, 그리고 졸업 후에도 한동안 서재필은 의학도서관에서 근무하며 중산층으로서 안정적인 경제생활을 영위할 수 있었다.

---

[91] 중국공사관에서는 누가복음 10장의 한문판을, 일본공사관에서는 요한복음 15장의 일어판을 각각 시험 문제로 제공했다. 김도태, 『서재필 박사 자서전』, 을유문화사, 1972, 189쪽.

[92] 당시 서재필이 받은 연봉에 대해서 확실히 정리하면 다음과 같다. 우선, 서재필이 1차 귀국을 위해 10년 만에 잠시 샌프란시스코에 머물던 중에 보도된 기사에 따르면, 당시 도서관 사서로서 서재필이 수령한 총액은 1,000달러에 달했다고 한다(*The San Francisco Call*, Nov 20, 1895). 이후 서재필은 1891년 2월 미국 국방부 인사에서 1급 직원으로 승진했다(*Evening Star* (Washington DC), Feb 28, 1891). 당시 1급 직원의 급여는 알 수 없는데, 서재필은 월봉 125달러, 곧 연봉 1,500달러 정도를 받은 것으로 보인다(김도태, 앞의 책, 189쪽).

## 의대생으로 삶을 설계하다

　의학도서관 사서로 근무하면서 서재필은 동양 의서를 체계적으로 정리하고 책의 중요 내용을 요약하는 작업을 성실히 수행했다. 오랜만에 안정감을 맛보면서 서재필은 급제부터 도야마학교 유학, 갑신정변, 샌프란시스코의 막노동과 야학, 윌크스베리에서의 만학과 구직 등으로 끝없이 이어진 지난 6년간의 파란만장한 삶을 돌이켜볼 시간을 가졌을 것이다. 지금까지의 시련은 능동적으로 설계한 것이 아니고 김옥균과 만남 이후 남의 뜻에 따라 수동적으로 끌려 다닌 결과였다. 이제부터의 삶은 스스로 설계해야 했다. 작은 경제적 여유가 생겼지만, 이 일이 평생 직업으로 가치가 있는 것도 아니었다. 경제적으로 성공하기 위해서는 더 나은 직업을 가져야 했다.

　서재필에게 의사라는 직업은 돈벌이를 위한 것만은 아니었다. 서재필의 가슴 한편에는 늘 '조선'이 있었다. 잊고자 노력했지만 잊히지 않는 조선을 떠올릴 때마다 서재필은 실낱같은 희망이지만 언젠가 조국을 위해 봉사할 기회가 왔을 때 어떻게 이바지할 것인가를 고심했다. 과학과 보조를 맞춰 발전한 서양 의학은 조선 개화를 위해서 필수적인 분야였다. 미국 선교사들이 조선에서 성공적으로 선교사업을 수행하기 위해 의학을 함께 배워 왔다는 것도 참조했을 것이다.

　이제 서재필은 막연한 꿈이었던 의학 연구를 위해 구체적인 계획을 수립했다. 우선 빌링스 관장이 서재필의 계획을 적극 지지했다. '박식하고 다정한' 인물이었던 빌링스는 주경야독해야 하는 서재필의 처지를 고려하여 우선 야간 대학에 다니면서 의과대학 입학 자격을 갖출 것을 조언했다. 당시 의과대학에 진학하려면 자연과학 분야의 학위가 필수적이었다. 마침 당시 워싱턴에는 공무원들을 대상으로 한 야간 대학이 있었다. 서재필은 1888년 가을부터 콜럼비안대학교Columbian University의 야간부 과정인 코코란과학학교Corcoran Scientific School에 입학하여 1년간 다녔다. 빌링스 관장이 퇴근 후에 공부할 시간을 보장해 주었기 때문에, 서재필은 1년간 자연과학 분야의 다양한 과목을 수강하며 공부할 수 있었다. 그리고 마침내 1889년 가을, 워싱턴 소재 콜럼비안대학교 의과대학에 입학했다.

의대생 서재필은 여전히 바빴다. 당시 콜럼비안대학교 의과대학은 매년 10월 초에 개강해서 3월 1일까지 다섯 달만 강의가 개설되었고, 3년 재학 기간 중 한 해만 4월에서 5월까지 개설된 강좌 하나를 선택해서 수강하는 커리큘럼을 운영했다.[93] 서재필은 겨울에만 수업에 전념하고 그 밖의 여유 시기에는 의학도서관의 의학서적을 이용하여 실력을 키워나갔다.

이 시기에도 서재필은 수업 외에서 실력을 키워나갈 기회를 얻었다. 미국 병리학의 창시자인 스턴버그George M. Sternberg와 육군 군의학의 대표적 인물인 월터 리드Walter Reed와의 만남이 그것을 가능하게 했다. 스턴버그 박사는 서재필이 의과대학을 졸업한 직후 육군 의무감으로 선임되었기 때문에 서재필과 스턴버그의 만남은 비정기적인 성격이었을 것이지만, 서재필은 그를 통해서 당시 막 개척된 세균학에 관심을 키워갔을 것이다. 스턴버그 박사는 의학도서관에서 근무하던 서재필을 의학박물관 부설 병리학 실험실장인 리드 소령에게 소개하고 그를 실험 조교로 쓰도록 했다.[94] 리드 소령과 함께, 서재필은 당시 최신 실험 방법을 익히며 의학 연구의 기초를 다졌다. 그는 '미국 최고의 의학도서관'에서 8백 개의 두개골에 둘러싸여 수업을 받았다고 회상한 바 있다.[95] 이들의 가르침과 도움 덕분에 서재필은 병리학

---

[93] 이정식, 『구한말의 개혁・독립투사 서재필』, 서울대학교출판부, 2003, 118쪽.
[94] 임창영 저, 유기홍 옮김, 『위대한 선각자 서재필 박사 전기』, 공병우글자판연구소, 1987, 101쪽.
[95] *Philadelphia Record*, Aug 23, 1944. in *My Days In Korea*, p.425.

과 세균학을 자신의 평생 전공 분야로 삼게 되었다.

한편, 서재필은 대학 재학 중이던 1890년 6월 10일에 미국 시민권을 획득했다.[96] 방학 기간을 활용하여 윌크스베리의 루젼Luzerne 카운티 법원에서 귀화 자격 심사를 받았다. 이로써 1887년에 처음 귀화 신청을 한 후 3년 만에 귀화 절차를 마쳤다. 유색인종으로서 시민권 획득이 드문 경우이기는 했지만, 윌크스베리에서의 서재필에 대한 좋은 평판 덕분에 서재필의 시민권 획득은 어렵지 않았을 것이다. 앞으로 미국에서 직업 활동을 할 때마다 겪어야 할 차별에 대한 방파제로서 시민권은 필수적이었기에 더는 미룰 수 없었다.

법률적으로 보면, 미국 시민권을 갖는다고 해서 서재필의 조선 국적이 자동으로 상실되는 것도 아니다. 미국 시민이 되었다고 해서 고국 조선을 향하는 그리움과 안타까움이 사라지는 것도 아니다. 절차적인 문제나 직업적 고려보다 서재필을 고심케 한 것은 미국인으로서 살아야만 한다는 절박한 현실이었다. 미국에서 더 많은 능력을 갖추기 위해서는 미국 시민이 되는 길밖에 없다. 수도 워싱턴에서 2년 넘게 지내면서 미국의 활력이 빛을 낼 때마다 그것과 대비되는 조선의 어두운 현실에 절망했을 것이다. 따라서 만에 하나 조선에 돌아갈 기회가 열릴 때를 대비하기 위해서, 서재필은 미국인이 되어 이 나라의 강력한 힘의 원천을 찾아가야 했다. 시민권 획득은 그러한 장기적 고려의 산물이었다.

제약 조건을 무릅쓰고 그 안에서 최선을 다하는 서재필의 기질은 그가 영어 이름을 갖게 되는 과정에서도 확인된다. 당시 시민권 신청 서류에 기재된 서재필의 영문 이름은 'Philip Jaisohn'이었다. 이 이름은 해리 힐맨 아카데미에서의 학업이 안정기에 이르던 무렵에 처음 보인다. 1886년 처음 윌크스베리에 도착했을 때까지는 'Phil Jaisohn'을 이름으로 사용했는데, 이는

---

96   *The Wilkes-Barre Record*, Jun 21, 1890.

'서재필'을 거꾸로 읽었을 때 발음인 '필재서'와 유사한 영어 이름을 차용한 것이다. 영어 이름 하나에도 서재필은 자신이 조선인이었다는 사실을 새겨 두었다.

홀렌백의 제안에 따라 처음 영어식 이름을 갖게 되었다는 전기적 서술이 많은데 그것을 뒷받침하는 기록은 없다. 다만, 영어 이름의 변천 과정이 서재필의 영어 실력 신장 단계에 상응한다는 것만은 분명하다. 'Phil'에서 'Philip'으로의 변화가 그것을 확인시켜 준다. 주위 권유에 따라 영어식 이름을 만들어 사용하면서 그 발음 방법을 자주 질문받고 불편했을 서재필은 이를 영어 이름 교체라는 능동적 방식으로 대응했다.

이름을 영어식으로 바꿨다고 해서 서재필이라는 본명이 사라지는 것은 아니다. 실제로 서재필은 조선으로 1차 귀국해서 독립협회에서 활동할 때는 공식적인 이름인 '필립 제이슨'을 다시 음차하여 '피데손(피제손)'을 사용했지만, '서재필'이라는 옛 이름도 타의에 의해 종종 사용되었다. 훗날 미국에서 독립운동을 전개할 때 '서재필'이라는 한국 이름을 사용했고 한인들도 그 이름을 호칭하는 경우가 많았다. 다만 한국친우회 등 외국인과 관련된 활동에서는 그들에게 익숙한 영어 이름을 사용했다. 해방 후 미국 군정청 고문으로 2차 귀국했을 때는 한국인들은 그를 '서재필'이라는 이름으로 불렀다. 다시 말해, '필립 제이슨'은 공식적인 계약 관계에서 사용되었지만, 한국인의 정체성을 드러낼 때는 '서재필'이란 이름을 계속해서 사용했다고 하는 편이 정확하다.[97]

3년간 오전에는 대학 강의를 듣고 오후에는 의학도서관과 박물관에서 일

---

[97] 일부 연구자들이 그의 미국 시민권 획득과 영문 이름을 들어 '서재필은 미국인'이라는 식으로 비판하는데, 이는 시대착오적 비난이다. 구한말 독립협회 운동과 식민지 시기 미주 독립운동을 주도했던 평생의 삶을 일관하는 서재필의 정체성은 '미국 시민권을 가진 한국인'이었다.

하는 바쁜 시간을 보내고, 서재필은 1892년 3월 17일 콜럼비안대학교에서 의학사 학위(M.D.)를 받고 졸업했다.[98] 당시 대학 생활을 서재필은 다음과 같이 회고한 바 있다.

> 의과대학 생활은 매우 재미있었다. 오전에는 학교에서 강의를 듣고 오후에는 도서관에 돌아와 사무를 보았다. 법률을 배우려다가 의술을 배우게 되어 처음에는 마음에 좀 불만이 없지 않았으나 강의를 들어가는 동안에 차츰 재미가 나고 깨달은 바가 있었다. 가령 눈을 배울 때에 '눈이 하는 일이란 무엇일까?', 이러한 제목으로 눈의 위치, 사명, 동작, 병의 종류, 치료의 방법, 수술 여부에 이르기까지 그것 한 가지를 완전히 마쳐 놓은 후에 다시 다른 기관, 즉 입이라든가, 귀라든가에 대해서도 역시 그러한 순서를 배워가게 되니 여간 재미나는 것이 아니었다. 그리고 나는 학생으로 선생의 강의만 듣지 아니하고, 자기도 혼자 연구하였는지라, 그것도 과연 선생의 의견과 맞는가 아닌가를 비교해 보고 싶은 생각이 나서 선생의 강의 시간이 무척 기다려졌다.[99]

이로써 서재필은 한국인 최초로 서양 의학을 전공한 졸업생이 되었고 동시에 콜럼비안대학교 교사에 첫 아시아계 졸업생으로 이름을 남겼다. 일본의 메이지 정부가 미국의 수도 워싱턴에 유학생들을 파견하기 10년 전에 이미 서재필은 당당히 정식 학위를 갖춘 졸업생이 된 것이다.[100] 178cm의 큰 키 덕분에 서재필은 맨 뒷줄에 서서 졸업사진 촬영에 임해야 했다.

---

[98] *Evening star*, Mar 16, 1892. 기사에는 다음날인 3월 17일 콜럼비안 의과대학의 졸업생 명단이 소개되었는데 그 가운데 'Philip Jaisohn'을 확인할 수 있다.

[99] 김도태, 『서재필 박사 자서전』, 을유문화사, 1972, 191쪽.

[100] Shawn McHale, "From Asia to America : Uncovering the Forgotten History of GW's First Asian Students," *GW Magazine*, Fall, 2007. 현재 조지워싱턴대학은 콜럼비안대학교의 후신이다.

자료 1-2  콜럼비안 의과대학 졸업사진(1892). 맨 뒷줄 왼쪽에서 세 번째가 서재필
출처: 서재필기념회

## 최고 의사들 곁에 서다

이후 1년간 서재필은 인근 가필드병원Garfield Hospital에서 수련의(인턴) 과정을 밟았고 마침내 1893년 4월에 정식 의사 면허를 취득했다. 의대 재학 및 인턴 기간 중 서재필은 빌링스 관장의 배려로 여전히 의학도서관과 박물관에서 근무하며 사서 업무 대신 의사로서 실험실 관련 연구에 전념할 수 있었다. 1893년 5월, 리드 박사가 빌링스의 뒤를 이어 육군 의학박물관장과 군의대학 교수로 임명되면서, 서재필은 의학연구소로 배치되었다. 앞서 언급한 스턴버그 박사와 리드 박사의 연구에 참여한 것도 이때인데, 서재필은 이들에게서 병리학, 생화학, 세균학 등을 배웠다.

같은 시기에 서재필은 존스홉킨스병원 탄생에 큰 역할을 했던 세균학과 병리학의 최고 권위자인 윌리엄 웰치William H. Welch의 강의를 듣기 위해 6개월간 볼티모어를 오가는 기회를 얻기도 했다. 리드 박사는 웰치 박사가 존스홉킨스병원을 창설할 때 초빙된 학자였기 때문에 웰치의 연구에 리드와 함께 참여할 수 있었다.[101] 이처럼 서재필은 미국 의학이 비약적으로 발전하던 시기에 그 주역들과 함께할 수 있는 영광을 누리게 되었다. 만약 서재필이 개원을 하지 않고 순수 의학 연구에 몰두했다면, 우리는 웰치와 리드 곁에서 어깨를 나란히 하는 의학자 서재필을 만났을지도 모른다.[102]

1894년 서재필은 의학도서관과 박물관의 공직을 사임한다. 그 날짜는 확실하지 않으나 결혼 이전인 그해 봄쯤이 될 것이다. 그 사정에 대해서 임창영은 모교 교수 존슨이라는 사람이 도서관이나 박물관의 공무원으로서는 높은 직위로서의 승진이 어렵다고 충고한 것이 계기였다고 서술했지만, 그것보다는 서재필이 순수 의학에 관심이 깊었기 때문에 모교 콜럼비안대학교의 정교수가 되기 위한 코스를 밟고자 했던 데에 기인한 것으로 볼 수 있다.

당시 1893년부터 1895년 귀국 전까지 서재필의 행적은 결혼식을 제외하면 무척 불분명한데, 임창영의 전기 외에 알려진 자료가 거의 없기 때문이다. 하지만, 서재필 자신의 회고에는 그가 이 시기 가필드병원에서 근무했고 동시에 콜럼비안대학교에서 가르치고 있었다고 나와 있다.[103] 엄밀히 말하자면, 임창영의 복잡한 전기 서술보다 서재필의 회고가 정확한 편이다. 이는 당시 언론 보도 자료를 종합해서 입증할 수 있다.

우선, 서재필의 결혼 소식을 알리는 수많은 당시 신문 자료들에서 서재필

---

101 현봉학, 「의사로서의 서재필」, 현종민 엮음, 『서재필과 한국민주주의』, 대한교과서주식회사, 1990, 103쪽. 한편, 서재필의 작은딸 뮤리엘은 서재필이 존스홉킨스 병원 창설자인 오즈라(Dr. Osler)의 강의를 듣고, 세인트 엘리자베스 병원에서 인턴 과정을 밟았다고 회고했는데 확실치는 않다. 이정식, 「뮤리엘 제이슨 여사와의 면담록」, 『구한말의 개혁독립투사 서재필』, 서울대학교출판부, 2003, 384쪽.
102 월터 리드의 명망은 미국 육군 병원을 '월터 리드 병원'으로 명명한 데서도 알 수 있다. 한국인에게도 이 병원 이름은 친숙한데, 1960년 민주당 대통령 후보였던 조병옥이 선거 직전 신병 치료차 도미하여 치료받다가 별세한 곳이 월터 리드 병원이기 때문이다.
103 김도태, 앞의 책, 192쪽.

은 병원 의사이자 콜럼비안대학교의 교수로 소개되고 있다.

> 워싱턴 D.C.의 제임스 화이트 대위 부부가 막내딸 뮤리엘 조세핀 암스트롱 양의 결혼식 초청장을 보내왔습니다. 신랑은 의사 필립 제이슨으로, 워싱턴의 저명한 의사이자 워싱턴 소재 의과대학에서 현미경학microscopy을 가르치는 교수입니다. 결혼식은 워싱턴의 커비넌트 교회에서 수요일에 거행될 예정이며, 결혼식이 끝나면 화이트 대위의 저택(노스웨스트 12번가 1017번지)에서 피로연이 이어집니다. 제이슨 부부는 7월 20일 이후에 노스웨스트 14번가 916번지의 자택으로 돌아옵니다. 신부는 고 암스트롱 대령의 막내딸입니다.[104]

유명인사의 결혼 소식을 알리는 것은 당시 신문에 흔히 있는 일이라서 특별한 것은 아니지만, 기사에서 서재필을 워싱턴의 저명한 의사이자 의과대학의 현미경학 교수로 기재하고 있다는 점에는 주목할 필요가 있다. 다른 자료가 없는 한, 결혼 기사에 소개된 서재필의 근황은 그의 직업을 아는 데 중요한 근거이다. 이 기사의 내용이 신뢰할 만한 것이라면 더욱 그러하다.

'워싱턴의 의사'라는 기사 내용대로 서재필은 당시 워싱턴의 가필드병원 소속 의사였다. 결혼 후 약 9개월 뒤, 지역 신문에서 가필드병원의 현황을 자세히 소개하는 특집 기사가 실렸는데, 거기에 서재필의 상세한 임무가 소개되어 있다.

> '병리학·세균학 실험실'은 완전히 장비를 갖추었고 완전한 과학적 임상적 조사를 위한 모든 현대적 편의시설을 보유하고 있다. 의사 서재필(필립

---

[104] *The Inter Ocean*, Jun 17, 1894. 이밖에도 서재필의 결혼 소식을 알린 신문은 일일이 기재하기 힘들 정도로 많다.

제이슨)이 실험실 책임자였고, 과학적 임상적 조사 활동은 그의 감독하에 진행된다.[105]

서재필이 당시 워싱턴의 가장 큰 종합병원인 가필드병원의 병리학·세균학 실험실 책임자로 근무한 사실이 공식적으로 확인되는 것이다.[106] 당시 가필드병원은 현대 과학기술을 적극적으로 수용하여 입원 및 내원 환자의 사망률을 획기적으로 떨어뜨리고 있었는데, 그런 발전에 서재필이 현미경을 이용하는 병리학자로서 이바지했음을 알 수 있다. 서재필은 연구와 동시에 임상의로서 세균 관련 환자들을 직접 치료하여 완치 또는 생명 연장 등의 성과를 냈을 것이 분명하다. 그러므로 서재필을 저명한 의사로 칭한 여러 신문의 기사는 확실한 근거가 있다.[107]

이 기사 내용의 신뢰성에 따라, 서재필을 의과대학 교수로 소개한 부분에도 자연스럽게 주목하게 된다. 그동안 서재필 연구자들은 인종차별적인 미국 사회에서 그가 기껏해야 조교를 맡았을 것으로 생각했다. 하지만 서재필은 콜럼비안 의과대학에서 조교수로 임용되었다. 그에 대한 방증 자료가 하나 더 있는데, 서재필이 1차 귀국 직전 샌프란시스코에서 체류할 때의 신문 기사에도 그는 콜럼비안대학교의 세균학 조교수로 소개되었다.[108] 그가 의

---

[105] *Evening star*, Mar 08, 1895.
[106] 서재필 연구자들은 서재필이 개인병원을 개원했을 것으로 서술해 왔지만, 가필드병원의 실험실장을 겸하면서 개원하기는 쉽지 않았을 것이다. 개원을 했다면 1895년 3월 이후일 수밖에 없는데, 1895년 9월 이후 이미 귀국 계획이 잡혔다는 점을 고려하면 개원 가능성은 낮다.
[107] *Washington Post*, Jun 21, 1894. 이 기사에서는 "필립 제이슨은 유명한 의사인데, 과학자로서 그의 높은 명망은 이 도시에만 국한된 것이 아니다"라고 적혀 있다.
[108] *The San Francisco Call*, Nov 20, 1895. 이와 별도로, 이정식 교수는 조지워싱턴대학의 서재필에 대한 기록 가운데 'Demonstrator of Bacteriology'라는 나중에 덧붙여진 기록을 발견하고 이때 직책 데몬스트레이터를 조교로 해석했다. 그런데 당시 유명 종합병원의 실험실장이 조교일 리는 없다. 따라서 필자는 서재필이 콜럼비안대학교에서 최소한 교

과대학 조교수였는지 아닌지는 그리 중요한 문제가 아닌데도 굳이 그 여부를 검토한 것은 그의 회고가 전반적으로 신뢰할 만하다는 것을 보여 주기 위해서이다.

연방 공무원인 의학도서관과 박물관의 당시 사서 급여 수준은 대학교수보다도 높았다. 경제적 안정을 택했다면 공무원직을 유지하는 것이 낫겠지만, 서재필은 당시 첨단 학문 분야에 대한 학문적 관심에 따라 의학자가 되기로 했다. 귀국 활동과 사업 그리고 미주 독립운동 등으로 부득이하게 의학의 길에서 멀어졌다가 삼십 년 만에 의사로 복귀한 노년의 서재필이 왕성한 연구 성과를 낸 데서, 그가 얼마나 학문에 열정적이었는지를 확인할 수 있다. 이러한 자료들을 종합해 볼 때, 서재필이 공직을 사임한 이유는 개원에 대한 욕심이 아니라 의학자의 길을 걷기 위해 연구와 임상에 전념하기 위한 시간을 벌기 위한 것이었다고 판단하는 것이 합리적이다.

### 결혼 그리고 아메리칸 드림의 실현

그 무렵 서재필에게 운명의 여인이 나타난다. 앞서 서재필의 결혼식 기사에 실렸던 여인 뮤리엘Muriel Josephine Armstrong이다. 그녀와 서재필이 언제 처음 만났는지는 확실하지 않다. 단지 서재필이 묵던 워싱턴의 호텔에 뮤리엘의 가족이 묵게 되면서 그녀와 알게 되었다는 아주 간단한 회고만 전한다.[109] 이들의 결혼식은 1894년 6월 20일에 성대하게 치러졌다. 따라서 서

---

수가 되는 길을 걸었음이 분명하다고 판단한다. 서재필은 1차 귀국 직전에 미국에서 자신이 개원의이면서 동시에 2개 대학의 외래 강사였다고 밝힌 바 있다(*The Korean Repository*, Aug, 1898, p.282).

[109] 김도태, 앞의 책, 192~193쪽. 앞서 언급했듯이, 뮤리엘의 양부는 노스웨스트 12번가 1017번지에서 살았다. 그런데 손상웅 목사가 찾아낸 당시 워싱턴의 전화번호부에 따르면, 서재필의 1893년 거주지 주소는 '노스웨스트 12번가 1017번지'였고 해당 건물은 3층짜리 벽돌집이었다(『한국일보』 2007년 6월 28일. 인터넷 검색). 필자가 당시 신문을 검

재필과 뮤리엘의 교제는 서재필이 가필드병원에서 근무하며 동시에 의학도서관과 박물관에서 공무원으로 일하던 시기였을 것이다.[110]

뮤리엘의 친부는 미국 철도우편사업 창설자로 유명했던 암스트롱 대령 George B. Armstrong이었다. 암스트롱 대령이 1871년에 먼저 세상을 떠난 후 뮤리엘의 친모는 남편의 뒤를 이어 철도우체국장을 맡게 된 화이트 대위James E. White와 재혼하여 워싱턴에서 살고 있었다. 뮤리엘은 자신이 만나는 남자가 10년 전 조선을 변화시키고자 했던 혁명가였다는 것을 알게 되었다. 172cm의 키에 금발인 뮤리엘은, 여느 동양인과 달리 크고 건장한 서재필의 외모에도 호감을 품었겠지만, 역사라는 '운명에 이끌려간 사람man of destiny'으로서 그 마음과 생각에 더 이끌렸다. 혁명군을 이끌던 서재필에게서 뮤리엘은 남북전쟁의 치열했던 전장을 누빈 자신의 친부를 떠올렸으리라.

결혼식을 올리고 서재필과 뮤리엘은 행복한 신혼 생활을 보냈다. 앞서 소개했던 청첩장에서 나와 있듯이, 이들의 신혼집은 워싱턴의 중심지에 있었다. 뮤리엘의 친가에서 멀지 않았고, 무엇보다도 가필드병원과 콜럼비안대학교 사이에 위치해 서재필이 출퇴근하기에도 편리했다. 저택 매입비의 출처는 확실하지 않다. 당시 서재필 부부는 상당히 부유하게 살았는데, 급속히 성장하던 가필드병원의 의사였던 그에게 그 정도 생활은 처가 도움 없이도 가능했을 것이다. 이들의 행복한 미래를 걱정하는 사람은 없었다.[111]

---

색한 결과 역시 1892년에도 서재필은 같은 주소에 살고 있었다(*Evening Star*, Mar 5, 1892). 그런데 이 주소는 뮤리엘 양부의 집 주소와 같다. 그렇다면, 서재필과 뮤리엘 가족의 만남은 바로 이 공동주택에 서재필이 입주한 다음일 것이다. 서재필 기억 속의 '호텔'이 당시 대저택(mansion)을 가리키는 표현으로 본다면, 서재필의 회고는 정확했다고 볼 수 있다. 한편, 서재필이 육군 소속 공무원이었다는 점과 뮤리엘의 친부 암스트롱과 양부 화이트가 모두 군인이었다는 점을 고려한다면, 이들의 만남은 워싱턴의 군 관련 인적 네트워크에 의한 것일 수 있다.

110 결혼식 알림 기사에서 서재필의 공무원 신분이 나오지 않으므로, 서재필의 공직 사임은 결혼식 이전임을 확인할 수 있다.

자료 1-3 서재필의 부인 뮤리엘 암스트롱
출처: 서재필기념회

촉망받는 의사 서재필은 가필드병원에 꼭 필요한 인재였고, 조금만 경력을 쌓으면 볼티모어의 존스홉킨스병원으로도 갈 수 있었을 것이다. 당시 떠오르던 세균학 분야의 인재를 필요로 하는 대학도 많았을 것이다.

하지만 오직 뮤리엘만은 이러한 행복한 신혼 생활이 오래지 않을 것을 직감했다. 서재필이 점점 조선에 관해 이야기하는 일이 잦아졌기 때문이다. 결혼식을 치르자마자 서재필은 조선 땅에서 벌어진 청일전쟁의 결과 조선에 개혁파 정권이 들어섰다는 신문 기사를 보여주었다. 얼마 후에는 농민군의 봉기가 다시 격화되었고 이를 일본군이 무력으로 진압하면서 수많은 조선인이 살상되었다는 소식도 들려주었다. 뮤리엘은 행여나 남편이 다른 뜻을 품지 않을까 걱정하기 시작했다. 아니나 다를까, 결혼하고 1년이 지났을 때쯤 낯선 조선인이 집을 방문했다. 얼마 후, 뮤리엘은 서재필에게서 조선으로 먼저 떠나게 되어 미안하다는 말을 들었다.

---

111 당시 서재필의 생활이 풍족했다는 것을 엿볼 수 있는 흥미로운 사건이 있는데, 서재필의 집에서 일하는 사환이 다이아몬드 반지를 훔쳐서 팔았다가 붙잡힌 사건이 그것이다 (*Evening Star*, Aug 17, 1895). 서재필이 대학 재학 중이던 1891년부터 자전거 동호회에 가입하여 활동한 기록이 당시 지역 신문들에 다수 전한다.

제1부 혁명가의 길

제 2 부
**개혁가의 길**

제4장

# 『독립신문』, 공론의 장을 열다

　청일전쟁에서 승리한 일본은 1894년 8월 박영효를 조선으로 귀국시켰다. 곧이어 대원군의 요청 형식으로 미국에 머물던 서광범과 서재필을 귀국시켜 조선의 새 정부를 강화하고자 했다. 서광범은 일본 공사의 권고를 따라서 1894년 9월 일본을 거쳐 12월 조선으로 귀국했다.[1] 일본은 서재필의 귀국 여부에도 관심을 기울였지만, 서재필은 조선에서 대원군의 재등장이 허울뿐이고 이른바 개혁 정부도 일본의 영향력 아래 있다는 것을 꿰뚫어 보고 있었다. 1895년 5월 정권을 장악한 박영효는 서재필을 외부협판外部協辦에 임명하고 재차 귀국을 요청했지만, 서재필은 그런 제안을 수용할 의사가 없다고 곧바로 통보했다.[2]

　서재필은 박영효의 정국 지배력이 결코 오래 가지 못하리라고 판단했고,

---

[1] 이상의 설명은 『日本外交文書』를 분석한 다음 글을 참조했음. 한홍수, 「제1편 개화기 - 송재 서재필의 첫 번째 귀국」, 송재서재필박사기념재단 엮음, 『인간 송재 서재필』, 송재서재필박사기념재단, 2007, 30~35쪽. 미국 주재 일본 공사는 1895년 9월 8일자 일본 외무성 보고에서 서재필의 귀국 가망이 없다고 단정했다.

[2] 『각사등록 근대편』「外部請議(書)」 7호(外部協辦 徐載弼이 請願書를 몽하여 乞遞한 바 依願免官함을 提呈하는 請議書), 開國五百四年(1895) 閏五月 十七日. 『각사등록 근대편』은 '한국사데이터베이스' 검색을 활용했음.

무엇보다도 일본의 영향을 받는 정부는 마치 청 지배하의 수구 정권처럼 외세에 의해 좌지우지될 것이라고 내다보았다.³

## 11년 만에 조선으로

조선 정국은 서재필의 예측대로 흘러갔다. 일본의 견제 속에서 나름대로 자주적 개화를 추구하던 박영효는 실각하여 다시 미국으로 도망쳐 온 것이다. 박영효의 2차 망명에는 국내외의 복잡한 사정이 있었다. 조선 내부로 보면, 2차 김홍집 내각의 내무대신으로 입각한 박영효가 지지부진했던 개혁 정책을 적극적으로 추진하면서 그 과정에서 김홍집 세력과의 갈등이 표면화되었다. 1894년 개혁 정부 수립 이후 위기감을 느낀 나머지 박영효와 잠시 연대했던 왕실과 척족 세력은 은밀히 추진하던 친러 정책을 박영효가 완강히 반대하면서 실망감을 느끼기 시작했다.

결정적인 요인은 외부에 있었다. 박영효는 러시아, 프랑스, 독일의 삼국 간섭에 의해 일본의 영향력이 약해지고 동시에 일본의 조선 정책이 잠시 갈팡질팡하면서 벌어진 작은 틈을 파고들었다. 이노우에 가오루井上馨 공사는 김홍집 세력을 배후에서 후원·조종하여 조선의 일본 보호국화를 꾀했으나 김홍집과 박영효 모두의 반대에 부딪혀 지지부진한 상황이었는데, 1895년 5월 이후 박영효가 박정양의 정동파와 결합하여 권력을 장악하고 곧이어 일본에 맞서게 되자 더 큰 위기감을 느끼게 되었다.⁴

---

3   *My Days In Korea*, p.24. 그즈음 서재필은 병원 개원을 염두에 둔 상태로 분주했고 신혼의 행복을 누리고 있었으므로 귀국 요청에 응하기 쉽지 않았을 것이다.

4   『駐韓日本公使館記錄』 7권, 「機密通常和文電報往復 一·二 第1册」 (80) 朝鮮內閣 騷動件(1895년 5월 22일). 이 자료집은 '한국사데이터베이스' 검색을 활용했음. 다만, 박영효와 정동파의 결합에도 불구하고 그 세력은 김홍집과 유길준의 세에 겨룰 바가 되지 않았다는 것이 당시 세간의 평가였다. "박영효는 김홍집, 유길준과도 권력다툼 끝에 당파가 갈렸으므로, 그의 세력은 외톨이가 되었다"는 다음 서술이 근거이다. 정교 저, 조

내부적으로는 김홍집·유길준 세력 및 중전과의 불화, 외부적으로는 일본과의 갈등 등이 함께 뒤얽힌 상태에서, 박영효는 궁궐 호위대 교체 문제로 마침내 고종의 눈 밖에 났다. 고립무원의 상태에서 며칠 후 왕비 살해를 모의했다는 혐의로 체포령까지 내려지게 되자, 박영효는 1895년 7월 7일 두 번째 일본 망명길에 오르게 되었다.⁵ 일본에 머문 지 얼마 되지 않은 8월 2일에 박영효는 밴쿠버행 기선을 타고 미국행에 올랐는데, 11년 전과 달리 박영효에게는 모종의 계획이 있었다.

박영효가 밴쿠버와 뉴욕을 거쳐 서재필을 찾아 워싱턴으로 온 시기는 9월 하순으로 보이는데, 그의 두 번째 미국행에도 충직한 가신 이규완이 동행했다.⁶ 워싱턴에서 박영효에게서 전해 들은 조선 상황은 매우 복잡했다. 1894년 조선은 일본과 청 사이의 전쟁터가 되었다가 승전국 일본에 의해 친일 개혁 정부가 들어섰다. 1차 내각의 리더는 김홍집金弘集이었고, 2차 내각은 박영효가 수반이 되어 개혁 정책을 지휘했다. 그러나 박영효의 자주적 노선은 일본과 러시아 모두의 공격을 받게 되어 실패했고, 박영효 망명 후에는 김홍집과 유길준이 다시 권력을 차지했다.

한 달 가까이 머무는 동안 박영효는 서재필에게 조선으로 귀국할 것을 종

---

광 엮음, 변주승 외 옮김, 『대한계년사』 권2, 소명출판, 2004, 91쪽.

5  『駐韓日本公使館記錄』 7권, 「機密本省往來 一~四」 (28). 1895년 6~7월 중에 朝鮮王宮 호위병 교체로 궁중과 내각 간에 충돌을 일으켜 드디어 朴泳孝이 면직되고 체포령이 내려질 때까지의 日記(1895년 7월 12일, 臨時代理公使 杉村濬).

6  박영효는 1895년 8월 15일에 캐나다 밴쿠버 빅토리아항에 도착했고(*The San Francisco Examiner*, Aug 15, 1895), 8월 24일 전에는 뉴욕에 도착했음이 확인된다(*Evening Star*, Aug 24, 1895). 한편, 『한성신보』에 따르면, 박영효는 9월 하순에 뉴욕을 떠나 서재필의 집에 한 달간 머문 것으로 확인된다. 이 시기는 박영효 망명 이후 서광범이 학부대신 직에서 물러나 자청하여 주미공사로 발령받은 시기와 겹친다. 조선이 미국에 통보한 서광범의 주미공사 임명안의 날짜는 1895년 9월 4일(음력 7월 16일)이었다. 박영효가 이 소식을 몰랐을 리 없다. 서광범이 실제 미국으로 떠난 것은 11월 1일인 까닭에, 서재필은 서광범을 볼 수 없었을 것이다. 한편, 당시 서재필은 워싱턴 D.C. 14번가 916번지에 살고 있었다. *Evening Star*, Aug 17, 1895.

용했다. 정치적 감각이 탁월했던 박영효는 서재필이 귀국하여 정동파 세력들과 연결되면 조선의 정세를 자신에게 유리하게 변화시킬 수 있으리라고 생각했을 것이다. 서재필은 박영효와의 대화를 통해 조선 내정에 대해 소상히 알게 되기는 했으나 선뜻 귀국 결정을 내리지는 못했다. 그 와중에 중전 민씨가 일본에 의해 시해되었다는 충격적인 소식이 바다 건너 미국 신문에까지 실렸다. 을미사변 같은 변고가 조선 땅에서 일어났다는 것은 곧 조선이 주권마저 잃을 수 있는 심각한 위기에 처해 있다는 것을 뜻한다. 서재필은 마침내 조선에 대한 자신의 운명을 받아들이고, 귀국을 결심했다.[7]

> 그(박영효)로부터 나는 한국의 정치적 정세는 예전과 같이 절망적이라는 말을 들었다. 박 씨는 내가 귀국하면 그 정세 아래서 무엇인가 할 수 있을 것이라고 생각하고 있었다.[8]

> 박영효에게 본국 사정을 듣게 되자, 나는 직각적으로 국가를 위하여 큰 일을 하여 볼 좋은 기회가 닥쳐왔다고 깨달았다. 미국에서 오랫동안 내가 마음 깊이 그리던 자유와 독립의 이상을 실천할 천재일우의 시기가 돌아온 것이라 (여기고) 고국으로 돌아온 것이었다.[9]

---

[7] Channing Liem, *America's Finest Gift to Korea: The Life of Philip Jaisohn*, p.44. 임창영은 서재필 자신의 표현으로 그가 최초의 서구 교육을 이수한 한국인이자 개화당의 구성원으로서 다시 한번 "조선에 대한 열병(Korean fever)"을 앓게 되었다고 서술했다. 한편, 기존 연구에서 『국역 윤치호 영문 일기』 4권, 97쪽(1897년 10월 8일)에 실린 박용규의 말을 근거로 미국에서 서재필의 경제적 형편이 어려웠다고 서술하는데, 이는 사실이 아니다. 앞서 1부에서 언급했듯이, 1894년 이후 서재필은 워싱턴의 가장 큰 종합병원인 가필드병원의 병리학 실험실장이자 콜럼비안 의과대학에서 교수가 되기 위한 길을 걷고 있었고, 1895년에 개원하고도 귀국 직전까지 워싱턴 중심가에 박영효에게 한 달 넘게 체류할 공간을 제공할 만큼의 저택을 보유하고 있었다.

[8] 서재필, 「체미 오십년」, 『동아일보』 1935년 1월 3~4일.

[9] 김도태, 『서재필 박사 자서전』, 을유문화사, 1972, 194쪽.

이미 예견한 듯, 뮤리엘은 담담히 서재필의 결정을 받아들였다. 당분간 뮤리엘은 워싱턴에 남기로 했다. 서재필은 뮤리엘에게 조선의 상황이 안정되는 대로 부르겠다고 약속했다.[10]

박영효 실각 이후 실권을 장악하고 있던 유길준은 정동파와 제휴하여 일본의 간섭에 맞서고자 했는데, 미국 시민권자이면서 개혁주의자인 서재필을 귀국시키는 것은 유길준의 의도에 어긋나지 않은 선택지였다. 훗날 서재필의 귀국을 알아차린 일본이 충격적인 반응을 보인 것은 그러한 정치적 맥락 때문이었다. 주미 공사관을 통해 조선 정부와 교섭한 끝에 마침내 11월 9일 자로 서재필은 공사관 참서관 자격으로 귀국 비용을 받을 수 있었다.

서재필은 11월 10일경 워싱턴을 떠나 11년 전 미국에 첫발을 내디뎠던 도시 샌프란시스코로 향했다. 10년 만에 돌아온 샌프란시스코에서 옥시덴탈호텔에 묵으며 일본행 배편을 수속하는 동안 서재필은 그곳 기자들에게 조선이 조금씩 발전하고 있다고 홍보하면서 미국의 자본가들이 조선에 적극적으로 투자하기를 권유했다. 경제 문제를 소홀히 하지 않는 서재필의 스타일은 귀향길에서도 여지없이 발휘되었던 셈이다.[11] 지루한 기다림이 끝나고 서재필은 11월 21일 콥틱S. S. Coptic 호에 승선했다. 중국인들 5백여 명이 3등 객실을 이용한 것과 달리, 서재필은 조선 정부가 제공한 넉넉한 여비로 1등 객실에 탑승할 수 있었다.[12]

---

10  일본공사관의 보고에 따르면 서재필은 혼자 제물포에 내렸다. 샌프란시스코의 한 신문사가 작성한 탑승객 명단에도 뮤리엘의 이름은 없다(The San Francisco Call, Nov 20, 1895). 부인 뮤리엘은 서재필의 국내 활동이 자리를 잡은 1896년 8월에 따로 조선에 입국했다(The Independent, Aug 29, 1896). 이 단신 기사에 따르면, 서재필이 지난 화요일(8월 25일)에 제물포에 가서 부인을 데리고 목요일(8월 27일)에 귀환했다.
11  실제로 귀국 후 서재필의 실질적인 첫 사업이 한성상무회의소에서 일본의 중개무역 이익을 폭로하고 조선 상인들이 석유를 직수입하는 방안을 통과시킨 것이라는 점에서, 우리는 서재필에게서 시민운동가의 모습뿐만 아니라 수완 좋은 경영인의 모습도 발견할 수 있다.

## 갑신정변 주역의 마지막 귀환

서재필이 일본 고베에 도착한 것은 12월 9일이었다. 약 보름간의 체류 기간에 서재필은 일본의 정세를 냉철하게 살폈겠지만 불과 1년여 전 암살당한 김옥균을 회억하는 데 마음을 썼을 것이다.

김옥균은 일본 망명 후 미국으로 서재필 등을 보내고 류혁로, 정난교, 신응희 등의 사관생도들과 함께 일본에 잔류해 재기를 꾀했다. 하지만 일본은 그를 태평양의 절해고도 오가사와라, 북방의 홋카이도 등지로 사실상의 유배를 보냈다. 조선 정부는 끊임없이 김옥균을 암살하려 했지만 모두 실패했다.

정작 김옥균을 암살한 이는 조선 최초의 프랑스 유학생이었던 홍종우洪鍾宇였다. 김옥균의 유해는 조선으로 보내져 다시 능지처참에 처해진 후 저자에 효시梟示되었다. 갑신정변을 후원하기도 했던 후쿠자와 유키치는 김옥균의 장례식 관련 소식을 직접 『지지신뽀』에 싣고 조선에 대한 무력간섭 의지를 적극적으로 개진했다. 과거 조선과 일본의 선린관계를 강조하고 중국까지 포함한 아시아 연대를 통해 서구 세력에 맞서고자 했던 후쿠자와의 구상은 김옥균의 죽음으로 완전히 폐기되었다. 김옥균의 암살은 일본이 과거 갑신정변의 외교적 부담에서 벗어나 적극적으로 조선을 침략하게 되는 계기로 작용했다.[13]

일본의 한반도 정책 변화를 직접 감지한 서재필의 귀국길은 더욱 무거워

---

12  *The San Francisco Call*, Nov 20, 1895, 해당 기사에는 'Wan L. Rhee'이란 인물이 서재필의 귀국길에 비서로서 동행한다고 되었는데, 이는 이규완일 것이다. 기사 설명에 '박영효의 친구'로 추방되었던 인물로 나오는데, 실제로 이규완은 박영효의 가복으로 1895년 박영효의 실각·망명에 함께 했다. 서재필과는 도야마학교 군사유학을 함께 했고 서재필의 권유로 갑신정변에 주도적으로 참여했던 깊은 친분이 있다.

13  다카시로 코이치(高城幸一) 저, 『후쿠자와 유키치의 조선정략론 연구』, 선인, 2013, 237~241쪽.

졌다. 갑신정변 주역 가운데 홍영식과 김옥균은 사망했고 박영효와 서광범은 미국에 있으니, 개혁을 이어갈 사람은 이제 자신뿐이었다. 그런 상황에서 귀국 이후 계몽과 교육 활동에 주력하겠다는 본래의 생각이 너무 안이했던 것은 아닌가 자문하기도 했다. 제물포행 켄카이마루玄海丸 호에서도 그러한 회의는 끊이지 않았다.

서재필은 귀국을 결정했을 때의 첫 마음을 되새겼다. 계몽과 교육으로 남에게 의존하지 않고 스스로 생각하고 행동하는 시민을 길러내는 것만이 이 나라를 살릴 유일한 방책이라는, 11년간 미국에서의 공부와 체험을 통해 깨달은 그 진리를 실천하겠다는 다짐이 그를 번민과 회의에서 벗어나게 했다. 갑신정변의 서재필과 1차 귀국 시기의 서재필은 생각의 틀에서 완전히 다른 사람이다. 조선을 쇠락하게 만든 수백 년 누적된 나쁜 습속習俗을 청산하는 일은 자칭 개혁 정치인 무리 몇 명에게만 의존해서는 안 된다.

> 10년 동안 나는 하나의 국가를 형성해 나가는 다양한 방식과 한국 같은 나라에서 수 세기에 걸쳐 축적된 낡은 전통의 우매함과 부패를 일소하는 최선의 방법을 공부하고 관찰하며 심사숙고했다. 나는 그러한 임무는 한 나라가 그 민중들이 올바르지 않더라도 그들을 제대로 이끌 수 있는 올바른 리더들을 갖게 될 때 성공적으로 달성될 수 있다고 생각하곤 했는데, 올바른 민중이라면 언제나 올바른 리더들을 발견할 것이다.
>
> 그러므로 리더가 국민을 만드는 것이 아니라 국민이 리더를 만든다는 것은 공리公理 같은 진실이다. 이 이론이 진리라고 확신했기 때문에 나는 한국 국민에게 이 진리를 설교하는 정치적인 복음 전도자가 되겠다고 결심했다.[14]

---

[14] *The New Korea*, Sep 8, 1938. in *My Days In Korea*, pp. 25~26. 참고로, *My Days In Korea*에는 해당 기사가 일부 잘못 인쇄되어 있어서, *The New Korea* 원문 기사를 참고하여 필자가 옮겼다.

'리더가 국민을 만드는 것이 아니라 국민이 리더를 만든다.' 귀국을 위해 몸을 실은 캅틱 호 선실에서, 그리고 번민하던 켄카이마루 호에서, 서재필은 이 말을 수백 번 넘게 되뇌었을 것이다. 귀국 이후 일본과 국내 보수 세력의 견제가 결코 만만찮겠지만, 서재필은 시민 정치론에 입각한 아래에서의 개혁론의 가치를 확신했다. 체미 10년간 조선의 자강과 독립을 위해 해야 할 일을 탐색한 결과 내린 대답이었기 때문이다. 국민이 스스로 나라의 주인임을 자각하게 되는 순간, 나라는 바로 설 것이다. 실제로 2년여 후 다시 미국으로 떠나기까지 1차 귀국기 서재필의 활동을 일이관지한 것은 스스로 생각하는 국민을 만드는 것이었다.

### 고종과의 재회

1895년 12월 25일, 서재필은 미국을 떠난 지 40여 일 만에 제물포에 도착했다.[15] 11년 만에 밟은 고국 땅이었지만, 그를 맞이한 것은 갈매기뿐이었다. 제물포에서 한성까지는 육로를 이용했다. 민심은 흉흉했다. 두 달여 전 중전 민씨가 일본 낭인에 시해된 데다 개혁 정부가 단발령을 강제 시행했기 때문이다. 서재필은 정동 소재 아펜젤러Henry G. Appenzeller의 집에 잠시 머물기로 했다. 자기를 불러들인 유길준과 김홍집조차도 서재필 귀환에 박영효의 뜻이 작용한 결과라고 알고 있을 정도이니, 그들과 대립하고 있던 보수 세력이 서재필을 경계한 것은 지극히 자연스러웠다.[16]

서재필의 과거 반역죄는 이미 사면되었지만, 그에게 위해를 가할 세력은

---

[15] 일본공사관은 서재필이 이름을 속이고 변장하여 귀국했다고 본국에 보고했다. 윤치호의 일기에도 서재필의 입국일에 대한 단서가 있다. "서재필, 아니 필립 제이슨 박사는 서울에 있다. 그는 미국 시민이다. 미국인이 많이 거주하는 지역에서 머물 곳을 찾고 있다." 『국역 윤치호 영문 일기』 3권, 107쪽(1895년 12월 26일).

[16] 『한성신보』 1895년 12월 27일.

한성에 넘쳐났다. 박영효와 서광범이 귀국 직후 암살 시도에서 겨우 벗어난 일도 서재필에게는 부담이었다. 따라서 서재필은 고종과의 관계를 회복해서 귀국 활동의 안전판부터 먼저 확보해야 했다. 다행히 기회는 빨리 왔다.

1896년 1월 8일 경복궁 신무문 밖에서 행해진 친위대 관병식 행사에서 서재필은 고종을 잠시 알현했다. 귀국한 지 2주일 만이었다. 고종은 유길준에게 서재필의 지식을 널리 알릴 기회를 찾아보라고 명했고, 이에 유길준은 서재필과 상의하여 1월 19일 남별궁에서 공개 강연회를 열기로 했다. 각부 관료들에게는 이 강연회에 적극적으로 참석하라는 명령을 내렸다.[17] 과거 청 사신의 처소로 주로 이용했던 남별궁이 이제 자주독립의 뜻을 펼치는 장소가 된 데서 당시의 변화된 정세를 엿볼 수 있다.

공개 강연회를 통해 서재필은 앞으로 개혁을 주도하게 될 관료들에게 바깥세상의 동향을 알리고자 했다. 서재필은 조선에서 가장 시급하게 해야 할 일을 제시하고, 이를 듣고 그들이 개혁의 선후를 깨닫기만 해도 성공이라고 생각했다. 마침내 단상에 오른 서재필은 삼사백 명의 청중 앞에서 개혁의 순서와 국민 교육의 필요성을 역설했다. 최초의 근대적 '연설'로 기록되어야 할 이날 강연에서 청중들은 서재필의 지식에도 압도되었지만, 특히 연설 종료 후 서재필이 '향우국기向于國旗' '앙배헌仰拜獻', 곧 '국기에 대한 경례'를 하자고 하자 손뼉을 치며 열렬하게 동의를 표했다.[18]

이날 강연의 전체는 알려지지 않지만, 주한 선교사 잡지인 『코리안 리포지터리』 1896년 3월호에 실린 서재필의 기고문 「한국에서 가장 필요한 것」에서 그 개략을 알 수 있다.[19] 서재필의 글 가운데 가장 오래된 것이라는 점

---

17    『각사등록 근대편』 「內部來去文」, 건양원년(1896) 1월 16일.
18    『한성신보』 1896년 3월 15일.
19    *The Korean Repository*, Mar, 1896. 원제는 'What Korea Needs Most'이고, 번역문은 다음 책을 활용했다. 김승태 엮음, KIATS번역팀 옮김, 『자주독립 민주개혁의 선구자 서재필』,

에서, 그리고 귀국 직후 서재필의 조선 개혁 구상을 체계적으로 담고 있다는 점에서 이 글은 특히 주목할 필요가 있다.

나는 14년간[20] 해외 생활을 한 후에 내가 태어나 자란 땅으로 돌아왔습니다. (……) 사실 조선의 상황은 내가 14년 전 서울을 떠날 때보다 더 열악해졌습니다. 내 가슴을 피눈물 나게 만드는 것은 국민의 상황이었습니다. 그들은 정말로 절망적이고, 자신들이 살아가기 위해 무엇을 해야 하는지에 대한 계획이 도무지 없는 것처럼 보였습니다. (……) 최근 몇 년 사이에 정부는 모든 부서에 개혁을 도입해서 몇백 년 동안 지속되어 온 법률과 관습을 담은 법령을 단칼에 제거했습니다. 새로운 규칙들과 법률들은 아직 친숙하지 않고 국민 대다수에게 알려져 있지 않았습니다. 정치적인 지평은 위협적인 구름에 가려져 아직도 깜깜한 상태이고, 정부의 정책은 번개가 치듯 빠른 속도로 변화되어 왔습니다. 이러한 새로운 개혁이 가져올 장점들이 아직까지는 보이지도 않고 혜택을 제공해 주지도 않으며, 오직 혼돈과 폭동, 직업의 박탈, 심지어 자신들의 목숨까지 빼앗아 가는 불쾌한 일들만 일어났습니다. (……) 내가 이 글에서 말하고자 하는 것은 정치를 논하려는 것이 아니라 이 암울한 문제를 해결할 방법에 관한 나의 생각을 대중들 앞에 내어놓으려 하는 것입니다. 조정은 국민의 상태를 파악해야 하고, 백성은 조정의 목적을 알아야 합니다. 조정과 백성 사이의 상호이해를 도모하는 유일한 길을 양자를 교육하는 것뿐입니다. (……) 현재 조선은 통치자들과 백성이 온갖 종류의 불편함과 피곤함을 겪고 있는 상황에 빠져 있으

---

한국고등신학연구원, 2013, 45~49쪽.

[20] 강연 시점으로는 '12년'이 맞는데, 서재필의 한국과 미국의 셈 방식의 혼란 때문에 '14년'으로 표현되었던 듯하다. 헐버트의 편지에도 서재필의 귀국이 '14년' 만으로 기재되어 있는데, 이를 볼 때 서재필의 '14년' 표현은 일관된 것이었음을 알 수 있다. 요즘에는 인터넷 프로그램을 통해 전통적 연호 표기를 쉽게 서양력으로 전환할 수 있지만, 서재필의 시대에는 쉽지 않은 일이었다. 서재필이 '12년' 대신 '14년'으로 표현해서 취할 이익은 전혀 없다.

며, 백성 편에서는 자연히 통치자들에 대한 불신과 의구심이 퍼져 있습니다. 교육이 없다면 백성은 법률이 무엇 때문에 존재하고 무엇 때문에 좋은지를 결코 이해할 수 없을 것입니다. 교육을 시키면 백성은 법률이 영향을 미치는 순간 이를 따르게 될 것입니다.

사람들을 점진적으로 교육시켜 그처럼 위급한 문제를 풀어나가자는 나의 생각이 몇몇 사람들에게는 우습게 보일지도 모르지만, 현재 조선의 상태는 즉각적인 구제를 필요로 합니다. 그러나 내가 확실히 아는 한, 구제 사업은 아직 시작도 되지 않았습니다. 몇 가지 구제하는 방법이 있을 수 있는데, 교육은 가장 효과적이고 장기적인 수단 중의 하나입니다. (……) 조선의 젊은이들을 교육하는 것은 씨앗을 뿌리는 것을 의미합니다. 조선은 지금 너무나 절망적이지만, 그럼에도 조선 왕국의 모든 사람들은 교육의 중요성을 깨달아야 합니다. 나는 조선이 스스로 기대하는 것보다 훨씬 더 빠른 시일에 자신들의 수고의 열매를 볼 수 있을 것이라고 확신합니다. (……) 조선을 사랑하는 모든 사람들은 정부가 모든 힘과 노력을 기울여 온갖 종류의 학교, 특히 수공업·산업·농업·의료학교를 서울만이 아니라 나라 전체의 다양한 지역에 세우고, 사람들로 하여금 자녀들을 이러한 기관들에 의무적으로 보낼 것을 열렬히 소망했습니다. 이러한 아이들과 젊은이들이 학교를 졸업한 후에는 정부가 그들을 개인적인 능력에 따라서 고용해야 합니다. 머지않아 사람들은 자신의 아이들을 학교에 보내 교육 받게 함으로 얻는 유익을 깨닫게 될 것이고, 그렇게 교육받은 젊은이들은 지도자들이 국가적으로 중요한 모든 문제를 점검하고 재조정하는 데 도움을 줄 것입니다. (……) 개인적으로 나는 다음 10년 동안 정부 예산이 다른 어떤 항목보다 교육적인 목적에 더 많이 사용되기를 바랍니다. 그리고 나는 온정을 가진 사람들이 자신들의 모든 노력을 이렇게 가난한 사람들과 궁핍한 삶을 사는 조선인들을 교육하는 데 기울일 것을 호소하는 바입니다.

이 글은 크게 두 부분으로 구성되어 있다. 논지의 배경을 설명하는 전반부에는 조선의 열악한 상황과 갑오·을미개혁 정책에 대한 국민의 불신을 설명하면서 정부와 국민 사이에 상호이해가 필요하다는 호소가 담겨 있다. 이 글의 핵심 논지가 역설되는 후반부에는 조선의 개혁에 가장 긴급한 것이 교육에 있다는 논증과 함께 그 구체적인 실행 방법이 제시되어 있다. 이를 통해, 서재필의 귀국 목적은 오직 하나, 곧 계몽과 교육을 통해 개화 정책을 성공시키는 데 있었다는 것을 확인할 수 있다. 이는 1차 귀국기 서재필의 활동에서도 확인된다. 『독립신문』 간행은 그 첫 결실이었다.

### 유길준과 의기투합하다

서재필은 일본에 남겨 두고 온 이규완과 옛 동료 신응희를 조선으로 귀국시킬 것을 유길준에게 부탁했으나 조정 대신들의 반대에 부닥쳐 실패했다.[21] 이런 작은 좌절 속에서 서재필은 유길준과 힘을 합치고자 했는데, 둘의 연결고리는 신문 발행이라는 사안이었다. 서재필은 미국에서의 경험을 통해 신문이 갖는 교육적 기능과 권력 감시 기능을 잘 알고 있었다. 더구나 개화 정권이 추진하는 개혁 작업의 성공을 위해서는 국민과 정부 사이에 가득하게 쌓인 오해와 불신을 씻어내야 한다. 서재필의 귀국 구상에서 뒷순위였던 신문 간행이 시급한 과제가 된 연유가 이와 같다.

고종의 호의는 서재필에게뿐만 아니라 권력 기반 강화를 꾀하던 유길준에게도 좋은 신호였다. 성급했던 단발령 시행으로 보수 유림뿐만 아니라, 온 백성의 반발에 직면한 유길준에게 신문은 개혁 정책의 취지를 국민에게 선전하기 위해서 꼭 필요한 근대적 매체였다. 서재필을 조선에 붙들어

---

21  『국역 윤치호 영문 일기』 3권, 119~120쪽(1896년 1월 15일).

두기 위해서 무슨 일이든 해야 했던 유길준은 마침 서재필의 남별궁 연설에서 그의 신문 간행에 대한 관심을 읽어내고서는 안도의 한숨을 내쉬었을 것이다.

유길준은 조선에서 신문의 중요성과 위력을 깨달은 최초의 인물이었다. 1881년 26세의 나이에 어윤중의 수행원으로 조사시찰단에 포함되어 일본을 방문했던 유길준은 바로 귀국하지 않고 게이오기주쿠에 입학했는데, 거기서 신문이 일본 사회를 극적으로 개화하게 하는 데 미친 영향력을 눈앞에서 확인할 기회를 얻었다. 후쿠자와 유키치가 『지지신뽀』를 간행하자, 유길준은 '조선인 유길준'이란 필명으로 신문의 탁월한 사회 계몽 역할을 논한 투고문 「신문의 기력」을 실은 적도 있었는데, 조선인 최초의 신문 투고문이었을 것이다.

1882년 임오군란으로 학업을 중단하고 귀국한 유길준에게 얼마 지나지 않아 신문 발행에 참여할 기회가 왔다. 제3차 수신사로 일본에 간 박영효가 신문 발간을 위해 후쿠자와 유키치의 제자로서 신문 간행 경험이 있는 일본인을 데리고 귀국했기 때문이다.[22] 유길준은 박영효의 명에 따라 신문 발행에 착수했고, 이를 위해 '신문국 장정'을 마련하고 나아가 국한문 혼합체로 된 해설문과 기사를 작성해 두기까지 했다. 하지만 박영효가 정변에 쓸 정병 양성을 위해 광주유수로 옮겨가면서 그 글은 햇빛을 보지 못했고, 조선 최초의 신문 『한성순보漢城旬報』 발행 주체 역시 개화당이 아닌 온건 개화파

---

[22] 후쿠자와 유키치가 박영효와 김옥균에게 추천한 일본인은 실제 『지지신뽀』 간행에 참여했던 우시바(牛場卓造), 다카하시(高橋正信), 이노우에(井上角五郎) 등 7명이었는데, 이미 유길준과도 일본에서 친교가 있던 인물들이었다. 개화파의 신문 발행 실패 이후 우시바와 다카하시는 일본으로 돌아갔고, 이노우에만 남아 『한성순보』 간행에 도움을 주었다. 정진석, 「한성순보 주보에 관한 연구」, 『신문연구』 36호, 1983, 76~78쪽. 한편, 일본인 관련 자료는 다음을 볼 것. (1) 박영효, 『사화기략(使和記略)』, 고종 19년 11월 27일. (2) 「충달공 김옥균 선생」, 『개벽』 3호, 1920년 8월 25일. 한편, 이노우에는 갑신정변 계획에도 깊게 관련되었다.

인물로 바뀌면서 유길준의 준비는 헛수고가 되었다.

　십여 년 전에 초급 관료였던 서재필은 유길준의 신문 발행 노력이 우여곡절 끝에 좌초하는 과정을 가까이서 지켜보았다. 그런 까닭에, 서재필은 유길준의 후원에 담긴 진심을 바로 알아차릴 수 있었다. 사실 귀국 직후 서재필은 유길준에 대한 의심을 거두지 않고 있었다. 지난가을 미국에 온 박영효가 유길준이 자신을 모함했다며 울분을 토했던 기억이 아직 또렷했던 데다 귀국 이후 접촉했던 인사들은 한결같이 유길준이 일본 편을 든다고 비난했다. 하지만 그들의 생각은 틀렸다. 비록 집권하는 데는 일본의 도움을 받았지만, 유길준은 일본의 간섭에 맞섰고 또 개혁에 저항하는 권신들에게도 맞섰다. 개화 정책을 주도해서 성공시키기 위해 권력 투쟁에 나섰을 뿐이었다.

　그런데 유길준에게는 김옥균과 같은 정국 주도 능력이 없었다. 유길준이 일본의 의도에 불만을 품으면서도 대체로 적절히 타협하며 변화의 기회를 기다리고만 있었던 것도 그런 성격 때문이었다. 백성에게서 지지를 받지 못한다는 것을 알면서도 단발령 같은 급진적인 정책들을 시행한 것은 분명 실책이었지만, 일본에 비해 크게 뒤처진 개화의 수준을 따라잡기 위해서는 그럴 수밖에 없었을 것이다. 시민 세력을 양성하지 않은 채 조급하게 추진된 유길준의 개혁 정책이 일으킨 사회 갈등과 그것을 외세 개입으로 보고 봉기한 의병 세력의 소식을 들으면서, 서재필은 11년 전 무모했던 정변의 과오가 되풀이되고 있다고 느꼈다.

　당시 조선에는 일본인이 발행하는 『한성신보』가 이미 자리 잡고 있었다. 1894년 서울에 거주하는 일본인들이 창간한 이 신문은 일본 편에 서서 조선 상황을 기사화했다는 점에서 사실상 일본 기관지에 가까웠다. 1895년부터는 한 쪽만 일본어로 제작하고 나머지 세 쪽을 국한문 혼용체로 제작하여 조선인들에게도 영향을 미치기 시작했다. 게다가 서재필 귀국 직전에 자행된 일본 낭인들의 중전 시해 사건을 모의하는 장소로 이용되기도 했다. 1906년 일제 통감부가 기관지 『경성일보』를 간행하면서 합병하여 그 이름이 사라질 때까지 『한성신보』는 일본의 이익에만 종사했다.

이미 일본인 명의의 신문사가 운영되던 상황이었기 때문에, 미국인 서재필이 신문을 발행한다고 해도 일본으로서는 반대할 명분이 없었다. 박영효만큼은 아니더라도 일본과 자주 마찰을 겪던 유길준에게 미국인 서재필을 발행인으로 두는 신문의 존재는 일본을 견제하는 데 최상의 카드였다. 일본에 의해 권력을 제약받고 있던 고종에게도 일본에 기죽을 필요 없는 미국 시민이 간행하는 신문은 정국의 균형을 위해 나쁘지 않은 카드였을 것이다. 뜻밖에 찾아온 이 기회를 서재필은 국민을 변화시키기 위한 교육과 계몽의 출발점으로 활용할 수 있었다.

### 신문 발행의 위기와 행운

서재필은 신문 발행을 허락받았지만 간행에 꼭 필요한 인쇄 설비와 활자를 아직 준비하지 못했다. 서재필은 삼문출판사를 운영하며 인쇄 경험이 풍부한 헐버트에게 새 신문 발행에 필요한 인쇄기, 활자, 종이, 동력기 등의 구매에 드는 비용의 견적을 부탁했고, 헐버트는 3월에 직접 일본에 방문하여 살 계획이라고 답했다.[23] 헐버트는 처음에 대략 2천 달러 정도의 비용을 생각했지만, 정확한 비용은 일본에 직접 가서 알아볼 수밖에 없었다. 유길준은 넉넉하게 4천4백 원의 지출승인서를 곧바로 작성했다. 서재필 집의 건축 비용 1천4백 원을 제한 나머지 3천 원이 신문사 창설 비용이었다.

---

[23] '헐버트가 부모에게 보낸 편지', 1896년 1월 19일, 〈독립기념관 한국독립운동정보시스템〉 독립운동가 자료 - 헐버트 편.

유길준에게 신문 발행 합의는 서재필을 조선에 정착시켜야 한다는 과제가 해결됐다는 것을 의미했다. 이제 세부 조건 절충만 남았다. 관병식 닷새 후인 1월 13일, 조선 정부는 서재필에게 중추원 고문관을 제안했었는데, 이틀 후 윤치호와 만난 자리에서 서재필은 이 제안을 정중하게 거절했다고 밝혔다.[24] 서재필의 거절 이유는 월봉과 주택 제공 등의 경제적 조건 부족 때문이 아니었다. 서재필은 이 시점뿐만 아니라 이후에도 정부 관직에 관심이 없었으므로 이 제안을 받아들일 필요가 없었다. 그런데도 서재필은 결국 중추원 고문관 직을 받아들이게 되는데, 그 사이에 서재필과 유길준은 신문 발행에 합의했기 때문이다. 중추원 고문이라는 실권 없는 직위는 신문 발행인이 될 서재필을 위한 유길준의 배려였을 것이다. 이로써 서재필은 귀국한 지 20일도 지나지 않은 시점에서 신문 발행 준비를 거의 마쳤다.

서재필은 곧바로 헐버트에게 이 사실을 알렸는데, 헐버트의 편지 기록이 사실이라면 그 시점은 최소한 1월 19일 이전이다. 서재필은 처음부터 국문과 영문으로 된 신문을 구상했는데, 이는 3개월 후『독립신문』지면 구성에 그대로 반영되었다. 서재필은 3월 1일 창간을 목표로 분주히 움직였다. 서재필은 춘생문사건春生門事件[25] 이후 도피 및 연금 상태에 있다가 유길준의 호의로 막 풀려난 윤치호에게 찾아가 동참할 것을 부탁했지만, 뜻밖에도 윤치호에게서 자신이 신문에 대해 잘 알지 못해서 참여가 어렵다는 답변만 들었다.[26] 막 수배 상태에서 벗어난 윤치호는 당시 불안한 정국

---

24  『각사등록 근대편』,「請議存案」, 건양원년(1896) 1월 13일;『한성신보』1896년 1월 20일.『국역 윤치호 영문 일기』3권, 119~120쪽(1896년 1월 15일).
25  춘생문사건(1895. 11. 28). 일본에 의해 사실상 경복궁에 유폐된 고종을 탈출시키기 위해 임최수, 이도철과 정동파 관료, 언더우드, 애비슨, 헐버트, 다이 등의 외국인이 가담한 거사였으나 실패함.
26  『국역 윤치호 영문 일기』3권, 126~127쪽(1896년 1월 28일). 사실 윤치호는 미국공사관

에서 새 일을 벌이기가 부담스러웠던 까닭에 당분간 한 걸음 뒤에 물러서 있고자 했다. 결과적으로 신문 창간의 사무는 오롯이 서재필의 몫으로 남게 되었다.

그런데 그를 괴롭힌 일은 따로 있었다. 서재필 귀국 시점부터 감시의 촉각을 늦추지 않았던 일본공사관이 본격적인 방해 작업에 착수했다. 당시 일본 공사는 고무라 주타로小村壽太朗였다. 고무라는 서재필의 국민계몽 활동이 비정치적인 영역에서 실행될지라도 그 핵심이 자유와 민권 신장에 있고 이런 사상이 조선 민중에 전파되면 지배에 어려움을 갖게 될 것으로 판단했다.27 조선인이 신문을 갖게 되면 언론과 결사의 자유를 통해 일본에 맞서게 될 것이라는 점은 명약관화明若觀火했다.

고무라는 일본공사관으로 서재필을 불러 신문 창간 작업에서 손을 떼라고 권했다. 하버드 대학교를 졸업한 고무라는 서재필과 영어로 대화했을 것이다. 조선에는 두 개의 신문을 운영할 만큼 언론 시장이 성숙하지 않았기 때문에 새 신문이 창간되어서는 안 된다는 것이 그의 논리였다. 그것이 실제로는 일본인 거류민이 발행하는 『한성신보』의 안정적 운영을 위해서라는 것을 서재필도 모르지는 않았다. 서재필이 조선인의 이익을 위해서 새 신문 발행을 계속 추진하겠다고 하자, 고무라는 서재필의 신변 안전을 보장하지 않을 것이라고 협박했다.28 서재필은 고무라 공사에게서 십여 년 전 위안스카이의 모습을 보았다.29

---

도피기에 서재필보다 한 달가량 먼저 신문 발행을 구상했는데, 그때 윤치호의 파트너도 헐버트였다. 윤치호는 이 계획에 대해 알렌 공사가 조선 정부에 반대하는 신문을 수배자(곧 윤치호)가 발행하도록 허용할 수 없다고 하자 그를 비난하기도 했다. 『국역 윤치호 영문 일기』 3권, 95쪽(1895년 12월 2일).

27  홍이섭, 「서재필 - 근대화의 기수」, 서재필기념회 엮음, 『개화 독립 민주』, 서재필기념회, 2001, 420쪽.
28  『국역 윤치호 영문 일기』 3권, 127~128쪽(1896년 1월 31일).

고무라 공사의 협박 배경에는 며칠 전 한성상무회의소의 석유 직수입 논의가 불러일으킨 경제적 반일감정 확산의 문제도 있었다. 서재필은 당시 조선 상권을 장악한 채 이권을 독점하고 있던 일본 경제의 횡포에서 벗어나기 위해서 조선 상인들이 미국 석유를 직수입해야 한다고 역설했다.[30] 이 소식은 고무라 공사에게까지 전해졌다. 서재필이 결코 단순한 계몽 교육가가 아니라 일본에 해를 끼칠 인물이라는 점이 분명해졌다. 얼마 전 중전 민씨를 살해한 일본이 암살을 언급한 것만으로도 서재필에게는 큰 위협이었을 것이다.

불안해진 서재필은 미국으로 되돌아갈 생각도 했던 듯하다. 윤치호에게는 그런 고민을 솔직히 털어놓기도 했다. 하지만 자신이 처음 귀국을 결심했을 때의 생각을 실천하기 위해서라도 서재필은 더욱 냉철해져야 했다. 서재필은 정동구락부 인사들과 접촉하면서 어떻게든 신문이 발행되는 방법을 찾아보기로 했다. 그런데 상황은 며칠 만에 급반전했다.

2월 11일 새벽에 아관파천俄館播遷이 있었다.[31] 일본의 감시를 받으며 경복궁에 유폐되다시피 했던 고종이 새벽에 세자와 함께 정동 러시아공사관으로 피신했다. 을미사변 이후 고종이 궁으로 다시 불렀던 엄 상궁(훗날 순헌황귀비)의 기지도 궁궐 탈출에 크게 기여했다. 일본의 압력에서 벗어난 고종은 당일 아침 친일 내각을 해산하고 박정양을 총리대신서리로 하는 새 정부 구

---

29　*The New Korea*, Sep 8, 1938. in *My Days In Korea*, pp.26.
30　당시 일본은 미국 스탠더드 오일의 석유를 수입해서 조선에 되팔아 막대한 이익을 취해 왔다. 그런데 한성상무회의소 발족 후 첫 회의에서 서재필과 김가진은 조선인이 이를 직수입하는 회사를 설립할 것을 제안하여 가결됐다. 한편, 조선의 무역 실정과 개선점에 대한 『독립신문』의 기본 관점에 대해서는 다음 논설을 볼 것. *The Independent*, Sep 5, 1896.
31　국왕이 도성을 비우지 않았으므로 '파천' 대신 '이어(移御)'가 옳은 표현이다. 『독립신문』 1896년 12월 26일 논설에도 "아관으로 이어 했다"고 쓰고 있다. 다만 '이어'가 일상에서 자주 쓰이지 않으므로, 이 책에서는 관용적인 표현인 '아관파천'으로 통일했다.

성을 선포했다. 전 총리대신 김홍집은 그날 고종의 암묵적 사주를 받은 군중에 의해 참살당했다. 어윤중은 고향인 충북 보은을 향해 도망치다가 용인에서 붙잡혀 살해되었다. 유길준은 일본공사관으로 피신하여 겨우 목숨을 부지했는데, 10년 넘게 계속될 일본으로의 망명길이 그의 앞을 기다리고 있었다. 고무라도 더는 조선 내정에 노골적으로 개입할 수 없었다.

역설적으로 후원자 유길준의 부재는 신문 발행에 도움이 되었다. 절정에 이른 의병 봉기에 어수선해진 백성들을 진정시키고 개혁의 성과를 알리기 위해서 박정양 내각은 옛 정부만큼이나 신문이 필요했다. 새로운 각료들이 서재필에게 거부감이 없었던 까닭에 유길준이 마련한 창간 자금은 고스란히 서재필의 수중에 들어왔다. 정부는 신문의 우편 요금을 할인하고 기자의 관가 취재에 적극적으로 협조하는 조처를 시행하는 방식으로 서재필의 신문이 성공할 수 있게 도왔다. 지원하되 간섭하지 않는 박정양 내각 덕분에 서재필은 본래 계획을 그대로 실행할 수 있게 되었다.

## 한글 신문을 내다

정국이 안정되면서 서재필은 신문 발행을 위해 눈코 뜰 새 없는 나날을 보냈다. 인쇄 설비 구매를 위해 일본으로 떠난 헐버트가 돌아올 때까지 서재필은 하나씩 밀린 문제를 해결해 나갔다. 우선 신정부의 도움으로 정동 독일영사관 인근(현 신아빌딩 주변)에 있는 조선 정부 소유 건물에 신문사가 입주하게 되었다. 고종이 머물던 러시아공사관과도 가까워 안전했고 배재학당과 인접하여 헐버트와 아펜젤러의 도움을 받기도 수월했다.

그런데 신문 발행에 힘을 보탤 직원을 구하는 문제는 진척이 더뎠다.[32]

---

[32] 『독립신문』 참여 인물에 관한 서술은 다음 자료를 주로 참고했다. 채백,『독립신문 연구』, 한나래, 2006, 79~104쪽.

독자적으로 신문 간행을 꾀하기도 했던 윤치호의 동참을 기대했지만, 그는 니콜라이 2세 대관식에 참석하기 위해 러시아로 떠나는 민영환閔泳煥을 수행하는 역할을 맡기로 이미 일정이 잡혀 있었다. 최소한 1년간 떠나 있을 윤치호에게 도움을 받을 수는 없었으므로, 급한 대로 서재필은 헐버트에게 한 번 더 도움을 청했다. 헐버트는 새 신문 인쇄 준비가 끝나는 대로 비밀리에 영문판 편집을 돕기로 약속했다.

더불어 헐버트는 서재필에게 한 청년을 추천했는데, 이들의 만남은 이후 근대 어문민족주의의 관점에서 가장 중요한 순간으로 기록된다. 헐버트는 한글판 조판을 도울 조수로 한 청년을 소개했다. 황해도 출신으로 배재학당에 다니던 이 스무 살 청년의 이름은 주상호周相鎬였는데, 훗날 한글학자로 명성을 날리게 될 주시경周時經의 본명이다. 서재필은 이 신문을 한글 전용으로 표기하기로 했는데, 주상호가 이 신문의 교열에 참여하면서 자연스럽게 한글 맞춤법과 문법에 대해 체계적인 관심을 가질 수 있게 되었다. 서재필은 주상호를 새 신문사의 사옥으로 출근하게 했다. 주상호는 독립신문사의 회계사무 겸 교보원校補員으로 출발하여 나중에는 '조필助筆'로 불리게 되었다. 얼마 후 회계 사무를 이준일이 맡게 되면서, 주상호는 회계 업무에서 해방되어 교보원이자 사실상 조필로서 서재필을 보좌했다.

그다음은 일사천리로 진행되었다. 우선 시민 동향을 보고할 기자 한 명과 관청 출입기자 한 명을 각각 뽑았다.[33] 훗날 목사가 될 손승용孫承鏞은 시민 담당으로서 시내 시장을 돌아다니며 물가를 조사하여 신문에 싣는 일부터 시작하여 차츰 민간 부문의 소식을 신문에 싣는 역할까지 맡을 정도로 성장했다. 서재필은 인쇄를 도울 직공을 일곱 명 두었는데, 인쇄 교육은 헐버트가 파견한 선임 직공 두 명이 맡아 주었다. 헐버트가 오사카에 주문한

---

[33] 김도태, 『서재필 박사 자서전』, 을유문화사, 1972, 246쪽.

인쇄기는 예정했던 날짜를 훨씬 넘겨 창간 직전에야 인천항에 도착했다. 아무도 그 설치하는 방법을 알지 못했기에 서재필이 직접 나서 동력기와 인쇄기를 정돈한 다음 헐버트의 직공이 인쇄 작업을 점검하면서 간행 준비가 모두 완료되었다. 시간당 2백 장을 겨우 찍어내는 수동 소형 인쇄기였지만,[34] 그것만으로도 신문을 인쇄하는 데는 큰 무리가 없었다.

마지막까지 고민했던 것은 신문의 제호다. 서재필은 일본 유학 시절 게이오기주쿠에서 잠시 일본어를 배울 때 '독립'이라는 한자 신조어를 처음 접했을 텐데, 김옥균과 유학생 간의 주말 모임 대화에서 그 단어에 담긴 정치적 의미를 비로소 깨우쳤을 것이다.[35] 조선의 고난은 집권 세력의 외세 의존성에 기인한 것이지만 그것을 막지 못한 조선의 문화와 국민의 나약함에도 그 책임이 있다. 이러한 상황에서 벗어나려면 집권층과 국민 모두 스스로의 힘으로 서겠다는 의지와 힘을 갖춰야 한다. 나라는 외세의 종속에서 벗어나고, 국민은 자신을 길들여 온 의존의 문화에서 벗어나야 한다. '독립'은 이런 생각을 가장 잘 표현하는 말이다.

---

[34] *The New Korea*, Sep 15, 1938. in *My Days In Korea*, pp. 28.

[35] 이는 서재필의 「회고 갑신정변」과 갑신정변 관련자 국안(박은숙 엮고 옮김, 『갑신정변 관련자 심문·진술 기록』, 아세아문화사, 2009, 79쪽) 등에서 짐작할 수 있다. 서재필 스스로 제호로서 '독립'의 의미를 명시적으로 밝힌 기록이 있는데 독해에 주의를 필요로 한다. "'독립'이라는 말은 내가 지어낸 말인데 나는 당시 한문을 잘 알지는 못하였습니다. 말하자면 '앵무새'처럼 흉내를 내는 정도이었습니다. 그래서 '남에게 의지하지 말자'는 정신에서 '혼자 서자'는 의미로 '독립'이라는 말을 만들었던 것입니다. 그러나 '혼자 선다'는 것은 결코 '고립'이나 '유아독존'을 의미하는 것은 아닙니다. 실은 '자립'인 것입니다. '자립', '자주', '자율', 이것이 독립정신인 것입니다. 조선 사람들에게는 이것이 결핍하여 있다는 것입니다."(『신민일보』 1948년 3월 14일, '구국투쟁과 신국민운동 - 서재필 박사와 신영철 본사 사장 대담'). 이 인용문에서 첫 두 문장은 모순이다. 한문을 잘하지 못해서 흉내 내는 수준에 그치는 사람이 새로운 단어를 만들어낼 수는 없다. 차라리 "'독립'이라는 말을 내가 지어낼 정도로 내 한문 실력이 좋지는 못했습니다. 말하자면 '앵무새'처럼 한자의 음과 뜻을 외웠던 어린 시절의 기억이 남아 있는 수준이었습니다" 정도로 읽으면 오히려 뜻이 통한다. 서재필이 11년간의 미국 생활에서 익힌 영어 'independence'의 번역어로서 '독립'을 지어냈다는 것이 윗글의 요점이다.

이러한 독립론은 후쿠자와 유키치의 『학문의 권장』(1872~1876)에 등장하는 유명한 슬로건인 "일신독립―身獨立 일국독립―國獨立"의 뜻과 통한다.**36** 서재필의 독립론이 김옥균을 통해 한 번 걸러진 후쿠자와의 논리라고 볼 수 있는 까닭이다. 다만, 그 논리 구조가 같다고 해서 사상 내용도 같다고 할 수는 없다. 후쿠자와의 독립론은 서양에 맞서기 위해 시민보다는 국가를 강조했던 논리였고, 김옥균의 독립론은 외세를 이용한 내정개혁론이었던 데 반해, 서재필의 독립론은 미국 경험을 통해 확인한 시민민주주의의 논리였기 때문이다.

### 백성에서 시민으로, 조선을 깨우다

『독립신문』은 1896년 4월 7일에 첫 지면을 선보였다. 가로 22cm, 세로 33cm의 크기의 4쪽짜리로, 격일 주 3회(화·목·토) 발행 체제를 갖췄다. 1~3면은 한글판이고, 4면에는 영문판으로 'The Independent'라는 별도의 제호를 달았다. 영문판 편집은 당분간 헐버트가 맡기로 했는데, 실제 작업은 서재필과 헐버트가 분담했을 것이다. 창간호 한글판 '논설'에 담긴 이 신문의 창간 목적은 다음과 같다.**37**

---

**36** 후쿠자와 유키치 저, 남상영·사사가와 고이치 옮김, 『학문의 권장』, 소화, 2003, 49쪽.

**37** 『독립신문』 1896년 4월 7일. 창간호 논설에는 서재필의 생각이 온전히 담겼다. 일부의 억측과 달리, 1차 귀국기 서재필은 모국어 재습득에 전혀 지장이 없었다. 귀국 전 박영효가 2차 도미하여 서재필을 찾아가서 그의 귀국을 설득했다는 것은 여러 자료에서 교차 확인되는데, 그들이 대화를 나눌 언어는 한국어밖에 없다. 창간 직후 교보원 주상호는 그를 보조했을 뿐이다. 창간 논설에서 한글을 각각 '언문'과 '국문'으로 달리 표기했다고 해서 주상호 공동 저자 설이 성립할 수는 없다. 심재기, 서재필기념회 엮음, 「서재필과 한글발전운동」, 『서재필과 그 시대』, 서재필기념회, 2003.

자료 2-1 『독립신문』 창간호 1면
출처: 서재필기념회

| 『독립신문』 창간호 현대문 |

　　우리가 『독립신문』을 오늘 처음으로 출판하는데 조선 속에 있는 내외국 인민에게 우리 주의를 미리 말씀하여 아시게 하노라.
　　우리는 첫째 편벽되지 아니한 고로 무슨 당에도 상관이 없고 상하 귀천을 달리 대접 아니 하고 모두 조선 사람으로만 알고 조선만 위하며 공평히 인민에게 말할 터인데 우리가 서울 백성만 위할 게 아니라 조선 전국 인민을 위하여 무슨 일이든지 대언하여 주려 함. 정부에서 하시는 일을 백성에게 전할 터이요 백성의 정세를 정부에 전할 터이니 만일 백성이 정부 일을 자세히 알고 정부에서 백성에 일을 자세히 아시면 피차에 유익한 일 많이 있을 터이요 불평한 마음과 의심하는 생각이 없어질 터이옴. 우리가 이 신문 출판 하기는 취리하려는 게 아닌 고로 값을 헐하도록 하였고 모두 언문으로 쓰기는 남녀 상하 귀천이 모두 보게 함이요 또 귀절을 떼어 쓰기는 알아보기 쉽도록 함이라. 우리는 바른 대로만 신문을 할 터인 고로 정부 관원이라도 잘못하는 이 있으면 우리가 말할 터이요, 탐관오리 들을 알면 세상에 그 사람의 행적을 폐일 터이요, 사사 백성이라도 무법한 일하는 사람은 우리가 찾아 신문에 설명할 터이옴. 우리는 조선 대군주폐하와 조선 정부와 조선 인민을 위하는 사람들인 고로 편당 있는 의논이든지 한 쪽만 생각하고 하는 말은 우리 신문상에 없을 터이옴. 또 한 쪽에 영문으로 기록하기는 외국 인민이 조선 사정을 자세히 모른즉 혹 편벽 된 말만 듣고 조선을 잘못 생각할까 보아 실상 사정을 알게 하고자 하여 영문으로 조금 기록함.
　　그리한즉 이 신문은 똑 조선만 위함을 가히 알 터이요, 이 신문을 인연하여 내외 남녀 상하 귀천이 모두 조선 일을 서로 알 터이옴. 우리가 또 외국 사정도 조선 인민을 위하여 간간이 기록할 터이니 그걸 인연하여 외국은 가지 못하더라도 조선 인민이 외국 사정도 알 터이옴. 오늘은 처음인 고로 대강 우리 주의만 세상에 고하고 우리 신문을 보면 조선 인민이 소견과 지혜가 진보함을 믿노라. 논설 그치기 전에 우리가 대군주 폐하께 송덕하고 만세를 부르나이다.

우리 신문이 한문은 아니 쓰고 다만 국문으로만 쓰는 것은 상하 귀천이 다 보게 함이라. 또 국문을 이렇게 귀절을 떼어 즉 아무라도 이 신문 보기가 쉽고 신문 속에 있는 말을 자세히 알아보게 함이라. 각국에서는 사람들이 남녀 무론하고 본국 국문을 먼저 배워 능통한 후에야 외국 글을 배오는 법인데 조선서는 조선 국문은 아니 배우더라도 한문만 공부 하는 까닭에 국문을 자라는 사람이 드묾이라. 조선 국문하고 한문하고 비교하여 보면 조선 국문이 한문보다 얼마가 낳은 것이 무엇인고 하니, 첫째는 배우기가 쉬우니 좋은 글이요, 둘째는 이 글이 조선글이니 조선 인민 들이 알아서 백사을 한문 대신 국문으로 써야 상하 귀천이 모두 보고 알아보기가 쉬울 터이라. 한문만 늘 써 버릇하고 국문은 폐한 까닭에 국문으로 쓴 건 조선 인민이 도로 잘 알아보지 못하고 한문을 잘 알아보니 그게 어찌 한심하지 아니하리요. 또 국문을 알아보기가 어려운 건 다름이 아니라 첫째는 말마디를 떼이지 아니하고 그저 줄줄 내려 쓰는 까닭에 글자가 위에 붙었는지 아래 붙었는지 몰라서 몇 번 읽어 본 후에야 글자가 어디 붙었는지 비로소 알고 읽으니, 국문으로 쓴 편지 한 장을 보자 하면 한문으로 쓴 것보다 더디 보고 또 그나마 국문을 자주 아니 쓰는 고로 서툴러서 잘못 봄이라. 그런고로 정부에서 내리는 명령과 국가 문적을 한문으로만 쓴즉 한문 못하는 인민은 나모 말만 듣고 무슨 명령인 줄 알고 이편이 친히 그 글을 못 보니 그 사람은 무단이 병신이 됨이라. 한문 못 한다고 그 사람이 무식한 사람이 아니라 국문만 잘하고 다른 물정과 학문이 있으면 그 사람은 한문만 하고 다른 물정과 학문이 없는 사람보다 유식하고 높은 사람이 되는 법이라. 조선 부인네도 국문을 잘하고 각색 물정과 학문을 배워 소견이 높고 행실이 정직하면 물론 빈부 귀천 간에 그 부인이 한문은 잘하고도 다른 것 모르는 귀족 남자보다 높은 사람이 되는 법이라. 우리 신문은 빈부 귀천을 다름없이 이 신문을 보고 외국 물정과 내지 사정을 알게 하려는 뜻이니 남녀 노소 상하 귀천 간에 우리 신문을 하루걸러 몇 달간 보면 새 지각과 새 학문이 생길 걸 미리 아노라.

(* 현대어 표기. 단, 문장부호를 추가함)

서재필은 이 신문이 오직 조선만을 위해 보도할 것이라고 선언했다. 그리고 정부의 개화 정책과 외국에서 벌어지는 일의 전말을 국민에게 알려서 스스로 계몽할 수 있도록 했다. 무엇보다도, 조선을 위한 신문일지라도 그것이 신문인 이상 공정하고 정확해야 한다는 점을 서재필을 특별히 강조했다. 특정 당파의 견해를 대변하지 않고 '불편부당'하게 오직 나라와 국민의 관점에서 진실을 밝히겠다는 점을 『독립신문』은 창간호에서부터 분명히 했다.

서재필은 이 논설에서 『독립신문』의 한글 전용과 띄어쓰기 도입 사유를 함께 밝혔다. 라틴어에서 자민족 언어로의 전환이 서구 근대의 한 계기였다면, 『독립신문』이 국문을 전용한 것에도 그런 의미를 부여할 수 있다. 한문을 사용하지 않는다는 것은 전통적 지배를 뒷받침했던 언어 체계를 전복하여 인민이 지식과 정보를 얻는 데 차별받지 않는 평등한 사회를 건설하겠다는 의지의 표명이었다.

띄어쓰기 채택은 실용성을 고려한 것으로, 가독성을 높여서 독자와의 소통을 쉽게 하기 위해서였다. 빈칸을 활용한 국문 띄어쓰기 방식은 선교사들이 한국어 습득과 성경 간행 등 선교 목적으로 1870년대 후반부터 간헐적으로 시도되었고, 1880년대 초반 개화파 인사들이 사적인 기록을 남길 때도 활용되었다.[38] 신문간행이 논의되던 1896년 초에는 서재필 말고도 헐버트와 윤치호가 띄어쓰기에 관해 의견을 주고받았던 것으로 보이지만,[39] 한글을 전용하는 『독립신문』을 위해 전면적 띄어쓰기를 최종적으로 결정한 것은 오롯이 서재필의 몫이었다.

같은 한자문화권에 속하는 일본과 달리 우리나라에서 빈칸 띄어쓰기가

---

[38] 띄어쓰기의 역사는 다음 논문을 참조했음. 김양진, 「띄어쓰기의 성립과 어절의 개념」, 『국어국문학』 171호, 2015.

[39] *The Korean Repository*, Jan 1896, p.39. 반쪽 분량의 짧은 투고문 "Commas and Spacing"에서 윤치호(필명 'T. H. Y.')는 언문 소설을 예로 들어 구두점이나 빈칸을 활용한 띄어쓰기를 활용해야만 가독성을 높일 수 있다고 제안했다.

정착될 수 있었던 것은 구한말 『독립신문』의 압도적인 영향력 때문이었다. 한자어를 주로 하므로 일본어는 조사를 통해 어구가 쉽게 구별되지만, 읽기 어려운 한자가 여전히 언어생활의 중심인 까닭에 지식의 평등화가 잘 이뤄지지 않는다. 반면에 서구식의 빈칸 띄어쓰기를 채택한 덕분에 가독성이 높아져서 한자를 표기할 필요성이 줄어들어서 한글 전용이 가능해질 수 있었다. 오늘 우리가 평등한 어문 생활을 누리게 된 데 『독립신문』의 기여는 절대적이다.

한편, 내각은 신문을 개화 정책의 홍보 수단으로서 인식했기 때문에 처음부터 적극적으로 『독립신문』의 운영을 도왔다. 사옥을 대여해 줬을 뿐만 아니라 원활한 지방 배급망 확보를 위해 우편 비용을 낮춰 주었다. 더불어 『독립신문』의 취재 편의를 위해 기자에게 관청 출입증을 교부했다. 두 명의 기자들은 관청을 순회하고 시장을 누비며 새 정보를 찾아 나섰다. 국민은 관보가 아닌 민간 신문이 주는 활력과 비판 기능에 서서히 주목하게 되었다. 길거리에는 신문을 짊어지고 다니는 가판원의 소리가 울려 퍼졌다.

창간 2년이 채 되지 않은 시기의 독립신문사 수입 자료를 바탕으로 추산했을 때 정기 구독자는 1천 명을 조금 상회했다.[40] 1차 만민공동회 시기 같은 정치적 격동기에 급증하는 가판 분량과 구독 신청을 고려하면, 최대 3천 부까지 발행했다는 서재필의 회고는 신뢰할 만하다. 개화기 신문의 사회적 영향력을 분석할 때 구독률보다 더 중요한 것은 열독률이다. 신문 한 부를 얼마나 많은 사람이 돌려 읽는지에 대한 비율이 열독률인데, 당시 관찰자에 따르면, 『독립신문』 한 부를 보통 85명이 돌려 읽었다.[41] 이 두 자료를 종합하면, 당시 『독립신문』이 한 번 발행되면 전국에서 최소 10만 명에서 최대

---

[40] 신용하, 『독립협회 연구』, 일조각, 1976, 34쪽.
[41] *The Korean Repository*, Dec 1897, p.473.

25만 명의 시민이 읽고 공공의 이슈에 대해 논의할 수 있는 정보를 얻게 되었다고 추산할 수 있다.

정부의 우송비 할인 혜택 덕분에 『독립신문』의 영향은 서울에 국한되지 않고 전국에 미칠 수 있었다. 사대문 안에서는 입소문만으로도 정보가 전달되지만, 지방에서는 정부 소식을 몇 달이 지나야 알 수 있었다. 그나마도 단편적이거나 부정확했으니, 얼마 전까지 집권했던 개화파가 계몽과 애국을 외치며 정책을 펼쳐도 백성들에게는 남의 나라 이야기에 진배없을 뿐이었다. 이제 『독립신문』이 창간되면서 서울과 지방의 정보 격차는 순식간에 해소됐다. 서울 소식은 하루 만에 벽지하향僻地遐鄕의 백성에게 흘러들었다. 국내·외 정세에 대한 자세한 설명까지 되어 있는 한글 신문을 읽게 되면서 지방민들은 비로소 '나라의 일'에 대해 진지한 관심을 가질 수 있게 되었다. 나랏일을 내 일로 인식하면서 비로소 한 국가의 국민으로서의 의식을 형성할 기초를 마련했다.

나아가 이들은 잘못된 정책과 인사에 대해서는 추상같은 비판을 국문으로 소리 나는 대로 적어 신문사에 보내기 시작했다. 독자투고 건수는 1897년에 182건, 1898년에 1백79건이나 되었는데, 관료나 학생 같은 지식층 외 일반 백성의 투고 비율이 23.7%나 될 정도로 높았다.[42] 이를 통해 막 출현하는 시민사회에 미친 『독립신문』의 영향력을 짐작할 수 있다.

예상했던 대로 신문사 창간 직후에는 매월 1백50원 정도의 적자를 보았지만, 판매 부수 증가로 인해 적자 폭은 줄어들었다. 『독립신문』이 장기적으로 독립 사업체의 성격을 유지하기 위해서는 적자를 경영자가 떠맡을 수밖에 없다. 정부에 손을 더 벌려서는 '독립'의 가치가 훼손되고 정부의 잘못

---

[42] 채백, 『독립신문 연구』, 한나래, 2006, 148~157쪽. 투고자 신상 불명인 경우를 제외하면, 일반 백성의 투고 비율은 60% 가까이나 되었다고 한다.

을 보고도 비판할 수 없게 될 것이다. 다행히 중추원 고문이라는 형식적 관직 덕분에 서재필은 정부에서 매월 3백 원의 급료를 받고 있었다. 이듬해 신문 가격을 인상했는데,[43] 그때부터 독립신문사는 경영 수지를 어느 정도 맞출 수 있게 되었다.

『독립신문』 발행은 이제 안정 궤도에 올랐다. 서재필은 기자들의 취재와 기사 작성을 교육하고 지휘했을 뿐만 아니라 주필로서『독립신문』 논설 대부분을 직접 작성했다.[44] 그뿐만 아니라, 외신을 번역하고 헐버트와 함께 영문판 작업을 하는 것도 그의 몫이었다. 다행히 교보원 주상호가 빠르게 제 역할에 익숙해지면서 분주한 서재필을 도와서 가끔 논설 작성을 대행하기도 했다. 조판 과정에서 철자 표기법에 관심을 가진 주상호는 '국문동식회'라는 연구 모임을 만들었다.[45]

『독립신문』 제호는 본래 '독납'이었다가 12호부터 '독립'으로 바뀌었는데, 이는 주상호가 국문동식회를 출범시킨 직후의 일이다. 주상호는 한자어의 한글 표기는 옥편에 근거할 때 가장 정확하다고 보았고, 그 원칙을 적용하면 '獨立'은 '독립'으로 표기하는 것이 옳다. 주상호는『독립신문』교보원으로서 우리 말과 글의 근대적 용례를 풍부하게 접하면서 한글 이론화의 기회를 얻을 수 있었다. 그런 까닭에『독립신문』은 근대 한글 발전에도 획기적 영향을 미칠 수 있었다.

---

[43] 『독립신문』1896년 12월 5일.

[44] 그동안 서재필이『독립신문』논설 저자가 아니라는 억견조차 있었으나, 다음의 과학적 문체 연구를 통해 서재필 주저자설이 확증되었다. 강남준·이종영·최운호, 「『독립신문』논설의 형태 주석 말뭉치를 활용한 논설 저자 판별 연구: 어미 사용 빈도 분석을 중심으로」,『한국사전학』15호, 2010. 이 연구에 따르면, 대부분의 논설은 서재필이 작성했고 일부는 주상호가 작성했다. 한편, 이 연구 전에 이미 이기문(1989), 김인선(1996), 심재기(2003), 김욱동(2009)이 각각 컨텍스트와 문체 그리고 영어 표기법 등을 근거로 서재필 주저자설을 논증한 바 있다.

[45] 필자는『독립신문』제호 수정과 '국문동식회' 결성 과정에 연관성이 있다고 추측한다.

제5장

# 토론하는 시민
## - 협성회와 독립협회

『독립신문』 간행과 함께 서재필은 개혁적 시민 세력 양성에 본격적으로 착수했다. 당시 조선에는 서재필의 구상을 실천하는 데 협력할 사회 집단이 존재하지 않았다. 심지어 공개적인 영역에서 시민 참여의 중요성을 이해하는 사람조차 없었다. 비교적 젊은 관료나 학생들은 서재필에 대한 기대가 컸으나 그들은 아직 더 힘을 키워야 했다. 내각에서는 보수 세력의 세가 조금씩 더 강해지고 있는 데 반해, 극소수의 개혁 당파들은 세력 관계가 복잡했다.

이런 상황을 타개하기 위해서, 서재필은 시민 세력 양성이라는 목적을 직접 내세우지 않고 대신 전 국민적인 과업을 하나 제안하여 이를 수행하는 과정에서 다양한 정파를 규합하고 거기에 시민의 세력을 결합하는 것이 적절하다고 판단했다.

### 시작은 독립문 건립부터

그 출발점으로, 서재필은 독립을 상징하는 건축물 건립을 계획했다. 서대문 밖 북경로北京路에서 영은문迎恩門[46]의 무너진 잔해를 본 기억이 서재필의 뇌리를 스쳤다. 영은문은 명나라 사신을 맞이하던 모화관慕華館 앞에 세운 것으로, 은혜로운 대 명국의 사신을 맞이한다는 뜻을 담고 있었다. 흔히 서재필이 영은문을 허물고 그 터에 독립문을 세웠다고 알려져 있으나, 사실 영은문을 부순 것은 갑오개혁 직후 들어선 김홍집 내각이었다. 서재필이 귀국하기 거의 1년 전인 1895년 2월에 영은문은 군주의 명에 따라 공개적으로 파괴되었다. 서재필은 귀국한 다음 우연히 그 잔해를 보았고, 폐허로 내버려 두느니 그 터에 새롭게 독립을 상징하는 조형물을 세우는 것이 낫겠다고 생각했다.

사실 국가적 상징물 건축은 19세기 말 당시 전 세계적으로 유행하는 현상이었다. 1870년대 독일과 이탈리아가 통일 국가로 정립되면서, 유럽은 본격적인 민족국가의 시대로 접어들었다. 서구 열강들은 국민의 내적 통합을 위해 경쟁적으로 국가를 상징하는 조형물들을 건축하기 시작했다. 프랑스 제3공화정은 대혁명 백주년을 기념하는 세계박람회를 주최하면서 파리 시내에 312m 높이의 에펠탑을 세웠다. 대외적으로 그 십여 년 전 프로이센(독일)에 패한 수치를 씻어내어 다시 열강이 되었다는 것을 과시하고, 대내적으로 새 공화정이 프랑스대혁명의 정신을 이은 정통 국가라는 것을 선언하는 효과를 극대화했다. 프랑스뿐만 아니라 통일 독일 역시 전 국토에 빌헬름 1세를 기념하는 동상을 건립하고 제국의회 건물 건축 같은 초대형 프로젝트를 진행했다.[47]

그러한 기념물에 서재필도 압도됐던 기억이 있었다. 프랑스가 미국 독립

---

46 영은문은 조선왕조에서 중국 사신을 영접하던 모화관(慕華館) 남쪽에 세운 문으로서, 1539년부터 영은문이라는 이름으로 불렸다. 독립문 건립 이전인 1895년 2월 2일에 개혁 정부에 의해 이미 철거되어 있었다. 정교 저, 변주승 외 옮김, 『대한계년사』 2권, 소명출판, 2004, 85쪽.

47 에릭 홉스봄 외 저, 박지향·장문석 옮김, 『만들어진 전통』, 휴머니스트, 2004, 6장.

백주년을 축하하기 위해 만들어 보낸 '자유의 여신상'이 그것이다. 서재필은 조선의 독립 염원을 대내외로 알릴 기회의 하나로 영은문 터에 '독립문'을 세우고자 했다. 이를 위해 서재필은 먼저 정동구락부의 중견 관료들과 외국인들에게 동참을 호소했다. 춘생문사건에 가담했던 안경수安駉壽와 이완용, 그리고 귀국 초기 일본 대신 미국에서 석유 직수입을 추진했을 때 호응했던 김가진金嘉鎭, 중견 관료로 인정받고 있던 이상재李商在, 권재형權在衡(重顯으로 개명) 등이 서재필과 뜻을 같이하기로 했다.

6월 하순에 서재필은 가칭 '독립문'의 모습을 개략적으로 그린 그림을 갖고 고종을 알현했다. 개화한 독립 국가는 모두 나라를 대표하는 조형물을 세우고 있으므로 조선도 그러하기를 주청하며 서재필은 그 건축 비용을 민간 주도의 모금 운동으로 충당할 계획이라고 밝혔다. 서재필은 오랜 중국 예속에서 벗어나서 자주 국가로 나아가려는 의지를 담아 '독립문'이라는 이름을 붙일 것을 주청했고 고종은 이를 수락했다.[48] 다만 석판에 새길 글자를 한글로 할지 한문으로 할지는 내각과 상의하여 결정하라고 명했다.

며칠 후 최종 절충안이 나왔다. 정문 방향은 한글 '독립문'으로 새기고, 북쪽은 한자 '獨立門'을 새기기로 했다. 이제 건립을 위해 구체적인 실행 계획이 필요했다. 당장 조직과 자금부터 마련해야 했다. 조직 사업은 앞서 뜻을 모았던 중견 관료들에게 맡겼다. 정동파 핵심 안경수가 전면에 나서서 세를 모았고, 이채연李采淵과 이상재 등 중견 관료들도 적극적으로 참여했다. 서재필은 이 모임의 이름으로 '독립협회'를 제안했는데, 외국인이라는

---

[48] 다음 자료를 통해 당시 고종과 서재필의 생각을 엿볼 수 있다. "오늘 대군주 폐하께서 서대문 밖 영은문 옛터에 독립문(Independent Arch)을 건립할 것을 결정하셨다. 우리는 아직 그 문의 이름을 국문으로 새길지 한문으로 새길지 알지 못하지만, 국문으로 새겨지기를 간절히 바란다. (……) 이 문은 중국으로부터의 독립만을 의미하는 것이 아니다. 일본으로부터, 러시아로부터, 그리고 모든 유럽 열강으로부터의 독립을 의미하는 것이다." *The Independent*, Jun 20, 1896.

이유로 임원직을 고사하고 대신 '고문'으로 함께 하기로 했다.

독립협회는 7월 2일 창립총회를 열고, 21개 조의 회칙을 통과시키고, 회장 안경수, 위원장 이완용 체제로 출범했다. 김가진, 김종한金宗漢, 민상호閔商鎬, 이채연, 권재형, 현흥택玄興澤, 이상재, 이근호李根澔가 위원(총 8명)을 맡고, 남궁억南宮檍, 심의석沈宜碩, 오세창吳世昌 등 10명이 간사원으로 참여하면서 당시 개화 관료뿐만 아니라 민간의 지식인 세력까지 아우를 수 있었다.[49] 협회 회원들은 이 자리에서 5백10원을 모금하여 독립문 건립을 돕도록 했다. 대군주(고종)를 대신해서 왕태자(순종)도 1천 원을 기부하여 독립문 건립에 왕실이 적극적으로 참여한다는 뜻을 널리 알렸다.

## 최초의 시민단체가 결성되다

독립문 건축 과정에서 서재필은 독립협회의 외연 확대 외에도 특히 그 성격 변화까지 미리 염두에 두었다. 서재필은 미국에서의 체험을 통해 시민단체의 일은 국가에 손을 벌리지 않고 대신 회원의 자발적 참여로 행해질 때 그 단체의 실행 능력이 강해진다는 것을 알고 있었다. 참여를 끌어내는 데 효과적인 캠페인 가운데 모금 운동이 있다. 독립문 건축을 위해 시민 모금이 진행된 데는 그런 배경이 작용했다.

단순히 건축 자금을 모은 것이 목표였다면 당시 명망가들 몇몇에 손을 벌리는 것으로 쉽게 해결할 수 있다. 하지만 독립문을 세우고 독립협회를 세우는 목적은 독립에의 의지를 가진 새로운 정치 세력을 양성하고 국민을 계몽하는 데 있다. 모금 운동 이벤트를 통해 자연스럽게 국민의 호응을 유도

---

[49] 『독립신문』 1986년 7월 2일. 서기는 훗날 『대한계년사』를 쓰게 될 청년 관료 정교(鄭喬)가 맡았다. 간사원으로 참여한 심의석은 실제 독립문 건립 시 공역(工役)을 맡아 현장을 총지휘한 기술자였다.

한다면 그 효과가 클 것이다. 적은 돈이나마 국민 스스로 내게 하면 그들의 참여 의식도 높일 수 있을 것이다. 임원들은 명망가와 유지들을 중심으로 자금 출연을 독려하는 한편, 서재필은 『독립신문』을 통해 직접 대국민 홍보 작업에 착수했다.50 서재필은 보조금을 내는 국민에게 독립협회 가입 여부를 함께 적도록 했고, 덕분에 일반 백성들은 독립문 건립비용을 내면서 동시에 독립협회 회원으로 가입할 수 있게 되었다. 처음에는 관료들의 모임이었던 독립협회가 훗날 명실상부한 '시민' 단체가 되는 데에는 서재필의 주도면밀한 계획이 크게 영향을 미쳤다.

서재필은 9월에 독립협회에서 독립문 건립 업무를 공식적으로 위임받았다. 서재필이 프랑스 파리 에투알 개선문 사진을 바탕으로 형태를 기획하고 러시아인 기사 사바친Sabatine이 세부 설계를 맡은 것으로 보인다.51 독립협회 간사원이기도 한 심의석은 공역을 맡아 실제 시공을 담당했다. 협회는 1896년 9월 16일부터 터 닦는 작업에 착수하여 11월 21일 독립공원 예정지에서 성대한 주초식柱礎式을 거행했다. 협회 회원들 외에 정부 인사와 외국인 공관원 그리고 교원이 다수 참석했고, 초청장을 받지 않은 수천여 명의 시민도 행사장 주위를 가득 메웠다.52 배재학당 학생들이 '조선가'를 불러 분위기를 띄우고 나서 마침내 주춧돌이 놓였다. 이후 아펜젤러 교장의 기도

---

50　1896년 7월부터 1897년 8월까지의 모금 총액은 5,897원에 달했는데, 그 가운데는 일반 시민과 학생이 기부한 금액이 상당했다. 신용하, 『독립협회 연구』, 일조각, 1976, 254쪽.

51　구한말 법어학교 교사 에밀 마르텔(Emile Martel)은 독립문 설계자가 사바친이라고 회고했는데, 서재필의 회고와 당시 선교사들의 잡지였던 『코리언 리포지터리』의 독립협회 관련 기사에는 서재필이 사바친의 도움을 받아 설계를 맡았다고 되어 있다. *The Korean Repository*, Aug 1897, p.285. 서재필이 기획과 설계 책임을 맡았다고 할지라도 실제 전문적인 설계 작업은 사바친이 맡았을 것이다.

52　주초식 장면은 다음 자료를 종합했다. 『독립신문』 1896년 11월 24일; 『대조선독립협회회보』 2호, 1896년 12월 15일; *The Korean Repository*, Nov 1896, 457~458쪽.

와 협회 회장 안경수, 한성판윤 이채연, 외부대신 이완용의 축사가 이어졌다. 끝으로, 서재필이 등단해서 독립문 건립의 취지를 청중에게 연설했다. 서구식 연설을 처음 접한 시민들에게 서재필의 연설은 큰 울림을 불러일으켰다. 그 대략은 다음과 같다.

> 나라가 독립을 하려면 사람이 혼자 서는 것과 같아 다리가 튼튼하여야 몸무게를 싣고 능히 걸어 다니는 것이라. 나라의 다리는 곧 백성이오 머리는 곧 정부라. 머리와 다리가 서로 도와주어야 그 몸이 튼튼하여 능히 서고 앉기를 임의로 할 터인데, 만일 머리가 다리를 상하게 한다든지 다리가 머리를 상하게 하게 되면 그 몸이 병이 들어 운동을 못 할 터인즉, 정부와 백성이 서로 위해 주어야 나라가 튼튼히 되어 독립이 될 터이라. 지금 새로 세우는 독립문을 가지고 비유할진대 독립문이 혼자 섰으되 그 문 짓기는 돌멩이가 여러 백 개가 들어 서로 회와 모래에 합하여 서로 튼튼히 붙어 무게를 서로 받치고 돌멩이마다 크고 잘고 다 힘을 써서 제 직무를 하여야 그 문이 여러 천 년이 되어도 무너지지 않고 혼자 섰지, 만일 그중에 돌멩이 하나라도 제 직무를 못 하여 물러 나온다든지 떨어진다든지 하면 그 문이 혼자 설 수가 없은즉 나라도 대소 인민이 사람마다 제 직무를 하여야 나라가 영구히 독립이 되리라.[53]

심의석의 주도하에 조선 석공과 중국 노무자들이 동원되어 1년간 작업한 끝에 1897년 11월 20일 무렵 독립문은 42척(14.48m)의 웅자雄姿를 드러냈다. 독립문 남북의 국문·한문 두 현판의 글씨는 특정인에게 맡기지 않고, 석각 작업 편의를 위해 뭉툭한 그래픽으로 제작한 것으로 보인다.[54]

---

53 『독립신문』 1896년 11월 24일. 현대어 표기. 단, 문장부호를 추가함.
54 김정동, 「심의석이 세운 독립문과 독립관을 중심으로」, 『한국건축역사학회 학술발표대회논문집』, 2010, 121쪽. 독립협회와 『독립신문』에서 독립문 편액을 누가 썼는지 기록하지 않았다는 것, 그 누구도 자신이 현판 글씨를 썼다고 자랑하지 않았다는 사실 등은

독립문 건축 중에 독립협회는 인근 모화관慕華館도 개수하여 1897년 5월 23일에 독립관獨立館을 개관하고 토론회 장소로 활용했다. 독립문 주변 빈터에 나무를 심어 독립공원도 함께 조성했는데, 이는 최초의 근대적 공원이다. 이로써 서재필과 독립협회의 자주국가 건설의 염원을 담은 일련의 건축 이벤트가 완료되었다. 이러한 상징 공간의 존재는 얼마 후 독립협회의 성격 변화를 끌어내는 데 크게 기여했다.

**배재학당에 씨를 뿌리다**

독립협회 창립에 여념이 없던 와중에도 서재필은 미뤄 뒀던 가장 중요한 과제, 곧 교육을 통한 후속 세대 양성이라는 목표를 향해 차분히 나아갔다. 마침 배재학당의 총교사(교장) 아펜젤러에게서 학생들을 위한 강의를 맡아달라는 부탁이 들어왔다. 배재학당은 1885년 미국 북감리교 선교사인 아펜젤러가 정동에 세운 학교로서 한국 근대 교육의 요람이었다. 고종이 친필로 쓴 '배재학당' 현판을 하사했을 정도로 큰 관심을 가졌던, 명실상부 당시 최고의 근대 교육기관이었다. 정부가 이 학교 졸업생을 하급 관리로 특별 채용한 까닭에 과거제 폐지에 낙담했던 유생 출신 젊은이들도 많이 입학했다.

---

그래픽 설을 뒷받침한다. 한편, 일부에서 이완용이 독립문 편액 글씨를 썼다고 주장하는 근거로 활용하는 『동아일보』 1924년 7월 15일자 3면 기사는 정식 기사가 아니라 독자투고로 운영하는 '내 동네 명물' 코너로서 신뢰성이 거의 없고, 실제 그것을 서술한 동네 주민조차 '~랍니다'로 뜬소문을 전하고 있을 뿐이다. 독립협회 회장까지 맡았던 이완용이 매국노가 된 데서 파생되어 와전된 풍문이다. 무엇보다도 독립문 편액의 글씨는 이완용 서체와 완전히 다르다. 또 다른 후보자로 거론되는 김가진의 글씨체는 훨씬 유사한 편이지만 확증할 만큼은 아니다. 다만, 그때까지 서재필과 가장 가까운 관계였던 김가진의 서체가 독립문 석판 그래픽의 모본이었을 가능성은 열어둔다. 독립문 석각 글씨와 관련된 논의로는 정운현의 인터넷 연재글 '한국 100년사의 잊혀진 순간들'의 13화 「독립문 편액은 누구 글씨인가?」, 2016(https://storyfunding.daum.net/project/2556)을 볼 것.

특히 1895년에 육영공원이 문을 닫으면서 그곳 학생들까지 편입하면서 당시 배재학당의 학원(학생) 수는 1백 명을 훌쩍 뛰어넘었다.

젊은 학생들에게 서재필은 선망의 대상이었다. 갑신년의 혁명가이자 최초의 서양 의사라는 경력만으로도 우러러볼 만했지만, 무엇보다도 『독립신문』을 내어 조선의 앞날을 개척해 가는 그의 삶의 자세에 감명을 받았기 때문이다. 사실 학생들에게 서재필은 친숙한 존재였다. 귀국 초기 아펜젤러 교장 사택에 묵을 정도로 가깝기도 했고 정국에 대한 견해를 자주 나눴던 까닭에, 아펜젤러 옆에 서 있는 서재필의 모습이 배재학당 학생들에게는 낯설지 않았다. 마침 독립신문사 사옥이 배재학당 근처에 있었던 까닭에 학생들은 양복 차림의 신사 서재필을 가까이서 볼 수 있었다. 학생들이 미래를 개척하는 데 도움이 될 역할 모델을 필요로 했던 아펜젤러에게 서재필만 한 인물도 없었다.

1896년 5월 21일 특강을 시작으로 서재필은 1년간 유럽의 정치사와 교회사, 그리고 세계 지리에 대한 강의를 시작했다.[55] 매주 목요일 오후 3시에 열린 서재필의 강의를 통해 학생들은 책으로는 접할 수 없었던 생생한 지식을 얻게 되었다. 서재필은 학생들이 서서히 변화하고 있다는 것을 감지했다. 신지식에 목말랐던 이들은 강의 내용을 그대로 흡수했다. 그에 따라 서재필은 점차 강의 수준을 높이고 주제를 다양화했다.

그해 가을 새 학기부터 서재필은 미국의 역사와 민주주의에 대해 본격적으로 강의하기 시작했다.[56] 겉으로는 선공후사先公後私를 말하나 속으로는

---

[55] *The Independent*, May 23, 1896. 배재학당은 1885년 미국 북감리교 선교사인 아펜젤러가 정동에 세운 학교로서 한국 근대 교육의 요람 역할을 했다. 고종이 친필로 쓴 학당 현판을 하사했다. 배재학당 관련 묘사는 1897년 입학생 윤성렬의 회고에서 도움받았다. 윤성렬, 『도포 입고 ABC 갓 쓰고 맨손체조 - 신문화의 발상지 배재학당 이야기』, 학민사, 2004.

[56] Channing Liem, *America's Finest Gift to Korea: The Life of Philip Jaisohn*, p.51. 서재필의 강

당장 자기 가족과 가문을 위한 궁리에 소모하는 조선의 가족주의 습속과 달리, 미국에서는 모든 시민이 공공의 일에 대해 제 일처럼 관심을 기울여 참여하는 것이 관습화되었기 때문에 민주주의가 잘 작동된다는 것을 서재필은 잘 알고 있었다. 그래서 미국의 민주적 정치 제도와 그것을 백여 년 넘게 발전시키고 있는 그들의 시민 문화를 강의의 핵심에 두었다. 학생이 능동적으로 질문하고 그것에 대해 협력하며 문제를 해결하는 것을 강조하던 해리 힐맨 아카데미의 교육 방식을 서재필은 배재학당 학생들에게 적용하고자 했는데, 연설과 토론은 그 핵심 과정이었다.

협성회協成會는 그러한 교육의 첫 결실이었다. 협성회는 양홍묵梁弘默, 주상호, 이승만李承晩 등 배재학당 학생 13명이 결성한 모임으로서 1896년 가을에 발의하여 그해 11월 30일에 공식으로 창립되었다.[57] 공식적인 창립 목적은 충군애국忠君愛國과 계몽을 위해 청년·학생이 뜻과 힘을 모으는 데 있었는데, 실제로는 민주적 의사결정 훈련을 통한 시민사회의 역량 강화를 염두에 두었다.[58] 유교 전통에서 공의에 이르는 공정한 마음가짐을 강조하는

의에 대한 배재학당 교사 벙커(D. A. Bunker)의 보고는 다음과 같다. "몇 개월 전부터 서재필이 학생들에게 한 일련의 강의에 대해 특별히 말하고자 한다. 이 강의는 청중이 좌석을 가득 메운 예배당에서 행해졌는데, 한국어로 강의해서 학생들에게 크나큰 도움이 되었다. 지리적 구분이 그려진 세계 지도를 펼치고, 유럽을 찾아서, 유럽의 역사와 교회사를 생생하게 설명했다. 우리는 의사(서재필)가 이 강의를 계속하여 학생들에게 처음 시작했을 때의 강의 계획을 완료할 수 있으리라 믿는다." *The Korean Repository*, Sep 1896, pp.363~364.

[57] 협성회의 초대 임원진은 다음과 같았다. 회장 양홍묵, 부회장 노병선, 서기 이승만·김연근, 회계 윤창렬·김혁수, 사찰(查察) 이익채·임인호, 사적(司籍) 주상호·문경호, 제의 류영석·서영석·이승구. 1차 임원진의 임기는 6개월 이내로 추정된다. 자발적 결사체의 모범으로서 협성회 임원은 이후 대체로 몇 개월마다 교체되었지만, 직위를 바꿔가며 연임한 경우도 많았다. 『협성회회보』는 4차 임원진 시기의 산물이다.

[58] 협성회의 실제 결성 목적이 협력 정신의 함양과 개화에 있다는 것은 창립 1주년 기념식에서 회장 양홍묵이 행한 회고에서 확인할 수 있다. "양홍묵 씨가 본회 설립한 본의를 잡아 말하기를, 우리나라가 폭원과 인구가 과히 적은 것이 아니언마는 사람들이 다 학문이 없고 합심이 되지 못한 고로 진보하는 기상이 적고 지우금 일하여 만사가 다 남의

『서경』의 '무편무당無偏無黨'과 『중용장구』의 '불편불의不偏不倚'를 인용하여, 협성회는 자신들이 서구의 가치와 위력에 수동적으로 이끌려서가 아니라 당시 정치 세력들 사이에서 중립을 지키며 오직 계몽된 세상을 만들고자 하는 충심에 따라 결사했다는 것을 알렸다.

민주적 의사결정에 필요한 서구의 회의법을 배우기 위해 배재학당 학생들은 그 전에 미리 의회원 규칙의 기초를 공부하고 있었다.[59] 하지만 아직 학생 신분인 이들에게는 찬반 토론을 통해 비판적 사고력을 함양하는 과정이 더욱 필요했다. 그런 상황에서 서재필이 토론의 중요성을 소개하자 학생들 가운데 일부가 이에 동조하여 탄생한 것이 바로 협성회이다. 실제 협성회 활동의 대부분이 토론회 조직과 운영에 집중된 것은 그런 까닭이었다.[60]

협성회원들은 서재필의 지도에 따라 손수 토론회 규칙을 제정했다. 찬반 토론을 진행하는 중간에도 방청객의 질문을 받기도 하고, 토론 순서가 끝난 후에는 그 논제를 회원과 방청객에게 공개하는 것이 협성회 토론회의 특징

---

뒤가 되었으니, 우리가 학교에서 각종 유익한 학문을 공부하는 동안에 이 회를 설립하고 의회원 규칙으로 모본하여 공부하여 물론 대소사하고 중의를 좇아 결정하는 예식을 학습하며, 또 우리나라 사람의 생각에는 내가 관인이 되어야만 나라를 위하고 나랏일을 하지 그렇지 못하면 나랏일에 도무지 상관없이 알고 만일 나랏일이 잘못되면 재위한 관인들만 탓하니 이러 하고야 나라가 잘되어 가기를 어찌 바라리오. 우리 회원들은 그런 어리석은 학문은 다 버리고 무슨 일이든지 가히 나라를 위할 만한 일이어든 일심 합력하여 나라를 돕는 것이 옳다고 연설하고"(이하 생략) 『독립신문』 1897년 12월 4일.

[59] 이들이 의회원 규칙을 배울 때 참고한 책은 헨리 로버트(Henry M. Robert)의 *Pocket Manual of Rules of Order for Deliberative Assemblies*일 것이다. 서구의 회의 진행 규칙에 대한 해설서로 1894년 미국에서 간행된 이 책자는 포켓북 판형으로 200쪽이 넘는 분량이었다. 책 이름이 조금씩 바뀌고 내용이 수정·보완되면서 현재까지도 개정판이 나온다. 윤치호는 의회 회의에 꼭 필요한 부분만 발췌 번역하여 30쪽 분량의 책자인 『의회통용규칙』을 간행했다. 『독립신문』 1898년 6월 2일, '광고'.

[60] 윤치호가 언급한 "배재학당의 토론 단체"가 바로 협성회이다. 『국역 윤치호 영문일기』 4권, 115쪽(1897년 11월 30일). 한편, 『협성회회보』 1호, 1898년 1월 1일에 실린 기사를 보면 창립 1년이 넘어선 시점까지도 협성회의 활동은 토론회에 집중되어 있었음을 알 수 있다.

이었다. 토론회를 마친 다음에는 유명인사의 연설을 듣기도 했다. 이런 운영 방식은 토론회를 통해 고양된 사회 의식을 바탕으로 계몽과 실천의 장으로 전환하기에 매우 적절했다.[61] 학생들의 분주한 모습에서 서재필은 10년 전 해리 힐맨 아카데미에서 함께 웃고 떠들던 토론 클럽 리노니아 소사이어티의 동창들을 떠올렸을 것이다.

협성회의 토론회 규칙은 다음과 같았다. 회장이 입장하여 방청객에게 토론할 논제를 공지하는 것으로 개회하는데, 해당 논제는 2주일 전에 미리 회원들에게 공지되고 찬성 측과 반대 측 토론자를 정해서 준비할 시간을 충분히 준다. 예정된 대로, 가편可便(찬성 측) 2인과 부편否便(반대 측) 2인이 입장하여 본격적인 토론의 시작을 알린다.

먼저, 가편의 리더인 정연의正演議가 10분간 찬성 측의 주장을 연설하고, 부편의 정연의도 10분간 반대 주장을 편다. 다음으로, 가편의 보조 연사인 좌연의佐演議가 5분간 부편의 주장을 반박하고, 부편의 좌연의도 5분간 가편의 주장을 반박한다. 잠시 청중들에게 발언권이 돌아가는데, 청중 가운데 지정받은 몇몇이 3분간 자유롭게 질문하거나 비판한다. 청중의 시간이 지나면, 마지막으로 가부 양편의 정연의가 마지막으로 자신의 주장을 지지해 달라는 취지의 최종 연설을 짤막하게 한다. 마지막으로 회장은 청중들에게 토론회의 승패를 물어 결과를 발표한다. 승패가 갈린 후에, 초청 연사의 연설을 듣고 나서 회장이 폐회를 알린다. 협성회 토론회의 진행 순서를 알기 쉽게 요약하면 다음과 같다.

---

[61] 협성회 창립 1주년 기념식에서 서재필은 자신이 1차 귀국 시기에 조선에서 한 일 가운데 배재학당 협성회의 토론회를 가장 의미 있는 것 가운데 하나라면서 치하했다. 『독립신문』 1897년 12월 4일.

표 2-1 협성회 토론회 진행 순서

| 가편可便 (찬성측) | (발언 성격) | 부편否便 (반대측) |
| --- | --- | --- |
| ① 정연의 (10분) | (입론) | ② 정연의 (10분) |
| ③ 좌연의 (5분) | (반론) | ④ 좌연의 (5분) |
|  | ⑤ 회원 (자유 발언) |  |
| ⑥ 정연의 (시간 미상) | (최종 발언) | ⑦ 정연의 (시간 미상) |

서재필과 협성회 회원들이 토론회를 얼마나 철저하게 준비했는지는 세부적인 절차 규정에서 쉽게 드러난다. 본래 교육 토론은 민주적 시민성과 리더십 함양, 논증을 통한 비판적 사고력 및 의사소통 능력 신장 등의 교육 목적을 갖는다.[62] 그러한 목적을 달성하기 위해서는 최소한 두 가지의 조건이 충족되어야 한다. 첫째, 사전에 구성원 전체가 토론 주제(논제)를 숙지해야만 한다. 그래야만 토론회 연사 참여 여부를 결정할 수 있고, 연사가 아니더라도 주제에 관심을 가질 수 있다. 둘째, 실제 토론에 찬성과 반대를 대표하여 참가하는 이들이 미리 확정되어야 한다. 이들은 일반 회원과 달리 논제를 분석하여 쟁점을 찾아내고 쟁점마다 자신의 주장에 부합하는 논거들을 확보하는 작업을 할 수 있다. 협성회는 해당 토론회 2주 전에 논제를 공지하고 1주 전에 찬성/반대 토론자를 선정하여 충분한 준비가 가능하게 한 점에서 토론 교육의 목적에 부응했다.

또 협성회는 현대의 엄밀한 토론 교육 원칙에 비추어도 손색이 없을 만큼 체계적으로 운영되었다. 이들은 토론 논제를 정하는 원리를 정확히 이해했

---

[62] Austin J. Freely · David L. Steinberg, *Argumentation and Debate*, Belmont: Wadsworth, 2000, pp. 22~30.

다. 현대의 정책 토론에서는 '현 상황을 변화시키려는 쪽'의 주장이 찬성 측 논제가 되게끔 참여자들에게 제시한다.[63] 이는 토론의 사회적 의의와 관련된 것으로서, 실제 토론이 현 상황에 불만을 가진 측의 문제 제기에서 시작하므로 해당 문제를 인식한 쪽이 사태를 변화시키는 방향으로 논제를 제출하는 관행을 원리화한 것이다. 변화의 주창자는 논제에 대해 찬성 측이 되고 현상 유지의 옹호자는 자연스럽게 반대 측이 된다. 논제가 이런 원칙에 맞추어 설정되면 자연스럽게 먼저 변화를 제안한 찬성 측이 변화의 필요성과 그 효과를 입증할 부담the burden of proof을 지게 된다.

실제 협성회의 토론회 논제 역시 이러한 원칙에 충실하였다. 총 50여 차례 토론회 가운데 1~38회의 논제는 세 차례의 예외를 제하고는 모두 "~하는 것이 가可함"의 형태로 문장화되었다. 요즘 말로 하면, "~해야 한다"로 끝나는 문장이다. 이러한 표현은 쟁점을 분명히 하면서도 현 상황의 변화를 지향하는 방향이 드러나게끔 주의 깊게 설계된 것이다. 예외에 해당하는 세 차례 중 두 차례(24회, 32회) 역시 표현만 달리했을 뿐, 정확하게 해당 토론의 쟁점을 한정하고 변화를 지향하는 명제로 제시되었다는 점에서는 마찬가지였다.[64] 토론 교육의 취지에만 국한한다면, 배재학당 학생들의 협성회 토론회가 그것보다 나중에 시작한 독립협회 토론회보다 훨씬 우수했다.

### 협성회, 근대 토론을 시작하다

사전 준비를 모두 마친 협성회 회원들은 1896년 11월 30일에 마침내 창립총회를 열고 그 자리에서 '국문과 한문을 섞어 씀이 가함'을 논제로 첫 토

---

[63] David L. Vancil, *Rhetoric And Argumentation*, Boston: Allyn and Bacon, 1993, pp. 35~36.
[64] 협성회 주제는 『협성회회보』와 『매일신문』에서 찾을 수 있지만, 이를 알기 쉽게 일람한 다음 자료를 볼 것. 전영우, 『한국 근대 토론의 사적 연구』, 일지사, 1991, 316~319쪽.

론회를 열었다. 아펜젤러 교장의 격려사와 외빈 인사들의 격려가 있었다. 『독립신문』은 잡보 기사로 협성회 토론 소식을 알리고 관료들과 독립협회 회원들에게 배재학당의 협성회 토론을 보고 배우라고 권유했다.[65] 실제로 이충구李忠求를 비롯한 독립협회 회원들이 두 번째 토론회에 가서 관람하면서 자극을 받기도 했다.

이후 협성회는 매주 토요일에 정기 토론회를 열었는데, 배재학당 학생 외에도 인근 학교의 학생과 일반인까지 찬성원으로 가입시켜 회원 수가 수백 명에 달했다.[66] 토론회 성공을 바탕으로 협성회는 그 성과를 학교 바깥으로 확산시키려 했다. 그 기회는 생각보다 빨리 왔다. 1897년 배재학당은 대학부 졸업생 없이 종강식을 열게 되었다. 당시 배재학당의 졸업식에는 정부 고위 관리와 주한 외교 사절들이 참석하여 차세대 지도자의 출발을 축하하는 것이 관례였다. 협성회 회원들은 그 자리를 빌려서 자신들이 개척한 토론 교육의 성과를 과시하기로 했다.

1897년 7월 8일 정동에 신축한 감리교회 예배당에서 열린 종강식에는 6백여 명의 청중이 운집할 정도로 성황을 이뤘다. 1부는 한문 공개 암송으로 시작했는데, 조선 역대 사략과 통감을 꿇어앉아 암송했다. 이어서 영어 강독에서 신흥우申興雨와 송언용이 영어 문장을 읽고 그 뜻을 우리말로 유창하게 옮기는 장면을 보고 청중들은 감탄했다. 이어 등단한 이승만이 빼어난 영어 발음으로 조선 독립을 역설하는 연설을 하여 청중들을 매료시켰다.

2부에서는 협성회 주도로 토론회 시범을 보여주었다. 회장 양홍묵은 '동양의 여러 국가는 서구의 방식을 빌려 개화해야 한다'는 논제를 제출했다.

---

[65] 『독립신문』 1896년 12월 1일.
[66] 『협성회회보』 8호, 1898년 2월 19일.

규칙에 따라 김홍경, 문경호가 가편, 노병선, 한의동이 부편을 맡아서 이들 간에 가부(찬반) 논쟁이 오갔다. 청중들은 학생들이 논리적으로 주장을 펴고 상대방의 주장에 대해서는 근거를 갖춰 조목조목 반박하는 것을 보고 크게 놀라워했다. 취임과 함께 신교육을 탄압했던 학부대신 민종묵(閔種默)조차 토론 교육의 높은 수준을 부인하지 않을 수 없었을 것이다. 서재필은 1년간 가르친 배재학당 학생 가운데 우등 1명, 이등 1명, 삼등 2명을 뽑아서 순서대로 각각 5원, 3원, 2원씩의 상금을 수여했다.[67] 상품 수여 이벤트는 서재필이 해리 힐맨 아카데미에서 영어로 연설하여 3등 상을 받았을 때 고무되었던 경험에서 생각해냈을 것이다. 배재학당 학생들은 사은의 예로 스승 서재필에게 새 영한사전을 정중히 바쳤다.

협성회는 창립부터 총 50회 이상의 토론회를 개최했는데, 기록상 마지막 토론회는 1898년 7월 16일이다.[68] 토론회 논제를 주제별로 분류하면, 자유민권론과 자주독립론 그리고 사회개혁론 등이 대다수를 이뤘다. 일반적으로 기존 연구에서는 협성회 토론 주제가 초기에는 계몽적이었다가 후기로 갈수록 정치적인 내용을 담았다고 분석해 왔는데, 논제를 표면적으로 보면 그렇게 보일 수 있다. 하지만 토론 논제는 당시의 콘텍스트, 곧 시대 상황과 분리될 수 없다. 언뜻 학생 수준의 계몽적 주제인 것처럼 보이는 토론 논제에도 협성회 회원들은 정치적인 성격을 담아냈다. 이는 계몽적 주제를 다뤘다고 알려진 초기 논제를 검토할 때 잘 드러난다.

---

67 방학예식에 대한 묘사는 다음 기사를 따름.『독립신문』1897년 7월 10일.
68 김동면,「협성회 연구 - 토론회 및 기관지 논설을 중심으로」, 단국대학교 사학과 석사학위 논문, 1981, 9쪽. 원자료는『매일신문』1898년 7월 20일. 한편, 독립협회 토론회도 이 시기에 이르면 사실상 소멸 단계에 들어섰다. 독립협회와 협성회의 관계를 고려하면, 협성회 회원들 역시 당시 민중운동에 적극 참여하면서 본래 과제인 토론회에 소홀히 하게 되었을 것으로 추론할 수 있다. 1898년 5월 서재필의 미국행도 협성회와 독립협회의 토론회가 침체되는 데 영향을 미쳤을 것이다.

창립 직후에 해당하는 1~5회의 주제는 국한문 혼용 문제, 양복 착용 문제, 여성 교육, 체육, 남녀 교제 등이었다. 실제 토론 내용이 전하지 않는 까닭에 해당 논제들의 성격을 알기 위해서는 당시 정치적 맥락 속에서 논제를 이해하는 수밖에 없다. 이 일련의 논제들은 1896년 후반 학부대신 신기선申箕善이 주도한 교육정책 반동화反動化와 관련되었다. 한문 교육 강화, 양복 착용 금지 등의 조치가 강행되는 데에 맞서, 서재필은『독립신문』논설을 통해 그것이 고종의 칙령에 어긋나는 것으로서 겨우 궤도에 올라선 근대 교육을 과거로 후퇴시킬 것이라고 비판했다. 이 비판 논설에 그것을 추진한 신기선의 실명이 직접 언급되었는데,[69] 이는 서재필의 분노가 얼마나 컸는지를 잘 보여준다. 이런 상황을 고려하면, 초기 토론회 논제들은 확실히 계몽적인 주제가 아니었다. 반동화로 인해 고통을 겪고 있던 학생의 불만이 담긴 '정치적' 주제였다고 보는 것이 더 사실적일 것이다. 이런 흐름을 고려한다면, 협성회 학생들의 토론 주제 선택은 아관파천 이후 다시 보수화되어 가는 조선 정국을 비판한 정치적 행위였음을 알 수 있다.

협성회 토론회는 단순한 교육 실습이 아니라 정치적 변화를 추구한 사회운동이었다. 이들의 토론 주제는 점차로 토론 결과와 사회적 실천을 결부시키는 방향으로 전환되었다. '가로상에 나아가 연설하자', '조혼하지 말자', '철도 부설 현장에 가서 배우자', '회보를 발간하자' 등의 토론 논제들을 통해서 이들이 실제 사회 변화에 얼마나 깊은 관심을 기울였는지 알 수 있다.

협성회 토론회는 서구 교육 토론과 의회 토론의 엄격한 절차와 체계적인 진행을 통해 다른 학교 학생들과 시민들에게까지 합리적 논증의 위의威儀와 민주적 의사결정 방법의 중요성을 확산시켰다. 학생들은 매주 주어진 논제에 대한 찬반 토론에 참여하면서 공론 형성 과정을 경험했을 뿐만 아니라

---

[69] 『독립신문』1896년 6월 11일.

토론회의 연사가 되면서 능동적인 근대적 주체로 성장할 수 있었다.

이러한 훈련을 거친 이들이 9개월 후 시작된 독립협회 토론회에 영향을 미치고 또 직접 참여하게 되면서 독립협회의 성격은 청년 중심의 시민단체로 전환되기 시작했다. 이런 점에서 볼 때, 독립협회 활동은 토론회 이전과 이후로 구분하는 것이 합리적이다. 아울러, 협성회는 독립협회의 단순한 자매단체가 아니라 독립협회를 혁신시키는 데 핵심 역할을 한 단체로서 적극적으로 평가해야 한다.

처음 배재학당에 나가서 강의했을 때 서재필은 조선의 학생들에게 애국심을 가르치고자 했다. 군주에 대한 충성은 유교국가 조선에서 늘 강조된 덕목이었지만, 서재필은 그런 타율적 윤리만으로는 우승열패가 지배하는 세계에서 조선을 자주독립국가로 이끌 국민을 만들어낼 수 없다고 생각했다. 국가가 개인의 권리와 자유의 가치를 보장할 때 비로소 국민은 그 나라를 지키기 위해 자발적으로 헌신할 것이기 때문이다. 서재필이 가르치고자 했던 애국심은 바로 그러한 것이었다. 따라서 군주가 국민의 권리를 탄압한다면 그에게 맞서는 것이 진정한 애국의 실천이다.[70]

고종의 관심을 받고 있던 배재학당 학생들은 본래부터 국가적 행사에 적극적으로 참여하여 '충군애국'을 꾸준히 실천했었다.[71] 서재필은 그러한 전통적 충성 관념을 공화주의적 애국의 가치로 전환시키고자 했다. 장차 조국을 이끌어 갈 청년·학생에게 필요한 애국심은 먼저 스스로 민주적 관습에

---

[70] 협성회 창립 1주년 기념식(1897년 11월 30일) 축하 연설에서 서재필은 '자신의 권리를 지키기 위해서는 자신의 군주나 아버지를 죽일 수 있다'고 발언했는데, 동석했던 윤치호조차 당시 대한제국의 상황을 감안했을 때 그 말은 지나치게 앞서 나간 것이라고 생각했다. 『국역 윤치호 영문 일기』 4권, 115쪽(1897년 11월 30일).

[71] 당시 배재학당 학생들의 고양된 애국심과 도덕성은 비숍 여사의 관찰에서도 확인된다. I. B. 비숍 저, 신복룡 옮김, 『조선과 그 이웃 나라들』, 집문당, 2000, 371쪽. 해당 장에는 서재필의 교육에 학생들이 크게 호응했다는 서술도 실려 있다.

익숙해질 때 형성된다고 서재필은 생각했다. 그의 기대에 부응한 듯이, 토론회에서 민주적 의사결정 과정을 경험했던 협성회 회원들은 조선(대한제국)을 근원에서부터 변화시키려는 운동에 적극적으로 참여했다. 이들을 이후 근현대 한국사에 주축으로 등장하는 대학 내 '운동권 서클'의 원조라고 부를 수 있는 이유이다.

협성회 토론회의 성공은 1897년 여름부터 독립협회가 정기적인 토론회를 개최하는 데에 직접적인 영향을 미쳤다. 중견 관료들의 사교 모임에 머물러 있던 독립협회는 토론회 개최를 계기로 근대적인 시민단체로 변모했다. 배재학당에서 싹튼 작은 씨앗이 학교 울타리 너머 가지를 뻗어 조선 사회를 휘감기 시작한 것이다.

## 독립협회도 토론회를 열다

협성회 공개 토론회에 참석했던 독립협회 회원들은 청년 학생들의 논리적인 표현 능력에 큰 자극을 받았는데, 일찌감치 개화와 교육 문제에 관심을 기울였던 윤치호에게는 더욱 특별했다. 서재필이 처음 귀국했을 때 윤치호는 춘생문사건에 가담했다는 이유로 수배된 채 미국공사관에 피신해 머물러 있었다. 옴짝달싹하지 못하던 윤치호에게 조선 정계의 동향을 자문하며 서재필은 정동구락부 인사들과 접촉할 수 있었다. 일본에 의해 신문 간행 계획이 좌절될 위기를 털어놓을 만큼 서재필이 의지했던 이가 바로 윤치호였다. 아관파천 이후 윤치호는 민영환을 수행해 러시아에 다녀오라는 고종의 명을 받았기에 서재필을 도울 수 없었다. 조선을 떠난 지 거의 1년 만에 그 윤치호가 귀국했다. 니콜라이 2세 대관식 참석 일정을 마치고 프랑스에 들르느라 늦어진데다가, 여전히 불안한 정국 때문에 상하이에 체류하던 부인을 데려오기 위해 또 몇 개월을 허비했다. 개화를 위해 노력해도 시간이 부족할 판에 가족 문제 때문에 공적 역할을 하지 못하는 자신이 한심해 보였다. 그런 윤치호에게 협성회 토론회는 그가 침체를 떨치고 개화운동의 장으로 복귀하는 계기를 마련했다.

윤치호가 먼저 서재필에게 독립협회의 성격을 변화시키자고 제안했다. 그때까지 독립협회는 관료들의 사교 클럽에 머물러 있었는데, 윤치호는 이를 미국의 학술아카데미처럼 발전시키기를 원했다. 이미 1897년 5월에 독립관 보수공사가 끝났기 때문에 시설은 충분했다. 서재필은 학문을 장려하는 측면에는 공감했으나 그 참여자가 관료와 학자로 제한되어서는 안 된다고 말했다. 서재필은 언젠가는 시민이 독립협회의 주축이 될 것이라고 믿고 있었다.

윤치호는 서재필의 권고를 받아들여 독립협회 운영 원칙을 가다듬었다. 먼저 현직 관료들인 임원진 중심의 운영에서 벗어나 일반 회원의 참여를 활성화하는 방안을 찾기 위해 모색했다. 회원들 스스로 의제를 내고 토론하고 의결하고 실행하는, 진정한 의미의 시민단체로 발전시키는 것이 그 최종 목표였다. 이러한 목표 달성을 위한 방법으로 협성회와 비슷한 방식의 찬반 토론회를 열기로 정했다.

서재필과 윤치호는 1897년 8월 8일 독립협회 통상회에서 토론회 운영을 제안했다. 마침 한 달 전 배재학당에서 협성회 토론회를 보고 깨우친 바가 있던 터이므로, 회원들은 만장일치로 토론회 도입을 의결했다. 토론회 규칙은 윤치호, 권재형, 박세환朴世煥이 맡아 준비하기로 했다. 독립협회 토론회 규칙은 협성회의 그것과 비교할 때 발언 시간이 확대되고 최종발언이 생략된 것 외에는 크게 달라지지 않았다.

독립협회토론회규칙[72]

제1조. 본회는 독립협회토론회라 칭함.

제2조. 본회의 처소는 독립관으로 함.

제3조. 본회 회원은 독립협회 위원으로 정함.

제4조. 본회 임원은 다음과 같음.

　　　　회장 1인

　　　　부회장 1인

　　　　서기 2인

　　　　회계 2인

　　　　제의提議 2인

제5조. 회장은 본회의 대소 사무를 통할하고 개회시에 예식을 지휘함.

제6조. 부회장은 회장을 도와 여러 일을 참할參轄(함께 분장)하고, 회장이 유고한 때에는 그 사무를 대변代辨(대신하여 사무)함.

제7조. 서기는 본회의 문건의 여러 일을 다루고, 개회시에 연설과 의사議事를 적요기주摘要記注(요점을 간추려 기록)하여 다음 회에 개독開讀(소리내어 읽음)함.

제8조. 회계는 본회의 재정을 다룸.

제9조. 제의는 문제를 회장에게 제출함.

제10조. 본회 회장은 독립협회 회장으로 잉임仍任(그대로 맡음)하고, 부회장은 독립협회 위원장으로 겸임하고, 서기와 회계와 제의는 회원이 투표하여 수시 선거함. 단, 회계는 선거한 후에 보증을 요함.

제11조. 임원의 임기는 다음과 같음.

　　　　회장 6개월

　　　　부회장 6개월

　　　　서기 1개월

---

[72] 「독립협회토론회규칙」, 『한국학보』 15권 2호, 1989, 301~305쪽. 현대어 표기. 독립기념관에 기증된 서재필의 유품에서 신용하 교수가 발견했다.

회계 3개월

제의 3개월

제12조. 임원 선거시에 옛 임원을 물구勿拘(구애받지 않음)하고 투표함.

제13조. 본회 회원은 독립협회 회비 연조捐助(냄)한 것 외에 월 연금捐金을 10전으로 정함. 월 연금 송부하는 기한은 양력 매월 첫 번째 일요일로 정함.

제14조. 본회의 재부財簿 출납하는 때는 회계가 회장과 부회장과 서기에게 연서聯署(함께 서명)하기를 청하고, 장부를 소상이 구별하여 회중에 수즉정출隨卽呈出(요구에 따라 정중히 보임)함.

제15조. 통상회는 다음 일시에 의함.

4월 1일부터 9월 30일: 매 일요일 오후 3시 개회, 6시 폐회.

10월 1일부터 3월 30일: 매 일요일 오후 2시 개회, 5시 폐회.

단, 한겨울과 한여름에는 경의經議하여 정회할 것을 정함.

제16조. 임시회는 회중 긴급사가 있을 언제든 개회하되, 회장이 서기에게 회원에게 예선預先(미리) 통지함.

제17조. 회장과 부회장이 모두 불참하면 회원이 투표하여 임시회장을 선정하여 개회함.

제18조. 회원 정수 중 1/10을 성수로 정하여, 성수에 미만하면 개회할 수 없음.

제19조. 통상회에 알리지 않고 불참하는 회원은 벌금 10전을 징수함. 단, 개회 호명시에 불응하면 불참으로 인정함.

제20조. 우의와 좌의(제의 2인을 각각 이름)가 무고불참하면 벌금 30전을 징수함.

제21조. 회원이 규칙을 위반하면 경중에 따라 벌금을 징수하되, 10전 이상 30전 이하로 정하고, 해당 회원이 그 벌칙을 받고도 고치지 않으면 점퇴點退(지정하여 퇴장)함.

제22조. 개회 예식은 다음과 같음.

1. 회장이 개회 구숙扣肅(정중히 의사봉을 엄숙히 두드림)한 후에 회원이

정좌 무화無譁(시끄럽지 않음)하여 회장의 개론함을 경청함.
2. 서기가 회원 이름을 호명하여 출석 여부를 기록함.
3. 서기가 회장의 지휘를 받들어 전 회에 기록한 사건을 기립하여 낭독한 다음 회장이 회중에 물어 이론이 없으면 그 기록 사건을 회의 기록에 편입함.
4. 전 회에 미결 사건을 속론함.
5. 회장이 토론할 문제를 회원에게 포고함.
6. 토론 문제는 가可/부否 편을 나눠, 전 회에 선정한 우의右議 2인은 가(찬성)편에서 논하되 시간은 매 1인 각 10분에 한함.
7. 우의/좌의 토론이 끝난 다음에 회장이 토론권을 회원에게 허락하되, 시간은 매 1인 각 5분에 한함.
8. 토론이 끝난 다음에 회장이 기립하여 회중의 가부를 질문하면, 회원이 큰소리로 '가', '부'를 말하되, 가부의 다소가 불분명하면 '가'편을 기립케 하여 그 수를 세고, 다시 '부'편을 기립케 하여 그 수를 센 다음에, 다수에 따라 결정하고, 가부 동수일 경우에는 회장이 가부를 결정함.
9. 토론의 가부 결과는 서기가 기립 낭독함.
10. 회원이 제의할 사건이 있거든 기립하여 회장을 부르고, 회장이 응한 다음에 해당 제의할 사항을 간략히 의견을 갖춰 동의動議하고, 해당 제의에 대하여 동의同意한 회원이 있으면 회장을 불러 회장이 응한 후에, 해당 제의 결정함을 재청再請하거든, 회장이 회중에 물어 '이 사건으로 동의와 재청이 되었으니 회원의 의향을 말하시오' 하고 회원의 진술이 끝나면 다시 회중에게 '가부를 말하시오' 하여 가부 중 다수를 따라 결정함.
11. 회원이 발언코자 하는 때에는 반드시 기립하여 회장을 부르고 회장의 응락을 받은 다음에 논석권論席權이 해당 사람에 돌아간다. 따라서 담론이 끝나지 않았을 때는 다른 회원이 발언할 수 없고, 만일 2인 이상이 동시 기립하여 의장을 부른 경우에

는 의장이 그 발언 순서를 정함.
12. 다음 토론회에서 토론할 문제는 제의가 회장에게 제출함.
13. 다음 토론회에 토론할 우의/좌의 4인은 회장이 지정함. 단, 우의/좌의가 유고하여 다음 토론회에 불참하면 그때 토론회에서 임시로 교체함.
14. 회장이 폐회함.

제23조. 이 규칙은 때에 따라 증감(즉, 개정)하되, 회원 반수 이상이 회의하여 개정함.

특별한 사정이 없는 한, 독립협회 토론회는 매주 일요일 정기모임인 통상회通常會에서 진행되었다.[73] 회원들은 처음 접하는 찬반 토론을 두려워하여 선뜻 연설자로 나서지 못했다. 서재필과 윤치호는 우선 '상투를 베어 버리나 그대로 두나'를 연습 논제로 하여 회원들이 찬성과 반대의 논거를 찾도록 가르쳐 주었고,[74] 회원들은 찬반 각각의 논리를 전개하는 방법을 익혔다. 불과 몇 주도 안 되어 체계적인 토론을 진행할 수 있게 된 회원들은 마침내 공개토론회를 개최했다.

제1회 토론회는 1897년 8월 29일 '조선의 급선무는 인민의 교육이다'를 논제로 하여 열렸다. 찬성 측은 이경직李庚稙과 조병건趙秉健, 반대 측은 백성기白性基와 이건호李建鎬가 맡았다. 학부 관료인 이경직과 조병건이 찬성을 맡은 것으로 보아 찬성 측에서는 신교육이 급선무임을 주장했을 것이고, 반

---

[73] 독립협회 토론회가 정기적으로 열렸던 1897년 8월 말부터 1898년 3월 27일 24회 토론회까지는 매주 일요일 오후 3시에 열렸다. 이후 토론 활성화를 위해 오후 1시로 앞당겨졌다. 협성회 토론회는 토요일 오후에 열렸으니, 당시 의식 있는 청년들은 주말 내내 토론회에 참석할 수 있었다.
[74] 『신한민보』 1948년 10월 14일, '서재필 박사의 연설'. 1948년 10월 2일 라성(LA) 한인장로교 예배당에서 열린 국민회 중앙상무부 환영회에서 행한 서재필의 연설에서 반세기 전 독립협회 토론회 출범기의 비화를 엿볼 수 있다.

대 측이 무관 경력의 백성기와 이건호인 것으로 보아 교육도 중요하나 외세 침탈기의 급선무는 군사력 증강이어야 한다는 논리로 반론을 폈으리라 짐작된다. 자유 발언 시간에 학부대신 이완용, 법부대신 한규설韓圭卨, 농상공부대신 이윤용李允用 등 유명 인사들이 각자 소견을 밝혀 독립관을 가득 메운 청중의 호응을 불러일으켰다.[75]

2회 토론회부터는 일반인에게도 참관을 허락했기에, 회원이 아닌 방청객만도 2백 명에 달했다. 이 방청객 가운데 배재학당 출신의 젊은이들이 다수 포함되어 있었을 것이다. 2회 토론회 논제는 '도로 수정하는 것이 위생의 제1 방책이다'였다. 마침 한성을 근대 도시로 개조하는 책임을 맡아 온 한성판윤 이채연이 유기환俞箕煥과 함께 찬성 측을 맡았고, 이상재와 권재형이 반대편에서 연설했다. 토론진의 구성을 볼 때, 2회부터 독립협회 중진들이 본격적으로 우의와 좌의로 나서 토론의 수준을 끌어올렸음을 알 수 있다. 정책 책임자인 한성판윤 앞에서 당당하게 토론에 임하는 논리적으로 비판하는 일반 시민과 그것을 경청하는 고위 관료의 모습은 이를 지켜본 방청객들에게 신선한 감동을 주었을 것이다.

이처럼 독립협회 토론회의 초창기에는 정책 담당관들이 직접 토론진으로 참여해서 국민에게 정부 정책을 홍보하고 그것에 대한 시민의 견해를 경청하는 정부-국민 소통 기능도 수행했다. 협성회 토론회가 논리적 사고력과 비판 능력 같은 교육 측면을 강조했다면, 관료들이 주축인 독립협회 토론회에서는 국가 정책의 효과성과 부작용을 검토하는 정책 심의 기능이 시민 계몽 측면만큼이나 중시되었다. 중진 관료와 일반 시민 참여가 균형을 이뤘던 초창기 독립협회 토론회를 당시 동아시아에서 가장 모범적인 공론장이라고 부를 수 있는 이유이다.

---

75 『독립신문』 1897년 8월 31일.

## 토론회의 발전과 시민의 탄생

독립협회 토론회는 처음부터 당시 조선 사회의 현안을 토론 논제로 삼았다. 도로 보수, 가로등 시설, 광산 개발, 의약학 공부, 전기 사용 문제 등의 근대 문명과 관련된 사안부터 교육, 국문 사용, 노비제 폐지 등의 사회 정책에 이르기까지 폭이 다양하였다.

아래 〈표 2-2〉는 토론회 주제를 일람한 것이다.[76]

**표 2-2** 독립협회 토론회 목록

| 회차 | 날짜 | 논제 |
|---|---|---|
| 1 | 1897. 8. 29. | 조선의 급선무는 인민의 교육이다 |
| 2 | 1897. 9. 5. | 도로 수정하는 것이 위생의 제1 방책이다 |
| 3 | 1897. 9. 12. | 나라를 부강케 하는 데는 상무商務가 제일이다 |
| 4 | 1897. 9. 19. | 도적을 금하는 데는 길가에 밤이면 등불을 밝히는 것이 긴요하다 |
| 5 | 1897. 9. 26. | 부녀는 교육하는 것이 의리상 경제상 마땅하다 |
| 6 | 1897. 10. 17. | 국문을 한문보다 더 쓰는 것이 인민 교육을 성하게 하는 데 유리하다 |
| 7 | 1897. 10. 24. | 나라에 상무商務를 흥하게 하고 자주권을 견고하게 하는 데는 경편하고 실로 보배로운 화폐를 쓰는 것이 긴요하다 |
| 8 | 1897. 10. 31. | 동포 형제간에 남녀를 팔고 사고 하는 것은 의리상에 대단히 불가하다 |
| 9 | 1897. 11. 7. | 대한이 세계 각국과 비견하여 제일 상등국이 되려면 근일 새 법과 새 학문을 배우지 말고 한당漢唐 풍속과 예절을 본받는 것이 마땅하다 |
| 10 | 1897. 11. 14. | 벙어리와 판수들을 정부에서 재예로 교육하는 것이 마땅하다 |
| 11 | 1897. 11. 28. | 대한 인민들이 이때까지 부요하고 공명함은 각기 조상의 분묘들을 좋은 땅에 쓴 까닭이다 |
| 12 | 1897. 12. 5. | 인민을 위생코저 하려면 의약의 학문을 급선무로 정한다 |

---

[76] 신용하, 『독립협회 연구』, 일조각, 1976, 265~267쪽을 바탕으로 수정·보충함. 한편, 본래 22회차 토론회는 1898년 2월 27일에 '긴 담뱃대를 금하는 것이 위생에 요긴하다'를 주제로 열리기로 했다가 취소되었다. 이미 경무청에서 장죽흡연을 금단했다는 이유로 취소하기로 했다(『독립신문』 1898년 3월 5일).

| 13 | 1897. 12. 12. | 인민의 심지를 쾌활케 하고 독립의 권리를 보호하려면 상문(尙文)하는 것보다 상무(尙武)하는 것이 더 긴요하다 |
|---|---|---|
| 14 | 1897. 12. 19. | 겸년(歉年, 흉년) 인민을 구제하려면 채과를 미곡보다 더 많이 무종하는 것이 긴요하다 |
| 15 | 1897. 12. 26. | 인민의 귀로 듣고 눈으로 보는 것을 개명케 하려면 우리나라 신문이며 다른 나라 신문지를 널리 반포하는 것이 제일 긴요하다 |
| 16 | 1898. 1. 2. | 나라를 영원 태평케 하려면 관민간에 일심 애국하는 것이 제일 긴요하다 |
| 17 | 1898. 1. 16. | 청국을 각국이 분파하게 되었으니 대한이 조린지의로 가서 구완하는 것이 가하다 |
| 18 | 1898. 1. 23. | 국가를 부케 하려면 금, 은, 동, 철, 석탄 등 광산을 확장케 하는 것이 제일 긴요하다 |
| 19 | 1898. 1. 30. | 공력과 증기력과 전기력을 인력보다 더 힘쓰는 것이 경제학상에 유리할뿐더러 인민의 생애가 더 흥왕한다 |
| 20 | 1898. 2. 6. | 선악과 이해와 장단을 알면서도 행사는 경계를 알지 못하고 하는 것과 같게 하는 자는 인품이 당초에 분간 없는 사람보다 더욱 더럽다 |
| 21 | 1898. 2. 13. | 사람의 목숨이 지극히 귀하나 남에게 종이 되고 살기를 얻는 것은 지극히 귀한 인명을 천하게 대접하는 것이요, 하느님과 사람 사이에게 죄를 얻는 것이다 |
| 22 | 1898. 3. 6. | 대한국 토지는 선왕의 간신코 크신 업이요 일천이백만 인구가 사는 땅이니, 한 자와 한 치라도 다른 나라 사람에게 빌려주면, 이는 곧 선왕의 죄인이요 일천이백만 동포형제의 원수이다 |
| 23 | 1898. 3. 20. | 재정은 사람의 일신에 혈맥과 같으니, 그 혈맥을 보양하기는 각기 자기들에게 있지 남에게 있지 아니하다 |
| 24 | 1898. 3. 27. | 민국(백성과 나라)을 안보하려면 일정한 법을 긴급히 준행해야 한다 |
| 25 | 1898. 4. 3. | 의회원을 설립하는 것이 정치상에 제일 긴요하다 |
| 26 | 1898. 4. 17. | 각처에 독립협회 지소를 설립하는 것이 본회의 제일 요무이다 |
| 27 | 1898. 5. 1. | 실직 없는 이가 나라의 정치 가부를 의론하는 것이 독선(獨善)하는 도에 불합하다 |
| 28 | 1898. 5. 8. | 백성의 권리가 튼튼할수록 임금의 지위가 더욱 높아지고 나라의 형세가 더욱 크게 떨치게 된다 |
| 29 | 1898. 5. 15. | 약한 이를 강한 자가 업신여기는 것이 천리와 인정에 당연하다 |
| 30 | 1898. 6. 5. | 국가를 흥왕케 하기는 관민이 일심으로 하는 데 있지 강토의 대소에 있지 아니하다 |
| 31 | 1898. 6. 12. | 국법을 튼튼히 지키기는 백성에게 있다 |
| 32 | 1898. 7. 3. | 무당과 점장이를 믿어 혹하는 것이 인민의 큰 폐막(弊瘼, 고질적인 폐단)이다 |
| 33 | 1898. 7. 19. | 인재의 선하고 악한 것은 천품에 있고 학문에 있지 않다 |
| 34 | 1898. 12. 3. | 신(信)과 의(義)를 튼튼히 지키는 것은 본국을 다스리는 데와 외국들을 사귀는 데 제일 긴요하다 |

독립협회 토론회의 수준은 당시 최고 교육을 이수했던 선교사들이 보기에도 무척 높았다. 1897년 10월 31일에 열린 제8회 토론회를 방청한 아펜젤러와 존스George H. Jones가 남긴 참관기는 토론회의 실제 모습을 이해하는 데 큰 도움이 된다.[77]

독립협회는 매주 교육, 종교, 관습, 상업, 산업 등의 관련 주제로 토론회를 개최하는데, 우리가 참석한 토론회도 그런 경우에 해당한다. 5백 명의 청중들이 독립관 내부와 주변에 모여들었다. 사회를 맡은 독립협회 회장 안경수 주변으로 재조와 재야의 유명 인사들이 운집했는데, 이완용, 조병식, 정낙용, 민영기, 주석면 등이 그들이다.

참석자를 호명하고 나서, 지난번 토론회 기록을 확인하고, 방문객을 소개하고 신입 회원에 대한 추천과 입회 결정이 진행되었다. 회장이 이번 토론의 논제가 '노비제는 도덕적 정치적으로 범죄이므로 용인되어서는 안 된다'[78]라고 선언한다. 토론은 품격을 갖춰 진행되었다. 찬성 측은 그 정당성을 설명하는 데 최선을 다했고, 반대 측은 싸워보지도 않고 패배하게끔 가만히 있지 않았다. 반대 측의 주요 논거는 노비제가 필수적인 제도이고 단지 하나의 용역 제공 형태라는 점이었다. 한 발언자가 논지를 잃고 헤매는 일이 있었는데, 우리의 나이 든 학생 박윤구가 즉시 일어나서 그가 해당 논제에 대해 말하지 않고 있다고 지적했다.

다수가 찬성 측에서 발언했다. 윤치호는 노비제가 존재하는 곳에서는 참상이 뒤따르고 그 영향으로 인간성이 말살된다고 말했다. 어린 시절 이웃의 부호가 어떻게 큰돈을 벌었는가 하는 질문에 노비를 길러다 시장에 팔아서라고 답했던 것을 윤치호는 기억해냈다. 이완용은 노비 소유자가 진심으로 소유권을 포기하기로 마음먹은 다음에야 비로소 노비제가 폐지될

---

[77] *The Korean Repository*, Nov 1897, pp.436~438.
[78] 정확한 논제는 "동포 형제간에 남녀를 팔고 사고 하는 것은 의리상에 대단히 불가하다"이다.

수 있다고 말했다. 그 연사(이완용)가 토론회에 오기 전에 31명의 노비를 해방시켰고 노비를 속박하는 일들을 금지했기 때문에 대단히 주목받았다. 과거 미국에서 아프리카 출신 노예들이 당한 참상을 구체적으로 든 서재필의 유창한 연설을 끝으로 이날의 토론은 모두 끝났다. 최종 평결은 찬성 측 전원일치 승리였는데, 찬성표를 던진 사람은 자신이 속박하고 있는 노비를 해방시키자는 동의가 결정되었다. 토론회의 결과는 대단했다. 토의 결과에 따라 적어도 백 명의 노비들이 자유를 얻었으리라고 확언할 수 있다.

우선, 이 참관기는 독립협회 토론회가 본래 제정된 규칙대로 진행되었다는 사실을 확증한다. 독립협회 토론회 규칙 22조에 규정된 순서 대부분이 이 참관기에 그대로 묘사되어 있다. 둘째, 토론회의 수준이 매우 높다는 것을 알 수 있다. 노비제 폐지 주장의 경우같이 규범적으로 지극히 정당한 논제에 관한 토론에서 반대 측이 논거를 제시하기는 사실상 불가능하지만, 그날 토론회의 반대 측은 결코 쉽게 토론의 주도권을 넘겨주지 않았을 만큼 철저히 준비되어 있었다. 셋째, 찬반 토론이 끝난 다음에 진행되는 자유발언 순서에 회원들이 활발하게 참여했다는 것을 알 수 있다. 넷째, 토론회가 끝나면 토론된 정보를 바탕으로 회원들이 실제 행동의 변화를 이끌기 위해 노력했다는 점이 무척 인상적이다. 선교사들은 이날 논제 토론의 열기로 인해 최소한 백 명의 노비가 해방되었으리라고 생각했을 정도이다. 이 사실을 통해서 독립협회 토론회는 앎과 실천이 괴리되지 않고 자연스럽게 이어진 지행합일의 훈련장이었다는 것을 알 수 있다.

흥미로운 것은, 토론회가 서재필의 연설로 마무리되고 있다는 점이다. 이완용, 윤치호 등 협회 간부진들도 자주 자유발언에 참여했지만, 서재필은 독립협회 '고문'으로서 그날 토론회에 대한 전반적 평가를 겸하는 연설을 맡았던 것으로 보인다. 일반적으로 『독립신문』에는 토론회에 우의와 좌의로 참석한 이들만 기록되어 있어서 서재필이 토론회에 어느 정도 적극적으로 임했는지 확인할 수 없었다. 그런데 이 자료를 통해 서재필이 토론회에 능동적으로 개입하여 회원과 청중들을 계몽하는 장으로 활용했다는 것을 알 수 있다.

토론회가 거듭될수록 독립협회 회원들은 평범한 백성에서 주권자이자 시민으로 거듭나게 되었는데, 여기에는 이러한 토론회 진행 방식의 효과가 작용했다. 토론회에서는 주제에 대한 찬반 관계없이 발표자와 청중 모두 토론의 열기에 휩싸여 놀라운 감정상의 고양을 경험하게 된다. 이러한 체험을 통해 독립협회 회원들은 적극적인 사회운동가가 되거나 최소한 협력자가 된다. 협성회와 독립협회 토론회를 통해 성장한 청년·학생들은 이후 애국계몽운동과 독립운동의 리더로 성장할 수 있었다. 독립협회 토론회는 협성회의 성공이라는 자극과 독립협회 소장파의 방향전환론이 맞물려 일궈낸 일대 성과로서 협회의 성격을 개혁적으로 일신시키는 데 큰 역할을 했다.[79]

서재필의 노력 덕분에 토론회는 배재학당과 독립협회의 울타리를 넘어서 경성 시내 전체로 확산되었다. 1898년 2월 결성된 광무협회는 경성학당, 교동사범학교, 공동소학교 등의 학생들이 힘을 합쳐 결성한 애국계몽단체로서, 협성회와 독립협회 토론회의 영향 아래 문명개화, 은행 설치, 학교 설립 등의 주제로 찬반 토론회를 열었다. 서재필은 이들의 초청으로 광무협회 창립 기념식에서 다음과 같은 연설을 했는데, 시민사회와 공론장에 대한 그의 관점이 가장 잘 드러나 있다는 점에서 주목할 만하다.

---

[79] 서재필이 자신을 내세우지 않고 학생과 시민 스스로 단체를 결성하여 행하도록 권면했던 '방식'은 그동안 연구자들 사이에서 주목을 받지 못했다. 서재필은 다재다능한 인물이었지만 그가 가진 능력 하나하나는 전통 사회의 인물들도 갖출 수 있었다. 반면에 자발적 참여와 협력을 이끌어내는 서재필의 리더십은 본래 조선인에게 그 중요성조차 알려지지 않았던 덕목이었다. 미국에서 시민사회의 중요성을 절감했던 서재필이 귀국과 함께 조선 청년들이 스스로 단체를 만들고 거기서 참여의 방법을 익히도록 도왔고, 협성회와 독립협회는 바로 그러한 시도가 맺은 결실이었다.

나는 오늘날 회會라 하는 의를 대강 말하겠는데 우선 이 회의 규칙을 보건대 당장에 훤화喧譁들을 하여 남의 연설도 듣지 아니하고 남도 연설을 듣지 못 하게 하고 남이 연설도 못 하게 하니 무슨 주건인지 알 수 없으나 대범 대한 인민이 언제 회라 하는 것을 하여 보았으리오. 이 전에 회라 하는 것은 편싸움하는 회나 아亞자 걸음으로 향음주례 하는 회뿐이라.
　대저 회라 하는 것은 정부나 사회상이나 제일 요긴한 것이요. 학문상과 지혜와 생각과 의견과 경제상에 가장 유조有助한 것이라. 배재학당의 협성회와 독립관의 토론회가 크게 아름다우며 충청남도 공주 쌍수성 하에 독립협회가 또한 극히 좋은 일이더라.
　구미 각국이 이전에는 지극히 어리석어 나라가 무엇인지 백성이 무엇인지 전혀 모르더니 동양 아세아 서편 파샤(페르시아)라 하는 나라 사람들이 구라파의 희랍이라 하는 나라의 애슨(아테네)이라 하는 땅에 가 살면서 처음으로 문명개화에 유의하여 그 사람들이 애슨을 위하여 회를 열고 차차 학문을 힘써 세계에 제일 진보가 된 고로 세계 각국이 모두 머리를 들이밀고 그 본을 받아 구라파에 영국·불국·덕국, 아메리카에 미국이 세계에 제일 상등 개명한 나라가 되고 그 나머지 다른 나라들도 차차 따라 개화가 되고 동양에 일본은 삼십 년 이래에 개명지국으로 세계에 대접을 받고 대한·청국·섬라(태국) 등 각국은 반개화가 되고 그 외에 아프리카 등지는 지금도 야만을 면치 못하지라.
　대한은 갑오 이후로 정부에 비로소 회가 생겨 점점 진보가 되어 가더니 요사이는 회라 하는 이름은 도로 간 데가 없고 그중에 자기에게 긴한 일 있는 관인이 대신 하나만 따 가지고 방으로 들어가서 귀에다 대고 은근히 사사로이 의논하고 다른 대신들더러 각각 성명 밑에 도장만 찍으라 하면 그 일이 어떻게 결정이 된지 알지도 못하고 다만 무슨 일이든지 응종만 할 따름이라. 그리고 어찌 애군애민하는 마음이 생기리오. 정부에 밤낮 당론만 성하여 노론이라 소론이라 남인이라 소북이라 하는 중에 근일에는 또한 일당이니 아당이니 영당이니 미당이니 불당이니 청당이니 완고당이니 중립당이니 하는 모든 당이 더 생기고 대한 당은 하나도 없어서 나라가 잘 되고 못 되는 것은 돌아보지 않고 밤낮 자기들의 사사 욕심들만 채우려고 모여 못된 의논질들만 하니 실로 애석하도다. (……)

    우선 오늘날 이 회석으로 볼진대 회원이나 방청하는 이들이 대한 풍속으로 말하면 상하귀천이 있을 터인데 다 동등으로 경례를 하여 차등 없이 대접을 하니 이것이 또한 동포 형제간에 서로 사랑하는 아름다운 뜻이라.[80]

    광무협회 첫 토론회가 연설 중간에 끼어드는 비난과 야유로 소란스러웠던 것에 대해 아쉬움을 표하고 나서, 서재필은 세계 학술사와 당시 사회진화론의 문명관을 소개했다. 대체로 그 취지는 근대 국가의 흥망성쇠가 시민사회 역량의 차이에 달려있다는 것을 강조하는 데 있다.

    그런데 이런 일반론 수준의 내용보다 흥미를 끄는 것은 서재필이 조선에서 '회'의 목적을 국민과 국가 사이의 소통에 두고 있다는 데 있다. 과거의 당쟁이나 당시의 파당들도 의론은 하지만 그 목적은 사사로운 권력 확장에 있었다. 반면에 그런 의론을 백성에게 공개하게 되면 더는 사사로운 의론에 머물지 않게 된다. 나아가 그 의론의 참여 자격을 국민에게까지 개방하게 되면 의론의 성격이 투명해질 뿐만 아니라 의론의 결과에 국민이 자발적으로 따르게 하는 효과도 거둘 수 있다.[81]

    또한 서재필은 '회'가 갖는 평등성에도 주목했다. 광무협회 회원과 방청객들이 지위고하 관계없이 동등하게 서로를 대하는 모습을 보면서, 자발적 시민 모임에서 경험하는 평등주의가 조선 사회로 확산하는 계기가 되리라

---

[80] 『독립신문』 1898년 2월 19일.
[81] 서재필에게는 국가 중요 정책 결정 과정이 투명하게 시민에게 공개되는 것이 근대 민주정치의 핵심이라는 생각이 일찌감치 자리 잡고 있었다. 초창기 『독립신문』에도 그런 주장을 담은 논설을 쓰기도 했다. "무슨 일이든지 공사 간에 문을 열어 놓고 서로 의논하여 만사를 작정하고 실상과 이치와 도리를 가지고 햇빛 있는 데서 말도 하고 일도 하는 것이 나라가 중흥하는 근본이다." 『독립신문』 1896년 6월 30일.

고 생각했다. 스스로 협성회와 독립협회 토론회가 모범이라고 말하는 서재필의 자부심은 이제 조선 전체가 토론회를 통해 계몽될 수 있다는 희망으로 이어졌다. 이로써 서재필이 귀국할 때 다짐했던 목표, 곧 교육과 계몽을 통한 개화 세력의 양성 목표는 모두 달성되었다. 하지만 서재필의 꿈은 이러한 변화를 두려워하는 세력에 의해 도전받기 시작했다.

## 사회개혁론의 근거로서 자유주의 경제관념

서재필의 1차 귀국기 『독립신문』과 독립협회 활동 기간의 경제관념의 핵심에는 개인의 경제적 자립이 국가의 정치적 독립에 직결된다는 자유주의 사회개혁론이 있었다. 이는 유소년기의 경험에서 싹튼 자립적 성격과 조선에서의 관직 체험, 그리고 망명 후 미국에서의 경험이 복합적으로 작용한 것으로서, 사적 개인의 경제적 활동이 공적인 영역의 진보를 이끈다는 믿음에 기초한 것이었다.

실제로 관이 민의 재산을 수탈하던 당시 조선에서 개인의 소유권을 보장하고 경제적 자립을 강조한 서재필의 주장은 '아래로부터의 개혁'이 요청된 1890년대 후반의 시점에서 전체 사회의 진보를 이끄는 데 효과적이었다. 개혁을 외치는 인사들 가운데 경제적 자립 기반이 없는 자들이 관직의 유혹에 빠지기 쉬운 것은 예나 지금이나 진실이다. 서재필이 당시 개혁 주체들의 관직 제의를 무시한 데는 그의 신념만큼이나 의사로서 경제적 기반을 갖췄다는 배경이 작용했을 것이다. 서재필의 1차 귀국기 활동은 시민들이 관직에 연연하지 않는 그의 자세를 보고 진심으로 따랐기 때문에 성공을 거둘 수 있었다.

이제 공공성을 강조하는 시민운동가이자 언론인이라는 고정된 평가 때문에 흔히 간과되어 온 경제개혁론자로서 서재필을 조명해 볼 때가 되었다. 사실상 서재필의 생각일 수밖에 없는 『독립신문』 사설과 기사에는 공화주의적 애국주의에 기초한 정치적 계몽과 정부 견제 내용이 주류를 이루고 있지만, 동시에 산업 발전의 필요성을 강조하는 경제개혁론도 적잖이 발표되었다.[82]

내용상으로는 당시 조선 산업의 전부인 농업의 '산업화'와 양잠 권장 같은 '다각화' 관련 사설이 자주 등장하고 기계화가 갖는 산업적 유용성을 바탕으로 공장 설립을 강조한 내용도 많았다. 무역이나 투자와 관련해서는 외국인의 투자 이익이 외국으로 빠져나가지 않고 조선에 계속 재투자되고 세금을 거둘 수 있게끔 제도를 개혁할 것을 강조했다. 재정과 관련해서는 정부가 빚을 줄이고 재정 관리를 엄격하게 할 것을 주문하고 있다. 이러한 경제관념은 그의 공공 활동의 방향 설정에도 영향을 미쳤다. 서재필은 사적 개인의 경제적 독립이 공적 목표인 국가의 정치적 독립에 직결된다는 것을 분명히 했다.

> 사람이 세상에 나서 자기의 의식을 자기의 손으로 벌지를 못하고 남에게 의지할 때에 그 사람이 나라가 남의 나라에게 의지하는 것을 어찌 분히 여기리오. 조선 사람의 경영은 모양이 흉하든지 명예가 깎이든지 어떻게 하든지 남에게 빌어 공이 얻어먹고 살려고 하는 고로 천대를 받으면서도 남에게 아첨을 하며 개 모양으로 세력 있는 사람 앞에 가서 꼬리를 젓고 그 세력 있는 사람이 검은 것을 희다고 하여도 옳다고 하며 자기더러 욕을 하여도 감사히 여겨 날마다 그 실례하는 사람의 집에 대령하여 빌고 바라는 것은 벼슬이라. 이런 자주독립권 없는 사람이 벼슬을 하면 그 사람이 어찌 백성을 가르치며 나라가 자주독립이 되게 일을 하리오. (……) 이런 사람은 속에 양반의 마음 하나 까닭에 상일을 아니 하고 밤낮 경영하는 것이 협잡

---

[82] 『독립신문』 사설과 기사를 주제별로 분류하여 내용을 제시한 책은 다음과 같음. 김유원, 『100년 뒤에 다시 읽는 독립신문』, 경인문화사, 1991; 서울대 정치학과 독립신문강독회, 『독립신문 다시 읽기』, 푸른역사, 2004.

하고 청촉하여 벼슬을 도모하여 남이 애써 벌어 놓은 돈을 공히 취탈할 심지만 가졌으니, 이 사람은 세계에 제일 천한 인생이요 후생에 큰 형벌을 입을 사람들이라. 차라리 길에서 신문장을 판다든지 지게를 지고 짐을 날라 매일 구명도생하는 사람들이 백 배가 더 점잖고 조선 신민의 직무를 하는 사람들이오.[83]

서재필은 당시 조선인이 권력자에게 아첨하거나 굴종하며 살아가는 이유를 '벼슬'에서 찾는다. 그 이유는 민·관 관계에서 관이 압도적 위치에 있기 때문이다. 어떻게든 벼슬을 하기만 하면, 그는 백성이 벌어 놓은 돈을 약탈해 간다. 이러한 서재필의 비판은 당시 조선을 방문한 외국인의 관찰을 통해서도 뒷받침된다. 구한말 조선을 방문했던 이사벨라 비숍은 당시 조선인들이 부를 축적하려 하지 않는 습속의 이유를 관의 수탈에서 찾았는데, 이를 러시아령 만주(연해주)로 이주한 조선인들이 근면하게 일을 하여 부유층으로 성장한 것과 대조하여 자신의 관찰이 옳았다는 것을 간접적으로 확인했다.[84]

이러한 현상 서술과 함께 더 주목할 것은 '자주독립권 없이 벼슬하는 사람들은 나라가 남에게 종속되는 것도 분하게 생각하지 못한다'는 서재필의 비판이다. 서재필에게 개인의 경제적 의존은 단지 국가 경제상의 저발전에만 관계하는 것이 아니라 국가의 자주권 상실 같은 공적인 사안에 직결되는 문제였다. 따라서 서재필에게 개인의 경제적 자립은 개화, 애국, 독립 같은 당시 가장 중요한 공적 과제 해결을 위한 선결 조건이었다고 평가할 수 있다.

---

83 『독립신문』 1896년 8월 13일. 번역문은 다음 책을 따랐음. 김유원, 앞의 책, 321~322쪽.
84 I. B. 비숍 저, 신복룡 옮김, 『조선과 그 이웃 나라들』, 집문당, 2000, 229~230쪽.

### 제6장

# 아래로부터의 개혁, 만민공동회

　국민들의 환어還御 요구에 따라 고종은 근처 경운궁의 보수에 착수하여 공사가 끝나자 마침내 아관파천 1년여 만인 1897년 2월 20일 러시아공사관에서 나왔다. 국왕이 외국공사관에서 국정을 운영한 비정상적인 상황을 끝마치는 상징적 장면이지만, 1년여의 러시아공사관 생활은 고종의 정치관에 커다란 변화를 가져왔다.

　아관파천의 배경은 두말할 나위 없이 1894년 이후 일본의 간섭과 위협에 있었다. 1895년의 을미사변과 단발령 이후 고종은 밀지를 내려 지방 유생들의 거의擧義(곧 을미의병)를 부추겼다. 일본이 의병과 싸우는 데 관심을 쏟는 동안 고종은 러시아와 협조하여 일본군이 봉쇄하고 있던 궁궐을 탈출할 수 있었다. 이범진李範晉을 비롯한 친러파 인사들의 도움을 받기는 했지만, 계획의 최종 결재자는 고종이었다. 그렇게 자기 의지로 들어간 러시아 공사관에서 러시아의 영향을 받고 또 러시아에 관심을 기울이게 되는 것은 자연스러운 귀결이다. 고종은 러시아를 일본의 위협으로부터 조선 독립을 지키는 방파제 이상으로 생각했다. 러시아 황제를 자신의 역할 모델로 받아들인 것이다.

## 고종, 전제군주를 꿈꾸다

고종의 일방적 구애와 달리, 막상 러시아는 일본과의 관계 악화를 우려하여 적극적으로 개입하기를 꺼렸다.[85] 고종은 민영환을 러시아에 보내 조선 독립을 보전해 줄 것을 적극적으로 요청했다. 그러나 러시아의 관심이 만주에 있었기 때문에 그것에 위해가 되지 않을 정도에서 한반도의 현상 유지를 원했다. 오히려 조선에서 교두보를 상실한 일본이 적극적으로 러시아와 협상하면서 조선을 러시아와 일본 사이의 세력 균형의 장으로 만드는 데 성공했다.[86] 민영환은 몇 개월의 러시아 여정에서 고작 군사고문관 13명만을 초빙하는 초라한 성과만 얻었다. 러시아의 소극적 태도에 실망한 민영환이 고종에게 러시아공사관을 떠날 것을 주청한 것은 일방적 구애 외교의 수치스러운, 그러나 지극히 자명한, 귀결이었다.

이 시기에 고종은 대외적으로나 대내적으로나 잠깐의 힘의 공백을 즐기고 있었다. 지적으로는 영민하고 성품까지 온화한 고종이었지만, 흥선대원군과 중전 그리고 청국과 일본에 의해 차례로 권력을 제약 받았던 과거에 대한 반작용으로 그는 권력 유지에 집착했다. 을미사변의 충격 때문에, 아관파천 이후 고종은 전제군주국인 러시아의 정치체제에 관심을 집중했다.

러시아는 19세기 중반 이후 산업화와 농노해방 등으로 사회가 혼란스러웠고, 그 와중에 개혁 정책을 추진했던 알렉산드르 2세는 인민주의자들의 테러에 희생되었다. 지나치게 앞서나간 개혁 정책이 아버지를 죽음에 이르게 했다고 생각한 알렉산드르 3세(재위 1881~1894)는 모든 개혁 조치를 뒤집고

---

[85] 박 벨라 보리소브나, 「러시아공사관에서의 375일」, 『한국정치외교사논총』 18권 1호, 1998, 163쪽.
[86] 웨베르-고무라 각서(1896년 5월 14일)는 러시아 군대 주둔과 일본군 일부 철수 선에서 마무리되었지만, 니콜라이 2세 대관식에서 만난 두 나라 외무대신 간의 협약(로바노프-야마카다 의정서, 1896년 6월 9일)의 비밀 조항에서는 러시아와 일본이 유사시 조선을 특정 경계선으로 나눠 분할 점령할 수 있게 하였다.

과거로 회귀했다. 권력을 황제에 집중시켜 강력한 전제군주가 된 알렉산드르 3세는 러시아를 산업과 군사 분야에서 크게 발전시켜 서구 제국을 거의 따라잡았다고 판단할 만큼 국력을 키우는 데 성공했다. 러시아 군주정의 역사를 교훈 삼아, 고종은 자신이 어떤 길을 걸어야 할지 작정했다. 백 년 전 정조 임금이 미처 이루지 못했던 위민爲民의 이상을 실현하는 것을 목표로 삼았던 고종은 그것을 이루기 위해서 자기에게 권력을 집중시키고자 했다.

민심의 지지를 얻지 못했다는 구실을 내세워 갑오·을미개혁을 폐기하는 것이 그 첫 번째 결과였다. 갑오년에 김홍집 내각은 군국기무처를 통해 개혁안을 내놓고 고종에게 추인을 요청했다. 이에 고종은 '군주권도 없는 거죽뿐인 왕위를 감내하고 싶지 않으니 차라리 너희 대신들이 원하는 대로 국체를 공화정으로 하든지 대통령을 뽑든지 마음대로 하라'고 분통을 터뜨렸다. 이는 아관파천 직후 내정 혼란의 모든 책임을 개화파 수뇌부에 덮어씌우는 확실한 근거가 되었다. 아관파천 이후 고종은 을미년 겨울에 일어난 지방의 의병들을 해산시키기 위해 유림에게 명망이 높은 최익현崔益鉉, 신기선, 이도재李道宰 등을 선유사宣諭使로 파견했다. 이들이 왕명을 성공적으로 달성한 데는 고종이 먼저 개혁 정책을 폐기했다는 사실이 큰 역할을 했다. 아관파천 이후 의병 대부분이 해산하면서 지방은 점차 안정을 되찾았다.

긴급했던 소요 상태가 진정되자, 고종은 친러파와 친미파를 제어하기 위해 보수파 몇을 각료로 등용했는데, 한때 동도서기 성향을 보였으나 보수파로 되돌아간 신기선의 학부대신 기용이 그 대표적인 사례였다. 조선의 숭문崇文 전통상 학부대신은 비록 실권은 없으나 국가 전체에 큰 영향을 미치는 자리이다. 당시 유림에게 명망이 높았던 신기선의 등용은 보수파에 고종의 정책 방향이 전통주의로 회귀했다는 확실한 신호로 해석되었다.

반면에, 신기선의 기용은 개화 세력에게 큰 실망감을 안겼다. 신기선은 고종에게 언문(國文)과 양력 사용을 중지하고, 학생들에게는 서양식 교복을 버리고 상투를 다시 틀게 하라고 주청했다. 앞서 언급했듯이, 서재필은 곧바로 『독립신문』 논설에서 신기선의 반개혁적 교육 정책의 문제점을 비판했다. 하지만 고종은 신기선의 정책 방향에 대해 방관했다.

김병시金炳始와 신기선은 고종의 뜻에 따라 더 적극적으로 갑오년 이전의 관제로 복귀하려고 시도했다. 내각이 국사를 결정하는 것은 임금의 권리를 박탈하는 역적질이라는 신기선의 비판을 시작으로 고종의 정책은 본격적으로 보수화했다. 비록 일본의 후원 아래 진행되었다는 한계에도 불구하고 갑오·을미년의 개혁이 대체로 올바른 것이었는데도, 고종은 이를 완전히 뒤집었다. 그 결과가 의정부 체제로의 복귀였다. 국왕 친정 체제를 강화하기 위해 종전 6부에 외부外部를 더해 7부로 조정을 구성하고, 대신(장관급)과 협판(차관급)의 관직 명칭을 상서尙書와 시랑侍郞으로 고쳤으며, 내부대신 휘하의 경무청을 왕 직속 포도청으로 배속했다.

정동파는 고종의 구본신참舊本新參 원칙에 동의하면서 대신 내각 기능을 살리는 방향으로 전제군주화의 흐름에 타협했다. 그 결과 1896년 9월 24일 '의정부 관제'가 반포되었다. 고종의 친정 체제 의지는 "대군주 폐하께서 만기萬機(모든 일)를 통령統領하사 의정부를 설치하시니라"고 밝힌 의정부 관제 전문에서 분명해졌다. 의정부 관제가 구체화할 무렵 러시아 공사 웨베르가 본국에 보낸 전문은 다음과 같다. "1896년 9월 구성된 의정부는 우리(러시아)의 국가회의를 본떠 만든 것이다. 이 기구의 역할은 법률의 제정, 비상조치 마련, 국가예산의 검토, 그리고 국가의 모든 중요 대사를 심의하는 데 있었다."[87]

---

[87] 박 벨라 보리소브나, 「러시아공사관에서의 375일」, 『한국정치외교사논총』 18권 1호, 1998, 163~164쪽.

자신감을 회복한 고종은 본격적으로 군주권 강화를 시도했다.[88] 고종은 수차례에 걸쳐 개혁파 인사들에 대한 테러 시도를 방관하면서 개혁파와 보수파 사이의 갈등을 조장하는 데 성공했다. 1897년 3월의 교전소校典所 설치는 그 대표적인 사례였다. 교전소는 표면적으로는 의정부 관제 복귀 이후 과거 개혁기의 법률을 조선 전래의 구법에 맞춰 절충시키려는 목적으로 설치되었다. 물론 고종의 의중은 절충이 아니라 구법으로의 회귀에 있었다.[89]

교전소의 총재대원總裁大員으로 김병시, 조병세趙秉世, 정범조鄭範朝, 윤용선尹容善 외에 개혁파의 박정양, 이완용 등이 선임되었고, 실무자로는 김가진, 권재형, 이채연, 성기운成岐運, 윤치호, 이상재 등이 선임되었다. 러젠드르Charles LeGendre, 李善得, 그레이트하우스C. R. Greathouse, 具禮, 브라운McLeavy Brown, 栢卓安과 함께 서재필도 외국인 고문관 자격으로 참여했다. 4월 12일에 교전소 1차 회의가 열렸고, 이후 두 차례 더 모였지만, 5월 이후에는 더는 회의를 열지 못한 채 흐지부지되고 말았다. 회의를 주재한 박정양과 적극적으로 참여한 서재필, 이완용 등이 모두 개혁파였기 때문이다. 지사원知事員과 기사원記事員에 임명된 젊은 관료들이 대부분 독립협회 회원들이었던 것도 개혁파가 회의를 주도하는 데 도움이 되었다.[90]

이런 사정 때문에 보수파의 구법 회귀 시도는 실패로 돌아가고 반대로 개혁파의 주장이 관철되었다. 이에 불만을 품은 대신들은 회의에 참석하지 않거나 사임했다. 주도권을 서재필에게 빼앗겼다고 판단한 수구파와 러젠드르 등의 전제왕권파가 차후 회의에 대한 열의를 보이지 않으면서 교전소 회

---

88  도면회, 「황제권 중심 국민국가체제의 수립과 좌절(1895~1904)」, 『역사와 현실』 50호, 2003.
89  『고종실록』 광무 원년(1897) 3월 16일. 왕현종, 「대한제국기 입헌논의와 근대국가론 - 황제권과 권력구조의 변화를 중심으로」, 『한국문화』 29집, 2002, 259쪽.
90  『독립신문』 1897년 4월 22, 27일.

의는 파행되고 말았다. 그런데, 이러한 결말은 사실 고종이 원했던 것이었다. 고종 자신은 구본신참의 원리를 제시하고 구법과 신법을 절충한다는 조정자로서의 명분을 축적할 수 있었던 데 반해, 수구파든 개혁파든 교전소 회의 참가자들은 각파의 고집에 따라 회의를 파행시켰다는 책임을 면하기 어려웠다. 고종은 개혁파에게 파행의 책임을 물으면서 전제군주제의 정당성을 확보할 수 있었다.

고종은 군인 출신인 러젠드르의 충성심을 신뢰했다. 러젠드르는 강력한 전제군주제를 통해서 불필요한 소요와 갈등을 없애야만 효과적인 개혁 정책 추진이 가능하다고 믿었다. 러젠드르와의 대화에서 고종은 자신의 군주권 강화 방향이 올바르다고 확신했다. 황제 즉위를 간청하는 상소가 계속되었지만, 고종은 조금 더 기다리면서 때를 기다렸다. 고종으로서는 러시아와 일본 사이의 세력 균형이 깨지기 전에 대한제국을 강하게 만들기 위해 강력한 전제적 권력이 필요했다. 하지만 국민 참여를 배제한 부국강병책이 성공하기 어렵다는 것을 고종은 알지 못했다.

## 독립협회의 성격 변화

독립협회 토론회가 상설 운영되기 시작한 1897년 가을 이후부터 독립협회의 중심 세력은 관료에서 일반 시민으로 변화하기 시작했다.[91] 그 이전 독립협회는 독립문 건립을 위한 고급·중견 관료들의 실무적 모임에 불과

---

91  독립협회에 대한 비판적인 시각을 가진 연구자들이 공통으로 제기하는 '독립협회 참여자의 친일적 성격과 행동'이라는 문제는 일종의 '거짓 문제(pseudo question)'이다. 기존의 비난들은 대부분 독립협회라는 조직이 특정 시점(1897년 하반기)부터 인적 구성상의 커다란 변화를 겪었다는 것을 알면서도, 그것을 고려하지 않고 독립협회가 존속했던 모든 기간의 누적 구성원 가운데서 극히 소수인 일부 친일 인사를 골라내서 그것을 바탕으로 독립협회를 친일단체로 규정하고 비난했다.

하였다. 우리 역사에서 높게 평가되는 '시민단체로서의 독립협회' 성격은 협성회 공개 토론회의 성공에 자극받은 독립협회 회원들이 자체 토론회를 열기 시작하면서 비로소 갖게 되었을 뿐이다.

이는 독립협회 참여자 분석을 통해서도 확인할 수 있다. 창립기의 임원들 가운데 보수적이고 기회주의적인 인사들은 독립협회의 성격 변화 과정에서 대부분 이탈했다. 반면에 청년 세력들이 그 빈자리를 채우고 토론과 집회에 적극적으로 참여했다. 1898년 만민공동회를 통해 정치 투쟁에 나선 것도 바로 이들 신진 청년 세력이었다. 독립협회는 근대적 공론장을 개척한 계몽운동 단체에서 정치 투쟁을 전개한 본격적 사회운동 단체로 성격이 변화해나갔다.

그렇다면 독립협회는 처음부터 사회개혁을 목적으로 한 정치단체가 아니었는지 의문이 들 수 있다. 어느 시기에나 그랬던 것처럼, 당시에도 정치적 파당의 형태를 한 집단들은 존재했었다. 분명히 독립협회도 정치단체의 성격이 있었다. 그러나 토론회 전개 시기까지의 독립협회는 자주적 근대 국가 수립이라는 국민적 과제에 대한 공론 형성을 핵심 목표로 삼았을 뿐, 파당의 이익 추구나 정권 획득이라는 정치단체의 속성과는 거리가 멀었다.

이는 서재필이 출국 직전 『코리안 리포지터리』 편집자의 부탁으로 쓴 비공식적인 독립협회 시말기에서 충분히 확인할 수 있다.

> (독립협회에서는) 국가 발전에 관한 일과 관습, 법, 종교 그리고 외교 관계에 관한 일을 토론한다. 독립협회의 주목적은 최근까지도 한국에는 전혀 알려지지 않았던 공론을 만들어내는 것이다. 독립협회는 유용한 정보를 나누는 중심 기관이다. 따라서 그것은 일부가 생각하는 정치 집회장political wigwam이라기보다는 하나의 교육기관educational institution이다. 매주 열리는 토론회는 회원들의 사고에 놀라운 영향을 미쳤다. 그들은 동양 문명에 대

한 서구 문명의 우월성을 깨닫기 시작한다. 그들은 점차 단결의 정신, 민족주의, 공평무사한 시각, 교육의 중요성에 고무된다.[92]

서재필의 기고문에 따르면, 독립협회의 창립 목적이 공론 형성과 시민교육에 있었다는 점이 분명하다. 특히, 독립협회 토론회는 일종의 공공 교육으로서 시민들의 지식 형성 및 근대적 가치관 형성에 큰 역할을 했다. 그런데 원문을 읽으면, 협회가 교육 기능을 수행하면서 동시에 정치 집회장의 성격도 갖게 되는 것은 자연스러운 귀결이라는 뉘앙스를 읽어낼 수 있다. 다시 말해서 토론회를 통한 공론 형성을 통해 각성한 회원들이 스스로 판단하고 결정하여 정치 투쟁에 나설 가능성을 서재필이 처음부터 배제하지는 않았다고 판단할 수 있다.

계몽에서 정치로의 전환은 근대 공론장의 발전 과정에서 흔히 관찰되는 결과이기도 하다. 독립협회가 점차 정치적 공론장의 성격을 발전시키고 마침내 정치 투쟁을 겸한 민중적 공론장으로 해소되는 1898년의 활동은 서재필의 귀국 활동 목적에 위배되지는 않는다. 그런데 독립협회의 정치 단체화가 서재필의 의도는 아니었을지라도, 공론장 자체의 내적 논리에서 그 성격 변화의 내적 원리를 찾을 수 있다.

서구 근대사에서 정치적 공론장의 발전 과정을 분석한 하버마스Jürgen Habermas의 이론을 독립협회의 경우에 적용해 보자. 하버마스의 연구를 읽는 독자들이 흔히 간과하는 것 중의 하나는 서구 부르주아 공론장이 외적 변화가 아닌 그 자체의 내적 논리에 의해서 모순성을 띠고 붕괴한다는 점이다. 근대 부르주아 공론장의 이상은 논리상 평등한 인간관을 전제한다. 그러한 전제에 따르면 시민 대중도 공론 형성에 참여하게 되는데, 초기 공론장에서

---

[92] *The Korean Repository*, Aug 1898, p. 286.

는 이를 신분이나 계급이 아닌 '교양의 유무'로 적절히 규제할 수 있었다. 논증의 합리성 수준을 판단할 수 없으면 공론장 참여가 제한되기 때문이다. 하지만 19세기 후반 이후 선거권이 민중에게까지 확대되고 그에 따라 득표 결과로 정치적 결정이 좌우되는 대중 정치의 양상이 전개된다. 공론이라는 헌법적 허구에 의해 지탱되던 자유주의적 공론장의 모순이 드러나게 된 것이다.[93]

공론장의 이상이 실제로는 자의적인 대중들에 의해 제대로 작동되지 않으리라고 예측한 헤겔G. W. F. Hegel의 우려가 현실화한 것이다. 그래서 헤겔은 시민사회의 견해를 국가로 충실하게 이전시키기 위해서는 공론장의 공적 제도화가 필요하다고 보았다. 공공 토론의 최고 형식인 의회가 바로 그것이다. "정치적 교양 수단"으로서의 의회에서의 토론을 통해 중요한 의사 결정을 여론에서 자유로운 방식으로 처리하는 것을 제도화시킬 때 비로소 다수 대중의 변덕스러운 정치적 결정의 문제점을 최소화할 수 있다고 헤겔은 생각했다.[94]

그런데 1897년 성립된 대한제국에서는 시민적 공론 형성의 장과 실제 정책 결정의 장이 괴리되어 있었다. 『독립신문』은 당시의 상황을 다음과 같이 비판했다.

> 나라마다 공론을 가지고 백사를 하는데 대한은 공론하는 사람들이 없는 고로 정부에서 세상 공론이 어떠한지 알 수도 없고 또 공론이라 하는 것은 공변되어야 공론이거늘 그저 사랑에나 모여 한두 사람이 말하는 것은 공론이 아니라 그런 고로 나라마다 인민들이 모이는 처소가 있어 여럿이 규칙 있게 모여 정제하게 만사를 토론하여 좌우편 이야기를 다 들은 뒤에 작정

---

93  위르겐 하버마스 저, 한승완 옮김, 『공론장의 구조변동』, 나남출판, 2001.
94  G. W. F. 헤겔 저, 임석진 옮김, 『법철학』, 집문당, 1988(1821), 485~491쪽.

한 의논이 공론이라 이런 공론하는 인민들이 있을 것 같으면 정부에서 일 하기도 쉽고 또 하는 일을 그르칠 이가 없는지라.[95]

이 논설은 독립협회의 정치화를 공론 개념을 통해 정당화하고 있다. 독립협회를 비롯한 시민의 요구를 제도적으로 수용할 수 있는 장치가 없는 한, 이제 공론장은 그 자체가 공론 형성의 장에서 정치 투쟁의 장으로 전환될 수밖에 없다. 그리고 정치 투쟁이 벽에 부딪힐 때 시민적 공론장은 민중의 지지를 얻기 위한 공개 활동으로 나아가고, 그 결과 시민적 공론장은 민중적 공론장(곧, 만민공동회)으로 변화하게 되었다. 1898년 3월의 1차 만민공동회, 1898년 4월 이후 전개된 독립협회의 의회설립운동을 통해서, 비록 짧은 기간으로 국한되기는 했지만, 한국의 초기 근대 공론장의 발전 과정이 서구 근대와 유사하게 전개되었음을 알 수 있다.

## 대한제국의 위기와 고종의 선택

아관파천 이후 친러 보수파 인사들은 고종에게서 서재필을 떼어 놓고자 여러 차례 시도했으나 뜻대로 되지 않았다. 고종은 서재필을 비롯한 개혁파와 친러 보수파 세력 사이에서 균형을 취하는 방식으로 자신의 권력을 증대시켜 갔다. 정치 권력과 거리를 둔 채 '아래로부터의 개혁'을 위한 시민 역량 강화를 강조해 왔던 서재필은 고종을 직접 비판하지 않고 대신 『독립신문』과 협성회, 독립협회 등을 통해 보수파를 비판하는 방식으로 접근할 수밖에 없었다. 고종이 조선의 자주독립을 추구하는 한, 그가 친정 체제를 강화한다고 해도 서재필은 강하게 반대할 뜻은 없었다. 고종과 서재필은 적절히 거리를 둔 채 각자의 길을 걸었다.

---

[95] 『독립신문』 1898년 2월 24일.

1897년 10월 12일 고종은 남별궁 터에 새로 지은 환구단圜丘壇에 나아가서 황제로 즉위했음을 고유하고, 다음날 '대한제국'을 선포했다.[96] 1894년 갑오개혁 이후 청국의 간섭에서 벗어났고, 얼마 후 청국과의 종번宗藩 관계가 끝났음을 표명하기 위해 '대군주'로 호칭을 높였다. 사실상 고종의 황제 즉위는 택일의 문제였다. 황제 즉위 이후 고종은 서재필을 더욱 멀리하기 시작했다. 전에도 『독립신문』 기사에 대한 고종의 불만이 전해지기는 했지만, 서재필은 이를 이범진을 비롯한 친러파의 음해 정도로 대수롭지 않게 여겼다.

　그런데, 1896년에 주한 러시아공사로 임명된 채 주일 공사대리로 일본에 머물던 스페에르Alexei de Speyer가 1897년 가을에 조선에 부임하면서 사정은 악화하기 시작했다. 러시아는 만주 진출에 주력했기 때문에 한반도에 대해서는 현상 유지 정책을 펴왔다. 아관파천 기간 내내 고종과 함께했던 웨베르 공사 역시 고종에 대한 인간적 충심 때문에 노골적으로 러시아를 위한 정책을 추구하지는 않았다. 하지만 스페에르 공사는 새 한반도 정책을 적극적으로 추진했다. 경제적 이권을 취하려 했을 뿐만 아니라 러시아 해군 근거지를 획득하여 태평양 진출을 위한 교두보를 확보하고자 한 것이다.

　스페에르는 부임하자마자 고종을 협박하여 러시아에 우호적인 조병식趙秉式과 민종묵을 법부와 외부대신으로 임명하게 했다. 한 걸음 더 나아가, 스페에르는 조선의 총세무사로서 실질적인 재정 고문 역할을 했던 영국인 브라운도 해임하도록 부추겼다. 영국과 일본에 치우쳤다는 주변의 왜곡된 시선에도 불구하고, 브라운은 조선 개혁의 기초 조건인 재정 안정화를 위해 노력했을 뿐만 아니라 경성 시가지 청소와 정비에도 공헌했다. 대한제국을

---

96　고종이 옛 남별궁 터(현재 웨스틴조선호텔 자리)에 세운 환구단은 일제에 의해 헐렸는데, 현재는 황궁우와 3개의 돌북(石鼓)이 남아 있다.

두 번째 방문한 영국 왕립지리학회 회원인 비숍 여사에게 한성판윤 이채연이 말한바 그대로였다.[97] 브라운이 지나치게 황실 예산을 긴축한 데 대해 오랫동안 불만을 품고 있었던 고종은 스페에르의 생각에 동의해 주었다. 스페에르는 러시아인 알렉세예프를 새 재정 고문으로 임명하여 대한제국의 재정권을 장악하려는 의도를 노골적으로 드러냈다.

그런데 독립협회가 이에 반대하면서 스페에르와 고종의 계획이 차질을 빚었다. 독립협회는 러시아의 간섭에 맞서 저항했는데, 고종은 이를 자신에 대한 비판으로 인식했다. 스페에르는 독립협회 저항의 배후로 서재필을 지목하고 직접 공격하기 시작했다. 서재필이 미국인으로서 미국의 이익을 대변하는 인물이라는 비방까지 서슴지 않았다.[98] 그러자 고종의 눈치만 보던 보수파 대신들도 본격적으로 움직이기 시작했다. 1897년 12월 13일 외부대신 조병식은 미국공사 알렌에게 서재필을 중추원 고문직에서 해임했으니 미국으로 송환하라고 요청했다.[99]

러시아의 적극적인 한반도 정책에 자극받은 미국, 영국, 일본은 더욱 적극적으로 대한제국에 개입하여 이권을 얻어내려고 달려들기 시작했다. 러시아를 포함하여 미국과 일본이 유일하게 동의하는 견해가 있었으니, 서재필과 독립협회가 존재하는 한 그들의 공통된 이익은 실현될 수 없다는 것이었다. 이들의 요구에 부응하기 위해서 고종은 서재필을 추방하지 않을 수 없었다. 열강과 고종이 암묵적으로 합의한 이상, 서재필이 대한제국에 더 머무를 수 없다는 것은 분명해졌다.

---

[97] I. B. 비숍 저, 신복룡 옮김, 『조선과 그 이웃 나라들』, 집문당, 2000, 378, 414쪽. 브라운은 재임 시기에 일본 차관 300만 달러 가운데 100만 달러를 상환하여 일본으로부터의 경제적 간섭에서 벗어날 수 있다는 희망을 품게 했다.

[98] 『국역 윤치호 영문 일기』 4권, 90, 94, 101~102쪽(1897년 9월 20, 22일, 10월 12일).

[99] H. N. 알렌 저, 김원모 옮김, 『알렌의 일기』, 단국대학교출판부, 1991, 187~190쪽.

서재필은 아랑곳하지 않고 더욱 활발한 대중 운동을 펼쳤다. 알렌은 서재필이 대한제국을 떠나는 것이 미국뿐만 아니라 자기 이익에도 도움이 되었기에, 대한제국 정부와 서재필 사이의 출국 관련 업무를 앞장서서 진행했다. 서재필과의 계약 기간이 만료되지 않은 상태에서 조선 정부가 계약을 해지했으므로 계약 기간 만료까지의 금액을 서재필에게 지급하라고 한 것도 알렌이었다.[100] 이런 요구 덕분에 서재필의 출국은 잠시 미뤄지며 러시아의 위협에 맞서 주권을 지킬 시간을 벌게 되었다. 그리고 서재필은 자신이 귀국해서 벌인 활동들이 헛되지 않았다는 것을 확인하게 된다.

## 러시아에 맞선 독립협회, 1차 만민공동회

서재필과 독립협회가 러시아의 침탈에 맞서 조직적인 저항을 준비하던 1898년 2월에 러시아가 석탄 창고를 짓는다면서 절영도(부산 영도)를 조차했다는 사실이 알려졌다. 서재필은 이미 중추원 고문을 비롯한 정부 관직에서 해촉되어 민간인 신분이었지만, 『독립신문』 발행인이자 독립협회 고문으로서 그런 상황을 가만히 지켜볼 수 없었다.

1898년 2월 7일 저녁에 윤치호는 서재필을 방문하여 정국 타개책을 논의

---

[100] 주한 미국공사 알렌은 선교사로서는 드물게 사리사욕이 앞선 인물이다. 알렌은 조병식과 스페에르 사이에서 서재필의 거취에 대해 상반된 이야기를 전한다. 조병식에게는 당시 알렌의 주선으로 운산금광 채굴권을 얻은 모스(James R. Morse)에게서 재차 권리를 양도받고자 했던 동양광업주식회사(Oriental Consolidated Mining Company)가 서재필을 초빙했기 때문에 중추원 고문직에서 해촉하더라도 그가 조선에서 출국하지 않을 것이라고 말했고, 거꾸로 스페에르에게는 그런 얘기는 조병식에게서 나온 것일 뿐이고 서재필은 계약 기간의 잔여 급여를 수령하면 조선을 떠날 것이라고 말했다. 알렌은 이런 방식으로 조선 정부에게는 금광채굴권 교체를 얻어내고 러시아에게는 그것을 묵인하는 성과를 얻었다고 필자는 판단한다. 물론, 광업회사 초빙 건은 서재필 뜻과 무관한, 알렌의 일방적 희망 사항이었을 뿐이다. 서재필은 차라리 웨베르를 신뢰했다. 당시 운산금광 채굴권의 인계에 관해서는 다음 연구를 볼 것. 이배용, 「구한말 미국의 운산금광 채굴권 획득에 대하여」, 『역사학보』 50·51합집, 1971, 67~70쪽.

했는데, 서재필은 독립협회와 별도로 민중 조직을 결성하여 정부를 압박할 뜻을 비쳤다. 2월 13일에 열린 독립협회 토론회에서 윤치호는 정세가 위급하다고 알리고 고종 황제에게 러시아의 요구를 수용하지 말라는 뜻을 담아 상소하자고 제안했다. 이미 독립협회 토론회에서 다수를 차지하게 된 젊은 회원들이 적극적으로 호응하여 윤치호의 제안이 채택되었다.

이즈음 여흥부대부인 민씨(고종의 어머니)가 별세하고 흥선대원군도 위독하여 고종이 상심에 잠겨 있었기에, 문안 초안 작성 책임을 맡기로 한 이상재와 이건호는 상소문을 최대한 정성껏 가다듬었다. 러시아의 재정권·군사권 개입을 강하게 비판하면서도, 독립협회 회원들이 목숨을 바쳐 따를 것이니 고종이 굳건하게 대응하라는 내용을 담았다.

그런데, 그 시점에 서재필은 정교鄭喬에게 독립협회 신진 세력의 두 축인 한학 배경의 젊은 관료 출신 집단과 협성회 출신의 제자 집단에게 비밀리에 민중 투쟁을 조직화하라고 지시했다.101 신진 세력의 리더인 정교는 서울 출신으로 수원판관, 장연군수 등을 지냈고, 1898년 이후 독립협회의 젊은 회원들을 규합하여 만민공동회에 앞장선다. 윤치호가 상소와 같은 전통적 방법의 저항을 준비한 것과는 사뭇 대조적인 대응이었다. 서재필이 계획한 대로 신진 세력들은 2월 20일부터 본격적으로 러시아에 맞선 투쟁에 돌입했다.

한 번 정치 문제에 개입하자 독립협회의 성격은 크게 변화했다. 대부분의 고위 관료들은 스스로 발길을 돌렸다. 독립협회 활동을 이어가려 했던 중견 관료들에게 고종은 인사권을 발휘하여 통제하고자 했다. 지방관으로

---

101 정교 저, 변주승 외 옮김, 『대한계년사』 4권, 소명출판, 2004, 40~41쪽. 1차 만민공동회 이후 독립협회의 움직임에 대한 본서의 서술은 『대한계년사』에 기초했다. 정교는 협회 해산 이후 1904년까지 은신했고, 이후 『대한계년사』, 『민회실기』 등을 저술하여 독립협회 운동 및 대한제국 연구의 기초 자료를 제공했다.

전출된 회원들은 어쩔 수 없이 협회에서 멀어지게 되었다. 협성회와 신식 학교 출신의 젊은이들, 하위 관료 출신의 양심적인 인사, 그리고 정부 내 소장파와 지식인 집단이 독립협회를 주도하게 된 데는 이런 사정도 영향을 미쳤다. 독립협회는 1898년 2월 27일 회의에서 간부진을 교체했다. 회장 이완용, 부회장 윤치호, 서기 남궁억, 회계 이상재·윤효정, 제의 정교·양홍묵·이건호 등이 선출되었다. 이완용은 며칠 후 전라북도 관찰사에 제수되자 미련 없이 한성을 떠났기에 이후 해산될 때까지 독립협회를 이끈 이는 윤치호였다. 청년들의 지지를 받는 이상재, 청년 관료들과 독립협회를 이어준 정교, 배재학당 학생들을 이끈 양홍묵 등이 각각의 세력을 이끌고 서재필의 투쟁 계획에 결합하면서, 독립협회는 정치단체로의 성격 전환 작업을 마무리했다.

여전히 중요 정책을 논의하는 토론회가 주기적으로 열렸기 때문에 근대적 공론장으로서 독립협회의 정체성도 이때까지는 유지되었다. 1898년 3월 6일 토론회 논제는 '대한국 토지를 외세에 넘길 수 없다'였는데, 러시아의 절영도 조차租借 요구에 비판적으로 개입하기 위한 것이었다. 러시아가 당당하게 절영도를 조차하겠다고 하는 데 빌미가 된 데는 일본에 석탄 창고를 제공했던 전례가 있었으므로, 러시아의 요구를 거절하려면 마땅히 먼저 일본에 제공한 특혜부터 철회해야 한다는 것이 토론에서 확인되었다. 다음날 대응 방안을 결정하기 위해 열린 특별회에서 독립협회 회원들은 일본 석탄 창고 터 철거, 러한은행 철수, 친러파와 민종묵 규탄 등을 담은 서한을 작성하기로 했다.[102]

특별회가 끝나고 연단에 오른 서재필은 비장한 각오로 목숨을 걸고 외세에 맞선 투쟁을 전개하자고 촉구했다. 서재필의 연설 직후 정교가 회원들에

---

[102] 『독립신문』 1898년 3월 10일.

게 제의했다. "이 백지 위에 '죽을 사死'가 씌어 있습니다. 목숨을 걸고 이 싸움에 나갈 분들은 친필로 서명하여 반드시 의리에 죽겠다고 맹세하는 것이 어떻겠습니까?" 독립협회의 새로운 주역으로 부각한 정교는 며칠 전 친러파 자객에 의해 살해될 뻔했던 사실이 알려져 있었기에 그의 제의는 극적인 효과를 연출했다. 해주 출신의 교사 최정식崔廷植은 방청객도 거기에 서명하게 해달라고 건의했다. 이에 회원 99명, 방청객 61명, 총 160명이 죽음으로 협회와 나라를 지키겠다고 서명했다.

『독립신문』은 3월 10일 오후 2시에 종로에서 연설회가 열릴 것이라고 예고했다. 최초의 민중적 공론장인 1차 만민공동회는 이런 과정을 거쳐 열리게 되었다. 배재학당과 경성학당의 젊은 학생들이 분위기를 띄우고, 시전의 쌀장수 현덕호가 회장에 선출되어 독립협회에서 배운 대로 당당하게 회의 시작을 알리자 행인들뿐만 아니라 시전 상인들까지 철시하고 모여들었다.

협성회의 현공렴玄公廉, 홍정후洪正厚, 이승만 등은 사람들로 붐비는 백목전白木廛의 다락 위에서 그동안 토론회에서 갈고닦은 연설 솜씨를 뽐냈다.[103] 러시아의 협박에 맞서 국권을 수호하기 위해 이미 임기가 끝난 러시아 군사교관과 재정고문을 철수시키자는 이들의 외침에 1만을 헤아린 군중이 박수로 화답했다. 이날 시민의 결의를 정부에 전달할 책임을 맡는 총대위원으로 이승만, 장붕張鵬, 현공렴이 선출되었다.[104]

만민공동회의 열기에 놀란 고종은 원로대신들에게 자문하여 마침내 신민의 뜻을 지렛대 삼아 러시아에 맞서기로 했다. 친러파 대신들과 러시아어

---

[103] 백목전은 조선시대 시전의 특권 상단인 육의전의 하나로 면포를 취급했다. 1898년 3월의 만민공동회 이후 백목전은 대한제국 멸망 때까지 시민사회 세력과 민중 집회의 상징적인 장소가 되었다. 대한제국 정부는 만민공동회의 공의소가 '백목전 다락'으로서 주소지가 없다며 이 집회의 의견을 접수하지 않는 명분으로 삼기도 했다.

[104] 『독립신문』 1898년 3월 12일.

통역관 김홍륙金鴻陸이 반대했지만, 고종은 만민공동회의 결의를 수용할 것이라고 러시아공사관에 통보했다. 3월 12일에는 독립협회와 별도로 민중 수만 명이 따로 만민공동회를 열어 러시아를 성토하기도 했다. 이에 놀란 러시아는 대한제국에 대한 간섭을 포기하고 만민공동회의 요구를 수용했다. 협박 정책을 일삼던 스페에르 공사는 해임되었다. 일본 역시 민중의 기세에 눌려 석탄 창고 터를 대한제국에 되돌려줄 수밖에 없었다.

시민이 스스로 나라를 사랑하는 마음을 갖고 이를 통해 시민의 뜻에 부응하여 공정하게 정치를 행할 때 비로소 국가가 바로 설 수 있다는 것은 동서고금의 진리이다. 만민공동회에서 표출된 민중의 뜻을 바탕으로 대한제국은 비로소 열강의 위협에서 벗어나서 진정한 독립국으로 설 수 있었다. 비로소 대한제국이 나라답고 백성이 애국할 수 있는 초석이 놓였다. 추방이 잠시 유예되어 있던 서재필은 시민 세력의 승리를 지켜보며 자신이 귀국해서 하고자 했던 것을 모두 이뤘다고 생각했다.

**의회 설립 투쟁**

독립협회는 토론회를 통해 시민의 공론장을 확보하고 1차 만민공동회를 통해 그 범위를 민중에게까지 확대하는 데 성공했다. 그런데 그것은 체계적인 전략의 결과가 아니라 정세 변화에 대응하는 과정에서 우연히 얻은 성과였다. 독립협회는 이제 성격과 목표를 새롭게 정립해야 하는 과제를 안게 되었다.

비상시국에서 어쩔 수 없이 민중의 힘을 빌리기는 했지만 그렇다고 해서 시민단체인 독립협회가 스스로 민중 조직이 될 수는 없다. 『독립신문』과 독립협회 토론회는 공론장에서 지식과 교양을 통해 합리적 여론을 생산하는 본연의 역할에 충실했다. 그런데 고종 황제의 전제군주화, 러시아와 일본의 야욕 등 대내외의 위협이 팽배한 1898년의 시점에서 독립협회는 이제 시민을 조직적으로 동원해낼 수 있는 정치단체로서의 역량을 확보해야 했다.

이처럼 상충하는 두 개의 목표를 동시에 충족시킬 수 있는 길이 '의회' 성립에 있다고 독립협회 지도부는 판단했다. 의회는 공론장 발전 도상의 최정점으로서 시민사회의 여론을 제도 정치의 틀 안으로 수용하는 데 필수적인 기관이다. 독립협회가 정치 세력화의 길을 걷는다면, 이제는 토론을 통한 여론 형성 기능보다 그 결과를 실제 정책으로 만들어나가는 것이 더 중요하다. 1차 만민공동회의 성과를 이어가기 위해서 독립협회 신진 세력은 의회 설립에 관한 논의를 본격적으로 전개했다. 1898년 4월 3일 '의회원을 설립하는 것이 정치상에 가장 긴요함'이라는 논제로 진행된 제25회 토론회는 그 출발점이었다.[105]

독립협회의 논의를 이어받아 『독립신문』은 4월 30일자 논설에서 의회 설립이 국민에게 이익이 될 뿐만 아니라 정부가 사무를 처리하는 데 유용하다는 논리로 대중 홍보에 나섰다.

> 생각하고 방책 내는 마을을 외국서는 말하되 의회원이라 하며, 의회원에서 작정한 방책과 의사를 시행하는 마을을 내각이라 하는 것이라. (……) 대한도 차차 일정 규모를 정부에 세워 이 혼잡하고 규칙 없는 일을 없애려면 불가불 의정원이 따로 있어 국 중에 그중 학문 있고 지혜 있고 좋은 생각 있는 사람들을 뽑아 그 사람들을 행정하는 권리는 주지 말고 의논하여 작정하는 권리만 주어 좋은 생각과 좋은 의론을 날마다 공평하게 토론하여

---

[105] 협성회는 독립협회보다 약 반년가량 앞선 24차 토론회(1897년 가을로 추정)에서 '우리나라에서 상하의원 설립함이 급선무'라는 주제로 토론하였다. 이런 자료들을 통해, 독립협회의 성격 변화에 협성회 출신 청년들의 영향이 컸다는 것을 알 수 있다.

이해손익을 공변되게 토론하여 작정하여 대황제 폐하께 이 여러 사람이 토론하여 작정한 뜻을 품하여 재가를 물은 후에는 그 일을 내각으로 넘겨 내각에서 그 작정한 의사를 가지고 규칙대로 시행만 할 것 같으면 두 가지 일이 전수全守하게 되고 내각 안에 분잡한 일이 없을 터이라. (……) 만일 학문 있고 지혜 있는 사람이 여럿이 모여 공평하게 토론하여 작정한 일일 것 같으면 자기 혼자 생각하여 작정한 일보다 마음에 더 튼튼할 터이요, 일이 더 바르게 작정이 되었을 터이라.[106]

다만 의회 설립을 논하기에는 시국이 긴박했으므로 독립협회 회원들은 당장 추진하지는 않기로 했다. 7월 3일에는 고종이 인재를 널리 등용하겠다는 특별조서에 반응하여 '의회를 구성하여 언로를 열면 자연스럽게 해결될 일'이라는 취지의 상소를 회원 6백 명이 연명하여 올렸다. 고종은 협회가 또다시 의회 설립을 언급한 것을 두고 "조정의 일에 대해 지위를 벗어난 망령된 논의"라고 비판했다.[107]

그런데 독립협회 내에서도 의회와 민중을 바라보는 시각에는 현격한 차이에 있었다. 윤치호는 1차 만민공동회를 앞두고도 아직 의회 규칙조차 모르는 민중들이 나서면 흥분을 유발하여 폭동으로 이어져 자칫 정부가 개입할 구실을 주지 않을까 염려했다. 독립협회 주관의 1차 만민공동회(3월 10일)와 민중 주도의 만민공동회(3월 12일)가 차분하게 진행되기는 했지만, 대중 집회의 속성상 흥분하기 쉽고 자칫 소수에 의해 폭력화할 수 있다는 우려는 언제나 존재했다.

윤치호는 '독립협회토론회규칙'을 제정할 때 서재필과 의견이 달랐다. 서재필은 토론회를 통한 계몽에 초점을 맞췄지만, 윤치호는 이미 서구식 '의

---

106 『독립신문』 1898년 4월 30일.
107 『고종실록』 35년(1898) 7월 9일; 『국역 윤치호 영문 일기』 4권, 164쪽(1898년 7월 10일).

회'를 염두에 두고 의회의 회의 방법을 가르치는 데 중점을 두어야 한다고 생각했다. 윤치호는 당시 서구에서 회의법 저서로 유명한 로버트Henry M. Robert의 *Pocket Manual of Rules of Order for Deliberative Assemblies*(1894)를 입수, 발췌 번역하여 『의회통용규칙』이란 이름의 소책자를 발간했다.[108] 1898년 6월부터 『독립신문』에 이 책 광고가 실렸는데, 일반 시민에게까지 의회 필요성을 알리려는 그의 뜻을 짐작할 수 있다.

독립협회 내부에서는 의회의 성격을 두고 논란이 끊이지 않았다. 서재필이 5월에 출국하고 나서 신진 세력들은 여러 방식으로 의회 설립을 주장하기 시작했다. 이 과정에서 윤치호는 고종과 신진 세력 사이의 타협책으로 하원 없는 상원만의 의회 구성을 생각한 듯하다. 이는 『독립신문』 7월 27일 논설 '하의원은 급(하)지 않다'를 통해 짐작할 수 있다. 이 논설의 필자는 당시 일부의 하의원 설립 주장이 결과적으로 민주국을 만들어서 지식과 학문이 없는 민중이 권력을 갖게 할 것이라고 비판했다. 독립협회의 내부 갈등은 깊어져만 갔다. 설상가상으로 7월 초에 발생한 안경수(초대 독립협회 회장)의 역모 사건 처리 과정에서 조정은 그 책임을 독립협회에게까지 묻겠다는 뜻을 드러내기 시작했다. 내외의 악재가 겹치면서 독립협회 토론회가 더는 열리지 않게 되었다. 독립협회를 장악한 신진 세력은 고종의 실정과 외세의 침탈에 직접 저항하는 길을 택했다. 민중의 직접 참여를 배제한 채 관료와 지식인 중심의 정치를 구상하고 있던 윤치호의 생각은 독립협회가 민중과 결합하고 동시에 민중이 만민공동회의 중추로 성장하면서 회원들과 갈등을 빚었다.

고종은 더는 자기편이 아닌 독립협회를 대신하여 자신의 의지를 관철할

---

[108] 『의회통용규칙』에는 민회 설립과 의안의 제출부터 결정까지의 과정 등이 30쪽 분량으로 간결하게 소개되어 있다. 각주 59번 볼 것.

친위 조직이 필요했다. 1898년 6월 30일 결성된 황국협회는 황실 측근인 이기동李基東, 고영근高永根, 길영수吉永洙 등이 주도했지만, 협회의 이념과 정책 방향을 지도한 것은 홍종우였다. 황실의 지원을 받은 상무사의 보부상들이 황국협회의 행동대원으로 앞에 나섰다. 이들 가운데는 황국협회와 독립협회를 오가며 활동한 인물도 있었지만, 대부분은 고종의 친위대로서 자신들의 역할에 확신을 가졌던 까닭에 얼마 후 벌어질 2차 만민공동회를 무력으로 진압하는 데 거리낌이 없었다.

### 서재필 추방 공작과 결과

한걸음 물러선 러시아와 일본은 향후 재개입의 여지를 남기기 위해 독립협회 무력화 방안을 찾았는데, 서재필 국외 추방도 그 일환이었다. 이미 1897년 연말부터 스페에르의 사주를 받은 친러파 정부가 서재필을 중추원 고문에서 해촉하고 『독립신문』을 폐간하려 했다. 하지만 독립협회가 민간단체인 이상 서재필의 활동을 막을 수 없었고, 미국 국적인 서재필의 사업체인 『독립신문』을 정부 뜻대로 폐간시킬 수도 없었다. 그들의 시도가 성공할 수 없었던 이유이다. 정부는 그동안 지방으로 신문을 발송할 때 편의를 주었던 우편 정책을 철회했지만, 그렇다고 해서 『독립신문』이 간행을 포기할 만큼 경영에 압박을 받지는 않았다.

오히려 정부 측이 이유 없이 중추원 고문직에서 해촉한 까닭에 서재필은 계약 전체 기간의 급여를 요구할 권리가 생겼고, 이를 지불할 생각이 없는 정부를 법적으로 압박하면서 체류 기간을 연장할 수 있었다. 더구나 형식적이기는 해도 행동에 제약을 주었던 공직자의 굴레에서 벗어났기 때문에 서재필은 정부 비판에 적극적으로 나설 수 있게 되었다.

이제 러시아와 일본에는 서재필을 영구히 추방해 버리는 선택지만 남았다. 일본은 1차 만민공동회 운동 기간에 고종에게 '러시아와 함께 서재필이 사라져야만 정국이 안정될 것'이라고 권고했다. 러시아인 고문을 추방한다면 미국인 고문인 서재필을 추방할 명분도 생겨난다. 일본은 서재필 추방을 당면 과제로 삼았던 러시아도 이 조치를 수용할 것이라고 고종을 설득했다. 동시에 일본은 미국 정부에 서재필의 송환을 요구했다. 미국공사 알렌은 본국 정부의 외교 정책과 자국민 보호를 명분으로 서재필의 귀국을 적극적으로 추진했다. 알렌은 서재필에게 그를 둘러싼 열강 간의 분쟁을 예방하기 위해 귀국을 주선하라는 미국 국무부의 훈령을 직접 보여 주며 서재필에게 대한제국에서 떠나라고 종용했다.[109]

역설적으로 1차 만민공동회의 대성공 덕분에 서재필은 조선을 떠나도 되겠다고 생각하게 되었다. 고종과의 갈등이나 외세의 위협 등은 부차적인 문제였다. 처음 조선에 되돌아오면서 다짐했던 바를 모두 달성했으니 홀가분하게 떠날 수 있었다. 2년여 전 제물포에 발을 디뎠을 때, 마파람보다 더 스산했던 것은 조선의 암울한 현실이었다. 조선을 변화시킬 자신감이 가득한 것도 아니었다. 하지만 그는 모든 목표를 달성했다. 교육을 통해 개혁을 이끌어갈 세대를 양성했고, 이들은 한 걸음 더 나아가 독립과 개화를 향한 열망을 민중에게 전파하는 데 성공했다.

얼마 후 서재필은 계약 기간의 잔여 급여 2만8천8백 원 가운데 『독립신문』 창간 비용 4천4백 원을 제한 2만4천4백 원을 일시금으로 받았다. 촉망받는 의사로서의 경력을 포기한 서재필에게 대한제국이 응당 지불해야 할 돈이다. 독립신문사 사장으로서 서재필은 매월 1백50원이 넘는 적자를 메웠다. 일시금으로 수령한 돈은 미국에서의 사업 자금이 되었다가 3·1운동

---

[109] 『신한민보』 1948년 10월 14일, '서재필 박사의 연설'; 최기영 엮음, 『서재필이 꿈꾼 나라』, 푸른역사, 2010, 441~442쪽. 서재필 귀국 요인 가운데 하나로 꼽히는 '미국에서 그의 장모가 위독하다는 전보를 보냈다'는 설을 여기서도 반복하고 있다.

이후 5년간 미주 독립운동 자금으로 모두 사용됐다.

유일하게 남은 문제는 『독립신문』이었다. 『독립신문』 창간에 조선 정부가 도움을 주었고 사옥이 정부 소유였다고 할지라도, 『독립신문』은 서재필의 사업체였다. 서재필 추방을 기정사실로 해서 러시아, 일본, 대한제국 정부는 각각 『독립신문』 처리 방안을 두고 자기들에게 유리한 방향으로 검토했다. 1897년 12월까지만 해도 서재필을 추방하고 『독립신문』만 폐쇄하면 만사형통이라고 그들은 생각했을 것이다. 그런데, 1898년에 이르면, 『경성신문』[110]과 『매일신문』[111]을 필두로 『제국신문』까지 새로 창간되어 민간 신문사의 비약적 발전이 이뤄졌다. 다매체 경쟁 상황에서 『독립신문』 탄압만으로는 소기의 목적을 달성하기가 불가능해진 것이었다.[112]

서재필은 장기적으로 『독립신문』의 간행을 보장받을 방법을 모색했다. 우선, 전부터 신문사 운영에 관심이 있던 윤치호에게 『독립신문』 운영을 맡겼는데, 당시 독립협회 회원들의 기대치를 반영하면 가장 자연스러운 선택이었다. 이미 일시금을 받은 서재필에게 신문사 매각 대금은 중요한 문제

---

[110] 우리나라 최초의 상업신문인 『경성신문(京城新聞)』은 1898년 3월 2일 창간되었다. 윤치호가 사장을 맡아 자기 자택에서 발행했는데, 4월에 『대한황성신문』으로 제호를 바꿔 간행했다가, 9월에 남궁억이 인수하여 『황성신문』으로 바꿔 간행했다.

[111] 『매일신문(每日新聞)』은 협성회 기관지였던 『협성회회보』를 계승하여 양홍묵, 류영석, 이승만 등이 1898년 4월 9일 창간한 최초의 일간신문이다(그때까지 『독립신문』은 격일간이었음). 『매일신문』 간행은 이미 1월부터 예고된 사안이므로, 외국 공사관에서는 2월 전에 사안을 파악했을 것이다. 『경성신문』과 『매일신문』의 창간 이후 1898년에는 『제국신문』(8월 10일), 『황성신문』(9월 5일, 『경성신문』 계승)이 잇따라 등장하여 창간되어 독립협회의 사회운동에 힘을 실었다.

[112] 1897년 12월 이후 서재필은 러시아와 일본으로부터 신문사 매각을 요청받았는데 성사되지 않았다. 특히 일본공사관 측의 일방적 기록을 토대로 서재필을 비판하기도 하는데, 그 시점은 러시아의 확장 정책이 최고조에 이른 시점이었다는 점을 고려해야 한다. 1898년 1월 이후 다매체 상황에 이르면서 러시아와 일본이 독립신문사를 사들일 만한 매력은 사라졌고, 3월 만민공동회 이후에는 사실상 포기 단계에 이르렀다. 이런 상황 변화 때문에 서재필은 신문사 매각에 다시 여유를 가질 수 있었다.

가 아니었다. 서재필은 그동안 충심으로 독립협회를 이끌어 간 윤치호가 『독립신문』을 위해 가장 적합한 인수자라고 판단했다. 윤치호 역시 『독립신문』을 계속해서 간행해야만 독립협회의 동력이 이어지리라 생각했기 때문에 적극적으로 나섰다.[113] 다음으로, 독립신문사를 서재필, 아펜젤러, 헐버트가 공동으로 출자한 회사로 하고 윤치호를 '사무장'으로 임명했다.[114] 형식상 외국인 소유로 신문사를 남겨서 향후 정부의 탄압에 대비하려는 의도를 엿볼 수 있다.

서재필이 미국으로 돌아간다는 소식은 곧 독립협회 회원들에게까지 전해졌다. 이들은 4월 30일 숭례문에서 만민공동회를 열어 대한을 떠나지 말라고 요청했다. 정교가 직접 글을 지어 출국을 만류했다. "삼가 아룁니다. (……) 옛날에 진晉의 사회士會는 진秦으로 도망쳤다 돌아와서 패왕의 보좌가 되었고, 아테네의 알키비아데스는 페르시아에 망명했다 돌아와서 일국의 명장이 되었습니다. 하물며 각하(서재필)가 떠날지 머무를지는 각하의 자유의 권리에 달려있겠습니까? 각하는 부모의 나라를 버리고 어느 곳으로 가서 영원토록 변치 않을 이름을 세우려 하십니까? 떠나거나 머무르거나 각하의 총명한 재주와 슬기로써 반드시 깊이 헤아리는 바가 있어야 할 것입니다. 만일 각하가 고집하여 마음을 돌리지 아니하면 오직 우리 2천만 형제 중에 반드시 감정이 북받치어 슬퍼하고 한탄하는 자가 있어 장차 이르기를, '각하가 단지 제 몸만 위하는 계획으로 여러 사람의 의견을 살펴보지 않았다' 할 것입니다. 하물며 오늘의 만민공동회는 특히 각하의 떠나는 길을 만류하려 하는 것이오니 오직 각하는 여러 번 생각하소서."

회원들 가운데 일부가 매정하다고 비난했는데, 서재필에 대한 기대가 그

---

113 『국역 윤치호 영문 일기』 4권, 153쪽(1898년 5월 6일); The Independent, May 19, 1898.
114 『독립신문』 1898년 5월 17일.

만큼 컸다는 반증일 뿐이다. 서재필은 『독립신문』 지면에 자신의 출국 사정을 직접 밝혔다.

> 내가 수히 떠나감을 제공이 창연히 생각하심도 또한 감사하온 일이나 나의 사정을 제공들이 자세히 알지 못한 연고로 나의 감을 만류하고자 하심이라. 귀 정부에서 나를 임용하시기 싫어 나를 해고하시고 회환비回還費까지 주신 후에 내가 까닭 없이 귀국에 주류하는 것은 다만 내 모양에만 수통할 뿐 아니라 미국 총대한 공사도 또한 내가 염치를 불구하고 있는 것을 마땅히 여기지 아니할 터인즉, 체면과 사세에 불가불 갈밖에 수가 없사옵고 내 조종의 분묘와 종족과 친척을 떠나가는 것은 내의 사사 일이라 타인에게 관계없는 일이요. 대황제 폐하의 호대하신 은혜를 저버린단 말은 알 수 없는 것이 귀 정부에서 나를 고입(고용)하기에 내가 사사 사세에 여기 있기 어려운 것을 생각하지 아니하고 그동안 있어 내 힘껏은 국민에게 유조하도록 말이나마 하였사오며 지금 귀 정부에서 나를 쓸데없다 하시는 고로 또 물러가려 하는 것인즉, 대황제 폐하의 은혜를 내가 저버리고자 아니 하는 것은 제공들도 응당 짐작하실 듯한 일이요. 대한에 그동안 사귄 친구가 많이 있어 면목은 모르더라도 마음으로는 서로 친한데 지금 분리하게 되오니 섭섭한 마음은 이루 형용하여 기록할 수 없으나 이 사사 정리로 하여 대한과 미국 정부 총대한 관원들에게 난편하고 체면에 수통함을 끼칠 수가 없는 일이요. 방금 대한 사세로는 인민의 처지가 타국과 달라 차등 사건에 언론을 하여도 마땅히 있을 힘이 없는 것은 제공들도 응당 그만하면 아실 듯하옵나이다. 이런 계제와 사세에 처하여 나는 부득이하여 귀 정부가 하시는 일을 공사로 알고 제공들의 뜻은 감사는 하나 사사로 아는 고로 불가불 귀 정부의 뜻을 쫓아 내 행동을 작정하겠사옵나이다.[115]

---

[115] 『독립신문』 1898년 5월 5일. 가독성을 높이기 위해, 필자가 현대문으로 고쳐 썼음.

서재필은 조국에서 교육과 계몽 사업에 진력했다. 신문을 발행하고 토론회를 지도하며 대한을 끌어갈 새로운 세대를 키워낸 것만으로도 그는 지난 수십 년간 누구도 해내지 못했던 큰일을 해냈다. 이제 자신이 떠날지라도 흔들리지 않을 만큼 청년들이 듬직하게 성장했다고 서재필은 생각했다. 서재필은 남은 짐을 처분하고 5월 14일 독립협회 회원들의 눈물 어린 배웅 속에 서울을 떠났다.[116]

일본에 들러 독립협회 회원들이 모금한 '재일 유학생 학비 보조금'을 주일공사 이하영李夏榮에게 전달하는 것으로 서재필은 조선을 위한 공적 활동을 모두 마쳤다. 미국 정착 직후인 1898년 9월 17일에는 독립협회 회원들에게 편지를 보내기도 했다.[117] 이 편지에서도 서재필은 회원들에게 신중하게 결정하고 일단 결정하면 끝까지 실행하라는 일반적 원론 외에 특히 정치운동에만 매진하지 말고 국민에게 다가가 그들을 계몽시키고 그들의 의견에 귀 기울이라고 강조했다. 윤치호에게도 따로 편지를 내서 어떤 일이 있더라도 독립신문사를 유지해 달라고 부탁했다.[118] 매일같이 바다 건너 조국을 위해 기도했지만, 서재필 없는 독립협회는 그가 바란 대로 움직이지 않았다.

### 서재필 없는 독립협회 - 관민공동회와 2차 만민공동회

서재필의 2차 미국행 이후 독립협회는 정부 대신들의 비리와 불법을 사안별로 규탄하고 외세 개입을 저지하는 투쟁을 벌이면서 동시에 의회 개설

---

116 서재필은 인천항을 떠나 6월 4일 일본 요코하마에 도착해서 미국행 배편 수속을 마치고 6월 28일에 일본을 떠났다. 『독립신문』 1898년 6월 21일.
117 『독립신문』 1898년 11월 16~17일.
118 『국역 윤치호 영문 일기』 4권, 175쪽(1898년 11월 9일).

을 목표로 대대적인 투쟁을 벌였다. 이 과정에서 신진 세력과 민중의 힘은 더욱 커져만 갔다. 고종과 외세의 뜻과는 반대로, 서재필 없는 독립협회는 정부에 더욱 위협적인 존재로 변모했다.

윤치호는 독립협회뿐만 아니라 독립신문사까지 운영해야 했으므로 1차 만민공동회 이후 정치세력화를 원하는 독립협회의 신진 세력들을 통제하는 데 어려움을 겪었다. 그는 스무 살에 고종의 통역을 맡아 총애를 받았고 귀국 후에는 외부협판까지 맡아 현실 외교의 어려움을 잘 알고 있었다. 주한 외국 공사들과도 늘 각별한 관계를 유지했던 윤치호의 태도에 대해 정교를 비롯한 신진 세력들은 불만을 품기 시작했다. 이들은 황제의 각별한 신임을 받는 이용익, 조병식 등 친러파 권신의 죄상을 폭로하면서 협회의 새로운 중심으로 자리 잡기 시작했다. 사안별 투쟁 기간에 독립협회의 상징이었던 토론회는 이제 열리지 않았다. 독립협회의 통상회와 특별회에서 회원들은 눈앞의 투쟁 방안을 논의하는 데만 골몰했다.

마침내 9월 들어 윤치호와 신흥 세력 간의 갈등이 폭발했다. 윤치호는 정교가 외세 이권침탈을 규탄하기 위해 주최하려 했던 특별회 개회를 거부했는데, 이를 계기로 청년 세력들은 자신들의 뜻대로 통상회를 운영하기 시작했다. 9월 4일 통상회에서는 지난 몇 년간 삼림, 광산, 철로부설권 등을 외세에 넘긴 이권에 관한 종합 조사를 결의했고, 이에 따라 정교 주도의 시민 조사단이 외부外部를 조사했다. 당시 외부대신 서리였던 박제순은 순순히 기존에 외국과 체결했던 자료들을 제공했고, 정교는 이를 토대로 총 9건의 이권침탈 사례를 정리하여 9월 11일 통상회에 보고했다. 그리고 외국의 이권침탈을 막지 못했다는 이유로 7월에 이미 출회시킨 전 회장 이완용과 보수파 대신 조병식의 이름을 거명하며 강하게 비판했다.

흥분한 독립협회 신진 회원들을 막기 위해 선배들이 나서야만 했는데, 윤치호는 이미 외국과 체결된 협정을 깨뜨리면 이를 구실로 다시 외세가 대한 제국에 개입할 것이라며 자제해 달라고 회원들을 설득했다. 8월 28일에 새로 부회장에 선출된 이상재도 좀 더 시간을 갖고 대책을 숙의하자고 제안했다. 그렇게 해서 겨우 윤치호와 회원들 사이의 갈등을 수습했지만, 문제는 다른 곳에서 터졌다. 통상회가 열리던 그 시간에 황제와 황태자는 궁에서 독이 든 커피를 마시고 쓰러졌다. 이를 '김홍륙 독다毒茶 사건'이라 부른다.[119]

김홍륙은 러시아를 드나들던 장사치로 통역을 맡아 보다가 친러 정부가 들어서고부터는 조선의 실권자로 불리던 인물이다. 그런 까닭에 서재필과 고종을 갈라놓으려는 음모의 배후에는 늘 김홍륙이 있었다. 그런 그가 고종을 배신하고 암살을 꾀했다. 고종을 퇴위시키려는 음모는 그동안 수없이 많았지만, 옥체에 직접 위해를 가한 것은 처음이었다. 지난 7월 독립협회 초대 회장이었던 안경수가 일본 망명 중이었던 박영효의 사주를 받아 고종 퇴위 음모를 꾸미다가 발각되어 도망친 사건의 여파도 채 가시지 않았던 터였다. 이런 상황에서는 기세등등했던 신진 세력들조차 숨을 죽인 채 고종의 회복 소식만 기다릴 뿐이었다.

사실 드러나지 않았을 뿐, 독립협회 회원 가운데는 안경수 외에도 박영효의 사주를 받은 자들이 여럿 있었다. 이들은 이전부터 현채玄采의 아들 현공렴을 내세워 강경파의 새 리더로 부상한 정교 등에 접근하여 독립협회의 세를 통해 일본에 머물던 박영효의 귀국을 도모하고자 했다. 정교는 그들을 뿌리치면서도 대수롭지 않게 여겼지만, 박영효 일파는 고종에게 불만이 큰

---

119 김홍륙은 함경도 상인으로 블라디보스토크를 오가며 러시아어를 배워 웨베르 공사의 통역관이 되었다. 아관파천 후 협판급 통역관이라는 별칭으로 불릴 만큼 권력을 행사하며 국정을 농단하다가 1898년 8월 흑산도로 유배되었다. 이에 앙심을 품은 김홍륙이 그 일당에게 아편 한 덩이를 주고 고종과 황태자의 커피에 타서 독살하도록 사주한 것이 '김홍륙 독다 사건'이다.

신식학교 출신의 청년들을 은밀하게 접촉하면서 박영효 귀국 공작을 진행하고 있었다.

다행히 고종은 얼마 지나지 않아 회복했다. 온후한 성품의 고종은 관련자 처벌 외에는 별도의 조처를 내리지 않은 채 사건을 마무리하려 했다. 그러나 이 사건을 권력 장악의 호기로 판단한 보수파들은 엄정한 조사를 내세워 김홍륙 사건 관련자들에게 고문과 악행을 가하기 시작했다. 그렇지 않아도 얼마 전 안경수 사건으로 곤경에 처해 있던 독립협회는 누구보다 김홍륙을 싫어했으면서도 이 문제를 피의자 인권 문제로 접근하기로 방침을 정했다. 반대로 보수파들은 이번 사건의 심각성을 들어 갑오개혁 이후 폐지되었던 연좌법과 노륙법拏戮法[120]을 부활시켜 반대파들을 옭아매려고 했다. 동시에 고종이 은밀히 고용한 외국인 용병이 9월 14일에 입국했다는 소식까지 들려 왔다. 여러 사건이 얽혀 정국은 한 치 앞도 내다볼 수 없었다.

중추원에서 노륙법을 부활시킬 것을 결의할 때 반대 의견을 적극적으로 개진하지 않은 윤치호조차 현 시국에서 밀리면 거대한 탄압이 있을 것이라고 우려했다. 이 사건 처리 과정에 보수파의 음모가 작용하고 있다는 것을 깨달은 정교는 윤치호와 화해하고 본격적인 저항에 나서기로 했다. 9월 25일 독립협회 통상회는 노륙법·연좌법 부활 시도를 규탄하고 이를 반대하는 운동을 벌이기로 결의했다. 이에 법부대신 신기선이 답장을 보냈는데, "그대들이 외국 예를 들어 연좌법 시행에 반대하는데, 그렇다면 외국 어느 나라에서 민회의 주장을 따라 대신의 진퇴를 논하는가?"라며 독립협회 주장을 비꼬았다.[121] 이에 분노한 독립협회는 10월 1일부터 중추원, 고등재판

---

[120] 노륙법은 남편 또는 아비의 죄를 들어 그의 처자까지 연좌하여 모두 사형에 처하는 형벌을 이른다. 1898년 9월 23일 새로 구성된 중추원에서 서상우를 중심으로 갑오개혁 때 폐지되었던 구법을 부활시켜 적용할 것을 주장했고, 법부대신 신기선이 적극 옹호했다.
[121] 『독립신문』 1898년 9월 28일.

소 앞에서 시위를 벌였고, 10월 7일에는 경운궁 인화문 앞에서 만여 명의 군중과 함께 신기선의 처벌과 악법 부활 저지를 직접 청원하는 시위를 벌였다. 시위 규모가 점차 커지면서 결국 고종은 10월 12일 보수파 대신을 전원 해임하고 민심에 따라 박정양과 민영환 등으로 구성된 중도개혁파 인사들로 구성된 새 내각을 구성하기로 했다. 이 소식은 한성판윤 이채연을 통해 회원들에게 알려졌다.

이 기회를 놓치지 않기 위해 윤치호는 잠깐 미뤄 두었던 의회 개설 문제를 본격적으로 추진하기 시작했다. 독립협회는 새로 들어선 박정양 내각과 협의해서 중추원을 의회 성격을 갖추도록 개편하는 '중추원 관제' 안을 마련했다. 그런데 중추원 의관 50명을 어떻게 구성할 것인지에 대해서 정부와 독립협회의 의견이 모이지 않았다. 독립협회는 황제가 직접 추천하는 25명을 제한 나머지 25명 모두를 당분간 독립협회에서 추천한 인사로 구성하고자 했다.

하지만 정부로서는 다른 민간단체와 달리 독립협회만 특별 대우할 근거를 찾기 어렵다며 제안을 수용하지 않았다. 고종의 친위대인 황국협회의 반발도 거셌다. 고종은 민선 25명 중 1/3은 황국협회 측에 넘길 심산이었다. 윤치호도 이번만큼은 물러서지 않으려 했지만, 고종은 결정을 차일피일 미뤘다. 그사이 물러났던 조병식 등의 친러 보수파 인사들이 하나둘씩 조정으로 복귀했고, 황국협회 출신의 이기동이 협판에 임명되어 친위세력의 기세를 높여 주었다.

이에 실망한 독립협회는 다시 한번 정부를 압박하기 위해 10월 28일 민관 협의를 위한 관민공동회를 개최하기로 하고 대신들의 참석을 요청했다. 종로에서 열린 첫날 회의에 정부 대신은 회의 장소를 문제 삼아 불참했는데, 협회에서는 이 회의가 독립협회만의 토론회가 아닌 민간 대표들과의 회의이므로 문제 삼지 말라고 촉구했다. 군중은 윤치호를 대표로 선출했고, 윤치호는 예의 신중한 태도로 단상에 올라 군중의 자제를 당부했다. 이튿날 회의부터 참석한 정부 대표들은 독립협회를 비롯한 여러 민간단체의 대표들과 함께 수만 명의 군중이 지켜보는 가운데 국정 개혁 방안에 대해 논의했다. 6개 조항의 결의안을 작성했는데, 이를 흔히 헌의육조獻議六條라 부른다.[122]

고종은 이를 수용하고 5개조의 조칙을 더해 반포했다. 중추원 의관 추천 방식에서 당분간 독립협회가 25명 모두를 추천하게 했기에 윤치호를 비롯한 협회 회원들은 스스로 이뤄낸 성과에 감격했다.[123] 11월 2일 제정된 중추원관제는 4일 아침에 공고되었고, 독립협회 회원들은 새 중추원에 추천할 의관을 선출하는 회의를 다음 날인 5일에 열기로 하고 헤어졌다. 하지만 5일에는 회의가 열리지 않았다. 독립협회 회원들은 자신이 체포 대상이 되었다는 것을 그날 아침에 비로소 알게 되었다.

11월 4일 밤, 조병식은 조작 익명서를 광화문 밖 조방과 큰길가에 내걸도록 했다. '민심은 천심인데, 만민공동으로 대통령제를 만들고자 하니, 윤치호가 대통령이 되어 윤치호의 백성들은 큰 복을 누릴 것'이라는 내용도 있고, '대통령 박정양, 부통령 윤치호, 내부대신 이상재, 외부대신 정교 등등'이라고 적혀 있기도 했다. 야간 순찰 중이던 경무관에 의해 조작 익명서가

---

[122] 관민공동회에서 고종 황제에게 헌의하기로 결의한 국정개혁안의 내용은 다음과 같다: (1) 외국인에게 기대지 않고 관민이 합심하여 전제황권을 견고하게 한다. (2) 광산, 철도, 삼림 등 이권과 차관, 용병 도입 등의 조약 문제는 각부 대신과 중추원의장이 합동하여 심의·날인하지 않으면 무효로 한다. (3) 재정과 세입은 탁지부에만 맡기고, 예산·결산을 국민에게 공포한다. (4) 중범죄자를 연행하여 공판하되 피고의 항변권을 보장하고 스스로 시인할 때 시행한다. (5) 칙임관(勅任官, 황제가 직접 임명하는 관리)이라 할지라도 정부의 조언을 받아 과반수 동의할 때 임명한다. (6) 이전의 홍범 14조와 각부 장정을 실천한다.
[123] 『국역 윤치호 영문 일기』 4권, 169쪽(1898년 11월 3일).

수거되자, 조병식은 기다렸다는 듯이 법부대신 유기환과 법부협판 이기동(황국협회를 위해 고종에 의해 얼마 전 임명되었다)과 함께 이를 고종에게 보고했다. 윤치호와 더불어 개혁파 대신인 박정양까지 옭아매 정권 탈취를 꾀한 것이다.

고종도 그것이 조작된 것임을 모르지 않았다. 늘 그랬듯이, 고종은 이번에도 수구파와 개혁파의 대립을 이용하여 황제권 강화를 도모했다. 11월 5일 새벽까지 이상재, 정교 등 협회 중진과 유맹, 정항모 등 열성파 평회원 등 14명이 체포되었다. 체포령이 내려진 20명 가운데 윤치호, 최정덕, 안영수, 변하진, 조한우 등 다섯 명은 겨우 도망쳤고, 홍정후는 미국인 의사 밑에서 일해서 보호받을 수 있었는데도 자진 출두하여 수감되었으므로 수감자는 총 15명이었다.[124] 고종은 독립협회를 비롯한 모든 단체를 혁파하고 헌의육조를 수용한 개혁파 대신들을 해임했다.

고종의 배후에 러시아와 일본이 있었다. 아펜젤러 집에 피신해 있던 윤치호는 잠깐의 승리감에 도취하여 러시아와 일본의 수상쩍은 움직임을 방관했던 것을 후회했다. 러시아는 조병식을 이용하여 민회를 무력 진압하려 했고, 일본 역시 유기환을 앞세워 새로 들어설 정부에 영향력을 행사하고자 했다. 고종도 이런 사정을 알고 있었지만 당장 황제 권력을 위협하는 것은 먼 외세보다는 가까운 독립협회라고 판단했다.

그런데 놀랍게도 사태를 지켜보던 민중이 움직이기 시작했다. 양홍묵은 숨어 있던 윤치호에게 연락하여 배재학당 학생들을 선봉에 세워 본격적인 시위를 할 계획을 승인받았다. 협성회 회장을 맡아 학생들의 존경이 두터웠던 양홍묵은 학생들에게 시위 참여를 촉구했고, 이승만은 거리에 나서 시민들에게 함께 싸우자고 연설했다. 급박한 상황이었지만 이들은 윤치호의 권

---

[124] 체포자 명단에 있던 조한우와 변하진은 민중들과 함께 경무청 앞에서 시위하던 중 스스로 수배자임을 들어 자진해서 체포되는 용기를 보였다. 이 둘을 합쳐 모두 17명이 검거됐다.

유에 따라 차분하게 만민공동회를 조직했다. 이번에는 무관 출신 윤시병이 회장으로 선출되어 사태의 부당성을 알리고 동료들을 구하기 위해 경무청 앞에서 항의 시위하기로 결의했다. 이어서 외국어학교 학생들이 합류하고 상인들이 뒤를 따르고 부인회 회원이 가세하여 경무청 앞은 순식간에 시민으로 가득 찼다. 장용남이라는 11세의 소학교 학생의 연설이 특히 백성의 마음을 울렸다.[125] 이들은 장작불을 환히 밝히고 철야 시위에 들어갔다. 이후 며칠간 이어진 철야 집회를 해산하기 위해 조병식은 무력 사용을 주장했으나 영국과 미국 공사가 반대하여 실행에 옮길 수 없었다.

닷새간의 철야 투쟁으로 민심이 독립협회로 기운 것을 확인한 고종은 개혁파 한규설을 고등재판소장에 임명했고, 한규설은 구속된 17인에게 형식상의 처벌만 하고 석방했다. 그때가 11월 10일 저녁 7시였다. 석방된 회원들은 곧바로 철야 집회에 합류하여 익명서 조작 배후인 조병식, 민종묵, 유기환, 이기동 등을 처벌해 줄 것과 함께 독립협회 해산 조치를 철회해 달라고 요구했다.[126] 때마침 독립협회 평양지회에서 파송한 총대위원 3명이 성금을 갖고 시위 현장에 도착했다. 결정적인 국면 전환을 위해 독립협회 측은 서울에 거주하는 모든 중견, 하급 관료와 지식인 8백여 명에게 편지를 보내 동참을 권유했다. 사태를 방관하던 젊은 유학자도 회의장에 모여서 성원을 표했다. 비록 사태 해결 방안에 대해서는 의견이 달랐을지언정 이들 유학자들조차 국정을 농단하고 있던 친러파 권신들에 대한 비판 의식은 공

---

[125] "장용남이라 하는 아이가 겨우 십여 세쯤 되는데 고등재판소 문전 만민 모인 데 와서 충분한 마음으로 대단히 입바르고 경계 있는 말을 많이 하였는 고로, 경무청에서 별순검 셋을 장동의 집으로 보내어 장동의 부모를 대하여 말하기를 '그 아들 용남이가 만일 만민 모인 데 다시 가서 정부 대신의 일로 연설을 하거드면 필경 좋지 못할 터이니 다시 못 가게 하라' 한즉, 장동의 말이 '내 부모는 다만 나를 낳을 따름이지 충애지심으로 의리를 말하는 데야 누가 하라 말라 하리오. 이런 어리석고 암 데 하는 수작은 다시 말라' 그 별순검들을 준절히 책망하였다더라."『독립신문』1898년 11월 11일. 현대어 표기.

[126] 『국역 윤치호 영문 일기』4권, 117쪽(1898년 11월 12일).

유하고 있었기 때문이다. 모든 사회 세력이 개혁을 향해 같은 목소리를 내기 시작한 셈이다.

고종에게 남은 것은 황국협회뿐이었다. 이들은 만민공동회 주위를 맴돌며 습격할 준비를 마쳤다. 마침내 11월 21일 새벽에 홍종우가 지휘하는 보부상 패가 집회 현장을 습격했다. 이들은 공격이 성공했다고 믿었지만, 낮이 되자 해산했던 민중이 재집결하여 보부상에게 반격을 가했다. 고종의 마지막 계책마저 수포로 돌아갔다. 오히려 흥분한 군중은 이기동, 조병식, 민종묵, 유기환 등 보수파 대신의 집과 홍종우, 길영수 등 황국협회 인사의 집을 습격했다. 병정과 순검들조차 민중의 편에 서서 지지를 표시했다. 고종은 더 이상의 정국 악화를 막기 위해 타협책을 제시했다. 11월 26일, 외국 공사들을 증인으로 삼아 민중 대표 2백 인을 초치하여 논의하고 독립협회 복설과 중추원 개편 등의 요구를 모두 들어주기로 약속했다. 또 한 차례 민중의 승리였다. 하지만 그것이 마지막 승리가 될 줄 아무도 몰랐다. 한숨 돌린 고종과 보수파 대신들은 마지막 반격을 준비했다.

### 독립협회 해산과 그 이후

한 달간의 민중 투쟁의 배후에 박영효 귀국 공작에 동원된 인사들도 있었다는 것을 아는 회원은 거의 없었다. 이 세력은 과격 투쟁을 선동했고, 정치 경험이 부족한 청년들은 명분에 이끌려 그들의 선동에 적극적으로 호응했다.[127] 12월 들어 이들의 움직임은 더욱 노골화되었다.

박영효의 최측근으로 한때 서재필 1차 귀국 때 일본까지 동행하기도 했던 이규완이 국내에 잠입하여 과격 투쟁을 선동한다는 소식이 들리기 시작

---

[127] 고정휴, 「개화기 이승만의 사상 형성과 활동, 1875~1904」, 『역사연구』 109호, 1986, 40~42쪽.

했다. 신진 회원들을 포섭한 이 세력은 대담하게 독립협회 간부진에게까지 접근하기 시작했다. 마침내 12월에 접어들자 회장 윤치호에게까지 접근하여 망명 중인 박영효를 귀국시켜 개혁을 완수하자고 제의해 왔다. 윤치호는 이들의 배후가 사실은 박영효가 아니라 일본이라는 것을 바로 파악했다. 박영효를 돕는 척하면서 일본은 이를 이용하여 독립협회를 자기들의 우호세력으로 포섭하려는 속셈이었다. 고종의 최대 정적인 박영효의 이름이 독립협회에서 들먹여지는 순간 민심은 독립협회를 떠나 고종 편으로 돌아설 것이 분명했다.

연이은 승리에 고무된 독립협회 회원들은 윤치호의 통제를 따르지 않았다. 본래 독립협회의 가장 큰 장점은 토론을 통해 합리적 공론을 생산하는 데 있었다. 하지만 만민공동회로 무게 중심이 넘어가면서 이제 이성적인 판단보다는 감성적인 선전 선동에 힘이 실렸다. 전리품이 쌓이면서 감춰져 있던 이욕利慾도 드러나기 시작했다. 윤치호는 독립협회를 본래의 모습으로 되돌리고자 몇 달간 개최하지 않았던 토론회를 재개했다. 가장 인기 있었던 이승만과 이상재를 찬반 대표로 내세웠지만 열기는 전과 같지 않았다. 회원들은 토론회를 빨리 끝내고 거리로 나갈 궁리만 했다. 토론회 사흘 뒤인 12월 6일부터 다시 만민공동회가 시작되어 거리에는 긴장감이 돌기 시작했다. 이들은 이제 운동의 대의를 내세우며 기본적인 도리조차 저버렸다. 어디서 돈이 났는지 빈민 1천2백 명을 매수하여 호위 부대까지 꾸렸다. 이들은 몰려다니며 상인들에게 투쟁기금 명목으로 돈을 갈취했다. 심지어 정부 관료들을 욕보이고 출근조차 막았다. 상소를 올려 박영효를 귀국시키라고 공개적으로 주장한 것도 이때였다.[128]

12월 15일에 열린 중추원 회의에서 윤치호가 부의장으로 선출되었다. 그

---

[128] 『국역 윤치호 영문 일기』 4권, 181~184쪽(1898년 12월 27일).

날 고종은 윤치호를 한성판윤에 임명했다. 회의 결과를 인정하지 않겠다는 뜻이었다. 다음날 중추원 회의에서 독립협회 출신 의관 최정덕이 이승만과 함께 새 내각에 추천할 인사 11명을 투표로 뽑자고 제안했다. 윤치호가 그렇게 만류했는데도 그 명단 중에 박영효의 이름이 들어가 있었다. 윤치호와 중립파의 반대에도 불구하고 최정덕과 이승만은 사전에 짠 각본대로 밀어붙였다. 그리고는 이틀 후 만민공동회를 열어 박영효를 비롯한 추천 인사들을 기용하라며 시위를 벌였다. 남은 것은 파국뿐이었다.

만민공동회가 박영효를 위해 움직인다는 의혹이 사실로 드러나면서 민심은 싸늘하게 얼어붙었다. 그 와중에도 공동회는 계속되었으나 시민들은 자신들의 생각을 반영하기는커녕 전혀 다른 주장을 펴는 독립협회 패거리들에게 배신감을 느꼈다. 기껏 권력을 빼앗아 맡겼더니 백성의 뜻은 무시하고 권력 다툼에 골몰하는 이들의 행태를 보면서 지지를 철회하기 시작했다. 민심의 변화를 눈치챈 12월 23일 고종은 군대와 보부상의 합동작전으로 만민공동회를 강제 해산했다. 이틀 후 민회 불법화를 알리는 조칙이 내려졌다. 그동안 독립협회와 만민공동회를 지켜 주었던 민중들조차 이번만큼은 반응을 보이지 않았다. 신문들이 앞장서서 파국을 막고자 했지만, 한 번 떠난 민심은 돌아오지 않았다. 고종은 중추원 회의에서 박영효를 추천했던 세력을 조사하여 해임했고, 만민공동회에서 활약했던 인사들을 체포했다. 장장 42일간 계속되었던 민중 투쟁은 이렇게 초라하게 막을 내렸다. 이것으로 2년여 넘게 계속된 독립협회의 활동은 종언을 고했다.

독립협회 해산 이후 개혁 세력에게는 좌절의 나날이 계속되었다. 부친 윤웅렬이 고종의 총신이었던 덕분에 윤치호는 직접적인 처벌을 면했지만, 대신 독립신문사 운영도 포기한 채 5년간 함경도 덕원德源 감리를 비롯한 외직을 전전해야 했다. 정교는 거의 5년간 배재학당에 몸을 숨겨야 했는데,

『대한계년사』를 지어 당시 사정을 정밀하게 기록했다. 이상재는 딱히 잘못한 일도 없기에 독립협회 해산 시 며칠간의 구류 정도로 화를 피했지만 3년간 관직에서 물러나 야인 생활을 했다. 1902년 개혁당 사건에 연루되었는데, 그때 한성감옥에서 자식뻘인 이승만과 재회하여 그의 권유로 오십을 넘은 나이에 기독교에 입교했다. 훗날 이상재는 이승훈李昇薰과 함께 국내 민족운동 계열에서 가장 존경받는 지도자가 된다. 이승만은 보부상의 습격을 기적적으로 피했으나 박영효와 내통해 고종 퇴위를 꾀했다는 반역죄를 뒤집어쓴 채 배재학당에 숨어 있었다. 이승만은 그제야 비로소 박영효 일파에 이용당한 것을 알아차렸지만 이미 돌이킬 수 없는 상황이었다. 체포된 후 친구 주상호의 도움으로 탈옥을 시도했다가 다시 체포되어 5년간 한성감옥에 갇혀야 했다.

고종은 대한국국제를 반포하고 본격적으로 전제권을 행사했다. 광무개혁이라는 이름으로 포장된 이 짧은 시기에 토지조사, 은행 설립 등의 근대적 경제 체제 도입과 군비 확장 같은 작은 성과도 있었다. 하지만 그것마저 고종과 친러파 권신들의 사익 추구에 활용되면서 내정은 문란해졌고 민심은 더욱 황폐해졌다. 시민 참여 없는 개혁은 애초에 한계를 내포할 수밖에 없었다. 1904년 2월 일본과 러시아의 세력 균형의 종언을 알리는 러일전쟁이 발발하고 거기서 일본이 승리하면서 대한제국은 풍전등화의 위기에 내몰렸다. 이후 역사는 우리가 아는 것과 같다. 독립협회를 끝까지 후원했던 민영환이 대신 자결하여 나라를 지키지 못한 것을 국민에게 사과했다.[129]

---

[129] 민영환(閔泳煥)은 민겸호의 아들로 민씨 척족이었으나 개혁주의자였다. 독립협회 운동을 적극 후원했다. 1905년 11월 을사늑약이 체결되자 국민에게 남기는 글을 짓고 자결했다.

## 독립협회의 유산

독립협회가 주도했던 시민 주도의 개혁 운동은 이후 한국사에서 가장 중요한 정치사회운동의 조직적 기초를 제공했다. 한성의 독립협회에서 이승만이 연설가로 두각을 나타낼 때 독립협회 평양지회에는 안창호安昌浩가 그 역할을 하고 있었다.[130] 독립협회 토론회를 방청하며 연설법과 토론법을 배운 안창호는 평양에 복귀하여 한국 근대 연설의 역사에서 손꼽히는 '쾌재정 연설'을 통해 지역 사회를 단번에 휘어잡았고, 독립협회 해산 이후에는 미국에서 동포를 규합하여 공립협회共立協會를 세우고 『공립신보』를 냈다.

1907년 2월에 귀국한 안창호는 평양 출신으로 영국인 베델Ernest T. Bethell, 裵說과 함께 『대한매일신보』를 내어 언론 투쟁을 진두지휘하던 양기탁梁起鐸을 찾아갔다. 미주 동포가 모은 국채보상운동 성금을 전달하며 안창호는 은밀히 신민회 조직을 제안했고, 양기탁은 신문사의 인재들과 상동청년회의 젊은 애국지사들을 중심으로 조직에 착수했다. 신채호申采浩, 장도빈張道斌 등은 신문사의 휘하였고, 독립협회 해산기 민중운동에 이승만과 함께했던 상동교회 전덕기全德基를 중심으로 이회영李會榮, 이동녕李東寧, 이준李儁 등의 개혁 관료들도 동참했다. 여기에 이동휘李東輝, 이갑李甲, 류동렬柳東說 등의 무관 출신이 가담했고, 안창호 스스로 평안도 일대의 애국지사들인 이승훈, 안태국安泰國 등을 끌어들였다. 이 청년 운동가들을 아우를 수 있었던 대한자강회의 핵심 구성원이었던 윤치호, 박은식朴殷植이 참여한 가운데 조직 활동을 마무리한 신민회는 양기탁을 중심으로 국권회복운동을 벌였다.

---

[130] 안창호(安昌浩)는 평양 강서 출신으로 소년기에 필대은에게서 개화 학문을 배웠고, 1898년 독립협회 운동 시기에는 평양지회를 결성했다. 이후 도미하여 미주의 구국운동을 이끌고, 1907년 귀국하여 신민회 결성의 산파역을 맡았다. 3·1운동 이후 상해임시정부에서 내무총장을 맡아 민족운동 진영의 대동단결에 힘썼다. 1932년 윤봉길 의거 직후 검거되어 조선에서 4년 형을 선고받고 수감 중 1935년에 가석방되었으나, 1937년 수양동우회 사건으로 재수감되었고 1938년 3월에 병보석 상태에서 서세했다.

당시 공개 영역에서 계몽운동을 펼쳤던 여러 단체와 달리 신민회는 국권 회복이라는 뚜렷한 정치적 목표를 가진 비밀 정치결사였다. 특히 국권회복 이후의 정치체제로 '공화정'을 상정했는데, 이 점에서 독립협회의 입헌군주국 구상을 뛰어넘었다. 정주의 오산학교, 평양의 대성학교 등 수많은 학교와 상업 단체들이 신민회 인사들의 노력을 뒷받침하기 위해 설립되었다. 비록 1910년 국권 상실과 뒤이은 일제의 탄압으로 신민회 국내 조직은 붕괴했지만, 신민회 출신 인사들은 그 후에도 국내·외 독립운동의 최전선에서 활동했다.

독립협회 운동의 영향을 직접 받은 신민회 운동 세대들의 노력은 국내·외 독립운동에서 결실을 거뒀을 뿐만 아니라 애국계몽운동 측면에서도 큰 성과를 거뒀다. 1907년 안창호의 조언에 따라 이승훈이 설립한 오산학교의 사례가 대표적이다. 오산학교는 한국의 신문화를 이끌 이들을 길러냈는데, 여준呂準, 류영모柳永模, 조만식曺晩植이 차례로 교사로 합류하여 이승훈과 함께 흔들림 없는 교육 체계를 세웠다.

국내에서는 기독교 계열과 개신 유림계열 등이 신식 학교를 설립하여 수많은 인재를 길러냈다. 1919년 일제에 전면적으로 저항한 '겨레 싸움'인 3·1운동에서 조직력을 발휘한 청년 세대들이 그 교육의 실효를 입증했다. 이 새로운 세대들은 이후 망명 또는 유학의 방식으로 국외로 나가서 독립협회 운동의 영향을 받았던 1세대들인 이승만, 안창호, 김구金九, 박은식, 이회영, 이상룡, 김창숙 등이 대한민국임시정부 조직에 참여하여 문화, 실력양성, 외교, 군사 투쟁의 주력이 되었다. 국내에 남은 이상재, 이승훈, 조만식 등 민족운동가들은 밖으로는 국외 투쟁을 몰래 지원하고 안으로는 실력양성에 매진했다.

이처럼 해산 이후에도 그 활동을 지켜본 청년 세대들의 근대적 사회의식 형성에 기여하여 이후 독립운동과 건국운동의 기간 세력으로 성장하게 했다는 점에서, 독립협회는 한국 근현대사에서 가장 큰 영향력을 발휘한 단체로 평가할 수 있다.

### 아래로부터의 개혁 - 1차 귀국기 활동 평가

1890년대 조선은 동시대 서구와 같은 물질적·제도적 기초를 결여한 채 근대 국민국가를 만들어야 하는 과제를 수행해야 했다. 대내적으로는 신분제가 잔존해 있었고 재정 고갈과 민생 피폐에 시달렸으며 개혁을 둘러싼 정파 간 갈등이 심각했다. 대외적으로 청, 일본, 러시아 등 외세의 침탈에 지속해서 노출되어 국가 존립조차 위태로운 상황이었다. 이러한 비상사태에서는 단일한 정치 세력에 권력을 집중시켜 강력한 통제 정책을 수행하는 것이 효과적이라고 생각하기 마련이다.

하지만 서재필은 다른 길을 선택했다. 서재필은 시민이 자발적으로 나라를 사랑하는 마음을 갖고 그들이 지혜를 모아 국가 정책을 올바른 방향으로 이끌어가야 한다고 믿었다. 수천 년간 닫혀 있던 백성의 눈과 귀를 열고 말문을 트이게 하는 것이야말로 '아래로부터의 개혁'의 선행 조건이었다. 위로부터의 권력 획득 없이 아래에서 시민의 참여로 사회를 변화시킨다는 생각은 한국사에서는 지극히 이례적이었다. 이제 서재필의 1차 귀국 시기 활동을 한국 근대 공론장의 탄생과 발전, 그리고 이를 통한 '아래로부터의 개혁'의 관점에서 평가해 보자.

공론장은 사적 영역과 구분되는 공공 영역에서 비판적 공중에 의해 전개되는, 말과 글을 매체로 한 자유로운 의사소통 활동이 보장되고 실제 행해지는 특정한 영역 또는 그 활동 자체를 뜻한다. 역사적 범주로서 서구의 부르주아 공론장은 근대 국가의 성립 후에 시민 계층이 신문과 토론회를 통한 여론 형성과 제도화를 통해 정치적 영향력을 확보하기 시작하면서 형성되었다. 공론장에서 만개한 공공의 토론과 합리적 논술 활동을 통해 시민들은 정치 참여의 제도적 기초를 확립하여 갓 성립된 민주주의 정치체제를 수호하고 발전시킬 수 있었다.

오늘 우리가 사용하는 공론장이라는 용어는 독일어 Öffentlichkeit, 영어 public sphere의 번역어로 사용하기는 하지만, '공론'이라는 용어는 조선시대에도 비슷한 뜻으로 사용되었다. 율곡栗谷 이이李珥는 공론을 '백성들이 모두 그렇다고 생각하는 것'이라 하여, 당시 언로의 폐색을 비판하면서 공론의 중요성을 강조했다.[131] 실제로 조선의 국가 운영은 의정부의 협의, 사대부의 의견 개진(상소), 일반 백성들의 항의(격쟁) 등의 잘 짜인 공론 형성 제도에 기초했다.[132] 하지만 당시 공론 형성 과정에서 민중은 사실상 배제된 채 조정 대신과 유림 집단만이 참여했다는 한계가 있었다. 따라서 조선시대 공론장이 매우 활성화되었다는 것을 높게 평가한다고 해도, 참가 주체가 제한적이었던 까닭에 근대적 공론장과의 직접적 연관성을 주장하기는 어렵다.[133]

근대적 성격을 가진 한국 공론장의 출현 시기를 독립협회가 출범한 1896년경으로 잡는 데는 이론의 여지가 없다. 그리고 그 초기 전개 과정을 서재

---

[131] 이이(李珥), 「辭大司諫兼陳洗滌東西疏」, 『국역 율곡집』, 민족문화추진회, 1968, 124쪽.
[132] 설석규, 『조선시대 유생상소와 공론정치』, 선인, 2002. 흥미롭게도, 『독립신문』은 독립협회가 고종 황제에게 올린 '구국선언 상소'를 공론 형성의 중요 사례로 평가한 바 있다. 논설 내용은 다음과 같다. "대한에 독립협회가 생겨 거기서 회원들이 혈심으로 맹서하고 다 위국위민하자는 목적으로 의논을 하여 인민의 지식을 넓히고 또 공론을 만드니 이런 경축한 일은 대한사기에든지 한당사기에도 없는 일이라. 이 사람들의 혈심으로 한 상소가 응당 국민 간에 좋은 사업이 될 장본일러라."(『독립신문』 1898년 2월 24일). 이를 통해 19세기말에는 상소라는 전통적 형식과 근대적 공론 정치가 융합되어 있었음을 알 수 있다.
[133] 박영신, 「'공공의 공간'의 형성과 확장: 한말 조선사회와 그 이후」, 『사회이론』 25호, 2004.

필이 주도했다는 것도 분명하다. 서재필이 얼마나 공론장의 이상에 충실했는지는 그의 1차 귀국 활동에서 분명히 확인된다. 1896년 4월 『독립신문』을 간행하여 '글'의 공론장을 확보했고, 1896년 6월에는 독립협회를 결성하여 근대적 '회會'의 기반을 닦았으며, 1896년 11월 학생들의 토론 모임 협성회를 결성하여 '말'의 공론장까지 열었다. 그 성공을 바탕으로 1897년 8월부터는 독립협회에도 토론회를 도입하였다. 그리고 1898년 3월 만민공동회를 개최하여 공론장을 시민을 넘어 민중에게까지 개방시켰다.

그동안 서재필 관련 연구는 대체로 대부분 『독립신문』과 독립협회 분야에 집중되었는데, 당대 일반 시민과 민중들의 사회의식 변화에 크게 영향을 미친 또 다른 요소가 바로 '말'의 공론장이었다는 점을 간과했기 때문이다. 대면 접촉이 필요한 의사소통 형식인 공적 말하기는 화자와 청자 사이의 높은 정서적 몰입이 가능하다. 연설과 토론의 현장에서는 화제에 대한 공감적 인식을 통해 긴밀한 감정 교환이 일어나는데, 이때 청중의 사회의식이 극적으로 변화할 수 있다. 기존 사회 질서가 동요하는 시기일수록 사회 구성원이 새로운 사회관을 수용하는 과정에서 말의 소통이 더욱 중요해지는 것도 그 때문이다.[134]

실제로 '글'이 정보 확산 측면에서는 우위에 있지만, '말'의 정서적 호소력은 한 장소에 모인 사람들이 뒤르케임Emile Durkheim이 말한바 '집합적 감격collective effervescence'을 통해서 새로운 의식을 갖게 하는 데에 더 크다. 물론

---

[134] 공론장에서 말의 중요성은 하버마스의 서구 부르주아 공론장 형성 과정 연구에서도 확인된다. 서구의 초기 공론장 형태인 커피하우스, 살롱, 만찬회 등은 사적 개인 간의 지속적 토론을 조직화하였는데 그 과정에서 (1) 신분과 지위는 물론 재산상의 차이를 초월한 인간적 동등성이 공중의 이념으로 발전하였고, (2) 일방적 설교라는 전통 형식에 도전하는 해석의 다양성과 문제 제기의 자율성이 가능해졌다. 위르겐 하버마스 저, 한승완 옮김, 『공론장의 구조변동』, 나남출판, 2001, 107~108쪽. 여기에 공개성의 원칙이 더해지면서 공론장의 토론은 그 제도와 실행 자체가 근대적 개인의 탄생을 가능하게 한 원동력을 제공하였다.

연설과 토론이 행해지려면 먼저 개인들의 자율적 모임이 전제되어야 한다. 하지만 정치적 공론장에 앞서 문예적 공론장의 경험을 축적했던 서구와 달리 조선에서는 거꾸로 연설과 토론이 교육과 계몽이라는 목적을 위해 도입되었고 이를 위해 단체를 결성하였기 때문에, '회'보다 '말'의 중요성이 우선하게 된다. 서재필이 주도했던 협성회와 독립협회의 토론회에서 훈련받은 학생과 시민은 누가 시켜서가 아니라 스스로 말하고 생각하면서 계몽과 독립을 향한 투사로 성장했다. 공론장이란 것이 한번 성립하면 원래 그렇게 작동한다는 것을 서재필은 알고 있었다.

그런데, 서재필이 미국으로 떠난 후, 토론회에서의 개방적이고 합리적인 토론을 통하여 의제를 만들고 심의하던 독립협회 본연의 모습이 사라졌다. 그때부터 독립협회는 공론장에서 합리적 토론을 전개하기보다는 상대방에 대한 적대적 감정에 의존하는 흔한 정치단체가 되었다. 공적 사안에 대해 시시비비를 합리적으로 토론하지 않은 채 오로지 권력 획득에만 골몰하게 된다면, 권력의 소재가 국왕에 있든 민중에 있든 관계없이 그것은 전제정專制政으로 몰락하기 쉽다.

토론회가 사라진 독립협회에는 옛 대의명분론이 형태만 바뀌어 재등장했다. 과잉 규범화된 도덕주의자들의 위선적인 격문의 소란스러움 때문에 온건파의 대화와 토론을 강조하는 합리적 호소는 조용히 묻히게 될 수밖에 없었다. 개혁의 중추 세력으로서 독립협회가 민중과 결합하는 것이 올바른 방향이었을지라도 공론 형성을 통한 시민 정치라는 근대적 이상까지 포기한 것은 정치사에서 큰 손실이었다.

제 3 부
# 독립과 건국의 길

제7장

# 의사에서 사업가로

    서재필 가족을 태운 배는 인천을 떠나 나가사키와 고베를 경유하여 1898년 6월 4일 요코하마에 도착했다.[1] 정부 보조금이 끊겨 고생하고 있던 재일 유학생을 위해 독립협회 회원들이 모은 성금을 주일공사 이하영에게 전달하고 나서 미국행 배편 수속을 위해 가족과 잠시 요코하마에서 휴식을 취했다. 본래 6월 9일에 출발하는 배로 떠날 계획이었으나 표를 구하지 못한 서재필 가족은 28일에야 미국행 배에 오를 수 있었다. 7월 15일 샌프란시스코에 하선한 가족들은 7월 하순경 워싱턴의 자택에 도착하면서 긴 여정을 마쳤다.

## 경력을 잃은 의사

    미국을 떠나 있던 기간은 채 3년도 되지 않았으나 서재필의 삶에는 큰 변화가 생겼다. 첫딸 스테파니가 조선에서 태어났고(1896), 작은딸 뮤리엘은 조

---

[1] 서재필의 2차 미국행 루트에 대해서는 『독립신문』 1898년 6월 21일 자에 실린 그의 편지 외에 기록이 없다. 그런데 서재필이 쓴 소설 『한수의 여행』 12장에 주인공 한수의 미국행 루트가 설명되어 있다. 이를 참조하여 경유 도시를 재구성했다.

선에서 잉태되어 미국에서 태어났다(1898). 두 딸의 아버지로서 서재필은 직장이 필요했다. 개원의가 되는 길이 가장 무난했겠지만, 3년 가까이 의사 경력이 단절된 조선인 병리학 전공의를 필요로 하는 곳은 없었다. 월터 리드 박사가 자신을 애타게 찾았다는 것을 알게 된 것은 그때였다.

사정은 이러했다. 서재필이 미국행을 결심했던 1898년 4월에 미국 - 스페인 전쟁이 발발했다. 스페인의 식민지였던 필리핀과 쿠바가 주요 전장이었다. 그런데 이 지역은 스페인에서 너무 멀리 떨어져 있었고 전쟁에 대비할 시간도 없었던 까닭에, 미국은 태평양과 카리브해 양쪽에서 손쉽게 승기를 잡았다. 미군을 괴롭힌 것은 스페인군이 아니라 풍토병이었다. 쿠바 전선에서 황열병이 발생하여 미군의 피해가 심각했다. 미군은 전염병의 확산을 막기 위해 월터 리드를 대책위원장으로 임명하여 현장에 파견했다, 리드는 연락이 닿지 않는 서재필에게 연구를 도와달라는 메시지를 남겨 두었다.

뒤늦게 이를 알게 된 서재필은 리드의 연구진에 끼지 못하고 대신 군의관에 지원했다. 홀로된 장모와 결혼한 화이트 대위의 영향과 의사 경력을 이어가야 한다는 서재필의 조급함이 더해져 군의관에 지원했을 것이다. 짧은 기간이었지만, 서재필은 쿠바에서 귀환하는 부상병을 치료하는 군의관으로 복무했다.[2] 이 참전 경력과 서재필의 처가 쪽의 군대 인맥이 합쳐지면서 서

---

2  임창영 저, 유기홍 옮김, 『위대한 선각자 서재필 박사 전기』, 공병우글자판연구소, 1987, 186쪽. 임창영은 서재필이 탄 배를 하지(S. S. Hodge)호로 특정했지만 오류로 판단된다. 당시 미국 해군은 병원선 1척, 육군은 5척 이상의 병원선을 운용했는데, 정확하지 않다고 평가되는 육군 기록에 '하지 호'는 등장하지 않는다. Benjamin R. Beede, *The War of 1898 and U.S. Interventions, 1898-1934: An Encyclopedia*, New York: Routledge, 2010, pp.229~230. 그런데 서재필의 군의관 경력을 신뢰하지 않는 측에서 근거로 내세운 것은 서재필이 조선에 보낸 편지에 그런 말이 없다는 것인데, 그런 방식의 추론은 지극히 억지스럽다. 서재필은 『독립신문』 1898년 11월 16~17일에 독립협회를 격려하는 편지를 실었는데, 처음부터 끝까지 독립협회와 만민공동회에 관련된 내용을 담고 있었던 까닭에 자신의 사적인 근황을 적지 않는 것이 자연스러운 것이다. 이 편지에는 투고문 작성 일시가 '9월 17일, 워싱턴'으로 특정되었다는 점으로서, 이는 서재필의 참전이

재필은 워싱턴 정계에도 연결될 수 있었다. 실제로 미국 - 스페인 전쟁의 종전 직후인 1899년 1월 서재필은 '필리핀의 상황에 대해 잘 알고 있는' 동아시아 여행가 자격으로 연방 상원의원 카터Thomas H. Carter(몬태나주)와 함께 맥킨리William McKinley 대통령을 방문하여 향후 필리핀 운영에 관해 견해를 밝히기도 했다.[3] 이러한 중앙 정치 관찰 경험을 통해 서재필은 주류 미국 정치의 운영 방식을 이해하게 되었고, 훗날 미주 독립운동을 전개하는 데 큰 도움이 되었다. 하지만 이때까지 서재필은 이 전쟁의 결과가 조선의 멸망을 재촉하게 되리라는 것을 알지 못했다.

한편, 1898년 9월 하순에서 10월 중순까지로 추측되는, 군의관으로서의 짧은 복무를 마치고 서재필은 1898년 11월 10일에 개업 면허증을 받았다.[4] 병원 개원보다는 과학적 의학 연구에 관심이 많았던 서재필은 병리학자를 원하는 병원에 취직하려 했지만, 워싱턴과 볼티모어에는 그를 필요로 하는 병원이 없었다. 구직을 위해 필라델피아까지 오가면서, 서재필은 10년 전 정들었던 해리 힐맨 아카데미를 떠나 일자리를 구하던 청년 시절을 다시 떠올렸을 것이다.

10년 전에 육군 의학도서관에서 그랬듯이, 미국 사회에서는 의사 서재필보다 동양 언어와 사정에 능통한 전문가 서재필이 더 필요했다. 그리고 그 경

---

이미 미군의 승리가 확실시된 9월 하순 이후였다고 추론하는 근거이지 서재필이 참전하지 않았다고 추론하는 근거가 될 수는 없다.

3   *Evening Star*, Jan 24, 1899. 이후 1900년 선거에서 재선에 성공한 맥킨리 대통령이 불과 6개월 만에 암살당하면서 서재필의 워싱턴 인맥은 허망하게 해체된 것으로 보인다. 맥킨리의 잔여 임기를 승계한 시어도어 루스벨트(Theodore Roosevelt) 대통령은 일본의 조선 병합 의사를 지지했고, 그의 명령으로 '가쓰라 - 태프트 밀약'을 주도했던 당사자인 태프트(William Howard Taft)가 1909년 후임 대통령으로 취임하면서 1910년 일본은 아무런 외교적 부담 없이 조선을 병합하게 되었다.

4   정구충, 「의사로서의 서재필」, 서재필기념회 엮음, 『개화 독립 민주』, 서재필기념회, 2001, 397쪽.

력 덕분에 서재필은 1899년에 필라델피아의 상업박물관Commercial Museum에서 동양 분과 책임자로 일할 수 있었다. 그곳에서 서재필은 중국, 한국, 일본 등지에서 정기적으로 들어오는 신문과 잡지들을 정리하며 고객들에게 동아시아 관련 사업 정보를 제공하는 역할을 맡았다.[5] 이 일 자체도 흥미롭기는 했겠지만, 가장에게 적합한 일자리는 아니었다. 1900년까지도 서재필은 극동아시아 전문가로서 강연한 기록이 남아 있는데,[6] 일본, 중국, 한국 지역의 투자 및 외교 컨설턴트로 활동하려는 계획이 있었던 듯하다.

다행히 펜실베이니아 대학 부속 위스타 해부학·생물학연구소Wistar Institute of Anatomy and Biology에서 연구원 자리를 구할 수 있었다. 그 덕분에 의학 경력을 겨우 이을 수는 있었지만, 서재필은 연구소에서 큰 역할을 맡지는 못했던 것으로 보인다.[7] 몇 년간의 병리학 분야의 발전 추세를 알지 못하던 서재필은 연구소에서 자신이 많이 뒤처져 있다는 사실만 확인했을 것이다. 30대 후반 서재필의 연구원 시절에 관한 기록은 거의 없다.

본래 고국을 다시 떠날 때 서재필은 언제일지는 모르지만 귀국할 수 있으리라는 믿음이 있었다. 협성회 제자들과 독립협회 회원들을 믿었기 때문이다. 윤치호에게 독립신문사 운영을 맡긴 것도 그런 믿음에 기초한 것이었다. 하지만 독립협회가 1898년 겨울 돌이킬 수 없는 좌절을 겪고 실의에 빠

---

5   *The Wilkes-Barre Record*, Dec 16, 1899. 기사에 따르면, 레딩시의 한 회사가 일본어로 된 편지를 받았는데 읽을 수 없어서 그것을 상업박물관에 번역해달라고 보냈는데, 서재필이 그것을 읽고 수천 달러어치의 상품 주문이라는 것을 알아내 알려줬다.
6   *The Los Angeles Times*, Aug 21, 1900.
7   현봉학은 1903년 서재필이 다른 의사 한 명과 함께 6개월가량 인체 근육 해부 표본 제작을 맡은 기록을 발견했다. 현봉학, 「의사로서의 서재필」, 『서재필과 한국민주주의』, 대한교과서주식회사, 1990, 91~92쪽. 1926년 서재필이 펜실베이니아 의학대학원에 제출한 이력서에 따르면, 이 시기 서재필은 연구원으로 5년, 의사로 3년 근무했다. 1899~1904년은 연구원 5년 기간으로 보이고, 그 가운데 3년은 의사를 겸업한 것으로 보인다. 현봉학이 찾은 기록에 '의사 서재필'로 등장하는 것을 통해 추론했다.

진 윤치호는 덕원감리로 떠나면서 독립신문사 운영을 아펜젤러에게 넘겼는데, 이때부터 『독립신문』은 쇠락하기 시작했다. 신문 운영을 맡은 영국인 선교사 앰벌리W. H. Emberly의 무관심과 무능 때문에 『독립신문』은 1년이 채 되지 않아 정부에 인수되어 1899년 12월 4일자로 폐간되었다.[8] 독립협회의 해산과 독립신문사의 폐간은 곧 서재필이 조선에서 2년 5개월간 기울였던 노력이 수포로 돌아갔다는 것, 그리고 그가 조선에 되돌아가야 할 이유가 사라졌다는 것을 뜻했다.

## 필라델피아의 사업가 서재필

조선에 다시 귀국하겠다는 꿈이 사위어간 틈으로 가장으로서의 위기감이 파고들기 시작했다. 연구원으로 몇 년을 보내는 동안 링컨이 말한 '자기 얼굴에 책임을 져야 할 나이'인 마흔 살에 이른 서재필에게는 현실적인 선택 외에는 다른 방도가 없었다. 의사로서 명예를 유지한 채 그럭저럭 생계를 이어가는 방법도 있었지만, 이른바 도금시대The Gilded Age로 명명된 거대한 경제적 팽창기에 그것은 합리적 선택이 아니었다. 조선을 떠나며 위약금으로 받은 2만 달러의 자산을 인플레이션 위협에서 지키기 위해서는 어떤 방식으로든 투자가 필요했다.

서구 자본주의 사회에서 개인의 사업적 성공은 종교적으로 구원의 징표였다. 종교인이 아니어도, 성공은 자신의 존재를 드러내는 가장 존중받는 방식이었다. 고민 끝에 서재필은 해리 힐맨 아카데미의 한 학년 후배 디머Harold Deemer를 만났다. 이미 인쇄업에 종사하고 있던 디머는 서재필에게 먼저 동업을 제안했다. 서재필도 더는 망설일 필요가 없었다. 성공을 향한

---

8 이광린, 『한국개화사상연구』, 일조각, 1995, 193쪽.

자료 3-1　디머앤드제이슨상회(1904~1913)의 신문 광고
*Philadelphia Inquirer*, Dec 21, 1908
출처: Philadelphia Inquirer

압박감은 서재필을 상업의 세계로 이끌었다. 남은 자산을 모두 투자하여 서재필은 윌크스베리에 디머앤드제이슨상회Deemer and Jaisohn를 세웠다. 그즈음 위스타 연구소를 사직했을 것이다. 이때부터 1926년 펜실베이니아 의학대학원 특별학생으로 등록하기까지 서재필은 20년 넘게 의학계에서 떠나 있었다.

1904년 서재필과 디머가 5천 달러의 자본금으로 창업한 인쇄 및 문구 판매점 디머앤드제이슨상회는 1년 만에 필라델피아에 분점을 낼 정도로 성장하여, 디머가 윌크스베리를 맡고 서재필이 필라델피아 본사와 스크랜튼 지사를 맡아 경영했다.9 서재필은 이 경험을 다음과 같이 회고했다.

> 내가 미국에를 재도再渡하여 보니 3년간이나 의료과학과의 연이 멀어졌던 만큼 그 길에 낙후된 감을 불금不禁하였었다. 나는 다시 대학의 연구생이 되든지 다른 일을 하든지 해야 되었다. 그때 펜실베이니아의 한 학우가 인쇄업을 경영하니 같이 해 보자 하여 나는 그와 함께 상업을 개시하게 되었다. 우리는 소규모로 시작했는데 차차로 업무가 확장되어 1919년까지 여러 해 동안을 필라델피아에서 상당히 '빅 비즈니스'를 했다.10

---

9　임창영 저, 앞의 책, 190쪽.
10　서재필, 「체미 오십년」, 『동아일보』 1935년 1월 4일.

1914년부터는 필라델피아 중심지에 단독으로 필립제이슨상회Philip Jaisohn & Company를 열었는데, 이후 시내에 두 개의 분점을 낼 정도로 사업은 번창했다. 당시 『필라델피아 인콰이어러』를 비롯한 필라델피아의 주요 신문들에 필립제이슨상회 광고를 주기적으로 실을 만큼 서재필의 사업 방식은 적극적이었다. 그 결과 전성기 필립제이슨상회의 가치는 15만 달러에 달했고, 고용한 종업원은 50명에 이를 정도였다.[11] 무관, 의사, 언론인, 사회운동가 등 발을 내디딘 모든 영역에서 탁월한 성취를 보인 서재필은 사업적 재능도 뛰어났다. 이미 18년 전 해리 힐맨 아카데미의 학생 시절에도 크리스마스 시즌을 이용하여 작은 장사를 시도했던 것에서 알 수 있듯이, 서재필에게는 '무언가에 도전한다'는 말뜻 그대로 사업가entrepreneur의 피가 흐르고 있었다.

성공한 기업인으로 인정받은 서재필은 필라델피아 기업인의 모임인 상업회의소에서 회계를 맡아 보며 인맥을 쌓고 지역 정계에 영향력을 발휘했다. 시장 토마스 스미스Thomas B. Smith, 법조인 밴 로덴, 가장 큰 규모를 자랑하던 트리니티 교회Church of the Holy Trinity의 목사 플로이드 탐킨스Dr. Floyd W. Tomkins 등은 서재필의 친구로서, 얼마 후 서재필이 미주 독립운동을 전개할 때 큰 도움을 주었다.[12]

## 1905년의 교훈

1899년 『독립신문』이 폐간한 이후 서재필과 조선의 공적 관계는 모두 끝이 났다. 가장으로서 의학계 복귀와 사업체 운영을 모색했던 서재필로서는 조선의 정치와 사회운동 같은 공적 영역에 관심을 둘 수 없었다. 서재필에

---

11   필립제이슨상회에 대한 서술은 임창영의 앞의 책과 이정식의 『구한말의 개혁독립투사 서재필』, 서울대학교출판부, 2003, 273~274쪽의 연구 결과를 바탕으로 하였고, 필자가 검색한 당시 신문 기사들을 바탕으로 보충한 것이다.
12   임창영 저, 앞의 책, 190쪽.

게 열정이 남아 있었다고 할지라도, 1899년 이후 고종의 친정체제親政體制에서 전제정치로 회귀한 조선에서 그가 할 수 있는 일은 없었을 것이다.

러일전쟁 발발 직전인 1904년 1월 23일 대한제국은 중립을 선포했지만, 이미 치밀하게 전쟁 계획을 수립한 일본에는 무의미한 외침이었다. 일본은 공식적인 개전 전후 5만 명의 육군으로 한성에 진입하여 대한제국 영토를 군사기지로 사용할 수 있게 한 '조일의정서'를 강제로 체결시켰다. 개전 초기부터 전황은 바다와 육지 가릴 것 없이 일본에 일방적으로 기울었다. 러시아 세력의 야만성과 정치체제의 후진성을 잘 알고 있던 서재필에게 러일전쟁은 조선이 장차 제정 러시아의 위험에서 벗어나 개혁 정부를 갖게 하는 데 우호적인 조건을 조성하는 계기였다. 이런 인식의 뿌리는 이십여 년 전 서구의 침략에 맞서 한·중·일 삼국이 협력하자고 주장했던 김옥균의 삼화주의三和主義에 있다. 1904년 4월 6일 서재필은 한성감옥에 수감 중이던 이승만에게 다음과 같은 편지를 보냈다.

> 일본은 지금까지는 정의의 편에 서서 모든 문명인들이 지키고 존중해야 하는 대의를 위한 전쟁을 수행하고 있는 것입니다. 정의와 문명을 위해 싸우는 일본에 신의 가호가 있기를. (……) 조선이 스스로를 위해 노력하면서 다른 나라의 도움을 받고자 하지 않는 한, 일본이나 어느 나라든지 조선을 도와줄 수는 없습니다. 만약에 조선이 어린이와 같은 행동을 계속한다면 다른 나라의 일부분(속국)이 될 수밖에 없을 것입니다.[13]

러일전쟁 초기 서재필은 조선을 병합하지 않겠다는 일본의 선전을 믿고 있었다. 사실 전쟁 발발부터 을사늑약이 체결되기까지 거의 2년간 친러파

---

13 로버트 올리버 저, 서정락 옮김, 『이승만』, 단석연구원, 2010, 82쪽. 인용문 일부를 이정식, 앞의 책, 275쪽을 참조하여 수정했음.

권신들을 제외한 개혁파 세력은 대부분 범아시아주의를 지지하면서 일본 주도의 동양평화론에 내심 기대를 품었다.[14] 『황성신문』과 『대한매일신보』의 논조가 그러했고,[15] 윤치호, 이승만, 김규식, 안중근 등 대부분의 청년 개혁주의자들 역시 거의 비슷하게 순진한 논리로 일본 부상의 역사적 의미를 이해하려 했다. 1905년 11월 을사늑약으로 외교권을 강탈해간 일본의 배신을 보고 나서야 비로소 국내 애국계몽운동 세력은 일본에 대항하기 위한 조직적 대응에 나섰다.

위 편지에는 전쟁 결과 조선이 바라는 상황이 전개되지는 않으리라는 서재필의 우려도 담겨 있다. 조선이 흥선대원군 시절처럼 쇄국정책으로 돌아가게 되면 외국도 조선을 도울 명분을 잃게 된다. 편지의 요지는 이승만이 풀려나게 될 때 조선 정부가 내부적으로는 개혁 정책을 추진하고 대외적으로는 일본의 침략 야욕을 막기 위한 적극적인 외교전을 벌이도록 노력하라는 당부를 전하는 데 있었다.

1905년 서재필의 집으로 이승만이 방문했다.[16] 서재필은 이승만의 출옥 이후 미국행에 대해서 이미 알고 있었다. 그해 1월 『워싱턴 포스트』에 이승만이 일본의 조선 침략을 비판하는 인터뷰가 실렸기 때문이다.[17] 이승만은 1904년 12월 미국 도착 이후 민영환과 한규설이 비밀리에 부탁한 조선 국권 보장을 위한 외교 활동을 적극적으로 수행했다. 하지만 그의 작업은 아무런 성과를 내지 못하고 있었다. 서재필은 이승만이 미국에 도착한 지 꽤

---

14  *Philadelphia Inquirer*, Mar 3, 1904. 서재필은 필라델피아 지리학회 강연에서 조선인들이 일본의 승리를 기대한다고 말했다.
15  이정식, 『이승만의 구한말 개혁운동』, 배재대학교출판부, 2005, 198~199쪽.
16  1905년 이승만의 행적에 대해서는 다음 자료를 참고하여 서술했음. 이승만 저, 이정식 엮고 옮김, 「청년 이승만 자서전」, 『신동아』 9월호, 1979; 이승만 저, 류석춘 외 엮음, 『국역 이승만 일기』, 대한민국역사박물관, 2015.
17  로버트 올리버 저, 서정락 옮김, 앞의 책, 91쪽.

되었는데도 자신에게 도움을 청하지 않은 점이 꺼림칙했지만, 막상 눈앞에 제자가 나타나자 만감이 교차했다. 1차 만민공동회를 성공으로 이끈 명석한 제자 이승만의 존재는 서재필이 조선을 떠나도 별문제 없으리라는 믿음을 갖게 했다. 하지만 남겨진 사람의 마음 한구석에는 버림받았다는 기억이 새겨졌다. 서재필이 떠나고 반년 만에 반역죄로 체포된 이승만은 비록 제 불찰 때문이기는 하지만 사형 선고를 받은 채 매일 죽음의 공포와 맞서며 6년간 옥고를 치렀다. 선교사들의 도움으로 어렵사리 미국에 도착한 그에게서 서재필은 갑신정변 이후 정처 없이 표류하던 자신의 청년기를 떠올렸을 것이다.

배재학당 다니던 이승만을 기억하고 있었을 뮤리엘에게도 그의 방문은 심상치 않은 일이었다. 정확히 10년 전 서재필 집에 방문한 한 조선의 신사(박영효) 때문에 개원한 지 몇 달 만에 병원을 접고 부부는 조선에서 신혼을 보냈다. 하지만 이번만큼은 그런 일이 일어나지 않았다. 맥킨리 대통령 암살 이후 워싱턴 정계의 인맥을 상실한 채 사업에만 전념하고 있던 서재필은 이제 더는 열정 넘치는 개혁가 역할을 할 수 없었다. 더구나, 서재필도 그 시점에서는 러일전쟁에서 승리한 일본이 조선을 병합한다고 해도 미국이 그것을 막지 않으리라고 판단했다. 절망적인 정세에 대해 토로하는 이승만에게 서재필은 훗날을 기약하며 공부에 전념하라고 위로할 수밖에 없었다. 다행히 서재필이 옛 제자를 도울 기회는 금세 찾아왔다.[18]

1905년 7월 하순에 이승만은 윤병구 목사와 함께 다시 서재필의 집에 들렀다. 하와이의 에와친목회(1905년 미국 하와이에서 결성된 독립운동단체)와 미주 공립협회가 포츠머스에서 열린 러·일 간 종전을 위한 강화회의에 한국 문제에

---

18  이승만 저, 류석춘 외 엮음, 『국역 이승만 일기』, 대한민국역사박물관, 2015, 21~22쪽. 이승만의 일기에는 1905년 여름에 그가 서재필을 만나기 위해 7월 27, 31일, 8월 2일, 총 세 차례에 걸쳐 필라델피아에 방문한 것으로 되어 있다.

대해 청원하기 위해 파견할 대표로 윤병구尹炳球를 선출하면서 그 통역으로 워싱턴에 체류 중인 이승만을 추천했다.[19]

마침 이승만은 하와이에서 하룻밤을 묵으며 윤병구와 의기투합한 바 있었다. 7월 31일 이승만과 윤병구는 서재필을 찾아가서 당시 미국 대통령 루스벨트Theodore Roosevelt에게 제출할 청원서의 수정을 부탁했다. 서재필은 일본에 우호적인 미국 정부가 청원을 무시할 것이라고 예상했지만, 이승만과 윤병구의 활동을 적극적으로 도왔다. 1919년 이후 미주 독립운동에서 서재필이 미국의 지도적 인사들을 한국 편으로 끌어들이기 위해 노력한 것은 바로 1905년의 실패에서 얻은 교훈 때문이었을 것이다.

## 이승만의 방문과 조국의 운명

서재필이 이승만과 윤병구를 도와 루스벨트 대통령에게 보낼 청원서를 쓰던 바로 그 순간 이미 조선의 운명은 미국과 일본의 손에 의해 강제적으로 결정되고 있었다. 1905년 7월 29일, 러일전쟁 이후 미국과 일본이 아시아 질서 재편을 논의하기 위해 회담한 결과, 미국의 필리핀 지배와 일본의 조선 지배가 비밀리에 상호 승인되었다. 훗날 양국의 회담 대표 이름을 따서 '가쓰라 - 태프트 밀약'으로 불리게 된 이 협정의 결과로 일본은 서구 열강의 반대 없이 조선을 강제로 병합할 수 있는 길을 열게 되었다.[20]

일본과 미국의 협정에는 1898년 서재필도 군의관으로 잠깐 종군했던 미국 - 스페인 전쟁이 뜻하지 않게 큰 역할을 했다. 그 전쟁을 통해 확보한 필

---

19 김원용,『재미한인 50년사』, 혜안, 2004, 234쪽.
20 양국의 회담 대표는 일본 총리대신 가쓰라 다로(桂 太郞)와 미국 육군 장관 태프트(William Howard Taft)였다. 태프트는 루스벨트 대통령의 뒤를 이어 1909년부터 4년간 27대 대통령을 역임했다. 미국 사회가 조선에 관심이 없기도 했지만, 2대 연속으로 미국 대통령이 일본과의 관계를 중시했다는 것이 조선에는 불행하게 작용했다.

리핀을 거점 삼아 아시아와 태평양 일대에 영향력을 확대하기 위해서 미국은 이 지역의 신흥 강국인 일본의 지지가 필요했다. 조선과 만주 침략을 앞둔 일본 편에서도 서구 국가의 인정이 필요했다. 불과 몇 년 전 청일전쟁의 군사적 승리에 도취하여 힘의 국제 질서를 무시하고 중국 영토를 할양받았다가 삼국간섭에 의해 물러서야 했던 일본은 이후 서구 열강과의 동맹에 심혈을 기울였다. 일본은 러시아의 태평양 진출을 막는다는 명분으로 1902년 영국과의 동맹을 성사시켰다. 이제 러시아를 축출한 시점에서 일본으로서는 조선과 만주 지배를 위해 미국의 지지가 필요했다. 가쓰라-태프트 밀약은 두 제국에게 모두 이익이었다. 반면 조선의 편에서 볼 때 이 협정은 일본의 야욕을 견제해 줄 나라가 이제 남지 않았다는 것을 의미했다.

서재필은 미·일 양국 간 밀약의 존재는 알지 못했지만 이미 미국 정부가 동아시아에서 일본의 우월한 지위를 인정하는 정책을 추진한다는 것은 알고 있었다. 이미 러시아는 막대한 전쟁배상금을 내지 않는 조건으로 이미 상실한 조선에 대한 주도권을 선심 쓰듯이 일본에 넘기려 했다.[21] 1905년 9월에 러시아와 일본 사이에 체결된 포츠머스 조약은 이를 명문화했다. 이승만과 윤병구의 순진한 시도가 가시적 성과를 내지 못할 것을 알고 있었지만, 서재필은 이들의 시도가 훗날을 위한 밀알이 될 것이라고 믿었다.

이후 13년간 서재필은 민족운동과 관계를 잃은 채 오직 기업 경영에만 전념했다. 훗날 독립운동을 위한 경제적 기반을 마련하기 위해서는 아니었

---

[21] *Reading Times*, Aug 31, 1905. 서재필은 포츠머스 회담 전후 필라델피아와 인근 지역에서 몇 차례 강연을 요청받아 러일전쟁 이후 극동 정세를 소개했다. 이 신문 기사는 레딩 시의 한 교양 강연 내용을 요약한 것으로서, 러일전쟁 개전 요인을 대체로 현실적 관점에서 소개했다. 일본이 조선 종주권과 러시아의 만주 진출 방어를 위해 전쟁을 벌였다고 본 서재필은 19세기 후반에 중앙아시아를 휩쓴 러시아의 영토적 야심이 1898년 이후 뤼순항, 사할린 점령 등으로 현실화했기 때문에 일본은 스스로를 지키기 위해서라도 전쟁에 임하게 되었다고 설명했다.

을까 추측할 수는 있지만, 현실적으로 그만한 규모에 이르는 사업은 아니었다. 따라서 서재필이 경영에 전념하게 된 데는 다른 요인이 있다고 짐작할 수 있다. 서재필은 조선이 식민지로 전락하게 된 내부적 요인 가운데 하나로 상업을 천시하는 문화 때문에 개인과 국가 모두 경제적으로 독립하지 못한 것을 지적했다. 근대 국가의 독립에 필요한 경제적 원천은 민간 부문의 활력에 달려있고, 그 핵심은 농업과 산업 가릴 것 없이 국민이 사업적 역량을 발휘하는 데 있다.

서재필 개인으로는 의사로서 경제적 독립을 누릴 수 있었으나 그것만으로 조선의 경제가 변화하지는 않는다. 사업 시도를 통해 조선의 경제적 독립에 기여할 만큼의 재산 증식은 불가능하리라는 것을 알고 있었지만, 서재필에게는 사업체 운영 경험과 경영 실습을 통해서 향후 조선의 자본주의적 경제 개혁을 위한 안목을 키워 갈 수 있었다는 점에서 나름의 의미를 부여할 수 있었다. 30대의 나이에 시도했던 공론장과 시민사회 중심의 이상주의적 개혁론의 한계를 극복하기 위한 현실적인 방안으로서 경제적 독립 시도만큼 유력한 것도 없었을 것이다.

이는 샌프란시스코 한인감리교회가 발행하는 월간 『대도大道』 창간호에 양주삼 목사의 부탁으로 실은, 이 시기의 몇 안 되는 그의 글인 '대도사에 보낸 편지'(1908)를 통해서 확인할 수 있다.

> 금일 한국이 남의 도움과 공경을 받아야 되게 되었으나 그러나 우리가 이 일을 일국사로 생각하기 전에 먼저 일 개인의 일로 생각해야 될 것은 개인을 합해야 하나를 이룸이라. (……) 세계 문명국인이 힘써 실행코자 하는 희망이 여러 가지가 있으니
>
> 1은 종교나 도덕을 발달케 함이오.

2는 지식을 배양코자 함이오.

3은 신체를 강장케 함이오.

4는 물질적 재산을 적치積置코자 함이오.

5는 정부를 완전하게 조직하여 자기와 온갖 동포를 보호를 잘 받아 무슨 압제 속에든지 들어가지 않게 하고자 함이라.[22]

문명국인은 오늘에도 이 몇 가지 목적을 위하여 열심 경쟁함이 저의 조상이 백 년 전에 경쟁한 것과 같이하니 그의 수고하는 결과로 오늘날 구미 각국에 있는 몇백만 명 남녀가 행복을 누리는지라. 이 세상에 어디서든지 어떤 사람의 자손이든지 막론하고 받을 만하게 된 사람은 도와주려고 예비하고 있는 이가 많을뿐더러 그러한 남녀는 부하고 강한 나라 국민이 가는 곳마다 공경을 받느니라.

위 글에서 서재필은 조선이 문명국이 되기 위해서 먼저 종교와 도덕상의 각성을 통해 개인의 지식이 증진되고 신체가 단련되어야 한다고 주장했다.[23] 글의 독자가 재미교포이자 기독교인이었다는 점을 감안하면 충분히 예상 가능한 내용이다. 이 글의 전체 맥락에서 더 주목해야 할 것은 문명국의 조건으로서 '물질적인 재부'와 '민주적 정부 구성'을 제시한 4번과 5번 항목으로서, 서재필은 현재 문명국의 시민들이 행복을 누리는 까닭을 그들의 백 년 전 선조들이 목표를 향해 경쟁하고 노력한 데서 찾아 제시하고 있다.

이러한 서재필의 경제관념은 십여 년 전 『독립신문』 발행인이자 주필로

---

[22] 『대도』 1-1, 1908년 12월. 표기법만 수정했음. 원문은 다음을 볼 것. 최기영 엮음, 『서재필이 꿈꾼 나라』, 푸른역사, 2010, 74쪽.

[23] 서재필이 '문명'이라는 용어를 사용했다고 해서 그가 사회진화론과 우승열패론의 신봉자인 것처럼 비난하는 것은 무리다. 글 전반에서 강조하는 것은 도덕과 경제의 상호 보완이라는 점에서 당시 미국의 '프로테스탄트 경제학'의 영향으로 보는 것이 낫다. 프로테스탄트 경제학에 대해서는 다음을 볼 것. 스토 퍼슨스 저, 이형대 옮김, 『미국지성사』, 신서원, 1999, 284~292쪽.

서 활동하던 시기의 생각과 크게 차이가 나지 않는다. 1차 귀국기에 서재필은 교회에서 강론하며 "그리스도교의 정신과 애국사상"의 결합을 자주 강조했다. 다만 차이가 있다면, 조선에서 활동하던 1890년대에는 '충군애국'이라는 전통적 개념을 사용했지만, 미국에서는 '충군'을 빼고도 '애국'을 말할 수 있다는 점이다.

어찌 됐든 서재필의 이 투고문은 몇 년간 자본주의의 첨단인 미국 동부에서 다른 상점과의 '경쟁'에서 생존하기 위해 한눈팔지 않았던 서재필의 경험에서 우러나온 생각이기에 더욱 절실한 호소로 느껴진다. 강제병합을 앞둔 1908년 겨울의 시점에서 독자들은 서재필이 조선의 경제·정치상의 독립에 필요한 물질적 기반을 확보하기 위해 교포 각자가 경제적으로 독립하고 재부를 축적하자고 촉구한 것으로 받아들였을 것이다.

## 1918년의 희망

1918년 11월 독일이 패배를 인정하면서 1차 세계대전이 막을 내렸다. 제국주의의 최정점에서 발발한 전쟁의 결과는 뜻밖에 제국의 붕괴라는 결과를 낳았다. 패전의 결과로 동맹국에 속했던 독일 제국, 오스트리아 - 헝가리 제국, 오스만 제국이 모두 붕괴하였고, 연합국에 속했던 러시아 제국은 종전 이전에 내부 혁명으로 붕괴했다. 이에 따라 연합국 측에서 전후 세계질서를 구상할 때 이들 제국이 지배했던 식민지의 처리 문제가 중요한 이슈로 부상하게 되었다.

연합국 가운데 승전국인 영국과 프랑스는 제국주의 질서를 유지하고자 했지만, 이들을 도와 승리를 이끈 미국의 생각은 달랐다. 참전국들이 서로 평화 조건을 제시하며 탐색하던 1918년 1월 8일, 미국 28대 대통령 우드로 윌슨은 상하 양원 합동회의에서 민족자결의 당위성과 함께 종전 이후 적용할 지침을 담은 14개 조항을 천명했다.²⁴ 특히 5~14조에는 구체적으로 헝가리, 폴란드, 발칸반도 등 유럽과 근동 지역의 피식민 민족의 자결권을 지지하는 내용과 민족자결 이후의 새로운 세계 질서를 형성해 나갈 국제기구의 창설 계획 등이 담겨 있었다. 1917년 11월 볼셰비키 혁명 이후 소련의 민족해방운동 지원 움직임에 대한 선제 대응의 측면도 있었지만, 무엇보다도 유럽 전쟁의 원인을 민족 간 지배로 파악하고 민족자결의 원칙을 통해 분쟁의 소지를 원천적으로 차단하고자 했던 윌슨의 오래된 이상이 반영된 것이었다.

그러나 수백 년 이상 지속한 분쟁의 역사를 몇 가지 원칙으로 재단한다는 것은 애초에 불가능했다. 자결의 주체인 '민족'의 개념조차 불분명한 상태에서 승전국 정상들은 자국의 이익을 극대화하려 했다. 윌슨의 민족자결주의 선언은 결국 아무런 성과를 내지 못한 채, 미국 의회의 국제연맹 가입 승인 부결과 함께 효력을 다했다.

비록 윌슨의 14개 조항 가운데 아시아와 아프리카 소재 식민지의 자결권 부여와 관련된 내용은 없었지만, 그 선언은 이집트, 인도, 베트남, 중국 등지의 민족운동 세력이 장기적으로 독립에 대한 희망을 키워 가는 데 기여했다. 조선도 예외는 아니었다. 1918년 11월 상하이 신한청년당은 김규식金奎植을 파리강화회의에 파견하기로 결정하고 윌슨 대통령과 파리강화회의에 보내는 독립청원서를 발송했다.

같은 시기에, 안창호가 주도하던 미주 대한인국민회에서도 중앙총회를 개최하여 뉴욕에서 열리는 소약국동맹회의 대표로 이승만, 민찬호閔贊鎬, 정한경鄭翰景을 파견하기로 결의했고, 얼마 후 국민대회 대표자회의를 개최하여 정한경과 이승만을 파리강화회의에 대표로 파견하기로 했다.²⁵ 이듬해

---

24 민족자결주의 관련 서술은 다음 글을 참조했음. 박현숙, 「윌슨의 민족 자결주의와 세계 평화」, 『미국사연구』 33집, 2011.
25 윤병욱, 『나라 밖에서 나라 찾았네 - 미주한인독립운동사의 재인식』, 박영사, 2006, 특

일본의 동경조선인유학생학우회 주관의 '2·8 독립선언'은 미주 독립운동에 고무된 결과였다.

이러한 상황 전개를 주시하고 있던 서재필은 조선의 독립을 위해서는 무엇보다도 미국 정치권 및 주류 사회에 한민족의 독립 의지를 널리 알리는 작업이 필요하다고 생각했다. 서재필은 1918년 12월 19일 자로 대한인국민회 중앙총회장 안창호에게 고급 영문잡지 발행을 제안하는 편지를 띄웠다.

> 우리는 아직 일인과 병력으로 싸울 수 없으며 또 물질력으로 싸울 수 없은즉 오직 우리는 붓과 공의로 싸워 세계에 일본이 한국 백성에게 불공정한 행동하는 것과 한인이 어떠한 경우에 있는 것을 광포할 뿐이라. 이렇게 하는 것이 몇 가지 목적을 성취하리니. 첫째, 이 세계가 장차 한국의 사정을 알므로 이 세계 민족 가운데 공의와 정리를 사랑하는 자들은 다 한국의 친구들이 되어 한인으로 더불어 깊은 동정을 표하며, 둘째 한인의 잡지가 일본의 한국 정책을 발간함이 일본으로 하여금 장차 한인을 잘 대우하겠다는 생각이 생기게 하리라.
>
> 내가 하고자 하는 것은 미주에서 제일 고등한 영문잡지를 시작하되 한국·일본·중국의 역사상과 현시의 정황과 형편을 게재하고자 함이니, 이러한 기관으로 우리는 세계의 눈앞에 한국이 어떻게 일본에게 극처 쥐인 것과 일본이 어떻게 한인을 대우하는 사실을 드러내고자 함이라. 이것이 우리의 마땅히 또 능히 만들어 놓을 만한 기관이며 또는 우리가 이것으로 능히 해외나 해내에 있는 한인의 생명을 보호하리라.[26]

---

히 8부. 그런데 이 계획은 이승만과 정한경이 무국적자였던 까닭에 비자 신청을 거부당해 더는 진행되지 못했다.

26 『신한민보』 1919년 2월 20일, '서재필 박사의 편지'. 편지 원문은 영문이고 편집자가 우리말로 옮겼음. 최기영 엮음, 『서재필이 꿈꾼 나라』, 푸른역사, 2010, 206~209쪽 수록. 현대식 표기는 필자.

여론에 민감한 미국 정계에 영향을 미치려면 공론장을 주도할 수 있는 상류층과 지식인 집단에 홍보를 집중해야 한다. 파리강화회의에 대표를 파견하려는 시도는 미국이 허락하지 않아 실패할 뿐만 아니라 그러한 일회적인 방식으로는 미국 정치권이 한국 독립 문제에 대해 지속적인 관심을 두게 유도할 수 없다. 1905년의 실패에서 교훈을 얻은 서재필은 모처럼 찾아온 독립의 기회에서 체계적인 선전전을 벌일 영문잡지를 창간하자고 제안했다.

서재필은 이 잡지의 안정적 운영을 위해 50만 달러가 필요할 것으로 추산하고, 1만 명의 주주가 개인당 50달러씩 출자하여 자금을 마련하자고 제안했다. 안창호가 대리로 붙인 서재필의 1차 제안이 부결되자,[27] 서재필은 1919년 2월 정한경을 국민회 중앙위원회에 보내 자본금 총액을 25만 달러로 줄이고 그 자금으로 제이슨상회를 인수하여 그 수익금으로 운영하자고 수정 제안했다. 서재필 자신도 잡지사에 개인 자금 7만 달러를 추가 투입하겠다고 했지만, 총회 부결사항을 임의로 중앙위원회에서 통과시킬 수는 없었다.

서재필의 50만 달러 모금 계획이 당시 재미교포의 경제력에 비추어 볼 때 비현실적으로 큰 액수라고 생각할 수도 한다. 실제로 3·1운동 직후 고국의 독립에 대한 기대감이 높았던 시기에 당시 미 서부 10개 주에서 2개월간 모은 독립의연금이 3만 달러였는데,[28] 그것만으로도 기적이라고 느낄 정도였기 때문이다. 그런데 서재필의 접근 방법은 그때그때 필요한 돈을 모금하는 방식과는 다르다. 이는 1896년 독립문 건립을 위한 자금을 모을 때의 방식을 통해서 짐작할 수 있다. 서재필은 독립문 건축의 의미를 널리 홍보

---

[27] 『신한민보』는 서재필 편지 뒤에 다음과 같이 부기했다. "서재필 박사의 영문잡지에 대한 제의는 거대한 자본을 요구함으로 중앙총회 대회 시에 그 재정을 판비할 수 없음을 인하여 부결하였으니 실로 유감대난 일이로다."

[28] 이정식, 『구한말의 개혁·독립투사 서재필』, 서울대학교출판부, 2003, 289쪽.

하고 특히 아래로부터의 참여를 활성화하기 위해 '모금'이라는 방식을 사용했다. 성금을 낸 시민들에게는 '독립협회 가입 여부'를 물어 자연스럽게 독립협회 회원으로 참여하게끔 유도했다. 서재필이 일개 잡지사 운영을 위해 언뜻 보면 무모할 정도의 큰 금액의 모금을 제안한 것은 이십여 년 전 독립협회의 성공 경험을 바탕으로 교민들 모두가 독립운동의 주체로 성장하게 유도하려 했던 시도로 볼 수 있다.

   국민회가 영문잡지 운영안을 최종적으로 부결했다는 소식을 들은 서재필은 1919년 3월 초순에 뉴욕의 부유한 한인 2명과 함께 자체적으로 영문잡지 간행 계획을 세웠다. 25만 달러의 자본금을 목표로 서재필을 비롯한 발기인 3명이 각자 최대한의 자금을 대고 부족분은 모금으로 충당하기로 했다.[29] 서재필의 잡지 운영 계획은 며칠 후 고국의 3·1운동 소식이 미국에 전해지면서 잠시 보류되었다가 유학생들이 창간한 영문잡지를 인수·계승하여 간행한 『코리언 리뷰 Korean Review』(이하 『한국평론』)로 결실을 맺었다.

---

**29** 『신한민보』 1919년 3월 13일.

제8장

# 미주 독립운동의 최전선에서

성공한 기업가로서 만족하던 서재필에게 고국에서 들려온 1919년 3·1운동의 소식은 잊고 있던 민족에 대한 책임감을 깨우는 계기가 되었다. 당시 하와이에서는 대한인국민회를 중심으로 배재학당의 제자인 이승만이 박용만朴容萬과 경쟁하면서 한인사회를 이끌고 있었고, 독립협회 평양지부서 활동하던 안창호가 미국 본토의 독립운동을 주도하고 있었다.

서재필은 이들을 모두 아우를 수 있는 위치에 있었지만 자기를 내세우기보다는 경쟁 관계에 있는 이들을 독립이라는 하나의 목표 아래로 단결시키는 데 주력했다. 미국 정치계의 동향과 작동 방식을 잘 알고 있던 서재필은 한국통신부와 한국친우회 활동을 통해 미주 한인 독립운동가 올바른 방향으로 나아가게 하는 데 기여했다. 과거 1차 귀국기에 학생과 청년 세력을 민족운동의 중추 세력으로 키워냈듯이, 이때도 서재필은 새롭게 부상하는 유학생들과 교민 2세 같은 신진 청년들이 미주 한인 사회의 중심으로 성장하도록 돕는 역할을 기꺼이 맡았다.

## '독립을 향한 행진' - 제1차 한인대회

3월 9일 안창호 앞으로 고국의 3·1운동을 알리는 전보가 도착했다. 『신한민보』는 3월 13일 자 호외로 이를 교민 사회에 알렸다. 같은 날, 미국 신문도 한국인의 만세운동과 일본의 탄압 사실을 보도하기 시작했다. 당시 교민단체의 주 활동 무대는 하와이와 샌프란시스코였는데, 서재필은 여러 단체와 지역으로 나뉘어 성장한 재미 독립운동 단체들의 힘을 하나로 아우르고 이를 바탕으로 정치적 영향력이 큰 미국 동부에서 한민족의 독립 의지를 선전할 필요성을 느꼈다. 1919년 4월 14~16일 사흘간 필라델피아 리틀 극장에서 약 1백50명의 한인 대표들이 모여 진행한 1차 한인대회The First Korean Congress의 성공은 오롯이 서재필의 기획과 실행 능력 덕분이었다.[30]

이 대회는 3·1운동 소식을 접한 서재필이 안창호를 통해 재미 유학생과 졸업생들을 접촉하면서 재미 한인들의 독립 의지를 천명하기 위해 마련한 행사였다. 처음에는 기자들을 초청하여 파리강화회의에 참석하지 못하게 된 대표 이승만과 정한경의 연설을 듣게 하려고 했는데, 서재필은 미국 유력 인사들이 직접 한인들의 집회와 행진을 지켜보고 한인의 강렬한 독립 의지를 경험하게 하는 행사로 그 성격을 확대·전환했다. '대한자유대회', '한인자유회의'로도 일컬어지는 이 대회에는 실제로 11명의 미국인이 함께 참석했다.

서재필은 이 대회가 성공적으로 치러지도록 세밀하게 실행 계획을 조율했다. 서재필은 미국 독립의 성지로서 '자유의 종'이 걸린 독립기념관의 소

---

[30] 1차 한인대회 관련 서술은 재단법인 송재서재필박사기념재단 엮음, 『인간 송재 서재필』, 송재서재필박사기념재단, 2007, 부록 「제1차 한인회의 의사록」(이윤주 옮김), 283~387쪽을 참조했음. 일부 해석은 다음 저술들을 참조했다. (1) 홍선표, 『서재필 - 생애와 민족운동』, 독립기념관, 1997. (2) 윤병욱, 『나라 밖에서 나라 찾았네 - 미주한인독립운동사의 재인식』, 박영사, 2006. (3) 김원용 저, 손보기 엮음, 『재미한인 50년사』, 혜안, 2004.

재지인 필라델피아로 동부의 한인 청년들을 초대했다. 앞서 서술했듯이, 서재필은 이 도시의 성공한 기업인이면서 동시에 필라델피아의 공공 활동에 왕성히 참여하여 지역 정계와 종교계에 영향력을 발휘하고 있었다. 서재필은 미리 주요 언론사에 취재 요청을 해 두었고 필라델피아 경찰에는 시가행진 협조 약속을 받아 두었다.

의장으로 추대된 서재필은 자신이 미국 시민임을 들어 결격이라고 사양했으나 이승만이 미국의 정책과 한국 국민의 뜻이 일치하므로 문제가 없다고 추천하여 의장으로 선출되었다. 서재필은 과거 독립협회 토론회와 연설회에서처럼 이 대회에서도 참석자들이 자유롭게 연설하고 토론하도록 격려했다.

서재필은 대회에서 발표할 각종 결의문과 호소문을 한두 명에게 맡기지 않고 참석한 청년들이 문건마다 3명씩 나눠 맡아 거의 모두가 참여할 수 있게 조정했다. 이런 주체화의 과정을 통해 청년들이 독립 의지를 체화하게 되기 때문이다. 참석자들 모두 한 푼이라도 회비를 내게 해서 총 6백44달러를 거뒀는데, 이를 통해 회의에서 말하는 것뿐만 아니라 회비 내는 것도 정치 훈련의 기초라는 점을 깨우치기 위함이었을 것이다. 1백50명의 참가자가 2박 3일간 숙식하고 대회를 진행하는 데 소요된 예산은 참석자들에게 거둔 회비의 수십 배에 달했을 것이다. 참가자 가운데 그만한 지출을 감당할 수 있는 사람은 서재필뿐이었다.[31] 또 서재필은 대회의 민주적 운영 방식을 몸소 선보여서 참석한 청년들이 실제 민주주의가 무엇인지 배울 수 있도록 했다.

이러한 민주적 운영 방식을 모두가 이해했던 것은 아니다. 이는 2일 차 회의에서 서재필이 이승만이 작성한 '미국에 보내는 호소문'을 그냥 통과시키지 않고 전체 회원들에게 의견을 구하고자 한 장면을 통해 확연히 알 수 있다.

---

[31] 홍선표와 이정식도 이 비용을 서재필이 개인적으로 충당했을 것으로 보았다.

| 이승만 | 의장님, 이 호소문 문안의 어떤 내용도 바꿀 필요가 없다고 생각합니다. 나는 이 결의문이 원안대로 채택되어야 한다고 생각합니다. |
|---|---|
| 의장(서재필) | 여러분, 이곳은 민주주의 회의입니다. 국민의 의견의 반영 없이는 어떠한 중요한 조치도 취할 수 없다고 생각합니다. 이 회의에서 여러분의 의견을 듣고 싶습니다. 여러분들은 한국 국민을 대표하고 있습니다. 예전의 한국 국민이 아닙니다. 새로운 한국입니다. 우리는 출석한 다수결에 의한 국민의 뜻에 의하여 진행되기를 바랍니다. 언론과 출판은 자유로운 것이며 그것이 우리가 이 땅에서 향유하고 있는 축복들 중의 하나입니다.[32] |

서재필도 이승만의 글에 문제가 있다고 생각해서가 아니라 '한인대회' 명의의 문서이므로 공개적인 논의가 필수적으로 진행되어야 한다는 원칙을 내세웠을 뿐이다. 서재필의 회의 진행에 정한경이 즉각 호응했지만, 이승만을 따르는 이들은 불만을 표했다. 참석자 가운데 가장 영향력 있는 인물이자 유명 인사였고 당시 유학생들 나이에 비해 거의 스무 살 연상이었던 이승만으로서는 그러한 서재필의 제안을 자신에 대한 모욕이라고 느꼈다.[33] 유일한柳一韓이 나서서 이승만의 체면을 세워 주고 다음 순서로 넘어가면서 소동은 일단락되었다. 최종적으로 이 대회에서는 대한민국임시정부 지지,

---

32 「제1차 한인회의 의사록」, 재단법인 송재서재필박사기념재단 엮음, 『인간 송재 서재필』, 송재서재필박사기념재단, 2007, 320~321쪽.
33 대회 기간 내내 서재필은 이승만을 제자가 아니라 독립운동 지도자로 존중했지만, 이승만은 스승인 서재필을 정치적으로 응대했다. 이승만은 참석자 전원을 동등하게 대하는 서재필의 당연한 진행 방식을 '정치적' 음모로 받아들였다. 이어진 2일 차 오후 회의에서 이승만은 서재필의 미주 상설단체 결성 주장에 동의하지 않았는데, 이승만은 자신이 10여 년 동안 쌓은 조직 기반을 서재필이 가로채려 하는 것은 아닌지 의심한 것으로 보인다. 이때부터 시작된 서재필에 대한 이승만의 불편한 감정은 끝내 해소되지 않았다.

외교사무소 설치, 미국 정부와 국제연맹에 대한민국임시정부 승인 요구 등을 결의했다.

마지막 사흘째 회의에서 참석자들은 전날 서재필이 제안한 상설 운동단체 수립 안건을 수용했다. 이들은 필라델피아 경찰 기마대와 밴드를 앞세우고 한국독립연맹Korea Independence League 명의의 플래카드를 앞세우고 태극기와 성조기를 흔들며 봄비가 촉촉이 내리는 필라델피아 시가를 가로질러 마침내 미국 독립기념관 앞에 이르렀다. 서재필은 한인 청년들을 1776년 2차 대륙회의에서 미국 독립선언서가 채택되고 1787년 제헌회의에서 연방헌법을 제정한 방으로 안내하면서 미국 독립의 지난한 과정을 설명했다. 이십여 년 전 배재학당에서 미국의 민주주의를 가르쳤던 날의 기억들이 다시 떠올랐을 것이다. 이들은 마지막 순서로 '기미독립선언서'를 낭독했다. 참석자들은 서재필의 권유에 따라 차례대로 '자유의 종'을 오른손으로 쓰다듬고 돌아 나오는 것으로 모든 일정을 마쳤다.

**자료 3-2** **1차 한인대회**(한인자유대회, 필라델피아, 1919년 4월 14~16일) **참석자들**
서재필은 앞줄 왼쪽 두 번째 태극기를 든 부인의 우측 뒤편에서 성조기를 내려 들고 있다.
출처: 서재필기념회

이날 행사의 메시지는 분명했다. 과거 영국의 지배에 맞선 미국의 독립선언이 정당했듯이, 오늘 한국의 독립선언의 정당성도 자명하다는 것이다. 그날 저녁 필라델피아 주요 언론은 한인들의 독립 행진 소식을 크게 보도했다.

이 대회를 통해 독립운동에서 선전 활동의 중요성을 부각했다는 것이 핵심적인 성과였지만, 유학생 집단이 스스로 새로운 세대의 독립운동 세력으로 각성하는 계기를 마련했다는 부수적 성과에도 주목할 필요가 있다. 이 대회를 통해 이미 청년 독립운동가로 자리 잡은 정한경 등 졸업생 세대 외에 장덕수張德秀, 윤영선尹永善, 조병옥趙炳玉, 임병직林炳稷, 이춘호李春昊, 유일한 등의 재학생 세대가 새롭게 부상하게 되었다. 1890년대 후반의 독립협회 세대를 이을 후속 세대의 등장에도 서재필이 기여했던 것은 특기할 만하다.

## 공화국의 이름으로 - 대한공화국 통신부

1차 한인대회에서 서재필이 주창했던 상설 독립운동단체 구상에서 주목할 점은 그것이 임시정부 같은 정치적 기관이 아니라 그것을 뒷받침할 사회적 기반으로서 재미 한인단체의 필요성을 강조했다는 점이다. 처음부터 서재필은 대한민국임시정부 중심의 독립운동을 지지했고 한인대회를 통해서 교포뿐만 아니라 미국인들에게도 한국인들의 독립운동 중심이 대한민국임시정부라고 홍보했다.

따라서 서재필이 구상했던 한국독립연맹의 현실적 조직 실체는 임시정부 산하의 미주 선전부 정도였다. 실제로 1차 대회 2일 차에 제시된 서재필의 구상은 그날 밤 실무그룹 회의를 통해 대한인국민회 산하 기구로서 필라델피아에 한국중앙통신부나 정보국을 두어 적극적 선전 활동을 맡기는 방식으로 조정되었다. 3일 차 회의에서 대한인국민회 민찬호는 서재필의 방안을 샌프란시스코의 안창호에게 보고하여 지지 의사를 확인받았고 또 그 책임자로 서재필을 추대하겠다고 보고했다.[34] 서재필은 '선전'이란 진실을 숨기는 것으로 오해받을 수 있는 용어이므로 그 대신 '한국에 대한 진실' 같은 표현을 제안하면서, 책임자로는 자신이 아니라 이승만과 정한경을 추천하고 자신은 고문으로 돕겠다고 했다.

그런데 외국인 대상의 홍보 작업은 일은 고되면서도 정치 활동에 필요한 조직 기반을 넓히는 데는 전혀 도움이 되지 않는다. 이승만은 정치적 실익이 없는 이 일에 흥미를 갖지 못했다. 이승만이 아니라면 이 일을 맡은 사람은 어차피 서재필밖에 없었다. 그런데 상근직인 통신부의 부장을 맡게 되면 사업체 운영에 소홀해질 수밖에 없다. 그런데도 대한인국민회는 서재필이 책임자가 되어야만 홍보 기관을 설립하겠다고 결정하고 밀어붙였다. 서재필도 교민들의 뜻을 저버릴 수 없었다. 그리하여 약 1주일 후인 4월 22일자로 필라델피아 한국통신부(『신한민보』 기사 표현으로는 '대한공화국 통신부')가 설립되었고 서재필이 그 책임을 맡게 되었다.[35] 대한인국민회는 1919년 4월부터 9월까지 7천4백38달러를 지원했는데, 서재필의 홍보 활동에 대한 기대가 그만큼 컸기 때문이었다. 이제 서재필은 다시 운동의 최일선에 나서야 했다.

> 북미와 하와이와 멕시코에 재류하는 동포에게 고하노라! 우리 국민의 생명이 위태하기가 한 터럭에 달린 이때에 누구든지 마땅히 나라를 구할 생각밖에는 다른 생각을 두지 말지니 그런고로 다른 모든 문제나 다른 모든 의견은 아무리 크고 긴급한 일이라고 할지라도 현금 이 동안은 모두 우리의 조국을 구한다는 큰 문제의 아래에 두어야 할지라.

---

[34] 「제1차 한인회의 의사록」, 재단법인 송재서재필박사기념재단 엮음, 『인간 송재 서재필』, 송재서재필박사기념재단, 2007, 372쪽.

[35] 당시 영문 표기는 'Bureau of Information for the Republic of Korea'였다. 이후 '한국통신부(Korean Bureau of Information / Korean Information Bureau)'로 불렸다.

이러한 맘을 가지고 나는 우리 국민의 대표자가 되어 우선 우리의 당하는 정황과 사실을 미국 공중에 알리어 세계의 앞에 내어놓는 일을 허락하였노라. 이번 필라델피아에 모였던 대한자유대회의 청함을 인하여 대한공화국 통신부를 이 필라델피아에 두고 우리 국민회에서 부탁한 외교의 시설을 아래와 같이 하기로 작정하였노라.[36]

위 통지문에서 서재필은 통신부가 한인대회 결의사항임을 강조했는데, 통신부가 특정 단체의 산하기관이 아니라는 점을 강조하기 위해서였다. 서재필은 독립협회 평양지회 출신의 안창호를 평생 존중했고 당시 대한인국민회의 활동을 전폭적으로 지지했지만, 독립운동 세력 간의 단합을 강조하기 위해서 공적으로 적절한 거리를 유지했다. 1919년 8월 이승만이 임시정부 대표로서 한국통신부와 파리위원부를 통합하면서, 서재필의 한국통신부는 워싱턴에 세운 구미위원부의 산하기관으로 개편되었다. 서재필은 구미위원부 부위원장을 겸임하면서 계속 필라델피아 통신부 책임을 맡아 임시정부의 외교·홍보 활동을 주관했다.

구미위원부 재정결산서에 따르면, 1919년 12월부터 1920년 12월까지 13개월간 필라델피아 통신부는 총 1만2천9백69달러를 지원받았다.[37] 서재필은 자신에게 월급을 배당하지 않았으나 그 정도 경비로는 직원 2명의 월급을 겨우 충당했을 뿐이다. 이 시기 통신부의 가장 중요한 사업인 미국인 대상의 영문잡지 『한국평론』 간행에 들어가는 막대한 비용은 서재필의 사비

---

[36] 『신한민보』 1919년 5월 6일, '서 박사의 선언'. 최기영 엮음, 『서재필이 꿈꾼 나라』, 푸른역사, 2010, 79~81쪽 수록. 현대식 표기는 필자.
[37] 노재연, 『재미한인사략』 상권, 발행처불명(미국 나성), 1951, 95~101쪽. 이정식, 『서재필 - 미국 망명 시절』, 정음사, 1984, 120~121쪽에서 다시 따옴. 한편, '한국주차구미위원부 재정보고 4호, 1919년 6~7월'에 따르면, 배성(필라델피아) 통신부는 매월 800달러를 지원받았다. 『신한민보』 1919년 10월 21일.

로 충당했을 것이다.

　서재필은 오하이오주 유학생 중심으로 1919년 3월부터 발행하던 영문잡지를 한국통신부 설립 직후 인수하여 6월부터 통신부 공식 영문 잡지 『한국평론』을 간행했다.[38] 편집인은 서재필이었지만 실제 취재와 기사 작성은 북미대한인학생연맹The Korean Students League in America 소속 학생들이 담당했다. 『한국평론』에는 서재필이 담당한 한국과 극동에 관한 시사 평론, 미국과 해외 언론의 일본 비판 기사, 독립운동 소식, 한국친우회 등 미국인의 한국인 지원 활동 등의 기사들이 실렸다.[39]

　특기할 만한 것은 서재필의 영문 소설이 『한국평론』에 실렸다는 점이다. 『한국평론』 3권(1921년) 2~7호에는 'N. H. Osia'라는 필명으로 소설 '한수의 여행Hansu's Journey'이 연재되었는데, 이 필명은 'Jaisohn'의 철자에서 'J'를 빼고 나머지를 거꾸로 배열해서 만들어졌다.[40] 연재물은 1922년에 단행본으로도 출간되었다. 자전적 소설로 알려졌지만, 주인공 박한수와 작가 서재필 사이의 전기적 일치점은 둘 다 양자로 계출했다는 것 외에는 사실 거의 없다. 하지만 식민지화된 조국에 대한 사랑과 일제에 저항하는 주인공의 심리 묘사

---

[38] 『신한민보』 1919년 6월 12일. 한편, '학생보'로 불리던 영문잡지 *Korean Publication*는 3월부터 5월까지 간행되었는데, 호마다 제호가 달랐다. 1호: Freedom and Peace with Korea under Japan?, 2호: A Persistent Problem of the Far East(What shall become of Korea?), 3호: Young Korea. 1·2호는 코넬대학교에서 온라인으로 제공하고 있는데, 매호 30여 쪽에 이르는 상당한 수준의 잡지였다. 김현구의 회고에 따르면, 이 잡지 간행 비용은 오하이오대학에 유학 중이던 윤영선(윤치호의 장남)의 사비로 충당되었는데, 윤영선이 편집을 맡고 박진섭이 보조했다. 1919년 6월에 간행된 *Korea Review* 창간호가 '1권 4호'인 것은 이 잡지를 계승했음을 확인한다. 윤영선의 집안이 아무리 부유했을지라도 잡지 하나를 사비로 유지하기는 어려웠을 것이다.

[39] 고정휴, 『1920년대의 미주·유럽지역의 독립운동』, 독립기념관 한국독립운동사연구소, 2009, 194~195쪽(『한국독립운동의 역사』 22권).

[40] 이를 처음 밝힌 것은 오세웅이다. 김욱동, 『소설가 서재필』, 서강대학교출판부, 2010, 53쪽. 『한수의 여행』은 1979년에 국내에서 번역되었지만 큰 관심을 끌지 못했는데, 김욱동에 의해 최초의 한국계 작가가 쓴 미국 소설로서 재조명되고 있다.

는 서재필의 그것을 거의 그대로 대변했다고 볼 수 있다.

평소 서재필이 1차 세계대전에서 유럽 전선에 참전하게 된 조선인에 관해 관심을 가졌던 까닭에, 주인공 박한수는 일본의 학정에 시달리다 러시아로 망명하여 러시아군으로 유럽 전선에 참전한 청년으로 설정되었다. 한수는 전쟁이 끝나고 귀국하여 우연히 3·1운동 현장에서 일본군의 만행에 맞서다가 탈출하여 미국으로 망명한다. 청년기 군인의 정체성을 가졌던 서재필의 잊혔던 성격이 한수에게 투영되어, 한수가 서슴없이 일본군을 사살하는 장면은 신사 서재필의 모습과 대비되어 이채롭기만 하다.

스케일에 비해 서사가 소략하고 개연성도 부족해서 본격 소설로서는 결격이라는 것을 서재필도 모를 리는 없었을 것이다. 그런데도 집필과 출판을 강행한 데는 독립운동에의 기여라는 뚜렷한 공적인 목적이 작용하고 있었을 것이다. 한국통신부 대표로서 서재필은 한국의 사정을 잘 모르는 청년 교민 세대들과 한국 독립운동의 당위성을 홍보해야 할 미국인들에게 일제의 폭압을 고발하고 그것에 맞선 한국인들의 3·1운동의 정당성을 널리 알려야 했기 때문이다. 미주 독립운동에서 서재필이 주로 홍보의 위치를 맡았다는 것을 고려하면, 그의 소설은 목적 달성을 위한 수단이라고 볼 수 있다. 한 가지 목표를 정하면 그것을 향해 모든 자원을 쏟아붓는 기업인으로서 서재필의 행동 양식을 짐작할 수 있는 대목이다.

한편, 처음에 1천 부 인쇄로 출발한 『한국평론』은 1920년 3월부터 2천5백 부를 찍었는데, 미국과 유럽의 공공기관에 홍보용으로 배포되는 경우가 많았다. 그 덕분에 『한국평론』은 한국인이 발간한 가장 유력한 선전물로 평가되었다. 그런데 잡지 인쇄 비용을 한 개인이 충당하기는 쉽지 않았다. 서재필은 과거 독립신문사 운영 때처럼 적극적으로 개인 구독자 확대를 꾀해서 손실을 메우려 했다. 편집장 서재필이 지인들에게 편지를 보내 『한국

평론』 홍보와 구독을 부탁하는 영업부장 역할까지 손수 맡아야 했다.[41]

하지만 조선 정부의 지원을 받았던 1890년대와 달리 이제는 임시정부의 제한적 지원만으로 모든 일을 해결해야 했다. 1921년 들어 구미위원부의 지원조차 끊기게 되면서 결국 서재필조차 『한국평론』의 간행을 계속해야 할지를 두고 고심하였다.[42] 서재필이 친우들에게 『한국평론』의 존속 필요성을 알리고 그들의 지원을 요청하는 편지를 썼지만,[43] 재정난을 극복하지 못한 이 잡지는 결국 1922년 7·8월호를 묶어 내고 종간되었다.

---

[41] '서재필이 송종익에게 보내는 편지', 1921년 7월 27일, 〈독립기념관 자료〉 '1-H01887-001 (미주흥사단자료)'. 이 편지에서 서재필은 송종익에게 『한국평론』 스물다섯 권을 송부하며 구독자 확대를 부탁하고 있다.

[42] 당시 서재필이 친구에 보낸 편지에 따르면 1921년 4월에는 이미 재정 지원이 끊겼음을 알 수 있다. 임창영 저, 유기홍 옮김, 『위대한 선각자 서재필 박사 전기』, 공병우글자판연구소, 1987, 197쪽. 같은 시기에 통신부는 잡지 발간 외에 여러 선전 책자를 간행하는 활동을 전개했다. 홍선표의 정리를 바탕으로 필자가 일부 수정한 한국통신부 간행 책자 목록은 다음과 같다. 『제1차 한인대회 회의록(First Korean Congress)』, 『한국의 어린 순국자들(Mansei - Little Martyrs of Korea, 박영일)』, 『한국의 르네상스(The Renaissance of Korea, 조셉 그레이브스)』, 『한국의 진실(The Truth about Korea, 나다니엘 페퍼)』, 『한국친우회(League of the Friends of Korea)』, 『한국의 독립(Independence for Korea)』, 『민족자결주의를 위한 한국의 호소(Korea's Appeal for Self-Determination, J. E. 무어)』, 『한국의 적요(Briefs for Korea, 프레드 돌프)』.

[43] 그 편지들 가운데 '친구' 송종익에게 보낸 것이 남아 있고 출처는 앞 주석과 같다. 한편, 1909년 도미하여 유학생 운동과 구미위원부 활동을 전개했던 김현구의 회고(Henry Cu Kim, The Writings of Henry Cu Kim (Edited and Translated by Dae-Sook Suh), Honolulu: University of Hawaii Press, 1987)에는 사실관계 제시 없이 전문(傳聞)으로 서재필을 비난하는 내용이 담겨 있는데, 서재필이 경영난에 빠진 사업체의 운영자금 마련을 위해 독립운동에 나섰고 특히 재고 인쇄용지를 처분하기 위해 Korea Review 간행을 맡았다고 의심했다. 이는 물론 사실과 다르다. 독립운동 개시 시점에서 서재필은 필라델피아 한인회의를 주도할 만큼 경제적 여유가 있었고 한국통신부 활동에서도 한 푼의 급료도 받지 않았다. 김현구가 말하는 800달러는 잡지 발행 비용이 아니라 한국통신부의 인건비(미국인 1명, 한국인 1명)와 사무실 임대료 및 운영비였고, 잡지 운영 적자는 서재필이 부담했다. 마찬가지로, 김현구는 서재필이 미국-스페인 전쟁 종군의 대가로 미국 시민권을 받았다고 했지만, 서재필은 미국-스페인 전쟁 발발 8년 전인 1890년 콜럼비안대학교 재학 중에 이미 시민권을 받았다. 김현구의 또 다른 '전언'으로는 서재필이 미국인처럼 보이기 위해 성형수술을 받았고 그가 도박에 빠져서 재산을 탕진했다는 내용이 있는데, 흑색선전으로 보더라도 조잡하기 짝이 없다.

## 미국인을 동지로 - 한국친우회

출판・홍보 사업 외에 통신부의 또 다른 주요 사업은 친한파 미국인들을 결속하여 한국 독립운동의 후원 단체를 결성하는 것이었는데, '한국친우회League of the Friends of Korea' 출범으로 가시화되었다. 서재필은 1차 한인대회를 준비하면서 탐킨스 목사의 도움으로 모든 식민지의 독립을 지지하는 '교회 연합'의 지지를 얻은 바 있다.[44] 이때 미국 정계에 미치는 종교와 시민사회의 영향력을 확인한 서재필은 미국 주류 사회를 독립운동의 우군으로 만들기 위해 더 적극적인 활동에 나섰다.[45] 과거 독립협회 활동기에도 일회적인 정치운동보다는 장기적으로 시민사회의 성장을 도모했던 서재필의 운동 방식은 재미 독립운동 과정에서도 그대로 재현되었다.

서재필과 미국인 친구들은 1919년 5월 15일 필라델피아 서북부 레딩시의 라자 극장에서 집회를 열고 이튿날 필라델피아에서 한국친우회를 결성했다. 결성 당시 이사진은 서재필, 탐킨스 목사(회장), 사회학자 밀러Herbert Adolphus Miller 교수, 베네딕트George Benedict 기자 등 11명이었다. 이 단체의 공식적인 설립 목적은 한민족에 대한 미국의 지원, 일본의 학정과 민족운동 탄압에 대한 항의, 한인 독립운동 정보의 선전 등이었다.[46] 이들 대부분은 평생 한국의 독립운동을 위해 노력했다.

필라델피아 본부 창설 이후 한국친우회는 인근 레딩시, 오하이오주의 포스토리아Fostoria, 티핀Tiffin, 핀들레이Findlay, 리마Lima, 콜럼버스Columbus, 맨스필드Mansfield, 얼라이언스Alliance, 매리언Marion, 그리고 워싱턴 D.C., 샌프란시

---

[44] 「제1차 한인회의 의사록」, 재단법인 송재서재필박사기념재단 엮음, 『인간 송재 서재필』, 송재서재필박사기념재단, 2007, 369쪽.
[45] 『신한민보』 1919년 5월 6일, '서 박사의 선언'.
[46] *Korea Review*, Mar 1920. 한국친우회에 대한 더욱 자세한 내용은 홍선표, 『서재필 - 생애와 민족운동』, 독립기념관 한국독립운동사연구소, 1997, 155~174쪽.

스코, 시카고, 뉴욕, 캔자스시티(미주리주), 뉴버그Newberg(오리건주), 보스턴, 앤 아버Ann Arbor(미시간주), 뉴욕, 파크빌(미주리주), 덴버, 어퍼 퍼키오멘 밸리Upper Perkiomen Valley(펜실베이니아주) 등에서 지회를 결성했다.

지회가 계속 늘어나고 또 중앙정계에 영향력을 발휘하기 위해 한국친우회는 본부를 워싱턴에 설치하고 조선 선교사 출신 벡Stephen. A. Beck 목사를 전국 총괄집행 서기에 임명했다. 이후 1920년 10월에는 영국 런던에, 1921년 6월에는 프랑스 파리에도 한국친우회 지회가 결성되었다. 오하이오주 지회들의 창립에는 한인 유학생들이 활약했고, 기타 지역에서는 기존 독립운동가들과 한국 파견 선교사들 그리고 진보적 시각에서 약소국 독립을 지지하는 인사들의 활발한 참여가 있었다. 친우회 회원들은 미국 백악관과 국무성 앞으로 일본 식민 지배를 강하게 비판하는 서한을 보내서 미국 정계의 반일 분위기를 고조시키는 역할을 했고, 주미 일본 대사에게도 한민족의 자결권 인정을 요구하는 서한을 보냈다.

서재필은 지회 창립 전후는 물론이고 안정적인 발전기에도 여러 차례 각 지회 주최 강연회에 참석하여 유창한 영어로 미국인 회원들에게 한국 독립 지원을 호소했다.[47] 1919년 초여름에 워싱턴의 미국인들 대상으로 한 것으로 보이는 아래 연설은 서재필이 한국 문제에 문외한인 청중들에게 얼마나 쉽게 이 문제를 이해시켰는지를 잘 보여 준다.

---

[47] *The Philadelphia Inquirer*, *Reading Times* 등 펜실베이니아 지역 신문, *The Honolulu Advertiser*, *Honolulu Star-Bulletin* 등 하와이 지역 신문, *The Washington Post*, *The Washington Times*, *The Washington Herald*, *Evening Star* 등의 워싱턴 D.C. 신문, 여러 캘리포니아 지역 신문 및 그 밖의 지역 신문, *The New York Times* 등의 중앙지 등에 서재필의 한국 관련 포럼, 집회, 대중강연(무료) 공고와 행사 내용을 다룬 기사, 그리고 서재필의 기고 등이 100건 훨씬 넘게 등장했다. 언론 보도 대부분은 1922년 4월까지 집중되었고 이후에는 서재필의 강연 활동 보도가 점차 드물어진다. 범태평양회의가 열린 1925년에는 예외적으로 서재필 관련 활동이 자주 보도되었다. 이러한 기사 빈도는 서재필의 실제 활동과 맞아떨어진다.

저는 너무도 자주 신문이나 잡지에서 일본이 다음과 같이 말하는 것을 듣게 됩니다. "보시오, 우리가 이러는 것은 모두 조선의 이익을 위해서요. 조선인들이 무력하니 우리가 그들을 살펴 돕고 보호자가 되어 준 것이오. 우리는 사악하거나 이기적인 동기를 품고 있지 않소. 이 모든 일은 인류애와 자선을 위한 것일 뿐이요." 도대체 왜 일부 미국인들은 그런 말을 믿을까요? 제 친구 하나가 일본이 전신주를 세우고 거리를 깨끗하게 해 주었다고 제게 말했습니다. 그는 "아니, 그건 좋은 일이지 않습니까?"라고 말했습니다. 저는 그에게 어떻게 대답해야 할지 몰라서 이런 얘기를 들려주었습니다. "여길 보세요. 스미스 씨. 당신 집에 도둑이 들어서 집을 포함해서 모든 것을 빼앗고 당신의 손발을 묶고 입에 재갈을 물리고, 그 도둑이 밖으로 나가 담 기둥을 색칠하고 아마도 길가에 판자를 설치하고 널빤지를 깔고 현관을 쓸어냅니다. 도둑이 이웃 사람에게 가서 이렇게 말합니다. "제가 저기 사는 사람들을 위해 한 일을 보십시오!" "여러분은 도둑의 이야기를 믿습니까?" 그는 이렇게 답했습니다. "결코 그렇게 생각하지 않습니다." 저는 말했습니다. "조선이 겪은 것을 쉽게 말하면 바로 그런 것입니다." 그러자 그는 제게 이렇게 말했습니다. "빌어먹을 놈들, 나도 당신 편에서 싸우겠어요."[48]

서재필은 1919년에서 1922년까지 미국 전역을 순회하며 3백 회 이상 연설해야 했다. 윌크스베리의 해리 힐맨 아카데미에서 배운 연설은 독립협회 활동기에는 조선인을 계몽시켰고 한국친우회 활동기에는 미국인을 감동시켰다. 서재필의 힘 있는 연설을 접한 미국인들은 이후 한국 독립의 정당성을 널리 알리는 역할을 하게 된다. 이승만, 정한경 등도 한국친우회 강연에 적극적으로 참여하여 힘을 보탰다. 한국통신부와 한국친우회는 엄연히 구별되는 조직이지만 미국인 대상 강연회는 사실상 함께 운영하는 경우가 많았을 것이다.

---

[48] *Korea Review*, Jul 1919. in *My Days in Korea*, pp. 179~182.

그 밖에 서재필은 미국 언론에 직접 투고하여 미국인들에게 한국 독립의 당위성을 선전하는 일도 게을리하지 않았다. 그 가운데 한 자료를 통해 그가 던진 메시지를 알 수 있다.

> 조선인들에게는 일본의 식민 정부가 '무단'으로 불리든 '문화'로 불리든 별반 다르지 않습니다. 그 정부가 일본인들의 정부인 한 조선인들은 거기에 복종하지 않을 것입니다. 일본은 헌병 제도를 폐지하고 그 자리를 경찰제로 대신하겠다고 합니다. 다른 말로 하면 헌병의 제복을 경찰의 제복으로 바꾸겠다는 것입니다. 그리고 조선인들은 자신이 조선인임을 말하려 할 때마다 다른 제복을 입은 같은 사람에게 계속 총살당하고 고문당하겠지요.
>
> 만약 일본의 국회의원들이 진정으로 조선 국민들을 만족시켜 주고, 또 이 복잡한 문제를 해결하려 했다면 원래 조선인들의 것이었던 완전하고 구속 없는 독립을 조선인들에게 즉시 돌려주어야 하는 것입니다.[49]

집회 참석을 통한 회원 모집 외에 한국친우회 회원을 모집하는 중요 방식으로 서재필은 전통적인 활자매체를 활용했다. 한국통신부에서 발행한 단행본 책자 말미에 다음과 같은 글귀를 실어 미국인 독자들에게 한국친우회 가입을 권했다.

> 한국을 돕고 싶다면, 한국친우회에 가입해 주십시오.
> 이 단체는 한국인들에게 동정과 정신적 지원을 확대하고 미국인들에게 동양에 대한 올바른 정보를 알리기 위해 여러 미국 도시들에서 결성되었습니다.

---

[49] '조선은 진정한 독립을 요구한다', 〈독립기념관 자료〉 '9-000017-000'. 독립기념관에서 우리말로 옮긴 서재필의 투고문. 원문은 *Philadelphia Public Ledger*, Aug 22, 1919. 그밖에 이 시기 서재필은 *Korea Review* 외에도 미국의 여러 신문사에 한국 독립운동의 정당성을 홍보했다. 홍선표, 앞의 책, 154쪽.

가입신청서를 '필라델피아 825 웨이트먼 빌딩 소재 한국통신부'로 보내 주십시오.

회비는 1년에 1달러이고, 3달러를 납입하시면 미국에서 유일하게 한국 문제만을 다루는 월간 영문잡지『한국평론』을 1년간 구독하실 수 있습니다.

도덕적으로 올바른 일에 대해서는 자발적으로 단체 가입과 후원에 나서는 미국 시민사회의 특성을 잘 알고 있는 서재필은 이러한 회비 납부 방식을 효과적으로 활용했다. 일반 회원이거나 강연회를 통해 한국 사정을 알게 된 미국인들이『한국평론』을 정기 구독하게 되면 한국에 대한 동정심에서 한 걸음 더 나아가 한국 독립에 대한 지적 인식을 통해 적극적 후원자로 변화하게 된다.

국내 언론에 따르면, 한국친우회 회원은 2만5천 명에 달했다.[50] 따라서 이 시기 서재필을 대표하는 활동으로 한국친우회가 자주 거론되었다. 그런데 1922년 서재필이 제이슨상회의 경영 악화 때문에 재미 독립운동을 잠정적으로 중단하게 되면서 한국친우회의 활동도 서서히 위축되기 시작했다. 1차 세계대전의 종료 이후 잠시 요동쳤던 세계질서가 연합국 위주로 재편되고, 민족자결주의를 주창하던 우드로 윌슨 대통령도 퇴임하면서, 한국을 비롯한 피식민 민족들에 대한 미국 사회의 관심이 약화한 것도 친우회 활동의 위축에 영향을 미쳤을 것이다. 하지만 이렇게 다져진 인맥은 훗날 한국 독립에 크게 기여하게 된다.

---

[50] 『동아일보』 1924년 3월 6일. 반면에 일본 외무성 아세아국이 간행한 『朝鮮獨立運動問題』(간행년 미상)에서는 친우회 회원 수를 3천 명으로 추산한다고 보았다. 이정식,『구한말의 개혁·독립투사 서재필』, 서울대학교출판부, 2003, 308쪽.

## 외교전의 전개 - 워싱턴 군축회의

1921년 4월 서재필은 구미위원부 위원장으로 임명되었다. 구미위원부 초대 위원장이었던 김규식이 이승만과의 갈등으로 1920년 8월 사임한 후 구미위원부를 겨울부터 현순玄楯이 잠시 맡았으나 그마저도 독단적으로 한국공사관을 설치하려 했다가 물의를 일으켰다. 서재필은 그 상세한 내막을 적어 비판했고,[51] 현순이 해임되자 그 수습을 위해 임시 위원장직을 맡았다. 서재필은 이승만이 귀국할 때까지만 임무를 맡겠다고 선언했으면서도, 임시정부의 구미외교 대표자라는 공적인 책임을 다하기 위해 최선을 다했다. 한국친우회를 통해 확대된 미국 인맥은 서재필이 외교 업무를 수행할 때 큰 도움이 되었다.

자료 3-3 구미위원부 청사에서
한국대표단장 이승만(왼쪽)과 함께
출처: 서재필기념회

그해 7월 14일, 서재필은 워싱턴에서 미국 주도의 군축회의가 곧 열리게 되고 그 주요 의제 가운데 극동 문제가 포함되어 있다는 소식을 접했다. 미국 29대 대통령 하딩Warren G. Harding은 각국의 해군력 증강 경쟁을 억제하기 위한 군축회의를 제안하고, 영국, 프랑스, 이탈리아, 일본, 중국 등에 초청장을 보냈다. 1921년 11월부터 개최될 이 회의의 의제에는 군축 문제 외에 영일동맹 폐기 이후 동아시아 문제가 포함되었는데, 일본의 세력 확대에 대한 미국의 경계심을 반영한 것이었다. 미일 관계

---

51 『신한민보』 1921년 7월 21일.

에 균열이 생겨나기 시작했고 중국 측에서 일본의 팽창 정책을 문제로 삼을 것으로 판단한 서재필은 즉시 임시정부에 그 소식을 알리고, 한국의 독립을 외교적으로 보장받을 기회로 활용하자고 제안했다.[52]

마침 서재필은 하딩 대통령과 휴즈 국무장관(내정자)과 인연이 있던 터였다. 앞서 1899년에 서재필이 당시 맥킨리 대통령에게 자문했던 것에서도 짐작할 수 있듯이, 예전부터 서재필은 기회 되는 대로 미국 중요 정치인을 찾아서 의견을 건네는 것에 익숙해 있었다. 외국인과는 말도 섞지 못하고 쭈뼛거리면서 굽신대다가도 자국민에게는 호랑이 행세를 하던 조선 위정자들은 이를 이해할 수 없었을 것이다. 대통령에 선출되기 위해서는 정치, 경제, 사회 영역의 수많은 인물과 친밀한 관계를 맺어야 하는 미국 민주주의의 특성을 고려하더라도, 특별한 연고 없이 현직 대통령이나 당선인과 단독 견담하기는 매우 어려운 일이다. 서재필과 하딩의 면담에는 3·1운동 후 일본의 한국 지배를 비판했던 네브래스카주 연방 상원의원 노리스George W. Norris와 오하이오 주립대 유학생 이병두李柄斗의 활약이 있었다.

노리스 의원은 한국 원조 연설을 위해 서재필의 도움을 받았는데, 노리스의 상원 연설에 호응한 동료 공화당 의원 가운데 한 사람이 당시 오하이오 주 연방 상원의원이었던 하딩이었다. 하딩이 1920년 겨울 대선에서 승리하자 서재필은 노리스에게 주선을 부탁하여 하딩과의 접견을 허락받았다.[53] 그 직전에 서재필은 하딩 당선자에게 보내는 장문의 공개 편지를 『한국평론』에 실어 두기도 했다.[54]

총 6쪽에 이르는 방대한 내용인데, 인사말과 결론을 제외한 핵심 내용은 다음과 같다. 첫째, 조미수호조약(1882)이 체결되었으므로 그 조약과 관계되

---

52  『신한민보』 1921년 7월 28일.
53  김도태, 『서재필 박사 자서전』, 을유문화사, 1972, 289~291쪽.
54  *Korea Review*, Dec 1920, in *My Days in Korea*, pp. 209~220.

는 문제를 국제적인 이슈로 만들어야 한다. 둘째, 이후 열강들이 차례로 조선과 조약을 맺었기 때문에 열강은 그 조약 준수에 대한 의무를 갖는다. 셋째, 1905년까지는 열강들도 조선에 대한 중국의 종주권을 부정하는 등 의무를 이행했다. 넷째, 1905년에 일본은 자신들이 조선을 보호한다고 세계에 거짓말했다(이어서 1907년 고종이 헤이그 특사단을 통해 평화회의에 발송한 문서 소개). 다섯째, 일본은 폭압적으로 식민 통치를 하고 있다. 여섯째, 한국인은 일본의 번영을 위해 희생당했다(일본이 조선에 투자한 것보다 두 배나 많은 돈을 수탈했다).

노리스의 주선 이후 실무는 이병두가 모두 맡았다. 크리스마스 시즌 방학을 활용하여 이병두는 오하이오 매리언 목사회와 함께 1921년 1월 2일 하딩 저택이 위치한 매리언시 칼바리 선교회 회당에서 한국을 위한 기도회를 개최했다. 칠백여 명의 청중 앞에서 서재필, 벡 목사, 이병두가 연설했고, 미국이 한국 독립에 나서도록 촉구하는 미국인 목사들의 결의안이 의결됐다.[55] 대회 하루 전인 1월 1일에 서재필은 하딩 당선자에게 전화를 걸어 한국 독립에 대한 의견을 전하고 긍정적인 답변을 얻기도 했다.[56] 하딩이 다시 국무장관 내정자 휴즈Charles E. Hughes에게 서재필을 소개해서 서재필은 휴즈에게 한국 문제에 관한 우호적 관심을 끌어낸 바 있었다.

하지만 서재필의 외교 활동이 순탄한 것만은 아니었다. 서재필이 필라델피아와 워싱턴을 오가며 동분서주하는 동안, 이승만은 서재필을 워싱턴 군

---

[55] 『신한민보』 1921년 1월 27일. 하딩 상원의원과 관련된 서재필 활동 소식은 당시 언론에도 소개되었다. *The Washington Herald*, Jan 2, 1921. 이병두는 3·1운동 이후 유학생의 민족운동을 주도했던 인물로서 1916년 도미하여 웨슬리 대학을 졸업했는데, 이때는 오하이오주립대 학생으로 있었다. 이후 한인유학생연합회와 뉴욕한인교회를 중심으로 활발한 독립운동을 벌였으며 유일한과 함께 성공한 산업인으로서 한인사회에 기여했다. 아쉽게도 하딩 대통령 역시 첫 임기도 채우지 못하고 사망했다.

[56] 1921년 1월 1일 서재필과 하딩의 전화 통화 내용은 다음 편지에 언급되어 있다. 국사편찬위원회 엮음, 『대한민국임시정부자료집』 43권(서한집 II), 국사편찬위원회, 2011, 188~189쪽('서재필이 하딩 대통령에게 보낸 서한', 1921년 9월 24일).

축회의에서 배제하고 그 성과를 자신의 구미위원부 몫으로 가져오려고 노력했다. 상하이에서 임시정부 대통령으로서 어려운 나날을 보낸 이승만으로서는 이 회의를 통해 자신의 권위를 확인받고 정치적으로 재기했다는 것을 보여주고 싶었을 것이다. 1921년 8월에는 구미위원부를 배제한 모금 방식에 문제를 제기해서 서재필의 양보를 받아냈고, 곧이어 서재필을 한국위원회 부위원장에서 제명하려 했다.

그런데 이승만의 뜻은 실현되지 않았다. 임시정부는 서재필 해임안을 부결했고, 오히려 워싱턴 군축회의 준비를 서재필에게 일임했다. '군축회의를 위한 한국위원회' 대표와 부대표로 이승만과 서재필이 함께 임명되었고, 프레드 돌프Fred A. Dolph 변호사와 전 상원의원 찰스 토마스Charles S. Thomas를 고문으로 승인했다. 서재필은 이 일에 필요한 예산을 확보하기 위한 모금 사업을 이미 교민 사회에서 권위를 잃고 3천 달러의 빚까지 지고 있는 구미위원부가 맡는다면 실패할 수밖에 없다고 예상하고, 임시정부 주도가 아닌 민간이 주도하는 프로젝트 모금 방식으로 진행했다.[57]

대한인국민회가 전폭적으로 지원해 준 덕분에 '대표단' 명의로 진행된 모금 행사는 짧은 기간 동안 2만1천2백19달러를 모을 만큼 성공적으로 진행되었다. 북미와 하와이는 물론이고 멕시코, 쿠바, 중국에서도 적지 않은 성금이 답지하여, 이 회의에 대한 한국인들의 관심이 대단했다는 것을 알려주었다. 이 소식은 국내에도 전해져, 이상재를 비롯한 13도 대표와 51개 단체 대표 등 1백80명이 서명한 '한국 인민이 태평양회의에 보내는 글韓國人民

---

[57] 이 방법 역시 민간 중심의 운동을 중시하는 서재필의 오랜 신념에서 연원했다. 적은 금액이라도 성금을 내게 되면서 운동의 의의에 대해 생각해 보는 것이 소극적인 사람들이 운동에 참여하는 계기로 작용할 수 있기 때문이다. 이승만이 선호하는 권위적 방식, 곧 임시정부와 구미위원부의 권위를 내세워 공채를 발행하는 것은 재정 운용의 안정성을 꾀할 수 있으나 교민 사회를 수동적으로 만들어 장기적으로 운동의 침체를 가져올 수 있다.

致太平洋會議書'을 보내왔다.⁵⁸

서재필은 9월 24일 하딩 대통령에게 한국 대표단이 본회의에서 직접 호소할 기회를 달라고 요청하는 편지를 보냈다. 이를 시발로 해서 한국위원회는 10월 1일 미국 대표에게 청원서를 제출하며 공식 활동을 개시했고, 12월 1일과 1922년 1월 25일 자로 워싱턴 군축회의 앞으로 호소문을 제출했다. 한국위원회는 각국 대표단 및 언론에 한국 독립 문제를 설명하기 위해 소책자를 배포했는데, 돌프의 『한국의 적요 Briefs for Korea』도 이때 간행된 것이다. 이런 노력을 지켜본 미주리주 연방 상원의원 스펜서 Selden P. Spencer는 기제출 호소문과 『한국의 적요』를 묶어 제작한 소책자 『군축회의에 보내는 한국의 호소 Korea's Appeal to the Conference on Limitation of Armament』를 상원 공식 문서로 다시 인쇄하여 간행했다.⁵⁹

한국친우회 회원들도 한국위원회 활동을 측면에서 지원했다. 필라델피아의 탐킨스 목사는 미국 대표인 휴즈 국무장관에게 한국 대표단의 활동을 보장하는 공개서한을 발송했다. 레딩시의 친우회장 리빙우드 Frank Livingwood도 한국 대표단의 독립 요구를 받아들일 것을 요구하는 회원들의 결의문을 휴즈 앞으로 보냈다. 필라델피아에서는 토마스 전 상원의원 초청 강연회를 열어 한국 독립 당위성을 알리기 시작했는데, 각지의 한국 유학생·청년들과 친우회의 미국인들도 비슷한 활동을 전개했을 것이다.

서재필은 휴즈 국무장관에게서 한국 문제를 공식 의제로 채택할 수는 없겠지만 일본 대표단에 압력을 가하겠다는 답변을 들었다. 서재필의 회고에 따

---

58　『신한민보』 1921년 12월 22일. 서명자의 숫자와 기타 청원서 관련 서술은 다음을 참조했음. 방선주, 「미국과 한국독립운동」, 국사편찬위원회 엮음, 『한민족독립운동사』 6권, 1989, 특히 3장 2절을 따름. 한편, 이 청원서는 재미 인사로 구성된 한국위원회의 대표성을 문제 삼으려 했던 일본 대표단의 전략을 무너뜨리는 데 기여했다. 김도태, 앞의 책, 291쪽.

59　스펜서 상원의원의 발의로 상원에서 1921년 12월 21일 인쇄가 결정되었고, 1922년 워싱턴 정부 인쇄소(Washington Government Printing Office)에서 간행되었다.

르면, 휴즈는 실제로 일본 대표단에게서 4개월 이내에 식민 정책을 개선할 것을 약속받았다고 한다.[60] 그러나 1922년 2월 6일 군축회의가 폐회될 때까지 서재필과 한국위원회의 활동은 공식적으로는 어떤 성과도 거둘 수 없었다.

처음 대회를 준비할 때 서재필은 당시 미국 중요 정치인들과의 우호적 관계와 한국친우회 회원들의 힘을 바탕으로 당장은 아니더라도 한국의 독립에 대한 국제적 약속을 얻어낼 수 있을 것으로 믿었다. 하지만 서재필은 재미 한인의 집합적 능력의 최대치가 일본의 최소치에 비해서도 보잘것없다는 것만 확인했다. 하딩 대통령을 비롯한 미국 정치인들에게 한국 문제는 일본을 압박하기 위한 카드였을 뿐, 한국 독립에 관한 관심을 가질 이유가 없었다.[61] 서재필은 워싱턴 군축회의 참여 시도를 통해 세계열강이 한국 문제에 주목하게 되는 성과를 거두었다고 교민 사회에 보고했지만,[62] 이 회의에 모든 것을 걸었던 서재필로서는 지극히 실망스러운 결과였다. 그리고 좌절한 서재필 앞으로 더 큰 시련이 닥쳐오고 있었다.

## 파산과 재기

1919년부터 한국통신부와 한국친우회를 맡아 미주 독립운동에 적극적으로 참여하게 되면서 서재필은 필립제이슨상회를 거의 돌볼 수 없었다. 3·1운동 직후 필라델피아 한인대회를 개최할 때까지만 해도 서재필은 옛 독립협회 지도자로서 후배 세대에게 미주 독립운동의 방향을 제시하고 자신에게 익숙한 출판·홍보 사업을 맡아서 측면 지원만 할 생각이었다. 하지만

---

[60] 김도태, 앞의 책, 291쪽. 일본 통치정책의 변화는 이미 1920년부터 진행된 것으로서, 워싱턴 군축회의의 기여라고 본 김도태의 설명은 인정할 수 없다.
[61] 1921년 9월 24일자 서재필 편지를 받은 하딩 대통령은 관심을 기울이지 않았다. 국사편찬위원회 엮음, 『대한민국임시정부자료집』 18권(구미위원부 II), 국사편찬위원회, 2007, 58~59쪽. '백악관에서 국무부로 보내진 서재필의 편지', 1921년 9월 26일.
[62] 이정식, 『구한말의 개혁·독립투사 서재필』, 서울대학교출판부, 2003, 338~339쪽.

서재필의 역량은 청년 세대들과는 비교될 수 없이 컸다. 서재필이 직접 나서지 않고는 미국 엘리트 집단에 대한 선전전이 진행될 수 없었다. 그렇게 맡게 된 사업이 임시정부의 공적인 일인 까닭에 서재필은 자신의 사적인 일보다 그것들을 우선 수행하지 않을 수 없었다.

1919년부터 서재필은 월간 영문잡지 편집, 동부에서 서부까지 도시들을 오가는 강연 활동에 주력했다. 1921년 구미위원부와 한국위원회 활동을 맡게 되면서부터는 필라델피아와 워싱턴을 오가며 외교 활동에 많은 시간을 바쳐야 했다. 서재필은 그 활동에 필요한 자금의 일부를 사비로 충당했다. 처음 한국통신부를 맡게 되었을 때는 급여를 받지 않는 방식으로 다른 직원의 인건비를 대고 잡지를 발간할 수 있었지만, 1921년 6월부터 구미위원부로부터의 자금 지원이 끊기면서 잡지 발간 비용은 그대로 서재필이 감당해야만 할 부채가 되었다.

더구나 1921년 7월부터 이듬해 2월까지는 워싱턴 군축회의 준비에 오히려 더 많은 시간과 비용을 들여야 했다. 엎친 데 덮친 격으로, 디머에게 맡겨 둔 필립제이슨상회의 경영 상태도 악화 일로를 걸었다.[63] 군축회의가 종료된 1922년 2월 경제상의 이유로 한국통신부와 한국친우회 사업이 종료될 것을 예고하면서, 서재필은 만 3년간의 재미 독립운동의 리더 역할에서 물

---

[63] 파산에 대한 서재필의 심정을 알 수 있는 회고를 들어 보자. "일희일비의 감루(感淚)를 뿌리며 필니(필라델피아)에 모인 재미동포대표대회(1차 한인대회)의 청에 의하여 전미주에 구두로 지면으로 선전사업을 시작했었다. 원래 선전사업이란 비용이 많이 드는 법인데 천 명이 못 되는 재미 조선인의 가난한 힘으로서는 도저히 필요 되는 금액을 충당할 수 없었다. 설상가상으로 그 소수의 동포 중에 파쟁이 일어나니 선전사업 시작한 지 5~6개월 만에 동포에서의 기부금은 중단되어 버렸다. 그러나 시작한 사업을 일조(一朝)에 폐지할 수는 없었다. 그래서 그야말로 독수(獨手)로 잡지 발간으로 전국 회답(廻踏)의 순회강연으로 수삼 년을 지내고 나니 돌보지 못한 상업은 전패(全敗)되어 적수(赤手)의 거지가 되어 버렸다." 서재필, 「합병에서 독립까지 - 창창 40년의 풍상기」, 『삼천리』 속간 2호(6월), 1948; 최기영 엮음, 『서재필이 꿈꾼 나라』, 푸른역사, 2010, 325~328쪽에서 재인용.

러날 수 있다는 의사를 처음 공개했다. 필립제이슨상회의 비용으로 근근이 간행되던 『한국평론』이 1922년 7·8월호로 종간되면서 서재필의 한국통신부 사업은 공식적으로 종료되었다.[64]

1922년 가을 이후 미주 독립운동의 핵심부에서 스스로 물러나기는 했지만, 그렇다고 해서 서재필이 독립운동의 현장에서 완전히 떠난 것은 아니었다. 여전히 그는 한국 독립을 열망하는 시민 자격으로 한국과 미국의 언론에 활발히 투고하여 민족의 과제를 제시하고 후배 독립운동가들을 격려했으며, 심지어 파산 직전까지도 활발한 강연 활동을 통해 미국인들에게 한국 독립의 당위성을 홍보했다.[65] 정확히 말하자면, 서재필은 독립운동에서의 역할과 성격을 리더에서 고문으로 스스로 바꿔 간 것이다.

워싱턴을 떠나 필라델피아로 되돌아갔을 때 서재필은 59세의 노인이 되어 있었다. 경영 정상화를 위해 필립제이슨상회 사업장 위치를 시내 외곽으로 이전하여 비용을 줄여 보기도 했지만,[66] 한 번 기운 사세를 되돌릴 수는 없었다. 1924년 봄 필립제이슨상회는 끝내 파산에 이르렀다. 조국의 독립이라는 공적 목적과 기업의 경영이라는 사적 목적이 함께 달성되기가 현실적으로 쉽지 않음을 서재필의 실패 사례를 통해 알 수 있다. 서재필은 얼마 후 그 두 영역 모두에서 성공을 거두게 될 청출어람과 만나 재기를 도모하게 된다.

---

[64] 1921년 여름 이후『한국평론』간행 비용은 서재필의 사비가 투여되었고, 개인 자금이 마른 다음인 1922년 5월 이후부터는 필립제이슨상회의 비용으로 처리되었다. 임창영 저, 유기홍 옮김, 『위대한 선각자 서재필 박사 전기』, 공병우글자판연구소, 1987, 197·207쪽.

[65] '이병두에게 보낸 편지'에 드러난 서재필의 일정에 따르면, 1923년 2월 15일에는 '미국혁명의 딸들' 필라델피아 지부에서 연설을, 그 주 일요일에는 코넬 대학(뉴욕주 이타카 소재)의 공개 토론회에 각각 나섰다. 국내 언론 보도에 따르면, 서재필은 1923년 6월 26일 시카고에서 열린 제1회 북미대한유학생대회에 초청받아 권면하는 연설을 하기도 했다. 『동아일보』 1923년 10월 12일. 1924년 가을에 구미위원부가 활동을 재개하면서 서재필이 고문으로서 활동했다는 기사로 보아(『동아일보』 1924년 11월 13일, 1925년 2월 16일), 이 시기에도 자문 역할은 계속 수행한 것이 확실하다.

[66] 이정식, 앞의 책, 347쪽.

20년간 경영했던 회사를 잃은 충격에서 고통받던 서재필에게 기회를 제공한 것은 훗날 유한양행 창업자로 이름을 알리게 될 청년 유일한이었다. 그는 1919년 제1차 한인대회에 참석해서 '한국 민족의 목표와 열망을 담은 결의문' 작성 위원으로 활약했는데, 이때 처음 서재필과 접한 후 그 열정과 공정함에 매료되어 1922년까지 한국통신부와 한국친우회 활동을 비롯한 미주 독립운동에도 적극적으로 참여했다.[67] 서재필이 독립운동에서 물러나던 1922년에 유일한은 미국 내 중국인들이 숙주나물을 선호하는 것에 착안하여 이를 통조림으로 가공하는 라초이 식품회사La Choy Co.를 설립하여 큰 성공을 거뒀다. 서재필이 1924년 한 신문에 "2년 전에 미국 서부 큰 도시에서 식료품 제조하기를 시작하여 비상한 성공"을 거둔 조선 청년을 소개했는데,[68] 그가 바로 유일한이었다.

　　유일한은 선구자 서재필의 헌신을 가까이에서 지켜보면서 기업 경영이 단순히 개인의 치부致富 수단이 아니라 공적인 목적에 이어져 있어야 의미가 있다는 교훈을 얻었다. 유일한은 독립운동 자금 마련을 위해 안정적인 수익을 낼 수 있는 회사를 운영할 필요가 있다는 서재필의 오래된 생각에 호응하여 1925년 4~5월 사이에 한국과 미국 사이의 물품 무역을 주로 하게 될 유한주식회사Ilhan New & Company를 새로 설립하기로 했다.[69]

　　재기를 모색하던 서재필에게 뜻밖의 기회였다. 유일한의 자금 여력이 충

---

67　평양에서 기독교계 상인 가정에서 태어난 유일한은 9세 때 도미하여 미시간 대학교를 졸업하고 제너럴일렉트릭에 근무하다가 1922년 미시간 대학교 동창 월레스 스미스(Wallace Smith)와 함께 라초이 식품회사를 설립하여 큰 성공을 거뒀다. 1926년 귀국 계획에 따라 라초이의 지분을 30만 달러에 정리했다. 1925년 서재필과 함께 유한주식회사를 설립하였고, 1927년 귀국하여 유한양행을 설립했다. 1939년 다시 도미했다가 해방 후 귀국하여 유한양행을 당시 최대 약품회사로 발전시켰다. 이 책에서는 '柳' 성을 변경된 호적예규에 따라 '류'로 일괄 표기했지만, 유일한의 경우는 현재 쓰임새를 따라 '유'로 표기했다.

68　『기독신보』 1924년 6월 18일.

69　안춘식, 「유일한의 기업활동과 경영전략」, 『경영사학』 9집, 1994, 52~56쪽.

분했지만, 유한주식회사는 자본금 2만5천 달러 가운데 1만7천 달러를 한인들의 출자액으로 채웠다. 특히 한인 유학생들을 판매원으로 고용하고 그 이익금 가운데 일부를 재투자하게끔 하여 이들이 장기적으로 학비와 생활비를 스스로 조달하는 데 도움을 주고자 했다. 이런 방식을 도입하는 데는 서재필과 유일한 모두 고학생으로 청년기를 보냈던 경험이 작용했을 것이다.

유한주식회사의 사장은 서재필, 전무는 유일한이 나눠 맡았으며 정한경(부사장)과 이희경李喜儆(서기)도 경영진에 포함되었다.[70] 초창기 유한주식회사는 필라델피아에 본사를 두고 디트로이트에 분점을 두고 있었는데, 서재필이 필라델피아를 맡고 유일한이 디트로이트를 맡은 것으로 보인다. 1926년 1월에는 디트로이트 분점이 대성공을 거둬 큰 건물로 영업장을 이전할 정도였고, 자본금을 5만 달러로 두 배 늘릴 계획까지 세웠다.[71] 1926년 2월부터 디트로이트가 본점이 되었는데, 2월 말에 열린 주주총회에 서재필이 불참한 것으로 보아,[72] 그 전에 서재필은 자신의 역할을 다했다고 판단하고 이미 경영 일선에서 물러날 뜻을 밝힌 것으로 보인다.

## 운동세력의 단결 촉구 - 범태평양회의

이미 사업가로 성공한 유일한 곁에 서재필이 머물 필요는 없었다. 유일한은 본격적으로 중국과 조선에서의 물품 수입과 주문생산에 전념하기 위해 3월부터 라초이 식품회사 경영에서 물러나 유한주식회사에 전념했다.[73] 서재필은 유일한이 중국과 만주 방문 이후 한국 사업에 관심을 두고 있다는 것을 알게 되었다. 실제로 1927년 초에 유일한은 라초이 식품회사 지분을

---

70 『신한민보』 1925년 4월 30일, 1926년 3월 11일.
71 『신한민보』 1926년 1월 14일.
72 『신한민보』 1926년 2월 25일.
73 『신한민보』 1926년 3월 18일.

정리한 대금 30만 달러와 유한주식회사 수익금을 합친 50만 달러의 자본금으로 한국에 유한양행을 세웠다.74 현재까지 유한양행의 로고로 사용되는 '버들표'는 서재필의 작은딸 뮤리엘이 조선으로 귀국하는 유일한을 위해 직접 제작해서 선물한 것이다.75 유일한은 한국에 있고 서재필이 이미 1926년 봄부터 경영에서 물러난 까닭에, 유한주식회사의 경영은 정한경이 떠맡아야 했지만, 그 역시 경영에는 관심이 없었다. 초창기 발기인들이 모두 경영에서 물러난 유한주식회사는 곧바로 경영 위기에 봉착하여 불과 반년 만인 1927년 가을에 주주총회에서 폐업을 논의하고 1928년 4월에 청산절차를 밟았다.76

파산과 재기로 심신이 지쳐 있던 이 기간에도 서재필은 동포들의 요청에 부응해서 민족을 위해 단속적으로 활동했는데, 범태평양회의The Pan-Pacific Union에 미주 대표로 참석한 것이 대표적인 보기이다. 범태평양회의는 태평양 연안 국가들의 번영과 평화를 목적으로 1917년에 하와이 호놀룰루에 본부를 두고 창립된 민간 협의체로서, 1921년 8월 제1차 범태평양교육대회, 10월 제1차 범태평양기자대회, 1922년 10월 제1차 범태평양상업대회 등을 개최했다. 그런데 미국 YMCA 주축으로 각국 대표들이 개인 자격으로 참여하여 역내 현안을 토론하는 협의체 결성을 도모했고, 그 과정에서 태평양문제연구회Institute of Pacific Relations가 주관하는 제1차 태평양회의 개최가 논의되었다.77

---

74   당시 교민 언론에 따르면, 유일한은 유한주식회사의 동양 사업을 위해 경성에 파견되는 형식으로 한국에 귀국했다. 계획에 따르면 유일한은 경성과 미국을 오가며 무역에 전념하고 경성에 미국 물품 판매를 위한 상회를 세우기로 했다. 『신한민보』 1927년 1월 20일. 유일한은 경성에 별도 법인인 유한양행을 세웠지만, 7~8년이 지난 시점까지도 교민들은 여전히 경성의 그것을 '유한회사(유한주식회사)'로 인식했다.
75   뮤리엘은 프리랜서로 유한주식회사의 중국 주문생산 물품의 디자인에 참여하기도 했다. 〈독립기념관 자료〉 '1-B00411-014'.
76   『신한민보』 1927년 11월 3일, 1928년 4월 26일.

1925년 7월 1일 호놀룰루에서 첫 대회 개최가 예정되면서, 국내·외 민족운동가들도 관심을 기울이기 시작했다. 민간 주도의 국제회의로서 강제력 있는 결과를 기대할 수는 없었지만, 국제대회에서 한국의 사정을 알리는 좋은 기회였던 까닭에 당시 기독교계 민족운동 계열과 우파 민족운동 단체들을 대표하는 신흥우, 송진우宋鎭禹, 김양수金良洙, 유억겸兪億兼, 김종철金鍾哲이 한국대표단으로 파견되었다. 이 소식을 전해 들은 하와이 교민 사회도 따로 해외 한인청년회 대표를 파견하기로 했다. 하와이 민단은 얼마 전까지 외교활동을 대표했던 서재필에게 고문 자격으로 참석해 달라고 요청했다.[78] 이때까지도 이들은 서재필이 힘든 시기를 보내고 있다는 것을 몰랐던 듯하다. 국내 대표단의 외교 경험이 부족했기 때문에 노련한 서재필의 존재가 필요했을 것이다.

서재필이 교민단의 초청을 수락했던 1925년 2월에는 아직 유한주식회사 설립 계획이 없었을 것이다. 만약 그가 사장이었다면 사업 초기 바쁜 일정을 소화해야 했던 서재필이 두 달 가까이 자리를 비워야 하는 한인 대표단 고문 역할을 수락하지는 않았을 것이기 때문이다. 서재필은 교민단과의 공적인 약속을 지키기 위해 사적인 비즈니스를 포기할 만큼의 책임감이 있었다. 약속 이후 유한주식회사 업무를 맡았지만, 무역·판매회사의 특성상 설립 이후에도 수입 물품 발주 단계까지는 잠시 시간을 낼 수 있었을 것이다. 유일한도 서재필의 활동을 격려했을 것이다.

파산 이후 의기소침했던 그에게 가족들은 하와이에서 잠시 휴식하라고 권했지만, 서재필에게는 이번 회의에 반드시 참석할 이유가 여럿 있었다. 30년 가까이 만나지 못했던 국내 인사들을 만날 기회였기 때문이다. 신흥

---

77 손세일, 「한국민족주의의 두 유형 - 이승만과 김구 44」, 『월간조선』 11월호, 2005, 560~591쪽.
78 『신한민보』 1925년 2월 26일.

우를 통해서는 배재학당 협성회 제자들 소식도 들어 볼 수 있을 것 같았다. 당시 해외 민족운동의 중심지 역할을 했던 하와이 교민들을 직접 만나 격려하면서 잠시 침체한 독립운동에 활기를 불어넣어 줄 기회이기도 했다. 무엇보다도, 하와이 교민 사회를 장악하기 위해 세력 각축을 벌이고 있던 각 파벌을 달래서 서로 단합할 것을 직접 호소할 생각이었다.

**자료 3-4** 하와이에서 열린 범태평양회의(1925)의 한국대표단과 함께
왼쪽부터 유억겸, 김양수, 서재필, 윤활란(윤치호의 딸), 신흥우, 송진우
출처: 서재필기념회

파산 이후 생활비도 부족했기 때문에 서재필은 애초에 하와이 교민단의 경비 지원 약속 이행을 기다렸지만 5백 달러밖에 오지 않아 난처한 상황이었다. 다행히 안창호의 국민회와 흥사단이 나서서 부족분을 채우기로 했고,[79] 미주 각지의 교민들이 수백 원을 모금하기도 했다. 서재필은 하와이에 도착해서 틈틈이 각지의 교민회와 교회를 방문하여 그들을 격려하고 단결을 호소했다.[80]

---

[79] 『신한민보』 1925년 6월 11일. 『신한민보』에는 7월부터 10월까지 꾸준히 성금 답지 기사가 실렸다.

자료 3-5 안창호(오른쪽)와 함께
출처: 서재필기념회

태평양회의가 개회되자 서재필은 한국 대표단의 자격이 없다는 일본 대표의 주장에 미국 식민지임에도 필리핀에 참가 자격을 부여한 미국의 사례를 들어 비판하여 다른 참가국이 한국의 입장을 지지하도록 이끄는 데 공헌했다. 대회가 종료되고 한국 대표단이 귀국하기 전날인 7월 16일에 서재필은 이승만, 박용만 등 독립운동 지도자들을 초대하여 단합을 이끌고자 했는데 오히려 이들 사이에 불신이 깊다는 것만 확인하게 되었다.

위의 활동을 끝으로 서재필은 한국 독립운동의 대표 자격이나 중요 역할을 맡지 않았다. 하지만 만 61세의 노인 서재필이 여전히 기품 있게 국제회의를 이끌어나가는 품격과 서로 갈등하는 인물들을 공정하게 대우하는 풍모는 한국 독립운동사에서 오랫동안 기억되어야 한다.

## 생계를 위해 의학계로 복귀

파산한 서재필은 생계를 걱정해야 할 처지에 몰렸다. 어느덧 60대에 이른 서재필을 받아 줄 곳은 어디에도 없었다. 서재필은 22년 만에 의사 면허를 들여다보았다. 경제적인 이유로 떠났던 의학계에 경제적인 이유로 복귀한 것이다. 몰라보게 발전한 의학에 적응하기 위해서 노년의 서재필은 1926년 9월 펜실베이니아대학 의과대학원에 특별학생으로 등록했다.[81] 마지막

---

80   서재필의 교민 대상 강연이 성황을 이뤘다는 소식은 하와이 언론에 여러 차례 보도되었다. *Honolulu Star-Bulletin*, Jul 11, 1925.

남은 재산인 집은 학자금 마련을 위해 빌린 2천 달러의 담보로 잡혔다.

1년간의 재교육 기간에 서재필은 "하루 24시간 중의 다섯 시간은 연구실에 가서 일하고 또 다섯 시간은 살아가기 위해 일해야 하는"[82] 고된 생활을 이어가야 했다. 아마도 새로운 의학 지식과 기술을 익히면서 동시에 생계를 위해 외부 병원에서 수련의로서 일했던 듯하다. 수련 과정에서 서재필은 워싱턴의 한 병원과 존스홉킨스병원, 요오크 병원, 종두연구소 등에도 잠시 적을 둔 듯하다. 모든 교육과정을 마친 서재필은 필라델피아로 돌아와 폴리클리닉Polyclinic 병원에서 근무하다가 1929년에 암 치료 전문 진스Jeans 병원으로 옮겨 임상병리과와 방사선과 과장을 맡아 의사로서의 능력을 입증했다.

특기할 것이 있는데, 일반인이라면 공사 양 방면의 실패로 좌절했을 시기에도 무력감에 휩싸이거나 남을 원망하지 않고 묵묵히 자기 계발을 계속한 서재필의 당시 모습이다. 그런 정신력 덕분에 서재필은 『조선일보』와 『동아일보』의 투고 요청에도 활달하게 응할 수 있었다. 국내 민족언론과의 인연은 1924년에 시작되었지만, 독립운동 원로로서의 마지막 활동이었던 1925년 7월 태평양회의에서 송진우와 접촉한 다음 본격화했고 이후에는 안재홍이 적극적으로 나서면서 서재필은 1926~1927년 시기에 두 국내 신문을 통해 청년들에게 자립과 협동의 정신을 가르치고 산업 활동에 나설 것을 촉구할 수 있었다. 훗날인 1947년 여름, 1차 귀국기 활동을 정리하고 고국을 떠난 지 거의 반세기 만에 복귀하는 서재필에게 당시 국민이 열광한 데는 '풍운아 김옥균'의 후광보다는 1920년대까지도 국내 언론에 계몽적 논설을 자주 발표하며 옛 독립협회 지도자로서의 이름을 각인시킨 것이 작용했을 것이다.

미국에서 병리학 전문의 제도가 시행되면서 서재필은 1927년 11월에 필

---

81  서재필은 자신이 생계난에 있음을 인정했지만, 후원을 거절하고 홀로 설 수 있기 위한 시도로서 의과대학에 입학한다고 국내 언론에 밝혔다. 『동아일보』 1926년 11월 23일.
82  『조선일보』 1927년 3월 12일.

라델피아의 진스 병원에서 병리학 전문의 자격을 취득했다. 한국 출신으로서 첫 미국 전문의 자격 취득이다. 이후 서재필은 연구할 시간을 확보하기 위해 진스 병원의 병리과 수석 직위를 버리고 필라델피아 서부 레딩시의 성요셉 병원St. Joseph Hospital으로 옮겨갔다. 6명의 조수를 거느리고 병리학 연구를 이끌면서 서재필은 성 요셉 병원에서 1931년까지 세 편의 연구 논문을 발표했다.83 이 병원에서 서재필은 암 치료 전문가이자 임상의학 연구자로 명성을 쌓아갔다. 이 시기 왕성한 연구 성과를 보면, 의학계 복귀가 경제적 목적에서 비롯했음에도 불구하고 다시 흰 가운을 걸치면서 서재필은 청년 시절 병리학에의 학문적 관심을 되찾았다는 것을 짐작할 수 있다.

1932년에 서재필은 웨스트버지니아주의 찰스톤 종합병원Charleston General Hospital에 초빙되어 병리과장으로 2년간 근무하면서 두 편의 논문을 추가로 발표했다. 하지만 칠십을 바라보는 노인에게 근무와 연구의 병행은 쉽지 않았다. 1934년 봄에 서재필은 폐결핵에 걸렸고, 웨스트버지니아주의 파인크레스트 요양소에 머물며 치료를 받았다. 그해 7월에 집으로 돌아가서도 휴양을 계속했다.84 병의 성격 때문에 서재필은 당분간 무리한 일을 할 수 없었다. 1935년 서재필은 펜실베이니아주 체스터 병원Chester Hospital 피부과 과장으로 근무했는데, 체력이 떨어진 상태에서는 오래 일할 수는 없다는 것을 확인했다.

건강이 허락하는 단 하나의 선택지는 개인병원 개원이었다. 우연히 서재필의 와병 소식을 접한 『신한민보』 뉴욕 통신원과 한 기자가 가슴 절절한 취재 기사를 실어 교포들에게 도움을 촉구했다. 기자는 서재필이 갑신정변의 혁명가이자 한글로 된 『독립신문』의 창간자이며 독립운동 가운데 외교

---

83  *Reading Times(Pennsylvania)*, Jul 12, 1929.
84  서재필이 몬태나 교민이 보낸 성금에 감사를 전하는 편지 속에 스스로 밝힌 와병기이다.

선전 부문에 크게 기여한 사실을 차분히 설명하고 나서, '음수사원飲水思源'의 마음으로 서재필 박사를 돕자고 제안했다.

> 한국의 혁명당인 우리는 서재필 박사를 숭배하는 것이 당연하고 한국 글로 출판하는 신문지의 주필이나 독자는 서재필 박사를 숭배하는 것이 당연하고 또 외교 선전에 종사하는 우리는 서재필 박사를 숭배하는 것이 당연하고, 그뿐만 아니라 서재필 박사는 류미留美 학생의 원로이니 고로 이 나라에서 공부하는 학생들은 '음수사원'의 도리를 안다면 서재필 박사를 공경하는 것이 당연하고. (……)
> 
> 이제 서재필 박사 구조 사무 진행을 위하여 이 아래 몇 가지 의견을 제출합니다.
> 1. 뉴욕 재류 동포는 서박사구조위원회를 조직하여 각지 동포의 구조금 모집 및 그 구조 사무를 장掌할 일.
> 2. 미, 포(하와이), 묵(멕시코), 큐(쿠바) 각지에 있는 한인 각 단체, 국민회, 동지회 및 기타 단체는 각기 관할 구역 및 그 범위 내에서 의연금을 거두어 뉴욕 위원회로 보낼 일. 단체가 없는 지방과 단체에 속하지 않은 개인은 각기 편의를 따라 할 일.
> 3. 각지 재류 동표는 서 박사에게 간단한 위문서를 보내어 그 병중의 회포를 위로할 일.
> 4. 각지 신문·잡지는 이 일을 고취·촉진할 일.[85]

기사가 실리자마자 뜻밖에 벽지에 가까운 몬태나주 뷰트 시와 인근 지역 동포들에게서 57원 50전의 성금이 답지했다.[86] 서재필로서는 이들에게 공

---

85 『신한민보』 1935년 1월 17, 31일. 이 제안에 대해 『신한민보』 주필은 자신은 미국적자인 서재필을 '숭배'하지는 않는다고 장문의 편집자 주를 달면서도 모금운동에 적극적으로 참여할 것을 주문했다.
86 『신한민보』 1935년 2월 7일.

개 감사 편지를 쓰면서, 자신의 병후와 장래 계획을 알렸다. 병의 성격 때문에 서재필은 더는 무리한 일을 할 수 없기에 개인병원을 열기로 계획했다는 것이다. 그리고 개원을 위해서 필요한 자금 2천 달러는 국내 인사에게서 빚진 돈을 받기로 했는데 그때까지 아직 답을 받지 못했다는 것까지 밝혔다. 무엇보다도 이 문제는 스스로 해결하겠다는 뜻을 분명히 밝혔다.[87]

국내에서 김성수金性洙와 동아일보가 각 1천 엔씩, 그리고 윤치호의 500엔과 모금을 보태 3천 엔 정도를 서재필에게 전달할 계획을 세운 것으로 보이는데,[88] 서재필이 이것을 믿고 있었는지 알 수 없고, 또 이 돈이 전달되었는지도 확인할 수 없다. 미주 교민들이 서재필이 병원을 개원한 후에도 작은 정성이나마 서재필에게 '동정금'을 전달한 것을 보면, 개원 초기까지는 경제 사정이 어려웠을 것으로 짐작된다. 한동안 의학에 몰두하느라 10년 가까이 독립운동 현장에서 한 걸음 물러나 있던 자신을 교민들이 잊지 않았다는 것에 서재필은 감동했을 것이다. 장년기에 고국의 독립에 소용된 자금은 그렇게 그의 노후를 위해 되돌아왔다. 개원할 곳을 물색한 서재필은 이듬해인 1936년에 가족이 십여 년간 거주해 온 미디어Media에서 가까운 체스터시에 실험실까지 갖춘 병원을 마침내 개원할 수 있었다.[89]

대공황의 충격에서 서서히 벗어나기 시작했던 미국의 거시경제 상황 덕분에 서재필의 병원도 자리를 잡기 시작했다. 지역 공립·사립학교의 담임 의사를 맡아 신망을 얻은 것도 도움이 되었을 것이다. 과거 필라델피아에서

---

87  『신한민보』 1935년 2월 21일.
88  윤치호 저, 박정신 옮김, 『국역 윤치호 영문 일기』 9권, 국사편찬위원회, 2016, 492쪽 (1935년 5월 14일).
89  현봉학, 「의사로서의 서재필」, 현종민 엮음, 『서재필과 한국민주주의』, 대한교과서주식회사, 1990. 필자는 서재필의 개원 시기를 1936년 연말경으로 본다. 근거는 『삼천리』 1937년 1월호에 실린 '저명인사일대기(앙케트)'에 서재필이 당시 여러 대학에서 강의하고 있다고 답한 데서 찾을 수 있다. 서재필의 답변 시점이 11월 중순 또는 하순이었을 것이므로, 개원은 그 이후인 연말쯤이었을 것이다.

그랬듯이, 지역 사회에 대한 공동체적 참여와 헌신이 개인 사업에도 도움이 된다는 것을 서재필은 잘 알고 있었다. 게다가 서재필은 늘 성실했고 병리학적 전문성이 높았다. 이를 바탕으로, 서재필은 얼마 후 병원을 거주지인 미디어시로 옮긴 듯하다. 그의 병원은 마침내 크게 성공하여, 보조 의사를 채용했을 정도였다. 참고로 1947년 서재필의 2차 귀국기에도 그의 병원은 보조 의사에 의해 계속 운영되었다.

개원 이후 오랜만에 서재필과 부인 뮤리엘은 안정된 생활을 누릴 수 있었다. 파산과 함께 필라델피아를 떠나 거주하던 미디어시에서도 이제는 조금 더 쾌적한 중간층 거주 지역으로 이주했다. 즐거움도 잠시, 1941년 8월 아내 뮤리엘이 먼저 세상을 떠났다. 서재필의 의학 복귀를 누구보다 기뻐했던 뮤리엘은 의사로서 서재필 병원의 성공을 확인한 다음 비로소 숨을 거뒀다. 예전에 병원의사로 일할 때 모은 돈으로 투자한 주식이 대공황으로 휴지가 되었을 때 뮤리엘의 상심이 컸는데, 남편의 개원 자금이 사라져서였을 것이다. 그런 아내의 죽음 앞에서 서재필은 공적 책임감 때문에 가정을 소홀히 했던 것에 대해 미안해했을 것이다.[90]

노년의 심리적 과제를 자아 통합으로 제시한 에릭슨의 관점에서, 서재필의 노년은 자신의 일생의 생애가 직업적으로서나 민족적으로 가치 있었다는 것을 확인한 행복한 통합의 시기였다고 볼 수 있다. 그러나 서재필은 통례의 노인들과는 달랐다. 그는 끝없이 도전했다. 자신의 의학 수준이 떨어졌다는 점을 솔직히 인정하고 60대의 나이에 손자뻘 되는 청년들 틈에 껴서 병리학의 최신 이론과 실험 기법을 배워 전문의가 되었다. 70세 무렵에는 대표적인 의학저널에 다섯 편의 학술 논문을 발표하기도 했다. 개인병원 운

---

[90] 서재필이 아내의 죽음을 알리지 않았기 때문에 10월 중순에야 비로소 그 소식이 교민 사회에 알려졌다. 『신한민보』 1941년 10월 23일.

자료 3-6 노년의 서재필 부부
출처: 서재필기념회

영도 크게 성공했다. 진료실에 들어설 때마다 서재필은 고학생 시절을 떠올리며 직업으로서의 의사가 갖는 의미를 되새겼을 것이다.

생업이 안정되는 1930년대 후반 들어 서재필은 다시 독립운동의 원로로서 민족의식을 일깨우는 글을 적극적으로 발표하기 시작했다. 『독립신문』 사설을 제외한다면, 현재 남아 있는 서재필의 글은 대부분 이 시기에 발표되었다. 그리고 의사로서의 개인적 지향과 개화·독립운동가로서의 공적인 책무는 1947년 2차 귀국을 통해 마침내 성공적으로 통합되었다.

뮤리엘은 워싱턴의 콜럼비안대학교 재학생 시절의 동양인 서재필을 운명의 사랑이라 여겨 친족의 반대를 무릅쓰고 결혼했다. 잘 알지 못했던 조선이라는 나라에서 뜻하지 않게 신혼 생활을 보낼 것을 알고도 서재필의 귀국 계획을 응원했고, 미국으로 돌아와서 이후 사업가이자 독립운동가의 아내로서 서재필을 내조했다. 3·1운동 소식을 듣고는 손수 기도문을 지어 각지 교회에 보내 미국의 주류인 기독교계에 한국 독립 여론을 환기할 만큼 열정도 있었다.[91] 파산 이후 실의에 빠진 서재필이 의학에 복귀하도록 입학금을 내기 위해 기꺼이 마지막 재산인 집을 담보로 제공했다. 제이슨상회가 파산하며 빚 1만 달러를 갚기 위해 4년간 점심 식사비를 절약하며 끝내 부채를 청산한 것도 뮤리엘이었다.[92]

---

91 『신한민보』 1919년 5월 22일.

## 경제관의 변화와 성숙

앞서 5장에서 서재필 청년기 경제관념의 핵심은 개인의 경제적 자립이 국가의 정치적 독립에 직결된다는 생각, 곧 사인의 경제적 활동이 공적인 영역의 진보를 끌어낸다는 당시의 자유주의 사회개혁론에 이어져 있다고 평가했다. 개화가 필수적이었던 1890년대의 시점에서 서재필의 이러한 경제관념은 사회 진보에 효과적이었다.

그런데 그러한 자유주의 경제관은 의도하지 않게 사회관계에서 우승열패를 정당화하고 국가 관계에서 제국주의 질서를 정당화하기도 했다. 서재필은 조국이 식민지로 전락하는 것을 멀리서 지켜보면서 냉혹한 국제 질서를 깨달았고, 20년간 경영한 회사의 파산을 통해 자유경쟁의 가혹한 책임을 체험했다. 더구나 1920년대 후반부터의 경제 위기가 대공황으로 이어지면서 자유 자본주의의 거대한 실패를 목도하면서, 서재필은 기존의 자유주의적 경제관념을 극복하고 대신 국가의 역할을 강조하는 케인즈주의의 관점을 수용하게 되었다.

서재필의 경제관념 변화의 기점은 1930년대 이후로 볼 수 있다. 1920년대 재미 독립운동 참가로 서재필이 건재함을 알게 된 국내 언론은 적극적으로 그에게 투고를 요청했는데, 비록 자신이 파산을 경험했을지라도 여전히 서재필은 당시 식민지 조선의 저발전 상황을 고려하여 자유주의적 경제관에 기초한 논설을 발표했다. 개인 기업보다 더 큰 자본을 조달할 수 있는 주식회사를 설립할 것을 촉구하고,[93] 협동 사업을 하기 위해 신뢰와 우의를 쌓기를 권하는 점에서,[94] 자본주의의 활력과 기업가의 도전 정신을 강조하는

---

92 손금성, 『회고 서재필』, 칼빈서적, 1995, 23쪽.
93 『신민』 1926년 1월.
94 『조선일보』 1927년 1월 26일.

자유주의의 관점을 유지했다는 것을 알 수 있다. 그런데 미국이 1930년대 경제 위기를 극복하는 과정에서 시장의 실패를 인정하고 국가의 역할을 강화하는 것을 지켜보면서 서재필의 경제관념 역시 변화하기 시작했다.

이 시기 서재필은 국가의 시장 규제를 정당화하고 부의 불평등 문제에 적극적으로 개입하여 국가를 정의로운 체계로 만들어야 한다고 주장했다.[95]

> 2,500만 내지 3,000만 대중이 이 물자 풍요한 미국에서 의식에 주리고 있어 정부와 자선단체와 부호의 기부로 생명을 계속하는 모순적 현상이 있으니 이는 하고何故인가. (……) 과거 2년간 정부는 실업구제사업에 80억 불을 벌써 비費하였고 금년에는 50억 불을 더 요구하였다. 루스벨트 씨는 이 50억 불로써 공공건축 사업에 투投하여 도시 빈민주택의 개조, 국도의 수선, 조림·하안축방河岸築防 등 대규모한 건축 등 공사를 기도하는 것이니 현재 정부에서 의식을 공급하는 350만 실업자는 이런 공사에 취직할 것이다. 자선慈善에 생활하기를 원하는 자는 없을 것이며 또는 거대한 수입이 있는 국세의 사용 방도를 국민에게 지시하는 재료도 될 것이다. (……) 이것은 이 나라에서 처음으로 설립되는 자비의 법안이니 과거 5개년간 공황의 나머지에 각성한 도의심의 선물이다. 여사如斯한 진화는 미국 국가 생활에 있어 인류 발달상 일 계단을 답踏한 것이다. 그 인류애의 정신 이외에 그런 법률은 쟁쟁한 경제법칙이며 반란에 대한 방어책이다.[96]

소논문에 가까운 이 체계적인 글에서 서재필은 미국 경제사를 요약하고 당시 프랭클린 루스벨트Franklin Roosevelt 대통령의 경제정책의 핵심을 설명하고 있는데, 특히 주목할 것은 서재필이 루스벨트의 국가 개입 정책을 "자비의 법안", "도의심의 선물", "인류애의 정신"으로 높게 평가하고 있다는 점이

---

95　*The New Korea*, May 13, 1937.
96　서재필, 「재류 오십년간 미국사회의 동태」, 『중앙』 4월, 1935, 165~168쪽.

제3부 독립과 건국의 길　265

다. 경제를 과학 법칙으로서 간주하지 않고 대신 도덕과 자비라는 인간성의 관점에서 설명했다는 것만으로도 당시 서재필이 자유주의 경제학의 신화에서 얼마나 벗어났는지 알 수 있다.

나아가 이 글은 기업가들이 그러한 변화를 수용해야 하는 현실적 이유로 혁명이나 반란을 막기 위해서라는 점을 제시하고 있다. 혁명이라는 급진적 변화를 막기 위해서 서재필은 자연법칙이기도 한 진화, 곧 점진적인 변화의 필요성을 주장하는데, 경제상의 진화는 바로 인간성과 도의심의 수용에 있다고 전제했기 때문이다. 국가의 시장 규제를 정당화하고 부의 불평등 문제에 개입하여 국가를 정의로운 체계로 만들어야 한다는 경제관념의 변화는 자연스러운 것이었다.

이렇게 변화한 경제관념을 바탕으로 서재필은 해방 이후 건국 도정의 국민에게 공공적 가치와 이익 추구가 균형을 이루는 경제인의 이상을 제공할 수 있었다. 그에게 영향을 받은 청년 유일한은 서재필의 신념을 실제 자신의 기업 경영에 반영하기도 했다. 이처럼 기업 경영과 공적 가치를 자연스럽게 관련시키는 기업인의 존재는 그 사회가 기업을 장려하고 기업인을 존경하게 만드는 조건을 형성한다.

제9장

# 다시, 자유의 종을 울리고

　미국이 2차 세계대전에 참전하자 78세의 노인 서재필은 징병 검사관으로 자원하여 1942년 1월부터 1945년 4월까지 3년 4개월간 봉사했다.[97] 군의감 도서관에서 공직 생활을 시작했고 군의관으로서 참전도 했던 서재필에게 전쟁 기간 중 복무는 당연한 일이었다. 종전까지 2천 명이 넘는 징집 병사를 진찰한 공로로 서재필은 1945년 1월 미국 국회 훈장과 트루먼Harry S. Truman 대통령의 표창을 받았다. 미국 시민으로서도 서재필의 삶은 모범적이었다.

　미국의 참전은 일본의 진주만 기습에 의해 촉발되었다. 1905년 가쓰라-태프트 밀약 이후 갈등 속에서도 유지되었던 미국과 일본과의 관계가 이제 파국으로 치닫게 된 것이다. 서재필은 이 전쟁에서 미국의 승리를 의심하지 않았다. 이는 단순히 두 나라의 공업 생산력의 차이 때문이 아니다. 서재필에게 이 전쟁은 과거 연합국이 독일의 체코 병합을 묵인하고 일본의 만주 침략을 인정한 것 같은 비겁한 회유책이 실패했다는 것을 깨닫게 되면서 이제 그 실책을 만회하여 정의를 달성하려는 과업으로 인식된 까닭이었다.[98]

---

[97]　서재필, 「한국독립에 있어서의 미국의 역할」, 『월간 아메리카』 1권 8호, 1949; 최기영 엮음, 『서재필이 꿈꾼 나라』, 푸른역사, 2010, 333~335쪽 수록.

### 49년 만의 귀국

　미국의 실책 가운데 가장 오래된 것은 일본의 한국 병합을 묵인한 일이다. 미국의 승리는 그 실책을 바로잡을 기회이다. 그런데 과정은 단순하지 않았다. 미국은 일본에 빠른 항복을 받아내기 위해서 또다시 실책을 저지를 수 있다. 미국에 한국은 관심 대상이 아니었다. 문제는 일본 패망 이후 과연 한국이 독립할 수 있는지에 있었다. 서재필은 1919년부터 4년 가까이 미국 정치인과 시민 대상의 활발한 선전전을 전개해서 주류 사회에 상당한 호응을 불러일으킨 경험이 있었다. 그러나 그때의 열기는 이미 사위어든 지 오래였다.

　미국은 전쟁 승리와 전후 질서에만 관심이 있었기 때문에 한국을 희생시킬 수도 있다. 유럽과 태평양에서 전쟁을 치르는 미국으로서는 승리를 위해 소련의 협조가 필수적이었다. 프랭클린 루스벨트 대통령은 국제연합 결성을 구상하고 국제연합 주도의 국제 질서 하에서 소련과 공존하며 평화를 실현할 수 있다고 믿었다. 하지만 나치 독일이라는 공동의 적이 사라지면서 반反파시즘 연대도 해체의 길로 들어섰다. 미국의 상대는 공산주의 세력의 확대를 위해서는 어떤 야만적 행위도 서슴지 않는 소련이었다. 영민한 지도자들도 흔히 전체주의 세력들과의 협상에서 실패하곤 하는데, 과거 그들을 다뤄본 경험을 절대화하는 우를 범하기 때문이다.

　루스벨트는 미증유의 경제 위기를 불러온 대공황을 극복했을 뿐만 아니라 막강한 독일 · 일본과의 전쟁을 승리로 이끈 20세기 최고의 정치가였다. 하지만 그 역시 노회하면서도 잔인한 독재자 스탈린과 전후 질서를 협상하는 실수를 범했다. 루스벨트의 환상을 이용하여 스탈린은 동유럽의 공산화를 인정받고자 했다. 한술 더 떠서 극동 전선 참전 대가로 스탈린은 한반도 전역을 공산주의 세력권 안에 둘 생각까지 품게 되었다. 목전의 패배를 앞

---

98　『국민보』 1942년 9월 23일. 〈독립기념관 문서자료〉 'GM19420923203-01'.

두고도 옥쇄로 저항하는 일본군을 확실히 패퇴시키기 위해, 1945년 2월 루스벨트 대통령은 얄타회담에서 소련의 요구를 모두 수용하는 결정적인 실수를 저질렀다.

40년 전 가쓰라 - 태프트 밀약 체결을 모른 채 망국을 막기 위해 헛된 노력만 했던 이승만은 1945년 5월 초순 공산당에서 전향한 러시아계 인물에게서 미국이 얄타회담에서 일본과의 전쟁이 끝날 때까지 조선을 소련 영향 아래 두기로 비밀리에 약속했다는 이야기를 전해 듣고 이를 미국 언론에 폭로했다. 국제연합 창설을 위해 약소국을 희생시켰다는 비난이 크게 일면서 한국문제가 언론에 오르내리는 기회가 됐지만, 확실한 근거 없이 '얄타밀약설'을 제기한 이승만은 미국과 한국 독립운동 세력 양쪽에서 비난을 받기도 했다.

1945년 4월 루스벨트의 사망으로 대통령직을 승계한 트루먼은 동유럽의 공산화를 지켜보고서 소련을 경계하기 시작했다. 미국의 한반도 정책 전환을 모색했지만, 얄타에서의 전임자의 실책을 되돌리기에는 너무 늦었다. 독일이 항복하고 나서 유럽에서 극동으로의 이동 시간을 핑계로 차일피일 참전을 미루던 소련은 일본이 미국의 원자폭탄을 맞고 전의를 상실하자마자 기다렸다는 듯이 만주와 한반도로 진격했다. 소련군의 진격 속도에 놀란 미국이 뒤늦게 북위 38도선을 분할점령 선으로 제의하고 이에 소련이 동의하면서 한반도에 미국과 소련의 군정이 각각 실시되었다. 서재필의 우려대로, 미국은 자신의 실책을 만회하기 위해 그들의 관심에서 벗어나 있는 한국이라는 나라의 운명을 담보로 잡게 된 셈이다.

서재필이 미국에서 지켜본 한국의 상황은 아직 절망적이지 않았다. 서재필은 국내 언론과 접촉할 때마다 귀국 의사를 분명히 밝히며 자신이 한국 독립을 위해 봉사할 힘이 아직 남아 있다고 했다.[99] 소련군이 무력으로 조

---

99  해방 직후 서재필은 워싱턴 구미위원부 활동을 재개하면서 귀국 의사를 밝히기도 했다.

만식을 비롯한 기독교 민족주의 진영을 탄압하고 김일성金日成을 앞세워 불과 반년 만에 실질적인 공산당 지배 체제를 완성했지만, 미군정과 남한의 정치 세력은 기본적으로 통일독립국가 수립을 지향하고 있었다. 그런데 1945년 세모에 전해진 모스크바삼상회의 결의사항인 신탁통치에 반대하여 민족주의 세력이 총궐기해서 반탁운동을 전개하면서 미군정은 곤란한 상황에 빠졌다.

해방 직후 잠시 기세를 올렸던 남한의 공산주의 세력은 박헌영朴憲永이 몰래 북행하여 소련의 지령을 받아 찬탁 입장으로 돌변하면서 국민의 신임을 잃고 해방정국의 주도권까지 상실했다. 1946년 5월의 정판사위폐사건으로 지하화한 남로당은 9월 총파업과 10월 1일의 대구폭동을 일으켜 사회를 혼란에 빠뜨렸다. 미군정의 국립서울대학 설치령을 기화로 학원을 장악한 좌익 학생들의 맹휴와 이어진 좌우 학생 간 폭력으로 대학도 위기에 빠졌다. 1946년 3월부터 열린 1차 미소공동위원회美蘇共同委員會(아래에서 '미소공위'로 줄여 씀)가 반탁운동 단체의 참여 반대를 주장한 소련에 의해 곧바로 결렬되고 나서 미군정은 좌우파의 타협을 통해 난국을 돌파하려고 했다.

미군정은 당시 남한의 좌우 정치 세력 중 합리적인 인물이었던 여운형과 김규식을 중심으로 좌우합작위원회를 운영했는데, 이들이 몇 달간의 조정 끝에 10월에 합의한 '합작 7원칙'을 좌우 각각의 대세인 남로당과 한민당이 거부하면서 이마저도 실패로 돌아갔다. 미군정으로서는 돌파구가 필요한 시점이었다. 귀국 의지와 무관하게 서재필의 귀국은 이러한 정세 안에서 여

---

『자유신문』 1945년 10월 19일. 다만 이승만과 김구 등 임정 요인의 귀국 관련 소식에 묻혀 있었을 뿐이다. 1947년 여든네 살 노인 서재필의 귀국 목적이 정치적 야심에 있다고는 그 누구도 생각할 수 없었다. 서재필의 귀국 의사는 이듬해에도 간접적으로 확인된 바 있다. 『대한독립신문』 1946년 9월 24일. 당시 『대한독립신문』에 서재필의 근황을 전한 이는 하와이 대한인국민회 부회장 출신으로 해방 후 미주 교민대표로 귀국한 최두욱이었다.

러 가지 의미로 해석되었다.

좌우 합작에 소극적이었던 이승만과 김구를 견제하기 위해 미군정은 서재필을 귀국시키고자 했다. 1946년 8월 미군정청 사령관 하지(John R. Hodge) 중장은 1차로 국무성에 서재필 귀국 여부를 타진했다가 기각당했다. 하지만 1946년 9월 14일 남조선민주의원은 하지 사령관에게 서재필을 미군정 고문으로 임명할 것을 결의했다. 이를 발의한 김규식은 순수하게 그때 나이 여든셋의 서재필이 죽기 전에 해방된 조국의 땅을 밟는 꿈을 실현해 주고 싶었다. 독립운동의 최고 원로이자 세력 간의 당파심을 버리고 단합을 강조하던 공평무사한 서재필의 존재가 해방 이후의 난국을 헤쳐가는 데 도움이 되리라고 생각한 김규식은 미군정에 끈질기게 서재필의 귀국을 요청했다. 이에 부응하여 미군정은 1947년 1월 워싱턴에게 서재필과 차녀 뮤리엘의 한국행을 공식 요청했다.[100] 하지는 3월 초 업무차 워싱턴에 들렀을 때 시간을 내서 서재필과 면담하며 군정의 고문 업무를 맡아달라고 요청하는 성의를 보였다. 서재필은 오십여 년 전 1차 귀국 때처럼 정치가 아닌 교육의 임무만을 수행하겠다고 답하며 귀국 요청을 수락했다.[101]

그런데 서재필은 3월을 지나 4월에 이르러서도 귀국하지 못했다. 서재필이 하지 중장과 함께 3월에 귀국할 예정이라는 기사를 쏟아냈던 국내 언론들은 그의 귀국 계획이 중지되자 그의 건강 이상설을 흘리기 시작했다. 사실은 그렇지 않았는데, 미국 육군의 이승만 지지 세력이 하지에게 서재필이 노약하여 한국에 갈 수 없다고 거짓 정보를 제공해서 미군정의 계획이 중단된 것이다. 이 사실을 알아차린 서재필의 대처는 매우 적극적이었다. 서재필은 5월 초에 직접 AP통신 소속 해리스 기자와 인터뷰를 자청하고, 자신이

---

100  이정식, 『구한말의 개혁·독립투사 서재필』, 서울대학교출판부, 2003, 360쪽.
101  김도태, 『서재필 박사 자서전』, 을유문화사, 1972, 298쪽.

매일 10시간 이상 업무를 수행하고 있다고 소개하며 넌지시 미 국방성의 판단이 잘못되었음을 지적했다.102 임창영은 펜실베이니아주의 연방 하원의원 채드윅E. Wallace Chadwick이 미국 육군 장관에게 이 문제를 직접 항의하고 나서 서재필의 귀국이 가능했다고 서술했는데,103 서재필이 병원을 개원했던 체스터시에서 주로 활동했던 점과 관련 언론 보도를 고려할 때 그것은 사실일 가능성이 크다. 확실한 것은, 앞서 AP통신과의 회견에서 보듯이, 서재필 스스로 귀국 의지가 강했기 때문에 국내·외의 방해 요소를 극복할 수 있었다는 사실이다.

1947년 6월 중순경 서재필과 뮤리엘은 마침내 한국행을 허락받았다. 서재필의 직급은 공무원 15급CAF Grade 15이었고, 뮤리엘은 비서(공무원 6급) 자격으로 부친을 수행했다.104 샌프란시스코에서 윌리엄 와이글General William Weigel 호를 타고 태평양을 건넌 부녀는 요코하마에서 배를 갈아타고 6월 말에 통영에 입항해서 이틀간 휴가를 보낸 다음, 마침내 7월 1일 오후 2시 인천 부두에 도착했다. 갈매기만 맞이했던 1차 귀국 때와 달리, 해방된 조국의 항구에는 혼잡을 우려하여 미리 1백 명으로

**자료 3-7** 차녀 뮤리엘과 함께(1947)
출처: 서재필기념회

---

102 『자유신문』1947년 5월 6일.
103 임창영 저, 유기홍 옮김, 『위대한 선각자 서재필 박사 전기』, 공병우글자판연구소, 1987, 233쪽. 관련 내용을 밝힌 지역 신문 기사도 근거이다. *Delaware County Daily Times*(Chester, Pennsylvania), Jun 4, 1947.
104 미국 공무원 직급은 1급에서 18급까지 있는데, 숫자가 높을수록 고위직이다. 15급은 행정 고위직이고, 6급은 대졸 신입 공무원 수준이다. 독립기념관 소장 '미군정 고문 근무 허가서'에 따르면 서재필의 연봉은 1만 달러였다.

제한한 환영객이 49년 만에 조국을 찾은 노투사를 위해 도열해 있었다.[105] 배에서 내리며 우리말로 "반갑소"라고 인사한 서재필은 김규식을 비롯한 환영객들과 굳은 악수로 인사를 나눴다. 환영객 가운데는 서재필의 친족 10여 명도 포함되어 있었다. 서재필은 몇몇 신문이 자신의 귀국 목적이 이승만 견제에 있다고 보도한 것을 이미 알고 있었다. 하지 중장이 제공한 자동차 편으로 서울에 도착한 서재필은 조선호텔에 숙소를 마련했다. 이튿날에 이승만과 김구는 서재필을 예방했다.

이틀 후 7월 3일 중앙청(미군정 본청) 회의실에서 귀국 기자회견이 열렸다. 서재필은 자신이 권한이 없는 사람이지만 조선 사람들을 위해 기회가 있는 대로 하지 장군에게 의견을 전달하는 고문역에 충실하겠다는 생각을 표명했다. 하지만 서재필은 미군정 고문으로서보다 한국의 정치 원로로서 역할을 했다. 당시 한국인들에게 그의 귀국은 '노투사의 귀환'이었다.

**자료 3-8** 서재필 귀국을 환영하기 위해 도열한 인사들(1947년 7월 1일, 인천)
출처: 서재필기념회

---

105 『중앙신문』 1947년 7월 2일.

## 무엇이 문제인가

이날부터 서재필은 군정청 3층 206호에서 미군정 최고고문이자 남조선 과도정부 특별의정관으로서 공적 업무를 수행했다.[106] 미군정은 국민에게 존경받는 서재필을 통해 미국의 정책에 대한 우호적 태도를 이끌 수 있을 것으로 생각했다. 오랫동안 독립운동에서 홍보와 선전을 담당했던 서재필에게 아주 적합한 업무였다.

7월 12일 서울운동장에서 개최된 환영대회에서 서재필은 장맛비를 뚫고 운집한 2만여 명의 청년들에게 미리 준비한 우리말 원고로 연설했다. 일본이 물러나고도 아직 독립하지 못해 아쉽지만, 앞으로 국민이 일치단결하여 국민을 사랑하는 정부를 세워달라는 요지였다. 환영회 실황은 라디오로 전국에 생중계되었다.[107] 이후 8·15 2주년 기념식을 비롯한 각종 행사에서 서재필은 점차 또렷한 우리말로 건국의 요체에 관해 강연했다.

서재필은 현재 미군정이 한국 국민의 신망을 잃은 이유를 군정청과 한국 국민과의 소통이 부족한 데서 찾았다. 서울에 진주할 때까지 미군정은 한국 사정에 밝지 못해서 몇몇 실수를 저질렀는데, 김구를 비롯한 임시정부 세력들은 미군정에 대한 쿠데타를 계획하기조차 했고 이승만은 미국에서 하지 장군이 공산당을 비호한다고 공격하며 그의 해임 운동을 벌일 정도였다. 공산주의 계열의 집합체인 남로당과 북한은 위조지폐를 찍어내는 등 여러 불법 조치로 미군정의 강경 대응을 초래했고, 남로당 불법화 정책에 맞서 대구폭동을 일으키기까지 했다.

미국이 한국인을 낮춰보아서 그 말에 귀를 기울이려 하지 않았던 데서 이

---

[106] 귀국 직후 일부 신문기사에 중앙청 '207호'로 알려졌지만, 이후 언론 기사에서는 서재필 집무실을 일관되게 '206호'로 기록하고 있다.

[107] 『동아일보』 1947년 7월 12일, '라지오'에 '하오 1시. 서재필 박사 환영대회 실황 중계'로 예고되어 있다.

사달이 났다. 2차 미소공동위원회를 둘러싼 국내외 갈등이 심화하고 있던 시점에서, 한국의 정치·사회단체들의 이념 지향을 정확히 파악해야만 그것에 맞춰 미군정의 정책에 제대로 자문할 수 있다고 서재필은 판단했다. 1947년 7월 17일 최고고문 서재필의 실질적인 첫 업무는 미군정 여론국을 통해서 2차 미소공위에 협의 대상으로 참가 신청한 국내 단체들이 답할 질의서를 만드는 일이었다. 질의서에서 질문 부분은 다음과 같다.

1. 귀하와 귀하의 단체는 남북이 하나의 독립된 민주한국정부 밑에 통일되는 것을 주장하십니까?
   가. 만일 그렇다면, 시간 낭비와 혼란을 가져오지 않고 통일을 달성하기 위해 한국 국민이 선택해야 할 최선의 방책은 무엇이라고 생각하십니까?
   나. 만일 그렇지 않다면, 그런 통일을 원치 않는 이유를 밝혀 주십시오.
2. 귀하와 귀하의 단체는 순수한 민주정치, 다시 말해서 유권자 대다수가 국민투표로 국가의 각 문제를 결정하는 민주주의를 주장하십니까?
3. 귀하와 귀하의 단체는 한국의 경제정책에 관해 무엇을 주장하십니까? 귀하는 개개인 시민들에 의해 이익이 추구되는 자유 기업제도를 원하십니까? 아니면 모든 사업체와 산업체가 공공관할과 정부의 지시를 받는 사회주의 이론을 원하십니까?
4. 전에 일본정부나 일본인들이 소유하거나 지배했던 재산을 어떻게 하기를 원하십니까?
5. 귀하는 민주국가에서 소수의 권리의 불가침성을 믿으십니까?
6. 개인의 자유에 대한 귀하의 정의는 무엇입니까?[108]

---

[108] 〈독립기념관 자료〉, '1-B00544-038'. 임창영 저, 앞의 책, 247쪽의 번역을 따랐음.

질의서는 기본적으로 참가 신청 단체의 이념 성향을 측정하기 위해서 작성되었다. 그런데 표면적인 목적을 넘어서는 문항이 있다는 것을 통해서, 서재필이 1947년 여름의 정국을 어떻게 진단했는지, 그리고 그의 민주정치론의 핵심이 무엇인지에 대해 어느 정도 추론할 수 있다. 우선 1번 질문은 현안과 관련된 것으로서, 서재필은 당시 초미의 관심사였던 우익 계열 일부의 미소공위 재개 반대 여부와 근거를 알고 싶었다.

여기에는 복잡한 배경이 있다. 1차 미소공위는 한국 임시정부 수립 목적으로 설치되어 1946년 5월에 개회되었지만, 소련이 모스크바삼상회의 결의인 신탁통치를 반대하는 남한 정당·사회단체의 참여 배제를 고집하여 실패로 끝났다. 1차 미소공위 결렬 이후 우파는 더욱 복잡하게 분화됐는데, 이승만과 김구는 단정 불가피성 인정 여부로 사이가 벌어졌고, 김규식은 중간파로 전향해서 미군정의 정책에 협력하기 시작했다. 2차 미소공위가 개최되자 중간파와 좌파단체뿐만 아니라 이승만과 김구 직계를 제외한 우익단체 대다수가 세력 확장을 위해 적극적으로 참여하여, 참가신청서를 제출한 단체만 모두 425개에 이르렀다.[109] 귀국 직후 이를 알게 된 서재필은 미군정의 공위 대책에 도움을 주기 위해서 먼저 이 단체들이 통일과 분단에 대해 어떻게 생각하는지에 대해 알고 싶었다. 적산(귀속재산) 불하에 대한 국민의 의견을 묻는 4번 문항도 미군정의 현안에 대한 것이었다.

자료 3-9 서울운동장에서 시구하는 서재필
서재필은 1896년 국내에서 열린 미국인의 야구 경기에 중견수로 출전하기도 했다.
출처: 서재필기념회

---

[109] 참가 신청 단체는 남한이 425개였고 북한이 36개였다.

자료 3-10 독립문 건립 50주년 기념식(1947년 11월 16일)
출처: 서재필기념회

자료 3-11 미군정청 회의실에서 안재홍(민정장관)과 헬믹 대령(군정장관 대리)과 함께
출처: 서재필기념회

 그런데 이어지는 2, 3, 5, 6번 문항은 건국 이후 정치체제에 관련된 것으로서 미군정 정책 자문과는 무관한 것이다. 서재필은 귀국 전후에 공개적으로 자신의 귀국 목적이 국민교육에 있다고 말했는데, 이 질문들은 그 목적을 위해 필요한 내용이었다. 이 질문에 대한 답변을 통해 서재필은 당시 사회단체 구성원들의 이념 지향과 선호 정책을 파악할 수 있는데, 이를 바탕으로 국민교육의 내용과 수준을 정하는 데 도움을 얻을 수 있다. 서재필은 미군정 공식 질의서 작성 과정에서도 주도적으로 자신의 귀국 목적을 관철했던 셈이다. 문항별로 분석하면 서재필의 실제 정치적 지향도 알 수 있다.
 우선, 2번과 3번 문항은 향후 정치체제에 관한 것으로서 서재필이 우려하는 것이 무언인지 은연중 드러내고 있다.[110] 2번 문항은 정치제도에 관한 것으로서, 대의제를 경유하지 않는 인민민주주의에 대한 국민의 선호도를 묻고 있다. 3번 문항은 작게는 자유기업과 국유기업, 크게는 자본주의 시장질서와 국

---

[110] 1946년 군정청 여론국에서 정치체제 및 헌법제정과 관련된 설문조사를 실시했는데, 국민들은 계급독재에 대해서는 강하게 거부하면서도 경제체제로는 사회주의를 선호했다. 『동아일보』 1946년 8월 13일. 이러한 설문 결과는 저발전 농업국가 국민의 일반적인 선호를 반영한 것으로서 1948년 이후 이승만이 한민당의 반대를 무릅쓰고 토지개혁을 강행하게 되는 요인 가운데 하나로 작용했다.

가 주도 사회주의 가운데 국민이 무엇을 선호하는지에 대한 것이다. 서재필은 1930년대 이후 시장에 대한 국가의 규제를 긍정했지만, 대의제에 기초한 자유 자본주의를 원칙으로 하고 시장 참여자들이 해결하지 못하는 문제들에 대해서만 개입하는 보충성의 원리에 따랐다.

특별히 관심을 기울여야 할 것은 5번과 6번 문항인데, 정치철학의 관점에서 이 질문은 자유민주주의를 옹호하는 측에서만 던질 수 있는 질문이기 때문이다. 민주주의에서 결정은 기본적으로 다수결에 따라야 한다. 하지만 다수의 결정은 흔히 소수의 견해를 억압하고 심지어 소수의 재산과 생명 등에 관한 본질적인 권리까지 침해한다. 반면에 자유민주주의는 표현의 자유를 보장하여 소수의 견해를 보호하고 다수의 결정으로부터 개인의 생명과 재산을 보호한다. 자유민주주의의 자유는 다수 또는 권력에 의해 폐지될 수 없는 본질적 권리이다.

육십 년간 미국에서 거주한 서재필은 민주주의가 제대로 작동하려면 제도도 중요하지만, 그것보다 앞서 민주적 문화가 존재해야 하고 그 문화는 독립적인 시민 계층에 의해 만들어진다는 것을 잘 알고 있었다. 따라서 서재필의 국민교육은 단순히 계몽에 그치는 것이 아니라 반세기 전 독립협회 운동에서 달성하지 못했던 조선 사회 습속 변화의 목표를 향해 다시 나아가는 데 있었다. 1895년 겨울 귀국 때처럼 1947년에도 서재필이 귀국 목적을 국민교육으로 못을 박은 것도 바로 그 때문이었다. 달라진 것이 있다면, 교육을 위한 매체가 신문이 아니라 라디오였다는 점이다.

## 라디오 토크, 민주주의를 가르치다

서울중앙방송(경성방송국)은 1947년 9월 12일부터 매주 금요일 저녁 7시 15분에 서재필의 라디오 토크 '국민의 시간' 프로그램을 편성·송출하여 시민에게 민주주의 정치에 관한 교육 기회를 제공했다. 평생 조국을 위해 애썼던 서재필에게는 장차 대한의 국민이 될 이들을 대상으로 계몽 강연을 하던 이때가 가장 보람찬 시간으로 기억되었을 것이다. 그런데 서재필의 라디오 토크가 당시에는 인상적이었음에도 막상 그 실제 모습을 알 수 있는 자료는 거의 남아 있지 않다. 프로그램의 기획 과정이나 편성·제작 과정도 전혀 알 수 없고, 정확한 방송 일정과 목록도 알 수 없다. 아래 사항은 필자가 관련 자료들을 분석·종합하여 라디오 토크의 실제를 구성해 본 것이다.[111]

**자료 3-12**  서울중앙방송의 '라디오 토크'
출처: 서재필기념회

---

[111] 서재필의 라디오 토크 관련 자료는 다음과 같다. (1) 손금성(『회고 서재필』, 칼빈서적, 1995)의 회고와 방송 강연 번역문 12개, (2) *My Days in Korea* 4부의 영문 원고 20여 편, (3) 임창영(앞의 책)의 회고, (4) 당시 일간신문의 라디오 방송 시간표 기사, (5) 독립기념관 보관 '서재필자료' 중 영문 방송 원고(타자본 수정) 사진본. (5)를 중심으로 다른 자료들과 대조하고, 원고 내용을 당시 정세와 관련해서 분석하면 라디오 토크의 실제에 접근할 수 있다. 서재필의 라디오 토크 방송 목록화 작업의 상세 과정과 내용은 필자의 다음 논문에 상세히 실려 있다. 이황직, 「서재필의 라디오 토크 '국민의 시간' 연구」, 『사회이론』 57호, 2020.

제3부 독립과 건국의 길   279

라디오 토크는 서재필의 초고 작성, 뮤리엘의 타자, 손금성의 우리말 번역, 서재필의 우리말 녹음, 방송 송출 등의 제작·방송 단계를 거쳤다. 손금성은 개성 출신으로 1926년부터 1933년까지 필라델피아의 하네만 대학에서 의학을 공부한 까닭에 서재필의 명성과 이력을 이미 알고 있었는데, 해방 후 적십자병원장과 조선의학협회(현 대한의사협회)의 초대 이사장을 맡아 분주하던 중에도 의학계 원로인 서재필의 영문 원고 번역 요청에 선뜻 응했다. 그동안 서재필이 영어로 말하고 손금성이 우리말로 동시통역하는 생방송이었다고 알려졌지만, 첫 방송을 제외하고는 15분 분량의 유성기반 녹음 송출이었다. 방송 초기 녹음 과정에서는 손금성이 방송국까지 동행하여 서재필이 번역한 원고를 제대로 녹음하는지를 점검하며 도왔다. 임창영의 회고에 따르면, 서재필은 적어도 1948년 3월 12일부터는 누군가의 도움없이 우리말로 라디오 토크 녹음을 진행했다는 것이 확인된다. 필자는 라디오 토크가 초기부터 서재필의 우리말 녹음 방송이었다고 본다.[112]

오해와는 달리, 2차 귀국기에도 서재필은 의사소통에 충분한 한국어 능력을 발휘했다. 귀국 첫날 서재필은 겨우 인사말만 가능했지만, 우리말 구사 능력이 급속하게 회복되어 열흘 만에 우리말로 짧은 연설을 할 수 있었다.[113] 노년기 서재필의 우리말 연설 능력을 보여주는 자료가 하나 남아

---

[112] 임창영 저, 앞의 책, 323쪽. 또한, 임창영의 첫 전기에도 서재필이 한국어로 더듬더듬 라디오 연설을 진행했다고 서술되어 있다. Channing Liem, *America's Finest Gift to Korea: The Life of Philip Jaisohn*, p.77.

[113] 1947년 7월 12일에 거행된 서재필 귀국 환영회 관련 기사는 이를 확인해 준다. (1) '서 박사는 50여 년 쓰지 않던 조선말로 유창히 "조선 나라를 세우는 것은 3천만 인민에게 달린 것이다. 일개 정당 일 개인의 의사로 되는 것이 아니다. 조선 국가는 3천만 인민의 의사가 반영되는 정부로서 수립되어야 한다"는 뜻깊은 답사'(『중앙신문』 1947년 7월 13일), (2) '서 박사의 답사로 들어가 시종일관 우레 같은 박수로 환영을 받아 서투른 한어(韓語)이나 조국 자주독립에 열렬한 포부를 피력한 바 있었는데, 그 요지는 다음과 같다'(『독립신문』 1947년 7월 13일). (3) '서투른 우리말로 답사'(『동아일보』 1947년 7월 13일). 필자가 기사를 현대어로 표기했음. 서재필은 크고 작은 모임에 참석하여 연설했

있다. 서재필은 1949년 미국에서 우리말로 녹음한 연설 "3·1절에 즈음하여 조선동포에게 고함" 음반을 고국에 보냈는데, 들어 보면 80대 후반의 노인이라고 믿지 않을 만큼 기백이 흘러넘쳤다.[114] 미국에 돌아간 지 6개월도 더 지난 시점의 연설 솜씨가 그 정도였다면, 국내 체류 중의 모국어 구사 능력은 그것보다 더 뛰어났을 것이다. 물론 라디오 토크가 초기 몇 회 정도 영어-한국어 통역으로 방송되었을 가능성을 아직 완전히 배제할 수는 없다. 하지만 한국인 대상의 시민교육이라는 방송 목적을 고려하는 연구자라면 처음부터 한국어로 방송했다는 필자의 추정에 동의할 수 있을 것이다.

이런 방식으로 제작된 라디오 토크 녹음 음반은 1947년 9월 12일부터 1948년 8월 27일까지 매주 금요일 오후 7시 15분부터 15분씩 방송되었다. 그 기간 일간신문의 편성표에서 서재필의 라디오 방송 강연이 드문드문 확인되고, 라디오 토크 스크립트로 추정되는 영문 원고도 다수 발견되었지만, 정확한 방송 순서, 일자, 제목에 관심을 기울인 연구는 없었다. 현재까지 알려진 자료를 교차검증하고 방송 전후 정세를 종합하여, 필자는 당시 서재필의 라디오 토크 '국민의 시간' 방송 목록을 다음과 같이 추정할 수 있었다.

---

는데, 대체로 한글 원고를 낭독한 것으로 보인다. 가장 확실한 것은 독립문건립50주년 기념식 연설(1947년 11월 16일)로서, 한 신문에 '회고문 낭독'이란 서술이 발견된다(『독립신보』 1947년 11월 18일). 이 글은 독립기념관 보관 사진본(검색번호 62번과 손금성, 앞의 책, 47~51쪽)에 모두 전하는 것으로 보아 손금성이 번역한 것으로 보인다. 1947년 해방2주년기념식 축사가 요약이 아니라 온전한 형태로 한 신문에 보도된 것을 보면(『독립신문』 1947년 8월 16일) 우리말 번역본이 언론사에 전달되었다고 볼 수 있다. 귀국 초기 연설은 영문 원고를 손금성 또는 그 밖의 인물이 우리말로 번역하여 서재필이 낭독하는 방식으로 진행된 것으로 판단하는 것이 적절해 보인다.

114   서재필 육성 녹음은 서재필기념재단에서 제공된다(http://jaisohn.org/korean/jaisohn-house). 손금성은 정부수립 후 한국을 떠나는 뮤리엘에게 녹음 음반 10여 개를 주고 자신도 10여 개를 보관했다가 전쟁 중 분실했다고 회고했다. 손금성이 처음 보관했다고 기억한 원고가 40개였던 데 반해 음반은 그 수가 20여 개에 불과했던 셈이다. 손금성, 위의 책, 34쪽.

표 3-1 서재필의 라디오 토크 '국민의 시간' 방송 목록(추정)

| 토크번호 | 제목 | 방송 일자 | 방송 일자/순서 추정 근거 |
|---|---|---|---|
| 1 | The Privileges and Responsibilities of Citizenship | 1947.9.12. | (#1) (손) 1947년 10월 |
| 2 | The Privileges and Responsibilities of the Public Official | | (#2) |
| 3 | How to Make a Living | | (#3) |
| 4 | The Agricultural Economy and the Industrial Economy | | (#4) |
| 5 | Personal Liberty | | (#5) |
| 6 | The Purpose of Political Parties | | * 원본 누락, 6번 원고로 전함 |
| 7 | Power | | (#7) |
| 8 | Spiritual Power | | (#8) |
| 9 | Money Power | | (#9) |
| 10 | Willpower | | (#10) |
| 11 | United Nations Commission on Korea (1) | 1947.11월 중순 | (#11) * 내용으로 일자 추정 |
| 12 | United Nations Commission on Korea (2) | (상동) | (#11) * 내용으로 일자 추정 |
| 13 | Korean People Must Be Prepared | 1947.11월 하순 | (#12) * 내용으로 일자 추정 |
| 14 | The Human Machine | | * 내용으로 순서(#13) 확정 |
| 15 | Health | | (#14) |
| 16 | The Digestive System | | (#15) |
| 17 | Human Life | 1947.12월 중순 | (#16) * 내용으로 일자 추정[115] |
| 18 | Christmas 1947 | 1947.12.19~26. | (#17) |
| 19 | The Year 1948 | 1947.12.26~1948.1.2. | (#18) |
| 20 | Is This War or Peacetime? | | (#20) |
| 21 | Habits and Thoughts | | (#21) |
| 22 | Isolationism | | (#22) |
| 23 | "우리의 현상은 어떠한가?" | 1948.3월 초순 | * 내용으로 일자 추정 |
| 24 | Korean Problems | 1948.5월 중순 | * 메모와 내용으로 일자 추정 |
| 기타1 | One World | (1947.9.1) | * 비정규 방송 원고 가능성 |
| 기타2 | Korea Needs an English-Language Periodical | | |

〈표 3-1〉에서 방송 일자가 추정된 것이 9개인데, 이는 전체 원고 24개의 절반에도 미치지 못한다. 하지만 우측의 '방송 일자/순서 추정 근거' 칸 아래에 기재한 토크 번호와 함께 읽을 경우에는 원고 대부분의 방송 일자를 대략 알 수 있게 된다.[116] 예컨대, 토크 번호 2번에서 10번까지 9개 원고는 방송 일자를 추정할 단서가 없더라도 원고에 적힌 토크 번호 차례대로 9월 중순부터 11월 초순까지 9주에 걸쳐 방송되었다고 추측할 수 있다. 의학 강의에 해당하는 14~16번 원고는 12월 초순 전후로 함께 묶여서 방송된 것으로 보인다. 20~22번 원고는 순서상으로 확실히 1948년 1월 이후에 방송되었을 것이다.

〈표 3-1〉의 목록을 주제별로 분류하고 내용을 분석하면 서재필 시민교육의 얼개를 그릴 수 있다. 토크 원고를 주제별로 묶으면 다음과 같다: ① 민주정치론(1, 2, 5, 6), ② 경제론(3, 4), ③ 사회개혁론(7, 8, 9, 10, 21, 22), ④ 의학정보(14, 15, 16), ⑤ 정세분석(11, 12, 13, 17, 18, 19, 20, 23, 24). 이 가운데, ①~④는 시민교육과 관련된 계몽적인 주제들이다. 정치, 경제, 사회문화, 과학 등의 주제 영역이 고르게 펼쳐져 있고, 그 세부 구성도 체계적이다. 이를 통해서 방송 개시 전부터 서재필이 시민교육 프로그램을 상당히 오랜 기간 숙고했다는 것을 짐작할 수 있다. 만약 1947년 겨울 이후 국제연합 한국임시위원단 활동 계획이 공표되지 않았다면, 비정기적인 성격의 정세분석 방송 원고인 범주 ⑤의 원고의 비율은 훨씬 더 낮아졌을 것이다.

---

115　백학순은 해당 원고가 장덕수 암살사건에 대한 비판을 담은 글로 해석하여 방송 일자를 1947년 12월 초순으로 추정했다. 백학순, 「서재필과 해방정국」, 서재필기념회 엮음, 『서재필과 그 시대』, 서재필기념회, 2003, 485쪽. 다만, 원고 집필, 번역, 녹음, 방송 등의 시간을 고려하면, 방송 일자는 그것보다 조금 늦을 것이다.
116　독립기념관 보관 서재필 자료의 라디오 토크 추정 원고 사진 본에는 토크 번호 앞에 'NO.'와 '#'가 혼용되었는데 번호가 겹치지 않는다. 〈표 3-1〉에서는 순서를 강조하기 위해 모두 '#'으로 통일해서 기재했다.

이러한 주제별 분류 결과는 서재필 라디오 토크의 성격과 목적이 미군정 선전에 있었다는 일각의 오해를 단번에 해소한다.[117] 2차 귀국 전후 약속대로 서재필의 활동은 시민교육이라는 목적에 충실했는데, 그 가운데 라디오 토크는 가장 최선을 다해 준비한 수단이었다. 민주주의 정치에 관한 이해가 부족했던 당시 상황에서 서재필의 라디오 토크는 마치 현재 방송의 교양 프로그램처럼 짧은 시간에 압축된 정보를 청중에게 전달하는 데 효과적인 교육 방법이었다.

라디오 토크의 실제 내용을 알기 위해서, 첫 방송 원고로 추정되는 "The Privileges and Responsibilities of Citizenship(「선량한 국민과 민주주의」로 번역되었음)"을 직접 읽어 볼 필요가 있다. 이 원고에서 서재필은 국가보다 시민이 우선한다는 자유민주주의의 기본 원칙과 함께 민주 국가의 시민에게 뒤따르는 책임의 원리도 강조했다. 시민은 경제적으로 독립된 존재일 뿐만 아니라 타인의 권리를 존중하고 협력해야 한다. 시민은 능력과 덕성을 갖춘 대표를 선출하는 정치적 책무도 갖는데, 이를 위해 사실과 선동을 구별하는 지혜를 갖춰야 한다. 그렇게 되면 법치에 대한 믿음도 갖게 된다.

원론 수준의 민주주의론이지만, 1947년의 시점을 고려하면 그 메시지는 매우 정치적이었다. 1890년대에는 전통 관습에 얽매인 백성을 시민으로 만들기 위해 계몽과 교육이 우선일 수밖에 없었다. 독립협회와 경쟁하는 다른 개혁 세력이 존재하지 않았기 때문이다. 따라서 1차 귀국기 활동에서 서재필은 백성에서 시민으로 각성한 당시 세대가 시간이 지나면 자연스럽게 자유와 민주주의를 추구하리라 믿었다. 하지만 정치 훈련이 되어 있지 않은

---

117   미국공보원은 단독선거를 홍보하기 위해 서재필 방송을 활용하고자 했다. 장영민, 「미국공보원의 5·10총선거 선전에 관한 고찰」, 『한국근현대사연구』 41집, 2007, 156쪽. 그러나 목록을 통해서 서재필의 라디오 토크가 처음부터 시민교육 목적에 충실했고 이후에도 일방적 선전을 하지 않았다는 것을 확인할 수 있다.

해방정국의 시민들은 자유민주주의 외에도 더 많은 선택지를 두고 혼란스러워했다.

식민지 시기부터 노동자와 농민들은 반외세와 구습타파를 외치는 공산주의 세력의 조직적인 선전에 자주 노출되었다. 사회경제적 개혁에 머뭇거리던 정파에 실망한 지식인들은 평등을 외치며 급진적 주장을 쏟아내는 좌파에게 호응했다. 자유에 따르는 불확실성보다 국가가 보장하는 행복이 더 정의로운 것이라고 믿었다. 해방정국의 시민은 책임이 수반되는 자유민주주의보다 인민이 곧 권력이라는 공산주의의 환상에 끌려가고 있었다. 비록 1946년 이후 미군정의 탄압으로 남로당 핵심부가 월북하면서 표면상 좌파 세력이 약화한 듯했지만, 기층 단위를 장악하고 있는 현장의 책임 '세포'들이 일으킨 분규와 폭동으로 사회는 여전히 혼란스러웠다. 우파 세력의 행태 역시 실망스럽기는 마찬가지였다. 좌파의 조직력에 맞선다는 명목으로 우파는 물리적 폭력을 정당화했다.

라디오를 통해 서재필은 이러한 혼란을 극복하기 위해서는 시민이 사태를 방관하지 않고 참여하고 협력해야 한다는 메시지를 던졌다. 자유민주주의는 시민의 선택에 따라 다양한 결과를 초래한다는 점에서 역사에 등장했던 정치체제 가운데 형식적으로 가장 복잡한 체제이다. 자유 외에는 어떠한 혜택도 정부가 보장하지 않는다는 점에서 내용상으로도 인기를 끌기 어려운 이념이다. 따라서 자유민주주의가 작동되기 위해서는 그것을 실행하는 주체인 시민의 지혜와 덕성이 상당한 수준에 이르러 있어야 한다. 첫 방송에서 서재필은 오십여 년 전 독립협회 운동의 목표가 시민과 민주주의의 탄생에 있었음을 재확인했는데, 1890년대 이후 개화에서 해방에 이르기까지 민족운동의 연속성을 강조하기 위해서였다. 반세기의 분투는 우리 민족이 민주주의 국가를 수립할 자격을 갖췄다는 것을 입증한다.

## 산업 부흥 없는 독립은 불가능하다

　건국 도정의 시민교육에서 두 번째 중요한 메시지는 경제적 독립에 관한 것으로, 대부분 산업 부흥의 필요성에 관한 것이었다. 한국이 당분간 농업 생산에 주력하는 것이 낫겠다고 언급한 적도 가끔 있지만, 서재필은 산업화를 통한 경제적 독립 기반 확충을 지향했다.

　농민이 대부분인 상황에서 정치 세력들은 단기적 인기를 위해 농업 위주의 현상 유지 정책을 추진하려는 유혹에 빠지게 된다. 국민이 전통적인 민본사상과 그 어휘에 익숙했기 때문에 농본정책의 매력은 매우 컸다. 하지만 농업 생산력은 자연에 의존할 수밖에 없고 그 소출조차 매우 적어 농민의 생계를 보장하기 어려웠다. 농본정책은 캠페인으로서만 유효할 뿐이었다. 서재필이 산업화를 권고한 것은 그런 담론이 득세한 상황을 타개하기 위함이었다.

　　　농업이 여전히 우리의 식량과 의복의 주된 원천인 것은 사실인 까닭에 농업을 기본 산업으로 간주하지만, 문명이 발달하면서 인간은 단순히 생활을 충족시키는 것을 넘어서는 다른 것들에 대한 욕구를 발전시키게 됩니다.
　　　(……)
　　　이러한 욕구와 요구를 충족시키기 위해 많은 산업이 발전했고, 많은 나라가 농업 경제에서 제조업 기반 경제로 움직여 갔습니다. 그 결과 기계가 인간의 수작업을 대신하게 되었고 전기가 인력을 대체했습니다. 전기를 이용하는 기계들은 더 좋은 물건을 더 빠르고 더 싼 가격에 더 많이 생산해낼 뿐만 아니라 부유한 사람과 가난한 사람 모두 일상에서 사용할 수 있을 정도로 막대한 양을 생산하는데, 이는 거대한 구매 수요를 창출합니다. 현재 소비되는 물자의 양은 막대해서, 미국에서는 대규모 생산자도 유통 상인들의 주문에 맞춰 물품을 공급할 수 없을 정도입니다. 쉬운 설명을 위해서 자동차를 예로 들겠습니다. 전국의 자동차 딜러들이 내는 주문량이 사상 최고치인 1천만 대에 달했지만, 제조업체 대부분은 올해 주문량의 1/5에 불과한 2백만 대만 인도할 수 있을 것으로 내다보고 있습니다.

현재 미국 시장에서 이처럼 수요를 따라가지 못하는 상품 종류가 수천 개에 달하지만, 1년이나 2년 안에는 생산 증가율이 소비 증가율을 따라잡을 것입니다. 이러한 수요가 발생하는 어느 곳에서나 일자리가 창출되는데, 특히 숙련공의 일자리가 더 늘어납니다. 현재 평균적인 숙련공은 주당 40시간 노동을 하고 약 100달러의 임금을 받지만, 비숙련공은 약 45달러를 받습니다. 이 액수를 현재 한국의 환율로 환산하면 상당히 높은 임금입니다.

농업 경제에서 산업 문명으로의 변화는 점진적이겠지만 틀림없이 일어나게 될 것인데, 한국에서도 그러할 것입니다. 수백 년 동안 겨우 연명할 수준의 경제적 조건에서 살아온 한국 국민들은 이제 그런 삶이 계속되는 것을 원치 않을 것입니다. 그들은 정치적 독립뿐만 아니라 경제적 자유도 원하고 있는데, 경제적 자유가 없이는 정치적 독립도 불가능합니다. 각 개인이 경제적으로 독립을 이루지 않으면 그 어떤 나라도 경제적으로 독립할 수 없는데, 모든 시민 각자가 자신의 노동력으로 생계를 이어갈 권리와 기회를 누려야만 하고 그 노력의 성과는 법과 공론으로 보호되어야만 합니다. 그러한 신호는 한국이 정치적 경제적으로 자유로운 국가의 지위를 얻을 기회를 알려 줄 것인데, 진심으로 바라건대, 한국 국민은 그 기회를 이용할 것입니다. 이번에 놓치면 다시는 기회가 오지 않을 것입니다.[118]

인용한 강연 원고에서 특히 주목할 것은, 서재필이 산업화의 경제적 효과만큼이나 산업화가 불러일으킬 '정치적' 효과에 주목하고 있다는 점이다. 산업화 과정에서 높아진 생산력만큼 근로자의 임금이 상승하면서 중간계층이 형성되는데, 이들은 정부의 수탈과 규제에 맞서 경제적 자유를 요구하게 된다. 전통사회에서 백성은 국가가 자신들의 재산을 수탈해도 저항할 수 없

---

[118] "The Agricultural Economy and the Industrial Economy," in *My Days in Korea*, pp. 366~367. 번역은 필자.

었지만, 산업화를 통해 형성된 중간계층은 중간단체를 조직하거나 자신들의 이해를 대변할 정치 세력을 지지하는 방식으로 경제적 자유를 지키고자 했다.

해방정국의 시민은 어떤 경제 체제도 선택할 수 있다. 그런데 한번 체제를 선택하면 그 결과는 오랫동안 지속된다. 개화기와 일제강점기를 거치면서 자본주의를 경험해 본 한국 국민일지라도 막상 경제적 자유가 갖는 혁명적인 정치적 의미를 아는 사람은 드물었다. 서재필은 시민의 권리와 책임을 강조한 정치적 메시지와 산업화와 경제적 자유의 중요성을 강조한 경제적 메시지를 통해서 시민이 자유민주주의 국가를 선택해야 하는 이유를 설명한 것이다.

1년 가까이 금요일마다 이어진 라디오 토크 외에도 서재필은 여러 정치 행사에 참석하여 직접 국민에게 이러한 생각을 알려 나갔다. 정치 행사 외에 특별히 서재필이 관심을 기울인 것은 단연 경제인과 만나는 자리였다. 조선산업재건협회 연설에서 서재필은 더 직설적으로 민주 정치가 제대로 실행되기 위한 전제조건으로서 경제 발전을 제시했다. 그에 대비되는 정치꾼들의 행태, 곧 각 정당을 기웃거리며 그럴듯한 명분이나 이념을 내세우고 선동에만 몰두하는 이들의 행태는 독립에 전혀 도움이 되지 않는다는 점을 들어 비판했다. 『서울신문』은 그 내용을 다음과 같이 요약했다.

> 50년 전 조선보다 오늘의 조선은 약간 발전되었으나 아직 발전의 정도는 미미하다. 조선에 와 보니 아무런 방향과 목적 없는 나라 같다. 수많은 사람들이 정치에만 떠들고 날뛴다. 할 일 없이 이 당 저 당 돌아다니며 소리를 높이고 걸핏하면 만세를 부른다. 그들은 누가 생활을 보장해 주는지 알 수 없는 일이며 만세만 불러도 우리의 독립에는 소용없는 노릇이다.[119]

---

119 『서울신문』 1947년 11월 7일. 이는 서재필이 이틀 전 조선산업재건협회에서 연설한 내용을 기자가 요약한 것이다.

조선이 세계에서 가장 가난한 나라라고 냉정히 지적하고 나서 서재필은 경제적으로 부흥해야만 독립된 국가를 유지할 수 있다고 덧붙였다.

> 조선의 인구는 세계 67개 중 열셋째라는 훌륭한 자리에 있으면서도 조선인의 부력富力은 끝으로 둘째인가 첫째라고 한다. 우리는 밥을 굶고서는 독립의 즐거움도 가질 수 없다. 우리는 먹고살아야 하며 도덕을 지킬 줄 알아야 한다. 우리가 일해 산업을 부흥시키고 도덕 있는 나라가 되면 유리(한 것)는 무력이 없어도 외력外力의 침입을 받지 않은 것이다. (……) 조선의 독립 발전은 오로지 산업의 부흥에 있는 것이다.[120]

민주주의와 산업이 동등하게 중요하다는 생각은 서재필의 라디오 강연과 행사 연설에서 일관되게 관철되었다. 민주주의에서 경제적 조건의 중요성은 현대 정치학에서 잘 알려진 내용이라는 점에서 새로울 것은 없다.[121] 그런데, 국민과 정치 세력들이 낭만적으로 독립을 바라보고 있던 그때 서재필이 독립하자마자 최빈국이 될 한국의 현실을 직시하고 민주 체제를 유지·발전하기 위해서 산업 부흥을 강조했다는 점에서 더욱 가치가 있다. 이러한 생각은 1948년 3월 한 신문에 게재된 시국관을 통해서도 확인할 수 있다.

> 조선에 정당이 수백 개가 있건만 그중에서 산업 건설을 위해서 진력하고 민생 문제를 해결하기에 열의를 경주하는 정당이 과연 몇 개나 되는지 나는 이것을 알지 못합니다. 자주경제의 수립 없이 독립이 있을 수 없다는 것을 소위 정치인들은 아는가 모르는가. 애란愛蘭(아일랜드) 사람들은 경제권 없이는 독립은 '산송장'이나 다름없다고 영국의 자치 권고를 거부한 것입니다.

---

120 『서울신문』 1947년 11월 7일.
121 아담 쉐보르스키 저, 임혁백·윤성학 옮김, 『민주주의와 시장』, 한울아카데미, 1997.

우리가 독립을 찾으려는 것은 삼천만 인민의 생존권을 확보하기 위해서인 것인데, 몇 개 정치인이 대통령이 되고 대신이 되는 대신 삼천만 인민이 비렁뱅이가 된다면 세상에 누가 그것을 독립이라고 볼 것인가? 오늘날 조선에는 민족은 있지만, 국가는 주인 없는 빈 땅인 것입니다. 도적이 들어서 재물을 빼앗아가도 이것을 막을 사람도 없고 이것을 목격하는 사람도 없는 것입니다.

나는 친애하는 동포들에게 어서어서 '자각'을 가지라고 호소합니다. 한 사람 한 사람이 국가의 주인이 되라고 외칩니다. 이 박사, 김구 씨를 사랑하는 것이 애국심이 아니라 국토를 사랑하고 동포를 서로 사랑하는 것이 애국심이라는 것을 깨달아야 합니다. 국토를 사랑하고 동포를 사랑하는 길은 무엇인가? 그것은 병자와 어린이와 노인들만을 제외하고는 한 사람 빠짐없이 남자나 여자나 모두 직장으로 나가서 일하는 것입니다. 남의 피를 빨아먹고 사는 '이'나 '빈대'가 되지 말고 자기의 땀을 흘려서 먹고사는 신성한 사람들이 되어야 합니다. 국가가 부유해지면 동포가 배부르게 먹고 따뜻하게 입고 자유스럽게 평화스럽게 살 것이요, 국토가 윤택하고 찬란한 광채를 발할 것이니 여기에 있어 애국심은 본연의 자태를 나타내는 것입니다.[122]

건국 도정에서 최우선 과제는 경제 문제 해결이다. 그래서 국민은 남녀 불문하고 근로하여 독립적으로 생계를 꾸려나가야 한다. 이는 누가 정권을 잡게 되든 상관없이 중요한 과제이다. 경제적으로 자립할 수 있어야만 독립의 의미가 있다. 그런데도 사람들이 일하지 않는 데는 이유가 있다. 왜냐하면 일하는 사람보다 그들이 생산한 것을 수탈하는 사람들이 더 위세를 갖는

---

[122] 『신민일보』 1948년 3월 14일. 최기영 엮음, 『서재필이 꿈꾼 나라』, 푸른역사, 2010, 349~359쪽 수록. 단, 필자는 『신민일보』 원본을 구할 수 없어서, 『조선중앙일보』 1948년 3월 17일, 「서재필 박사 시국관 - 독립은 피 흘려 찾는 것이다」(下) 기사를 대조해서 인용했다. 『조선중앙일보』 3월 16~17일 자에 분재된 이 기사는 본래 『신민일보』에 실린 서재필과 신영철 사장의 대담기 중 이승만 비난 대목이 큰 이슈가 되면서 재차 게재한 것으로서, 신영철의 질문 부분이 빠진 채 서재필의 답변 부분만 실렸다.

조선시대의 관념이 남아 있기 때문이다. 이승만이니, 김구니 특정한 인물에만 충성하는 것을 애국이라고 떠들어대는 사람들로 서울은 넘쳐났다. 그렇게 해서 누군가 집권하면 또 거기에 빌붙어 한자리하려 든다. 무위도식하는 정치 패거리들은 땀 흘려 생산한 사람의 경제적 성과를 갈취하면서도 그것을 부끄러워하지 않게 된다. 이런 현상을 없애기 위해서라도 일자리가 필요한 것이다. 기회가 있을 때마다 서재필은 당시 청년들의 실업 문제를 언급하며 새 정부가 들어서서 가장 먼저 할 일은 청년 일자리 만들기라고 강조했다. 고국을 떠나면서도 서재필은 정치 세력들이 거창한 이념보다 현실적인 경제 문제에 관심을 두도록 촉구했다.[123]

서재필이 산업을 강조하는 또 다른 이유는 그것이 민주주의와 공산주의를 가르는 기준점이기 때문이다. 남북이 갈라지게 된 세계사적 배경이 두 진영 사이의 대결에 있다는 것은 누구라도 알고 있었던 사실이다. 서재필은 민주주의 진영의 편에 서서 국민의 경제적 자유가 민주주의 정치와 연결된다는 것을 차분히 설명했다.

> 세계국가들 사이에 화합과 협력이 결여한 기본 이유는 그 정치적 이념이 다르기 때문입니다. 민주주의와 공산주의는 생활필수품의 풍부한 생산이 최대 다수의 최대 행복을 가져다준다고 믿는데, (따라서 이 점에 대해서는 두 이념이 다르지 않습니다.) 그 생산을 어떻게 하고 산물을 어떻게 분배할 것인지에 대해서는 뚜렷한 차이가 있습니다. 민주주의는 이러한 목적을 달성하기 위해 이윤이라는 동기를 옹호하는 데 반해 공산주의는 강압을 사용합니다. 오늘 방송의 목적은 이러한 정치철학의 장점과 단점을 토의하는 것에 있지 않고, 어떤 국가들 사이에는 이 같은 차이가 존재한다는 것을 지적하는 데 있습니다.
> 
> 민주주의에서 정당한 정부는 피치자의 동의를 통해 권력을 획득한다고

---

[123] 『한성일보』 1948년 8월 29일.

생각하고 공산주의 이론은 국가 기구의 의지가 국민의 의사에 우선한다고 생각하는 것이 두 이념의 근본적인 차이입니다. 민주주의 국가는 그 국민의 이익을 위해 각각 다른 정강을 펴는 여러 정당이 있는 데 반해 공산주의 국가에는 공산주의를 신봉하고 따르는 단 하나의 정당만이 존재합니다. 이처럼 이들 국가에서 표현되는 민주주의의 정의는 무척 다릅니다. 한쪽에서는 다수의 의지가 우선하지만, 다른 한쪽에서는 독재나 전제군주와 마찬가지로 국가 기구의 의지가 가장 중요합니다.[124]

민주주의와 공산주의의 차이는 경제 영역에서 두드러지기 때문에 서재필의 설명도 여기서 시작한다. 두 이념이 경제제일주의인 공리주의적 경향을 공유하기 때문에 생산을 극대화하고자 한다는 점에서는 일치한다. 하지만 민주주의는 시장 자유를 통해 경제 행위자의 이윤추구 동기를 권장하는 데 반해, 공산주의는 강제력을 독점한 국가의 강압에 의해 생산과 분배가 결정된다.

서재필의 핵심 논지는 그다음 주장, 곧 이러한 경제 영역의 차이가 정치 영역의 차이로 이어진다는 것을 밝히는 데 있다. 시장의 자유를 바탕으로 민주주의는 국민 다수의 의지에 의해 국가가 운영되는 데 반해, 공산주의에서는 오직 공산당의 의지대로 국가가 운영된다. 공산주의 국가도 민주주의를 실행한다고 주장할 수 있으나 이는 사실이 아니다. 공산당 일당독재로서 공산주의 체제는 인민을 해방했다고 선전하지만 실제로 이 체제의 인민은 국가 기구를 장악한 공산당의 노예로 전락하고 만다. 정치적 중립을 지켜야 하는 국가 원로로서 서재필은 공산주의에 대한 비난을 자제했지만, 두 체제의 차이에 대한 설명만으로도 서재필이 당시 국민에게 전하는 메시지가 무엇이었는지는 분명히 드러난다.

---

[124] "Is This War or Peacetime?" in *My Days in Korea*, p.381. 번역은 필자.

## 이승만과의 갈등

　미군정 고문 역할에 충실히 임하고 국민교육과 산업 장려 등 비정치적 영역에만 관여하려던 서재필의 뜻은 실현되지 않았다. 귀국 몇 개월 만에 정국은 급변했다. 이미 38도선 이북 지역에서 사실상의 정부 수립 작업을 완료한 소련은 1947년 9월에 재개된 2차 미소공위에서 남북한 통합 정부 수립에 비협조적인 태도로 일관했다. 소련이 미·소 양국 군대의 철수를 일방적으로 주장하면서 회담은 재개하자마자 교착상태에 빠졌고, 소련에 대한 미국의 인내심은 곧 한계에 도달했다. 미국은 이를 타개하기 위해 카이로회담과 모스크바회담의 나머지 당사자인 영국과 중국의 중재를 제안했는데, 소련은 이마저도 거부했다. 그제야 미국은 소련이 공위 지속을 원하지 않는다는 것을 알아차렸다. 1947년 10월 미국은 한국의 독립과 정부수립 문제를 국제연합(UN)으로 넘겨서 해결하는 것으로 한반도 정책 방향을 전환했고, 1947년 11월 14일 제2차 UN 총회에서 미국의 제안대로 UN 감시하에 남북한 총선거를 통해 정부를 수립할 것을 결의했다. 이를 실행하기 위해 구성된 UN 한국위원회 위원단 30여 명이 이듬해 1월 8일 내한하며 UN 결의가 바로 실행되었다.

　이때까지도 서재필은 처음에 UN 한국위원회의 활동에 일말의 기대를 갖고 있었다.[125] 하지만 한국위원단은 소련의 비협조로 북한으로의 입경을 거부당했고, 남로당이 주도한 총파업과 국내 정치 세력들의 의견 불일치로 인해 남한에서의 활동 역시 계획대로 진행되지 못했다. 결국 2월 말 UN 소총회에서 미국의 주장을 받아들여 가능한 지역만의 총선거와 정부수립을 결의하고 나서야 비로소 한국위원회는 계획을 축소하고 남한 지역의 선거 관련 업무를 시작할 수 있었다.

---

[125] "Is This War or Peacetime?" in *My Days in Korea*, p.381.

서재필은 이 결정이 무엇을 의미하는지 잘 알고 있었다. 북한의 인민들이 "자신들의 솔직한 감정을 숨길 수밖에 없게 만드는 외부의 강압과 내부의 위협에 처해" 있는 까닭에 결국 북한에서 선거가 진행되지 않게 될 것이므로,[126] UN의 결정은 사실상 남한 단독정부의 수립을 의미했다. 그렇다고 해서 한국위원회의 결정에 반대할 수도 없었다. 한국위원회의 결정은 남한에서 먼저 선거를 하기로 한 것일 뿐, 북한의 선거를 포기하거나 막은 것이 아니었기 때문이다. 결국 북한이 UN 감시 하의 선거를 수용하기만 하면 원칙상 남한과 북한이 통일될 길은 언제든 열려 있게 된다. 문제는 남한의 단독선거에 있는 것이 아니라 남북한 정치인들이 통일할 생각을 하지 않는 데 있다. 그래서 서재필은 정치인들이 분단을 기정사실로 하지 말고 단독선거 전에 북한의 참여를 이끌도록 노력해야 한다고 지속해서 권고했다.[127]

그런데 서재필의 이러한 견해 표시는 UN 결정을 지지하는 단독선거파의 반발을 불러일으켰다. 1948년 3월 14일 자 『신민일보』에 서재필이 이승만의 독단을 비난하는 인터뷰가 게재되자마자 국민회와 애국부인회 등 이승만 직계 단체와 친이승만 언론은 '조선혼을 잃어버린' 서재필이 '군정 연장을 획책'하고 있다고 일제히 비난했다.[128] 서재필은 단독선거가 남북 분단으로 이어질 것을 우려했을 뿐이지만, 이승만 지지 세력은 그런 중립적 인식조차 수용하려 들지 않았다. 당시 정치적 위기에 처해 있던 김규식과 김구를 대신하여 서재필이 자신을 공격하고 있다고 판단했기 때문이다.

왜 이승만은 서재필이 남북협상파를 지지한다고 의심했을까? 본래 김규식과 김구는 독립운동과 건국운동의 이념과 방법은 물론이거니와 인성적 측면에서도 일치점을 찾기 어려운 인물이었다. 그런데 UN의 단독선거 결

---

126  "United Nations Commission on Korea (2)," in *My Days in Korea*, pp.373~374.
127  "Korean Problems," in *My Days in Korea*, p.375.
128  『동아일보』·『부인신보』1948년 3월 18일.

정은 이들이 협력하게 했다. 당시 남북은 세계의 절대 강자인 미국과 소련에 점령된 상태였다. 그들이 결정한 대로 5년간의 신탁통치 결정을 따르는 것은 민족의 양심상 수용할 수 없었다. 이 논리에서는 민족의 운명을 점령국이 정하고자 했던 두 차례의 미소공위도 반대해야 하는데, 역설적으로 미소공위가 무산되면 남북에는 각각의 정부가 수립될 수밖에 없다.[129] 이런 모순적 상황에서 순정민족주의자로서 과거 미군정에도 저항했던 김구가 선택할 수 있는 길은 한때 대립했던 중간파의 리더 김규식과 연대하는 것뿐이었다.

미군정의 현실적 힘을 인정하고 미소공위에 적극적으로 참여했던 김규식으로서도 그 반대에 있던 김구와 협력할 일은 별로 없었다. 한국독립당의 김구와는 독립운동 기간 내내 경쟁 관계였을 뿐만 아니라 해방정국에서도 김구가 미군정에 비협조적이었던 까닭에 소원한 관계였다. 과도 입법기구인 입법위원 의장을 맡고 있었던 까닭에 김규식은 중립적인 입장에서 대화와 타협의 정치 질서를 만드는 데만 관심이 있었다. 그런데 여운형과 함께 좌우 합작운동을 펼쳤던 까닭에, 그리고 과거 독립운동기에 공산주의 활동을 전개했던 김원봉金元鳳의 추대로 민족혁명당 당수를 지낸 경력까지 더해져, 공산주의자와 협조한다는 비난이 김규식에게 쏟아지기도 했다. 그리고 김규식이 단독선거를 반대하면서 마침내 미군정과 그의 우호 관계가 끝나게 되었다. 사태를 관망하던 김구도 단독선거 반대로 뜻을 굳혀갔다. 그러면서 불가능할 것만 같던 김구와 김규식의 연합이 성사될 수 있었다.

---

[129] 송건호, 「제3편 해방 이후 - 송재 서재필의 두 번째 귀국」, 송재서재필박사기념재단 엮음, 『인간 송재 서재필』, 송재서재필박사기념재단, 2007, 233쪽. 정치적 일관성 측면에서만 보자면, 이미 1946년 1차 미소공위 결렬 직후 남한 단독정부를 주장한 이승만은 1948년 UN의 단선 결정을 적극적으로 수용할 수 있었기 때문에 김구에 비해 유리한 입장에 서게 되었다. 한편, 송건호의 글은 본래 다음 책의 일부이다. 송건호, 『서재필과 이승만』, 정우사, 1980, 2~5장.

자료 3-13  김규식(왼쪽), 여운형(오른쪽)과 함께 귀국길 서울행 자동차에서(1947)
출처: 서재필기념회

하지만 1947년 연말부터 이들에게는 시련이 닥쳤다. 김구는 1947년 12월 2일 발생한 장덕수 암살 사건의 배후로 의심받아 수사 대상이 되었고 심지어 공판정에 서야 했다. 정치적 부담 때문에 미군정은 그를 기소하지 않았지만, 김구를 지지하던 국민조차 그의 스타일에 우려를 나타냈다. 한때 김구와 협력 관계였던 한민당 세력은 단선 결정 전후로 이승만을 지지하고 나섰다. 한때 임시정부 중심의 우파 세력 전체를 호령하던 김구에게 남은 세력은 한독당뿐이었다. 이때부터 김구는 이승만과 완전히 갈라지게 되었다.[130]

1947년 5월 정치자금을 제안한 사기꾼과 관련된 '고리짝 사건'으로 한 차례 곤혹을 겪었던 김규식은 1948년 2월 말 자기도 모르게 집으로 전달된 정치자금 7백만 원 때문에 비난에 직면하자 입법위원 의장직을 사임하고 정계 은퇴를 선언했다. 서재필은 이 사건을 김규식에 대한 반대파의 '음모'로 규정했다.[131] 당시 정세를 볼 때 그것이 김규식에게 도덕적 타격을 입혀 단

---

130   신복룡, 『한국분단사연구』, 한울, 2001, 특히 12장.
131   『신민일보』 1948년 3월 14일. 이 기사는 바로 앞서 언급한 서재필의 이승만 비난 인터

독선거 반대 운동의 추진력을 약화하려는 음해라는 서재필의 생각은 설득력이 높았다.

이런 전후 상황을 근거로 이승만 계열은 『신민일보』 특별대담이 위기에 빠진 김구와 김규식 대신 서재필이 나서서 단독선거 참여 주장을 비난한 것으로 판단했다. 물론, 이 사안을 그렇게 단순하게 이해할 수 없다. 달리 보면, 단선에 반대하는 중간파 측에서 서재필의 원론적 견해를 악용했을 수도 있다. 이 중간파 세력들이 『신민일보』를 동원해서 서재필을 인터뷰하고 이를 동력으로 삼아 단독선거의 위험을 알리기 위해서 고의로 논란을 키웠을 수도 있다. 역으로, 서재필이 위기에 빠진 김규식을 옹호하기 위해 언론을 이용했다고도 볼 수 있다. 이는 며칠 후 윤보선尹潽善이 운영하던 대표적인 친이승만 계열 신문사인 『민중일보』의 항의성 인터뷰에서 서재필이 보인 당당한 태도를 통해 확인할 수 있다. 서재필은 UN의 결정 자체에는 반대하지 않고 대신 정치인과 국민이 분단을 막기 위해 지속적인 노력을 기울여야 한다는 원칙을 고수했고, 이승만에 대한 비난 부분만을 비서(임창영)의 통역 실수로 돌려 책임을 회피하는 홍보전문가로서의 노련함을 보였다.[132]

## 단독선거와 남북협상 사이에서

한 번 정치적 논란의 중심에 서게 되면서 중립적 원로로서의 이미지는 퇴색할 수밖에 없었다. 그리고 서재필이 생각한 남북협상의 원칙과 김구와 김규식이 맞이한 남북협상의 실제는 크게 달랐다.

1947년 12월까지 김구는 북한이 UN의 결정을 거부해서 남한 지역만의 총선거로 정부가 수립된다고 하더라도 그것은 법리적으로 통일정부에 해당

---

뷰가 실린 것인데, 여기에는 김규식에 대한 서재필의 애정이 담긴 내용이 담겨 있다.
[132] 『민중일보』 1948년 3월 19일.

한다고 주장하며 단독선거를 지지했다. 이때 조소앙이 12정당협의회(이하 '정협')의 남북지도자회의를 통한 남북 총선거를 주장하면서 한독당은 조소앙의 정협 추진파와 김구 계열의 보류파로 분열되었다. 김구 계열의 조경한 趙擎韓은 정협 추진파였던 조소앙 趙素昻 계열의 정형택 鄭亨澤, 성낙훈 成樂熏 등을 제명하고 심지어 테러를 자행했다.[133] 하지만 장덕수 암살 사건을 계기로 이승만과 다시 갈등 관계로 들어선 김구는 남북 간의 분단을 초래할 것이라는 이유로 남한 단독선거에 반대하기 시작했다.

김규식은 지나치게 좌편향한 정협에 참가하지 않고 대신 좌우 합작위원회의 중간파를 기반으로 1947년 12월 홍명희 洪命熹, 이극로 李克魯, 김성규 金成圭 등 좌파 인사들과 협력하여 민족자주연맹을 창립하고 대표가 되었다. 미국과 소련 군대의 즉각 철수를 주장하고 남한 단독선거에 반대하면서 민족자주연맹은 사실상 북한의 주장에 적극적으로 동조했다. 김규식의 평화 노력은 그의 순수한 내면에서 우러나온 것으로 원칙적으로 올바른 것이었지만, 그는 민족자주연맹과 그 참여 단체 실무진 다수가 북한 프락치였다는 것을 알지 못했다.[134]

1948년 2월 초 UN 한국위원단의 활동이 벽에 부딪히자 김구는 민족자주연맹의 통일정부 수립방안과 같은 내용의 3단계 통일 방안을 제시하고 북한의 김일성과 김두봉 金枓奉에게 남북요인회담을 제의했다. 이어 2월 10일 '삼천만 동포에게 읍고함'을 발표하고 나서는 김규식과 힘을 합쳐 본격적으로 단선단정반대운동을 전개했다.

이미 2월 8일에 인민군을 창설하고 이틀 후 헌법 초안까지 발표한 북한은 사실상 정부수립 준비를 모두 마친 상태에서 뒤늦게 3월 25일에 회담에

---

[133] 『조선중앙일보』 1947년 12월 23일.
[134] 유영구, 『남북을 오고간 사람들』, 글, 1993; 양동안, 「1948년 남북협상의 허와 실」, 『한국사시민강좌』 38집, 2006.

응하겠다는 서한을 발송했다. 남한 지역에서 선거를 통해 구성하려고 했던 국회에 해당하는 최고인민회의까지 이미 구성 완료했음에도 불구하고 김일성이 회담에 응한 것은 남한과 미군정에 단독선거의 책임을 돌리기 위해서였다. 김구와 김규식의 입장은 난처해졌다. 북한은 김구와 김규식 등의 협상파를 통일전선전술의 대상으로 여겼다. 이들 역시 북한의 속셈을 모르는 바 아니었지만, 그렇다고 해서 스스로 제안한 남북협상을 거부할 수는 없었다.[135] 고민 끝에 북한의 제의를 수용했지만, 그 결과 김구와 김규식은 이승만 지지 단체들과 한민당 세력에게 공격의 빌미만 제공했다.

이런 상황에서 서재필은 더는 형식적 중립을 유지할 수 없었다. 서재필은 4월 10일 조선호텔에서 기자회견을 열고 남북협상 지지를 공식 표명했다. 아래는 서재필의 회견 내용에 대한 여러 보도 가운데 공통점이 가장 많은 기사이다.

문 총선거에 대한 박사의 견해 여하?
답 군정은 우리 정부가 아니므로 우선 정부를 세워야 하겠다. 그러나 통일된 정부를 전제로 한다.
문 선거의 자유 분위기에 대하여 물의가 많은데?
답 무엇이든지 압제하는 것은 반대한다. 내가 등록할 권리가 있으면 등록하여 그러한 전제자와 내 힘껏 솔선하여 싸우겠다.
문 양 김씨를 중심으로 남북협상이 진전되고 있는데 박사의 전망은?
답 그 정신은 극히 좋다. 남북협상이 잘 되어서 통일되기를 바란다. 통일만 된다면 나도 따라가겠다. 이에 대한 사전의 기우는 불가하다.[136]

---

[135] "제1차 회합을 평양으로 하자는 것이나 라디오 방송 시에 남한에서 여하한 제의가 있었다는 것을 아니한 것을 보면 제1차 회담도 미리 다 준비한 잔치에 참례만 하라는 것이 아닌가 기소(起訴)가 없지 않다. 그러나 우리 두 사람은 남북회담 요구를 한 이상 좌우간 가는 것이 옳다고 본다"라고 참여 의사를 밝혔다. 『조선일보』 1948년 4월 1일.

미군정 고문으로서의 공적 지위 때문에 서재필은 UN의 결정 자체를 비판할 수는 없었다. UN의 단선 결정을 끌어낸 미국의 정책에 국민이 반대한다고 하더라도 이미 자유·공산 진영 간 대결이 시작된 당시 상황에서 그 결정을 바꿀 수 없다는 것을 서재필은 잘 알고 있기도 했다. 따라서 서재필이 할 수 있는 일은 단 하나, 곧 남북협상파에게 힘을 실어 주는 것뿐이다. UN 한국위원단과 미군정으로서도 북한의 총선거 참여를 끌어낸다는 협상파의 명분을 반대할 수는 없었다.

서재필의 메시지는 뚜렷했다. '총선거에는 참여해서 정부를 수립하되, 동시에 남북협상을 끝까지 시도해야 한다'라는 것이다. 특히 회담이 시작하기도 전에 실패를 말하는 것을 "기우"라고 단정하여, 자신은 단선단정 추진 세력을 지지하지 않는다는 뜻을 드러냈다. 이는 기자단과의 일문일답 후에 서재필이 마지막으로 덧붙인 말에서도 더욱 확연히 드러난다.

> 조선 사정을 잘 알지 못하여 충분히 이해는 못 하나 내가 아는 바에는 우리가 서로 동포를 사랑하고 결합하여야 할 때인데 그렇지 못 하고 서로 남의 욕이나 하고 흠만 듣는 나쁜 성벽과 무엇이고 한 번 옳다고 생각한 것이면 끝까지 시종일관을 못 하고 남의 말에 항상 좌우되며 자기 마음이 조석으로 동요되는 약점이 있다. 그러므로 우리 민족은 좀 더 도의심을 가지고 동포를 사랑하여야 하며 타국인의 말보다 동족의 말을 더 믿고 타국의 힘을 이용하여 동족을 억압하여 자기네 세도를 부리려는 정신을 버려야 할 것이다. 그리고 우리의 굳은 결속이 무엇보다도 긴요하다.[137]

---

136 『경향신문』 1948년 4월 13일. 똑같은 기사가 『자유신문』 1948년 4월 12일에도 실렸는데, 『자유신문』에는 서재필의 첨언이 한 문장 더 실려 있다. "끝으로 박사는 극히 흥분된 어조로 북벌론을 언급하여 동족상잔은 어리석은 사람의 행동이라고 말했다."
137 『독립신보』 1948년 4월 11일.

타국인의 말보다 동족의 말을 더 믿으라는 서재필의 충고는 사태가 매우 위중하여 더는 자신이 미군정 고문이라는 관찰자의 입장에 머물러 있을 수 없다고 결심했다는 뜻을 드러낸다. 한 걸음 더 나아가, 서재필은 "타국의 힘을 이용하여 동족을 억압하여 세도를 부리는" 세력이 바로 내부의 결속(남북의 통합)을 깨뜨리는 주범이라고 밝혔는데, 그가 지적한 세력이 이승만 일파라는 것을 모르는 사람은 없었다. 반이승만 진영은 서재필의 이러한 회견 내용에 고무되었을 것이다. 그런데 이들은 단독선거에 참여하고 먼저 정부를 출범시켜 군정을 끝내야 한다는 서재필의 촉구에는 귀를 기울이지 않았다.

조선의 성리학적 정치관에서 기원하여 현재까지 유구한 영향력을 발휘해 온 한국의 정치 문법에서 보자면, 남한 단독선거를 수용하면서 동시에 남북협상을 지지한다는 서재필의 주장은 모순이다. 한국인은 선과 악, 내 편과 남의 편, 친구와 적 등의 이분법을 강요하는, 전통적인 도덕 정치 관념에 익숙했다. 농업이 산업 생산의 대부분인 폐쇄 국가에서는 목숨을 건 권력 투쟁이 일상적일 수밖에 없다. 반면에 상호이익을 위해 상대방과 타협하는 것이 일반화된 교역 위주 문화권의 정치는 대화와 타협을 통해 사회 전체의 목적을 달성하는 능력으로서의 권력 관념을 발전시켰다. 서재필이 60년간이나 지켜본 미국의 민주주의 정치가 그 대표적인 보기이다.[138]

서재필은 남북협상을 해 보지도 않고 반대만 일삼는 이승만만큼이나 현실적으로 불가능한 통일정부 수립이라는 명분에만 집착하여 단독선거에 참여하지 않는 김구와 김규식에게도 아쉬움을 느꼈다. 서재필의 메시지는 분명했다. 불가피하게 일단 남한 정부가 출범하면 자연스럽게 미군정과 소련이 함께 한반도에서 물러나게 되므로, 이때부터 남한과 북한은 외세의 간섭

---

[138] Talcott Parsons, "The Distribution of Power in American Society," *World Politics*, Vol. 10, No. 1, 1957.

없이 통일정부 수립을 향한 협상을 지속해서 전개할 수 있다. 단독선거가 분단이 아니라 통일정부를 위한 첫걸음이 될 수 있게 정치인들은 대화와 협력에 나서라는 것이 서재필의 메시지였다.[139]

미국과 소련의 냉전이 시작되면서 통일국가로의 도정이 어긋나기 시작한 것은 분명한 사실이다. 소련은 북한에 괴뢰정부 수립을 사실상 완료했다. 반대로 미국은 골치 아픈 한국 문제에서 벗어나기 위해 한국 독립 안건을 UN에 상정했다. 그런데 UN 한국위원단이 북한의 방해로 끝내 38도선 이북에 입경하지 못하면서 마침내 분단이 현실화하기 시작했다. 이런 사정에서는 남한의 선택지는 분단정부 수립 아니면 군정 연장밖에 없었다. 민족적 자존심과는 별개로 미국이 이미 군대 철수를 기정사실화 했으므로 군정 연장은 불가능했다. 어떤 경우든 민족에게 비극은 불가피했다.

김구와 김규식은 이러한 운명을 단번에 바꾸려고 했다. 김구와 김규식은 각각 4월 19일과 21일에 북행에 나섰다. 김규식은 북한과 남한 내 내통 세력이 적극적으로 호응한 전조선제정당사회단체대표자연석회의에 불참하여 자신의 북행이 분단을 막기 위한 충정 때문이었다는 사실을 분명히 했다. 27일부터 30일까지 남북요인회담과 이른바 4김 회담이 열렸지만, 김구와 김규식은 북한의 요구 사항만 재확인하고 결국 아무런 성과 없이 귀환해야 했다. 김구와 김규식은 자신들이 분단의 책임을 미군정과 UN에 돌리려

---

[139] 총선거 직후 기자회견에서 서재필의 뜻이 더욱 분명히 드러난다. 1948년 5월 16일 자 『조선일보』 기사를 보자. "물론 남북이 통일된 선거로써 완전한 통일정부를 세우는 것은 누구나 다 희망하고 있다. 그러나 현실과 이상이 일치되지 않는 것을 어찌하랴 우리가 남의 힘으로 해방된 탓으로 남북이 양단되었고 그동안 3년 동안이나 힘을 양성해 보았으나 우리는 해방 전보다 조금도 큰 힘을 얻지 못하고 있다. 아마 동포가 자기네들끼리 싸우는 힘은 있어도 타국에 맞설 힘은 조금도 없는 것 같다. 그러므로 우리는 이번 선거에 의하여 힘을 모으는 것과 우선 남의 힘을 빌려 자립할 수 있는 길을 배워야 할 것이다. 남북회담과 같은 우리 민족의 손으로 완전 독립을 찾자는 행동은 그 성과가 있고 없고를 불문하고 1년이나 2년을 두고 계속해도 조금도 해로울 것이 없는 것이다."

는 북한의 계략에 이용당할 것을 처음부터 알고 있었다. 분단이라는 운명에 맞선 그들이 있었기에 역사는 통일을 미완의 기획으로 남겨둘 수 있었다. 하지만 그들 또한 명분에만 집착하여 단독선거에 참여하지 않음으로써 이승만의 독주를 야기한 책임에서 자유롭지 않다.

### 대통령 추대를 거절하며

단선단정 반대 인사들이 불출마한 가운데 1948년 5월 10일 제헌 국회의원을 선출하는 총선거가 치러졌다. 남로당의 폭동과 선거거부 공작에도 불구하고 95% 이상의 투표율을 기록할 만큼 정부수립에 대한 국민의 열의가 높았다. 임정요인 다수와 한국독립당 계열, 좌파 정당, 그리고 남북협상을 지지했던 중도파 인사들은 이 선거에 참여하지 않았다.

이승만 계열의 대한독립촉성국민회와 우파 계열인 한국민주당의 압승이 예상되었지만, 실제 선거 결과는 예측과 달랐다. 1백98명의 당선자 가운데 무소속이 85명으로 전체의 40% 이상을 차지한 데 반해, 대한독립촉성국민회는 전체 의석수의 1/4을 겨우 웃도는 55석만을 확보했다. 이승만의 영향력이 미치는 청년단체 당선자들을 고려하더라도 이승만 지지 의석수는 1/3도 채 되지 않았다.

한국민주당 역시 29석으로 참패했지만, 이승만 직계 정당·단체의 부진 덕분에 대통령 선출 시 캐스팅 보트 역할을 하며 사실상 연정을 생각했다. 이런 선거 결과는 무소속 의원들을 중심으로 반이승만 세력이 결집할 경우 이승만이 정권을 잡지 못할 수도 있다는 것을 의미했다. 이승만의 패배는 현실적으로는 불가능한 일이었지만, 그것을 재앙으로 생각하는 사람들에게는 이 정도의 선거 결과만으로도 모사의 계기를 마련하는 데 충분했다. 이들이 김구와 김규식의 대안으로 서재필을 떠올리면서 서재필은 자의와 무관하게 정치적 소용돌이로 휩쓸려갔다.

5월 총선거 결과가 공표된 직후 정치권에는 서재필 대통령 출마설이 조용히 일었다. 이미 서재필이 미국 국적을 포기하고 한국인으로 복적했다는 루머까지 그럴듯하게 퍼져나갔다.[140] 그런데 그 루머의 진원지가 하필이면 서재필의 집무실이었다. 정확히는 서재필의 비서였던 임창영의 정치공학적 접근이 빚어낸 해프닝이었다. 임창영은 서재필 전기를 두 번 저술했는데 그 가운데 두 번째로 저술한 서재필 전기에서 1948년 4월 26일 자로 미국에 사는 부인 이보배에게 보낸 편지글을 인용하여 당시의 정황을 설명했다.

> 한 마디로 남한은 이승만 씨 천하라고 할 것이요. 또한 소련인들이 신속히 협상을 할 의사를 보이지 않는 한 워싱턴 당국은 단독선거를 그대로 밀고 나갈 것이 분명하오. 또 사정이 변경되지 않는 한 남한은 이승만 한 사람의 후보만을 내세우고 선거를 실시하게 될 것이오. (……) 얼마 동안 나는 이 어두운 전망에 관해 두루 생각하다가 서 박사와 이 문제를 의론했소. 그는 나의 정세평가에 같은 의견을 표시했으나 속수무책이란 거요. (……) 다음날 내 사무실에는 보통 때보다 더 많은 사람들이 찾아왔는데, 그중에는 개성 사람, 경상도 사람, 서울 사람이 있었소. 그들에게 국민들은 서 박사에 대해 어떠한 태도를 갖고 있는지 물었더니, 그들의 대답이 대체로 국민들은 이 박사보다 나은 지도자가 없기 때문에 그(* 이승만)를 지지하는 것뿐이라고. 그들은 서 박사가 출마 의사를 발표만 한다면 사람들은 절대적으로 그를 지지할 것으로 생각한다고. 나는 또한 두 김씨(* 김구와 김규식)와 절친한 사람과도 이야기를 해 보았는데, 그는 그 두 김씨가 모두 분명히 출마를 안 하기로 했기 때문에 그들은 서 박사의 입후보를 환영할 것으로 믿는다고 말했소. 나는 이와 같은 이야기를 서 박사에게 전하면서 최소한 또 하나의 후보자가 있어야 할 것이라고 말했소. 그리고 나는 서 박사에게 이승만 씨 이외에는

---

140  『조선일보』 1948년 5월 16일.

출마할 사람이 없는 것 같고 서 박사가 높이 존경을 받고 있으니 만약에 하지 장군과 김성수 그리고 김구와 김규식 두 분이 지지를 해 준다면 출마를 고려하시겠냐고 물었더니, 서 박사는 그런 의사는 전혀 가져 본 일이 없었으며 조선인들 정치 세계로 내려가기를 매우 꺼려한다고 말하면서 그러나 자기만이 꼭 필요한 입장이라면 자기 의무를 피할 수는 없을 것임을 분명히 하셨소. 동시에 서 박사는 나에게 여하한 일이 있어도 그의 출마 의사를 밝히지는 말고 나에게 가능성만을 타진해 보도록 허락하셨소.[141]

인용문 앞뒤의 내용까지 요약하면 다음과 같다. 임창영은 1948년 3월 초에 비서가 되었는데 이미 김구와 김규식의 세력이 크게 쇠퇴하여 이승만이 독주하고 있다는 것을 알고 크게 실망했다.[142] 그런데 당시 주요 인사들의 생각과 국민 여론은 서재필을 이승만보다 훌륭한 지도자로 생각하고 있다. 임창영이 출마 의사를 타진하자 서재필이 그럴 생각은 없었지만 '추대' 제안까지 거절하지는 않을 것으로 판단하고, 하지 장군을 찾아가 김구와 김규식이 지지하는 서재필을 이승만에 대항할 후보로 출마시킬 계획을 상의했다. 하지가 이 건을 두고 주저하는 동안 앞서 언급한 『신민일보』 인터뷰 사건(1948년 3월 14일)이 터지면서 임창영은 3~4주 동안 숨을 죽이고 있다가 김성수와 논의했는데, 김성수는 내각책임제 헌법 제정을 통해 이승만을 견제할 구상을 품고 있었기 때문에 서재필 추대 건에 대해 소극적이었다는 것이다.

그동안 임창영의 서술에 의문이 제기되지 않으면서, 서재필이 대통령직에 관심이 전혀 없지는 않았던 것처럼 인식되었다. 그런데 서재필은 시민중심적 정치 관념을 갖게 된 1890년대 이후로 일관되게 권력 획득과 행사

---

[141] 임창영 저, 유기홍 옮김, 『위대한 선각자 서재필 박사 전기』, 공병우글자판연구소, 1987, 264~265쪽.
[142] 임창영은 1948년 2월 29일에 귀국했다. 『경향신문』 1948년 3월 4일. 같은 신문 3월 26일 자에는 '최근 서(徐載弼)박사의 비서로 조선에 돌아온 뿌린스톤 대학교수 임창영'으로 소개되어 있다.

로서의 정치를 거부했다. 1895년 1차 귀국 이후 독립협회 활동이나 1919년 이후 선전 활동에서도 서재필은 직위에 대한 욕심이 없었다. 이런 사정에도 불구하고 임창영의 서술 때문에 서재필이 마치 권력에 욕심을 가진 인물처럼 평가되는 것은 문제가 많다.

그렇다면 무엇이 문제인지 하나씩 차례로 따져 보자. 우선, 임창영이 썼다는 편지 내용과 당시 사정을 교차해서 검증하면, 많은 경우 사실과 다르다는 것을 알 수 있다. 첫째, 임창영이 제시한 사안들의 일시가 맞지 않는다. 겨우 1948년 2월 29일에 귀국한 임창영이 정세를 검토하고 김구·김규식 계열 인사들과 접촉하고 정국에 실망하여 서재필에게 귀국 의사를 밝히는 데까지 걸린 시간, 하지 중장과 접촉하여 의사를 확인하는 데 걸린 열흘간의 시간 등을 모두 참작하면, 3월 14일 『신민일보』 특별대담 기사가 불러일으킨 소란 때문에 그 직후 본인이 서재필 출마 관련 활동을 자제했다는 것은 처음부터 말이 되지 않는다. 임창영은 출마 관련 활동을 자제한 것이 아니라 『신민일보』 인터뷰 통역 실수 문제로 근신하게 되었다고 필자는 추측한다.

둘째, 신뢰성에 의문이 드는 서술 내용도 많다. 서재필의 비서에 불과한 임창영이 미군정 사령관에게 정치공작을 제안했다는 것을 신뢰하기 어렵다.[143] 이미 미국의 한반도 정책이 명예로운 철수로 결정된 시점에서, 그리고 이미 미국의 뜻대로 UN이 남한 총선거 일정을 결정한 시점에서, 미군정 수준에서 정치공작을 시도한다는 것은 불가능한 일이었다. 그 공작의 내용이 과거 소련과의 협력을 모색했던 시점으로 회귀한다는 것은 더더욱 불가

---

[143] 서재필은 귀국 후 미국에 있는 임창영에게 그의 군정청 취직 요청을 알아본 결과를 편지로 보냈다(〈독립기념관 자료〉 '1-B00544-037', '서재필이 리엠박사에게 보내는 답신', 1947. 7. 16). 당시 군정이 제시한 낮은 급여 수준으로는 임창영이 만족하지 못할 것이니 서재필이 군정 고위 관계자에게 더 알아보고 연락하겠다는 내용이다. 이런 사정 등을 고려한다면, 임창영이 하지 중장을 비롯한 미군정 고위 관계자들을 대상으로 정치공작을 벌인다는 것은 상상할 수 없다.

능한 일이었다. 임창영이 하지를 통해 김성수의 지지를 끌어내려 했다는 것도 신뢰하기 어렵다. 한때 협력 관계였던 김구와 한민당은 장덕수 암살 이후 갈등 관계로 변했고 결정적으로 단선을 두고 대립하며 김성수는 이승만 지지로 돌아섰다. 그런 상황을 누구보다도 잘 파악하고 있는 하지가 임창영의 생각대로 움직여 준다는 것은 불가능하다. 당시 이승만은 서재필 추대 움직임을 하지가 기획하고 임창영이 실행한 것으로 인식했는데,[144] 만약 군정청에 속한 인물이 그런 말을 뿌리고 다녔다면 그 장본인이 누구인지 짐작하기는 어렵지 않다.

셋째, 임창영의 신뢰성을 약화하는 간접적인 근거로 그가 쓴 첫 번째 서재필 전기에는 그런 내용이 전혀 없다는 점을 제시할 수 있다. 서재필 사후 1년 만에 쓴 첫 전기에서 임창영은 서재필이 수많은 정치 집단과 김구·김규식의 권유에도 불구하고 출마를 일언지하 거절했다고 썼다. 두 번째 서재필 전기가 임창영과 아내 이보배가 북한과 미국, 대한민국을 드나들며 이른바 재미 통일운동가로 활동하던 시기에 저술되었다는 점을 기억하면, 거기서 어떤 점에 유의해야 하는지 알 수 있다.

서재필 대통령 출마설과 임창영의 정국 주도설은 이 세 가지 근거로 부정된다. 대신 이 책은 반이승만 세력이 기획한 서재필 출마(/추대)설을 남북협상 전후 정국 타개를 위해 서재필이 잠시 묵인하고 의도적으로 방치하여 중간파 정치 세력 복원을 위한 촉매 역할을 자임한 것으로 해석한다. 이는 서재필이 현실 정치에 참여하지 않으면서도 영향을 미친 사례가 될 것이다.

서재필 옹립 움직임은 이미 4월 남북협상 기간에 감지되었다. 친이승만 계열 언론에서 먼저 서재필을 수반으로 하는 정부를 수립하고자 하는 '음모'

---

144 로버트 올리버 저, 박일영 옮김, 『이승만 없었다면 대한민국 없다』, 동서문화사, 2008, 229~230쪽.

가 진행된다고 보도하며 경계하기 시작했다.145 엄밀히 말하면 이때 친이승만 언론의 공격 표적은 서재필이 아니라 김규식으로서, 서재필 정부 수립설을 제기하여 서재필과 가까웠던 김규식 일행의 북행 정당성을 훼손하기 위한 것이었다. 그런데 이 기사는 바로 개시된 남북협상 소식 때문에 묻히게 되었고, 곧바로 선거운동 기간이 시작되면서 세인의 관심에서 완전히 잊혔다.

하지만 언론과 각 정파가 선거 결과를 분석하고 대응하던 바로 그 기간에 서재필 대통령 추대 운동이 암암리에 전개되었다. 그 주체는 정치적으로는 중간파에 속하는 흥사단 계열 인사들이었는데, 주요 참가자는 최능진崔能鎭, 정인과鄭仁果, 백인제白麟濟, 안동원, 이용설李容卨, 주요한朱耀翰 등이었다.

수양동우회 회원으로서 미국 유학파인 최능진은 5·10선거에서 이승만 선거구에 출마하려 했다가 제지당한 인물로서 1949년 군사반란 사건에 개입했다는 억지 혐의로 투옥되었다가 전쟁 중 처형되었다. 당시 신문 기사와 증언을 종합하면, 최능진이 추대 운동을 실질적으로 주도한 것은 사실로 보인다.146 정인과는 서북계와 기독교계의 인맥과 조직을 추대 운동에 제공한 것으로 보인다. 흥사단 단원 백인제는 해방 후 서울대병원장을 맡은 의사로서, 1948년 김도태金道泰와 김여제金輿濟가 쓴 『서재필 박사 자서전』을 간행한 출판사인 수선사 회장을 맡고 있었다.147 그 밖에 참여 인물들도 대부분 흥사단 계열로서 서북 출신 지식인들이 대다수를 차지했다.

---

145 『민중일보』 1948년 4월 24일.
146 최능진의 아들 필립의 회고에 따르면, 최능진의 집에는 서재필 출마 요청서 인쇄물 수만 장이 보관되어 있었다고 한다. 『국민보』 1961년 2월 22일. 최능진은 공판에서 자신이 김구와 김규식을 합작시키고 서재필을 대통령으로 추대하고자 한 것은 사실이나 군사반란과는 무관하다고 주장했다. 『자유신문』 1949년 10월 2일.
147 훗날 서재필의 후의로 미국 유학에 오르게 되는 당시 안과의사 신예용(1994)의 회고에 따르면, 수선사 사장은 백인제의 동생 백붕제(白鵬濟)가 맡았고 주간은 김억(金億)이었다. 수선사 출자자로는 공병우, 김하규, 이성봉, 백기호 박사 등이 있었다. 1987년 공병우는 자신의 출판사에서 임창영의 『서재필 박사 전기』를 출간했다.

자료 3-14 서재필 대통령 출마 요청서(표지)
출처: 서재필기념회

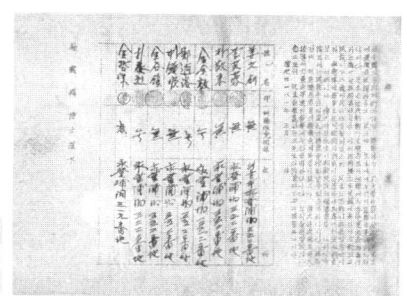
자료 3-15 서재필 대통령 출마 요청서(명단)
출처: 서재필기념회

이들은 서재필을 상징하는 이름이기도 한 '독립협회'를 재건하여 정치운동을 시작했고 5월 하순부터는 서재필의 대통령 출마를 간절히 바라는 '요청서'를 만들어 각계 인사와 국민의 서명을 받기 시작했다. 요청서 인쇄본은 단기 4281년(1948년) 5월 21일 자로 되어 있어서 서명운동의 시점을 확인할 수 있다. 6월 초순까지 1천9백29명의 서명을 확보한 이들은 6월 11일 독립협회 확대 준비회의를 열어 서재필 대통령 추대 운동을 본격화할 것을 결의하고, 6월 18일 2차 회의에서 서재필에 보내는 출마 간원문을 채택하여 수일 내로 접촉하기로 했다.[148]

독립기념관에 소장된 간원문 원문의 중간에 적힌 "각하의 출마를 갈망" 한다고 명시된 구절을 통해 이들의 지향이 무엇인지 알 수 있다. 그리고 남북통일, 국체수호 등의 구절을 통해 이들이 무엇을 위해 서재필의 출마를 그토록 원했는지도 알 수 있다. 이들은 견제 세력 없이 이승만이 집권했을 경우 통일과 민주주의를 기대하기 어렵다고 보았다. 6월 중순에서 하순 사이에는 흥사단 계열의 정세 인식에 궤를 같이하는 중간파 세력 다수가 서재필 추대 운동에 결합한 것으로 보인다. 6월 22일 서재필추대연합준비위가

---

[148] 『조선일보』 1948년 6월 19일.

발족했을 때만 해도 당장 정국에 파란을 불러일으킬 듯했다.

당시의 정황을 읽어낼 수 있는 자료로 그해 6월 10~13일에 강송파姜松坡라는 언론인이 『조선일보』에 3회 연재한 「서재필 박사론」이 있다.[149]

> 최근 박사는 「민주건국의 길」을 발표하였다. 어떤 언론인의 요청에 의하여 구술한 것인데, 대필자의 표현 부족과 박사의 진의 파악에 다소 배치된 점도 있는 듯하나, 여하튼 박사의 평소 포회한 정견의 일단을 종합적 시각에서 피력한 귀중한 문헌이라고 할 수 있을 것이다. 즉 시시비비의 치열한 반대투쟁 속에서 현실은 남조선 5·10선거가 수행되고 표리일체적인 동일 지도자 산하의 범일당의 입후보자들이 자기네끼리는 개인적 이해대립이 있었다 하더라도 이론적 반대 진영, 심지어 오늘날까지 거의 같은 보조를 취하여 오던 대표적 우익당인 한독(* 한국독립당)의 도전도 받을 기회를 가지지 않은 채 가히 일당독점을 무난히 획득한 남조선의회가 개막되려고 하는 것을 볼 때 민족의 원로이고 민주 관철을 위해 일생을 통하여 몸소 투쟁·실천하여 오던 대선각의 우리 민족 장래 발전에 대한 경륜은 오인吾人의 췌마揣摩를 허許치 않거니와 여기 박사 소회의 일단을 요약·열거하면 다음과 같다.
>
> 상기한 「민주 건국의 길」 서두에 "갈망·고대하던 자주 정부의 수립이 목전에 있음은 기쁘나 진정한 자유와 번영에 이르는 길은 아직도 험준하니 마땅히 심신深愼한 숙려와 원대한 구성으로 이를 실천해야 할 것이다. 이때를 당하여 (……) 건국기 동포의 행동에 자資하려 한다" 한 후 그 실천의 구체적 방법으로는, (1) 민주주의에 대한 신념을 견지할 것, (2) 사상을 칼로 제압하지 못한다, (3) 독재에는 남권濫權과 부패가 따른다, (4) 경제원조의 기본 요건에 있어서는 독재를 배격하고 진정한 민주국가의 건립과 육성으

---

149 강송파가 누구인지는 특정하지 못했다. 강송파의 「서재필 박사론」의 제목과 일자는 다음과 같다. (상) 민주 관철의 실천 지도자(10일), (중) 인권옹호 산업재건에 주력(11일), (하) 난국에 기대되는 지도자(13일).

로 우호연방의 후의를 받을 것(내용 골자 발췌), (5) 정부 구성은 포용성을 가질 것, (6) 자유사상을 이해 존중할 것, (7) 통일을 도圖하기 위하여 노력할 것, (8) 외교 노선은 평화 조장에 성심 주력할지오, 꿈에라도 국제 대립을 격화하거나 편향적인 태도를 취하지 말 것, (9) 유산가와 무산자는 시대에 순응하여 토지제도의 공평한 개혁과 노동자·농민 운동을 적극 진전시켜 민족 균형 체세體勢의 경제 수립에 협조할 것, (10) 인권의 기본 자유를 수호할 것, 특히 경찰의 운영에 있어서는 가일층 인권을 유린하는 일이 없도록 과학적 수사 기술의 연달鍊達에 의한 불법체포, 고문, 장기감금 등을 엄계嚴戒할 것. 이 10개 조는 일종의 국민 훈訓인 동시에 집권자에 대한 감계鑑戒라고 보아서 가可할 것이다.

특히 오인의 주의를 끄는 점은 진보적인 사상은 견실한 민주 세력인 동시에 정체 부패에 대한 청정제이니만큼 관용과 경의로써 대할 것이라 한 것과 박사의 항상 말하는 정치적 좌우 세력이 균형하여야 상호견제로써 독재가 부식하는 부패 정치를 시정·방어하고 민주 발전의 촉진을 기할 수 있다는 것 등은 경청할 점이다.

또 금차 5·10선거가 실질적 남조선 단독으로 시행되었고 애국지사들을 포섭치 못한 것을 솔직히 시인하고 정부조직에 급주急走하는 과오를 범하지 말고 남북통일을 위한 최후 5분의 노력을 경주하여 거국일치의 실질을 갖출 때까지는 남조선에 임시통치기관을 설치하되 그 수반 선출에 있어서는 국내적으로는 남북통일운동에 포용성의 폭이 넓고 국제적으로는 평화 협조성이 풍부한 아량 있는 인물을 심신深愼·고려하여야 한다는 것이다.

80 노령이면서도 오히려 청년에 지지 않을 활달성 그리고 통일자주 독립과 민생 문제에 대한 열성은 많은 애국 지도자를 포섭하여 이 난국을 타개할 수 있는 아량 있는 민족 지도자의 한 분으로서 촉망囑望함이 어찌 필자 한 사람뿐이랴.[150]

---

[150] 『조선일보』 1948년 6월 13일.

이 글에서 특히 흥미를 끄는 것은 서재필이 "어떤 언론인의 요청"으로 작성했다는 글 「민주 건국의 길」의 존재이다. 그렇다면 「민주 건국의 길」은 어떤 성격의 글이었을까?

강송파의 기고문에 요약·소개된 「민주 건국의 길」은 『삼천리』 속간 2호(1948년 6월 1일)에 실린 서재필의 기고문 「사상은 칼로 제압하지 못한다 - 정부수립 시기에 제하야 동포에게 간고함」과 일치한다.[151] 또한 독립기념관에 기증된 서재필 유품 원고인 "The Way to Freedom and Democracy"와도 내용상 일치한다. "Dr. Philip Jaisohn's Message to the People of Korea on the Eve of the Establishment of the Korean Government"(한국 정부 수립을 앞두고 한국 국민에게 전하는 서재필의 메시지)라는 부제와 그 내용으로 추론해 볼 때, 이 글의 작성 시점은 총선거 직후인 5월 하순으로 볼 수 있다. 다음으로, 기고문에 '대필자'의 존재가 언급되었는데, 서재필이 작성한 영문 원고가 남아 있으므로 기고문 상의 '대필자'는 '번역자'를 뜻한다는 것도 확인할 수 있다.

또 다른 흥미 있는 언급은 서재필이 「민주 건국의 길」을 한 언론인의 요청으로 작성했다는 점이다. 그 전후 사정을 잘 알고 있던 강송파와 달리, 필자는 누가 서재필에게 이런 종류의 글을 작성해 달라고 했는지 알 수 없다. 강송파는 그 글 작성을 부탁한 한 언론인과 서재필이 해당 글의 목적을 단순히 정견 발표 수준에 둔 것을 넘어서 최소한 대통령 추대 운동과 관련된 것이라는 데 암묵적으로 동의하고 있었다고 믿은 것이 확실하다. 이를 전술한 홍사단계의 움직임과 관련해서 보면, 이 글은 단순한 평론을 넘어서 특

---

[151] 강송파가 언급한 「민주건국의 길」은 『삼천리』 속간 2호에 실렸고, 최기영 엮음, 『서재필이 꿈꾼 나라』, 푸른역사, 2010, 321~324쪽에 이미 전재되어 있었다. 필자는 2년 전 발표한 논문에서 이 글 원문이 발견되지 않았다고 언급했는데(이황직, 「서재필 2차 귀국기 정치 활동의 주도성 연구」, 『현상과인식』 42권 4호, 2018, 62쪽), 이는 필자의 명백한 실책으로 이 책을 통해 바로잡는다.

정한 정치적 입장을 담은 선언문에 해당한다고 해석할 수 있다. 실제로 「민주 건국의 길」은 6월부터 서재필의 대통령 출마를 위한 정견으로 포장되어 흥사단 계열에 의해 선전되었다.

하지만 추대 운동의 불꽃은 생각만큼 타오르지 않았다. 우선, 외부의 반발이 심했다. 서재필 추대 운동을 이미 3개월 전부터 예의주시하던 독립촉성국민회를 비롯한 이승만 계열 단체 20여 개가 조직적으로 서재필 반대 운동을 시작했다. 당시 정세에서 개인 서재필의 위상은 이승만에 비할 바가 아니었다. 1948년 6월 23일 조선여론협회가 실시한 초대 대통령 선호도 조사 결과를 보면, 이승만(1,024표, 1위), 김구(568표, 2위)에 이어 서재필이 3위(118표)를 차지했다.[152] 둘 사이의 조직력 차이까지 감안한다면, 서재필 추대 움직임은 이승만 세력에게 전혀 두렵지 않은 일이었다.

그런데 김구와 김규식(89표, 4위)을 선호하는 반 이승만 세력이 결집하여 대안으로 서재필을 지지하게 된다면 사정은 급변할 수 있다. 대통령 선거 방식이 어떻게 결정되든지 대세의 변화는 반드시 결과에도 영향을 미치게 된다. 이승만 지지 세력은 서재필 개인이 아니라 중간 세력의 결집을 두려워했다.

추대 운동에 제동이 걸리게 된 이유는 내부에 있었다. 우선, 서재필 개인의 불출마 의지가 확고했다. 6월 18일 간원문 채택과 추대 결의 직후 추대위원들은 서재필과 접촉했으나 확답을 얻을 수 없었다. 이들은 자신이 추대하기만 하면 서재필이 응답할 것으로 생각했겠지만, 서재필은 마치 금시초문이었던 것처럼 거절한 것으로 보인다. 평생 시민 정치를 실천한 그가 갑자기 권력을 탐하게 되었을 리 만무하다. 그런데도 누군가 서재필의 대리인 행세를 하며 추대 분위기를 끌어올려달라고 주문한 것으로 보이는데, 아마

---

[152] 『동아일보』 1948년 6월 27일.

도 비서 임창영이 서재필 허락 없이 추진했을 것이다.

다음으로, 흥사단 계열에서 새 독립협회를 추진하면서 그중 일부가 서재필 추대 운동을 마치 전체의 입장인 것처럼 호도하며 언론을 통해 선전했던 것도 추대 운동이 표면화되자마자 잡음이 생기는 데 영향을 미쳤을 것이다. 추대위원회가 정식 발족하기도 전에 일부 인사들은 자신들이 서재필 추대 움직임과 관계없다고 공지했다(『동아일보』 1948년 6월 20일; 『조선일보』 1948년 6월 27일). 『동아일보』의 인터뷰 내용을 검토해 보면, 당시 흥사단계 독립협회를 주동한 것은 정인과와 최능진이었다.[153] 서재필 추대 운동은 최능진 중심의 흥사단 계열에서 시작한 일이었지만 그것은 중간파 세력의 반이승만 정서에 의해 느슨하지만 광범위하게 퍼져나갔다. 그렇다고 해서 누구도 80대 중반의 노인을 신생국 대통령으로 진지하게 고려하지는 않았다.

서재필은 7월 4일 기자회견을 자청하여 출마 의사가 없다고 재차 밝혔고, 그 뜻을 확실히 다지기 위해 7월 10일 하지 사령관에게 최고고문직 사임 의사를 밝히고 미국으로 돌아가려 했다. 하지만 추대위원회의 활동은 이후에도 계속되었다. 본인은 고사하고 주위에서는 부추기는 괴이한 상황은 제헌국회의 대통령선거일까지 한 달 가까이 계속되었다. 추대위원회는 선거 나흘 전인 7월 16일에 국회의원 전원에게 '서재필 박사의 정견 10개조'를 발송하고 대통령선거에서 서재필에게 투표할 것을 촉구했다.[154] 이때 발송

---

[153] 1948년 6월 20일 자 『동아일보』는 서재필의 거절 입장을 전한 후, 추대 모임에 참가했던 한 인사(백영엽)와의 인터뷰 내용을 적었는데, 정인과와 최모가 주동자이고 이들이 나머지 지식인 명사들의 이름을 임의로 적어서 세를 과장했다는 것이다. 여기서 최모는 최능진이다. 최능진은 훗날 군사반란 혐의로 기소되어 공판 중에 자신의 동대문갑구 출마가 서재필 대통령 추대를 위한 것이라고 확언하기도 했다. 『동아일보』 1949년 1월 23일. 반이승만의 상징으로서 최능진은 이미 전국적으로 유명해진 인물이었기 때문에, 대중들은 『동아일보』의 보도를 읽고서 이들의 서재필 추대 움직임이 마치 개인적인 원한에 의한 것처럼 인식할 수 있었다.

[154] 『호남신문』 1948년 7월 18일.

된 '정견 10개조'는 물론 앞서 언급한 글 "민주 건국의 길"이었다. 이승만의 초대 대통령 당선이 확정되고 나서 비로소 서재필은 자유로울 수 있었다.

서재필은 청년기 이후 평생을 개혁의 정신과 협력의 행동을 가르치고 실천한 교사이자 시민운동가였다. 대화와 토론을 강조하는 그의 민주적이면서도 합리적인 운동 방식은 구한말 독립협회 운동에서 큰 성공을 거뒀고 일제하 미주 독립운동을 통해 미국 사회에 큰 반향을 일으켰다. 그런데 서재필이 민주적 사회운동가에게 필요한 지적 도덕적 자원을 모두 가진 것은 해방정국처럼 목숨을 건 이념 전쟁의 시기에는 오히려 약점으로 작용했다. 서재필이 14개월간 활약한 서울은 상업 정신과 종교 정신이 조화를 이뤄 민주적 습속을 형성했던 미국과는 전혀 다른 환경이었다. 해방정국은 정치적으로나 사상적으로 진공 상태가 아니었다. 강력한 공산주의 세력이 존재했고, 그 위협을 핑계 삼아 자유민주주의를 전제정으로 전락하게 만들 집단이 존재했다. 민족의 미래를 내다보는 심판관이 되어 이 두 세력을 모두 비판하는 순간 현실 정치에서의 영향력은 소멸할 수밖에 없었다.

하지만 시민사회 중심의 정치 개념으로 보자면 평가는 달라진다. 지역과 국가 같은 정치 공동체에 참여하는 시민 세력을 양성하기 위해 서재필은 구한말에도 해방 이후에도 교육과 계몽에 주력했다. 그렇게 양성한 청년·학생들은 구한말에는 애국계몽운동가로, 일제하에는 민족운동가로, 해방 후에는 민주화운동의 리더로 성장했다. 정치권력 장악이라는 목적을 위해 부당한 수단을 합리화하는 현실 정치 중심의 관점이 지난 칠십여 년간 대한민국의 역사를 정쟁으로 점철되게 했던 것을 반성할 때, 시민사회 중심의 정치 관점을 강조한 서재필이 얼마나 선구적이었는지 깨닫게 된다.

## 다시 자유의 종을 울리다

서재필은 어떤 결정을 내리기까지는 매우 신중하지만, 일단 결정된 일은 단호하게 수행했다. 이는 공적인 단체의 의사결정에서뿐만 아니라 개인적인 결정에도 적용되었다. 세 번째이자 마지막이 될 미국행 과정도 그러했다. 조국이 민주 정부를 수립할 때까지 교육·계몽 사업을 수행하겠다는 자신에게 부여한 과업을 달성한 서재필은 스스로 출국을 재촉했다.

서재필은 대한민국의 초대 대통령으로 선출된 이승만의 스승으로서 제자에게 정치적 부담을 주고 싶지도 않았다. 반이승만 세력이 서재필을 중심으로 결집하려는 상황을 몇 달간 겪었던 것이 출국 결심의 직접적 원인이었다. 하지만 공개석상에서는 미군정 최고의정관 계약 종료 등의 사유를 들며 귀국 사유를 에둘러 표현했다.[155] 귀국 중지를 요청하는 기자의 질문에 "국민이 나의 도미 중지를 원한다면 나는 국민의 의사를 배반하는 것을 원치 않는다"고 답했지만,[156] 이는 홍보전문가로서 '외교적 수사'에 지나지 않는다.

서재필은 이미 7월 초순에 미국행을 결심했다. 출국 일정이 늦어진 것은 8월 15일로 예정된 대한민국 정식정부 수립 장면을 지켜보고 축하하기 위해서였을 뿐이었다. 일제와 미군정의 지배에서 벗어나 국민이 주인이 되는 정치체를 결성하게 되었다는 점에서 1948년 8월 15일은 감격스러운 날이었다. 약관의 혁명가였던 1884년부터의 염원, 곧 조국 자주독립의 꿈이 한 갑자를 더 지나 64년 만에 이뤄졌기 때문이다.

하지만 새 정부는 북한 지역을 관할하지 못했을 뿐만 아니라 남한 내에서도 다양한 정치 세력을 아우르지 못했다는 한계가 있었다. 정부 수립 하루

---

[155] 『한성일보』 1948년 8월 29일.
[156] 임창영은 서재필이 한국 체류를 원했으나 이승만이 고의로 반응하지 않는 방식으로 서재필의 출국을 유도했다고 서술했지만(임창영 저, 앞의 책, 270쪽), 이는 서재필의 일관된 삶의 자세에 비추어볼 때 사실과 다르다.

전 발표한 경축사에 서재필이 독립의 기쁨보다 민주주의와 통일에 대한 고민을 담은 데는 그런 사정이 있었다. "권리와 책임은 국민에게 생긴 것이며 어떠한 독재자의 수중에 있는 것이 아니니 국민은 감정의 싸움을 포기하고 합심하여 신정부를 육성하여 가기를 바란다. 내가 진심으로 원하는 것은 조선민족이 참으로 자성自醒하여 진정한 독립 정부로 발전하면 죽어서라도 나는 만족하겠다."[157]

서재필은 8월 15일 11시 중앙청에서 거행된 대한민국정부수립선포식에 참석해서 대한민국의 출범을 축하했다. 이승만 대통령의 기념사, 맥아더, 하지 장군 등의 축사, 그리고 오세창의 만세삼창 등이 이어진 기념식은 오후 1시 15분경 종료되었다.

서재필에게는 다른 일정이 잡혀 있었다. 급히 덕수궁으로 발걸음을 옮긴 서재필은 오후 2시 민주주의자유옹호위원회(위원장 김병로金炳魯)가 민족 행복의 영원한 상징을 마련하기 위해 개최한 '자유종 시당始撞식'에 참석했다.

명예회장으로 추대된 서재필은 이 자리에서 개회사를 하고 나서 김병로와 함께 종을 쳤다.[158] 종소리를 들으며 서재필은 1919년 4월 필라델피아에서 열린 제1차 한인대회 마지막 날 미국 독립기념관에 설치된 '자유의 종'을 쓰다듬으며 독립을 기원했던 날을 떠올렸을 것이다.[159] 운집한 시민들이 한

---

[157] 『조선일보』 1948년 8월 15일.

[158] 『조선일보』·『경향신문』 1948년 8월 16일. 『경향신문』 기사에는 이 종이 미국 필라델피아의 '자유의 종'과 같은 시기에 주조된 것으로 보도되었는데, 사실과는 다르다. 1948년 타종에 사용된 종은 흥천사명(興天寺銘) 동종으로서, 1461년 제작되어 태조 계비 강씨(신덕왕후)의 원찰(願刹)로 오늘날의 정동 위치에 세운 흥천사(정릉으로 능이 옮겨진 후에도 절은 도심에 남아 있었음)에 걸려 있다가 흥천사 폐사 이후 동대문과 종루 등으로 이전되었다가 흥선대원군의 경복궁 중건 후 광화문 문루로 옮겨졌고, 일본에 의해 창경궁 이왕가박물관으로 이전되었다가 1938년 덕수궁으로 다시 옮겨졌다. 2018년까지 덕수궁에 보관되었던 이 종은 덕수궁 복원계획에 의해 다시 옮겨질 운명에 처했다.

[159] 이 행사를 주최한 민주주의자유옹호위원회 관계자 가운데 당시 필라델피아 한인회의 참석자가 있어서 그날의 감동을 재연하기 위해 이를 기획했을 수 있고, 서재필이 이 단

사람씩 차례로 종을 치며 환호하는 모습을 지켜보면서, 이제 더는 자신이 할 일이 남아 있지 않다고 서재필은 생각했다.

그날 이후 대한민국 정부수립과 동시에 미군정은 몇 가지 세부적인 이양 절차만을 남겨두고 공식적으로 종식되었다. 미군정 고문으로서 서재필의 공식 임무도 자연스럽게 해소되었으므로 마침내 출국 계획을 공개할 수 있었다. 김규식, 김구, 안재홍 등의 중간파 인사들과 시민들이 적극적으로 만류에 나섰는데 서재필의 생각을 돌릴 수는 없었다. 서재필의 출국은 처음 예정보다 조금 늦어진 9월 11일로 확정되었다. 그즈음 한 언론인이 기고한 글에 서재필의 2차 귀국기 활동에 대한 당시의 세평이 잘 드러나 있을 뿐만 아니라 노후를 고국에서 보낼 수 없는 서재필의 처지에 관한 안타까움이 잘 묻어나 있다.

> 서 박사는 환국하여 이 땅에서 무엇을 목도하였을까? 그리고 그는 무슨 일을 하였는가? 그는 50년 전 껍데기 독립을 한 조국에 돌아왔을 때, 10년 전 갑오(* 갑신의 오기) 당년이나 조금도 다름없는 광경을 보았다 하거니와 50년 후 이번 해방된 조국에 와서도 같은 광경을 목도하였던 것이다. 정계는 협조를 잃어 정권을 싸고도는 반목과 불화가 있는 중에 절대 권력은 외세가 잡고 있고 동족 간에 서로 모해하고 살벌하는 '옛날 그대로의 조선의 광경'이었던 것이다. 그는 이번에 친히 조직을 통하여 민중 속에 들어오지는 않았으나(이것은 또 그렇게 하는 것이 오늘 그를 경원敬遠하는 세력에게 회의를 주지 않는 방법이었을 것이다) 역시 80 평생을 일관한 생각으로 민중계몽에 노력함이 컸다. 만세만 부르면 독립이 있는 줄 아는 이들을 위하여 독립은 산업경제의 상층건책上層建策인 것을 설파하여 왔다. 독립운동을 빙자하여 사리사욕을 도모하는 바리새적 지도자들에게 "네 먹을 것은 네가 벌어서 나랏일을 하

---

체 관계자에게 미국의 독립기념관에 걸린 자유의 종 이야기를 들려주었을 수도 있다. 다만, 이 행사와 주최 단체 자체에 대한 정보가 없어서 그 경위를 명확히 알 수는 없다.

라"고 경고하였다.

    그는 민주주의 사회생활 방식을 민중에게 가르치기를 정직과 협조와 노력과 그리고 국가에 대한 충성과 희생을 설說하였다. 조선 민족 갱생의 길은 오직 민주주의적 성장에 있고 이것이 오직 진정한 자유와 독립을 향유하는 길인데 이것은 사상의 자유, 신교信敎의 자유, 언론의 자유에 있다고 한다. 조선에는 이것을 말하는 지도자가 물론 많으나 실에 있어서 일당의 이익을, 일신의 이익을 위하여 이 자유를 왜곡하며 민중을 오도하고 있지 아니한지 이들이 서 박사를 경원한 것도 누구나 아는 사실이다. 50년 전 이 땅에서는 친아·친일의 두 세력이 그를 경원하다가 필경은 그를 미국으로 쫓아버렸다. 오늘의 현실은 무엇이 다른가? 엄정한 의미에서 이번 이국離國도 일종의 망명이 아닐 것인가? "내 조선에 있어도 별로 쓸데도 없을뿐더러 나의 말을 들어주는 사람도 없다"는 그의 술회에서 느껴지는 것은 무엇인가?[160]

    9월 11일 오전 서재필은 인천항에 정박한 미군 수송선 제네럴 호지스General H. F. Hodges 호에 올랐다. 오십 년 전 제물포를 떠날 때는 양산을 든 젊은 부인 뮤리엘이 함께 했는데 세 번째 출국에는 작은딸 뮤리엘이 곁을 지켰다. 오십 년 전 출국 때는 청년 개혁가로서 조선의 미래를 염려했는데, 이번에는 대한민국의 최고 원로로서 분단을 맞지 못한 책임 때문에 가슴이 무거웠다.

    출국 전 서재필은 미국에서도 새 대통령이 취임하면 최소 2년간은 야당조차 강력한 비판을 삼가는 관행이 있다는 이야기를 들려주면서 비록 이승만의 한계가 있을지라도 그가 대통령으로서 포부를 펼칠 수 있도록 최소 1년간 협조해 달라고 주위에 당부했다.[161] 스승으로서 제자를 위한 마지막

---

160 『민주일보』 1948년 9월 8일. 이 신문에 9월 4~5, 7~8일에 총 4회 분재된「徐 박사를 보내야 하나? 조국은 그를 필요로 하지 않는가」의 필자 '東田生'은 동전(東田) 오기영(吳基永)이다. 황해도 배천 출생으로 일제하 배재고보를 다녔던 오기영에게는 배재학당 선배를 가르쳤던 서재필이 더욱 특별한 존재였을 것이다. 처가 식구들이 좌파였던 오기영은 해방 후 조선일보 '팔면봉'을 맡기도 했지만, 1949년 고향을 향해 월북했다.

배려였을 것이다. 출국일 새벽에 인사차 방문한 김구에게도 같은 취지의 얘기를 전했을 것이다.

조국에 대한 책무를 마친 홀가분한 마음 덕분인지 서재필은 수송선에 함께 탄 건국 후 첫 유학생으로 기록될 남녀 32명의 공부 계획을 상담해 주곤 하면서 항해 내내 마음가짐을 편안히 하고자 했다. 누구도 그의 미국행의 정치적 의미를 읽지 못 하도록 하기 위해서였을 것이다. 추석을 맞이한 9월 17일에는 선장에게 부탁하여 한국 음식을 마련하게 하고 갑판 연회를 열기도 했다. 그 자리에서 서재필은 유학생들에게 미국에 가서 비속어부터 배우려 들지 말고 대신 격식 있는 영어를 익힐 것을 권했다. 사소한 조언에도 서재필은 청년들이 독립국 국민으로서의 자긍심을 잃지 않기를 바라는 뜻을 담았다.[162]

미디어시 자택에 도착한 서재필은 미디어시 사우스가의 기존 병원을 처분하고 웨스트 스테이트가 330번지에 새 병원을 차리고 진료를 다시 시작했다.[163] 주미대사관과 연락도 유지하면서 UN의 한국 정부 승인에 도움을 주고자 했다. 그러나 노년의 정신적 여유는 오래 가지 못했다. 1949년 6월에는 김구의 암살 소식이 들려왔고, 38선에서는 남북의 군사적 충돌이 잦아지기 시작했다.

1950년 여름, 서재필은 훗날 방광암으로 확진되는 질병으로 크게 고통받았다.[164] 북한의 전면적 남침으로 6·25전쟁이 발발하자 서재필의 심려는 커져만 갔다. 그가 조국의 미래를 부탁했던 김규식, 언론의 대선배이자 개

---

161 임창영 저, 앞의 책, 278쪽. 이러한 생각이 문서화된 자료로는 서재필이 1948년 9월 28일 자로 무초(John J. Muccio) 주한 미국대사에게 보낸 편지가 대표적이다. 〈독립기념관 자료〉 '1-B00413-032'.
162 『경향신문』 1969년 8월 9일. 기사에 적힌 추석 일자를 바로잡았다.
163 *Delaware County Daily Times*(Chester, Pennsylvania), Jun 28, 1949.
164 *Delaware County Daily Times*(Chester, Pennsylvania), Jul 5, 1950.

혁가로 그를 존경했던 안재홍 등의 안부를 먼저 걱정했을 것인데, 이들을 포함한 다수의 중간파 인사들은 강제로 북한군에 의해 납치되었다. 서재필은 지역 언론을 통해 공산주의의 침략에서 한국이 보호되어야 한다고 호소했다.165 전세가 UN군의 우위로 돌아서면서 서재필은 이 기회에 북한 주민들을 공산주의 세력에게서 해방하고 통일 정부를 수립할 수 있기를 기대했던 것으로 보인다. 서울에 체류했을 때도 서재필은 만에 하나 자유세계와 공산세계 사이의 전쟁이 일어난다면 한국은 자유세계의 편에 서야 한다고 말한 바 있다. 그러나 전황은 서재필의 기대대로 흘러가지 않았다. 마오쩌둥毛澤東의 중국군이 기습적으로 침략하면서 서울은 다시 공산주의 세력에 점령될 위기에 처했다. 투병 중에도 정신만은 온전했던 서재필은 전쟁으로 고통받는 민족의 운명에 대해 안타까워했을 것이다. 1951년 1월 5일, 서재필은 필라델피아 인근 노리스타운 소재 몽고메리 병원에서 87년간의 삶을 마감했다.

필라델피아 웨스트 로렐 묘지에 묻혀 있던 서재필의 유해는 43년 만에 고국의 품으로 돌아왔다. 살아 있었다면 세 번째 귀국길이었을 것이다. 유족 없는 봉환보다는 해방 후 반세기가 지나도록 통일국가를 이루지 못한 것에 아쉬워했을 것이다. 1994년 4월 8일, 서재필의 유해는 국립서울현충원 애국지사 묘역에 안장되었다.

---

165  *The News*, Sep 28, 1950. 이 신문은 미디어시 언론사였다. 이 내용은 임창영 전기의 신뢰성에 의문을 제기한다. 자료 출처는 〈독립기념관 자료〉 '1-B00422-022'.

## 서재필 연보

1864. 1. 7.　전남 보성군 문덕면 가천리에서 출생.
　　　　　　　부친 서광언과 모친 성주 이씨의 4남 1녀 중 차남.

1871.　　　　충남 대덕군의 재당숙 서광하의 양자로 출계.
　　　　　　　직후 서울 양외숙 김성근의 가숙으로 유학.

1882. 3.　　 별시 문과 최연소 급제(병과 3등). 교서관 근무.
　　　　　　　서광범을 통해 김옥균과 첫 만남.

1883. 5. 20.　김옥균의 뜻에 따라 일본 도야마富山육군학교로 군사유학.
　　　　　　　사관 과정.

1884. 7.　　 기본과정 수료한 생도를 인솔하여 귀국.

1884. 10.　　조련국 사관장 임명.

1884. 12. 4.　김옥균, 박영효, 홍영식, 서광범 등과 함께 갑신정변 주도.
　　　　　　　병조참판 및 정령관.

1884. 12. 11.　일본으로 도망.

1885. 5. 26.　박영효, 서광범 등과 미국행.

1885. 6. 11.　도착. 1년여 간 홀로 막일과 영어 공부.

1886. 9.　　 기숙 중등학교인 해리 힐맨 아카데미에서 2년여 공부.

1888. 여름.　미육군 군의감 도서관 사서로 취직. 동양의서 색인.
　　　　　　　코코란 과학학교 입학.

| 1889. 가을. | 콜럼비안대학교 의과대학(야간부) 입학. 3년간 공부. |
| --- | --- |
| | 1892년 3월 17일 졸업. 의학사 취득. |
| 1890. 6. 19. | 미국 시민권 취득. |
| 1892. 봄. | 가필드병원에서 수련의 과정. |
| 1893. 4. | 의사 면허 취득. 이후 군의감 의학연구소 등에서 의학 연구. |
| 1894. | 가필드병원 병리학·세균학 실험실 책임자. |
| | 콜럼비안대학교 의과대학 세균학 조교수 등 역임. |
| 1894. 6. 20. | 뮤리엘 암스트롱과 결혼. |
| | 슬하에 맏딸 스테파니, 둘째 딸 뮤리엘을 둠. |
| 1895. 12. 25. | 11년 만에 귀국. |
| 1896. 1. | 중추원 고문 임명. 19일 관료 대상 공개강연회. |
| 1896. 4. 7. | 『독립신문』 창간. |
| 1896. 5. 21. | 배재학당 목요강좌 1년간 진행. |
| 1896. 7. 2. | 독립협회 창립. |
| 1896. 11. 21. | 독립문 정초식. |
| 1896. 11. 30. | 협성회 결성. |
| 1897. 5. 23. | 독립관 완공. |
| 1897. 8. 8. | 독립협회 토론회 시작. |
| 1897. 11. 20. | 독립문 완공. |
| 1898. 3. 10. | 1차 만민공동회 개최. |
| 1898. 5. 14. | 2차 도미. |
| | 독립신문사는 외국인 명의로 두고 윤치호에게 운영을 맡김. |
| 1898. 9. | 군의관으로 미국·스페인 전쟁에 자원입대. 11월 초 이전 복귀. |
| 1899. | 펜실베이니아대학 위스타연구소 연구원. |
| 1904. | 윌크스베리와 필라델피아에서 디머앤드제이슨상회 공동 경영(~1913). |

| | |
|---|---|
| 1905. 7. | 미국 대통령에게 청원서를 제출하려는 이승만과 윤병구를 도움. |
| 1914. | 필라델피아에서 필립제이슨상회 경영(~1924). 시 상업회의소 회계. |
| 1918. 12. | 영문잡지 발행에 대한인국민회 협력 요청. 총회에서 부결. |
| 1919. 4. 14. | 필라델피아에서 1차 한인대회 주최. 16일에 폐회. |
| 1919. 4. 22. | 미주 선전기관인 한국통신부 설립 및 책임(~1922). |
| 1919. 5. 16. | 필라델피아 한국친우회 결성.<br>이후 미국 각지 및 유럽에 23개 지부 결성. |
| 1919. 6. | 유학생 영문잡지를 인수하여 미국인 대상 영문잡지 『한국평론』 간행. |
| 1921. 2. | 영문소설 '한수의 여행' 연재(~7월). 1922년 단행본으로 출간. |
| 1921. 4. 18. | 구미위원부 임시위원장 임명. |
| 1921. 9. | 워싱턴군축회의 관련 활동 및 한국 부대표 임명. |
| 1922. 8. | 『한국평론』 7·8월호 발행을 끝으로 종간. |
| 1924. 봄. | 필립제이슨상회 파산. |
| 1925. 4. | 유일한과 한인이 출자한 유한주식회사 사장으로 필라델피아지점 경영. |
| 1925. 7. | 호놀룰루 범태평양회의에 한국대표단 고문으로 참가. |
| 1926. 9. | 펜실베이니아대학 의과대학원 특별학생으로 의학에 복귀. |
| 1927. 11. 27. | 병리학 전문의 자격 취득. 여러 병원 근무 및 논문 발표(~1934). |
| 1934. | 폐결핵으로 휴양. |
| 1936. | 체스터시에 개인병원 개원. 이후 『신한민보』 등에 활발한 투고. |
| 1941. 8. | 부인 뮤리엘 암스트롱 별세. |
| 1942. 1. | 미군 징병검사관으로 의료봉사(~1945). 1945년 1월에 훈장 서훈. |
| 1947. 7. 1. | 미군정최고고문 및 과도정부특별의정관으로 2차 귀국. |
| 1947. 9. 12. | 매주 금요일 라디오 토크 '국민의 시간' 강연(~1948.8.27.) 시작. |
| 1948. 3. | 남북회담 지지 및 이승만 비판. 비서 임창영 귀국. |

| | | |
|---|---|---|
| 1948. 7. | | 대통령추대 거절 및 최고고문직 사임 의사 표명. |
| 1948. 9. 11. | | 3차 도미. 병원 진료 계속(~1950). |
| 1951. 1. 5. | | 노리스타운 소재 병원에서 서세. |
| 1977. | | 대한민국 정부가 건국훈장 대한민국장 추서. |
| 1994. 4. 8. | | 유해 봉환 후 국립서울현충원 애국지사 묘역에 안장. |

# 참고문헌

· **자료**

『高宗實錄』,『承政院日記』,『國朝榜目』,『各司謄錄』(근대편),『駐韓日本公使館記錄』.

· **신문**

『경향신문』,『국민보』,『기독신보』,『대한독립신문』,『독립신문(The Independent)』,『독립신문』(해방후),『독립신보』,『동아일보』,『미주 한국일보』,『민주일보』,『민중일보』,『부인신문』,『서울신문』,『신민일보』,『신한민보』,『자유신문』,『조선일보』,『조선중앙일보』,『중앙신문』,『한성신보』,『한성일보』,『호남신문』.

· **잡지**

『대조선독립협회회보』,『별건곤』,『삼천리』,『신동아』,『월간조선』,『협성회회보』.

· **국내 논문, 저서**

강남준·이종영·최운호,「『독립신문』논설의 형태 주석 말뭉치를 활용한 논설 저자 판별 연구: 어미 사용빈도 분석을 중심으로」,『한국사전학』15호, 2010.

강만길,「김구·김규식의 남북협상」, 동아일보사 엮음,『현대사를 어떻게 볼 것인가 1』, 동아일보사, 1987.

고정휴,「개화기 이승만의 사상 형성과 활동, 1875~1904」,『역사연구』109호, 1986.

_____,『1920년대의 미주·유럽지역의 독립운동』, 독립기념관 한국독립운동사연구소, 2009.

국사편찬위원회 엮음,『대한민국임시정부자료집』18권(구미위원부 II), 국사편찬위원회, 2007.

_____ 엮음,『대한민국임시정부자료집』43권(서한집 II), 국사편찬위원회, 2011.
김도태,『서재필 박사 자서전』, 을유문화사, 1972.
김동면,「협성회 연구 - 토론회 및 기관지 논설을 중심으로」, 단국대학교 사학과 석사학위 논문, 1981.
김동환,「서재필 씨 회견기」,『삼천리』속간 3호(7월), 1948.
김상기,「한말 일제의 침략과 의병 학살」,『역사와 담론』52집, 2009.
김승태 · KIATS 엮음,『자주독립 민주개혁의 선구자 서재필』, 한국고등신학연구원, 2013.
김옥균 외 저, 조일문 · 신복룡 옮김,『갑신정변 회고록』, 건국대학교출판부, 2006.
김옥균,『김옥균전집』, 아세아문화사, 1979.
김욱동,「서재필과 번역」,『정신문화연구』32권 1호, 2009.
_____,『소설가 서재필』, 서강대학교출판부, 2010.
김원용,『재미한인 50년사』, 혜안, 2004.
김유원,『100년 뒤에 다시읽는 독립신문』, 경인문화사, 1991.
김인선,「서재필과 한글 전용:『독립신문』을 중심으로」,『현상과인식』20권 1호, 1996.
김정동,「심의석이 세운 독립문과 독립관을 중심으로」,『한국건축역사학회 학술발표대회논문집』, 2010.
김종학,『개화당의 기원과 비밀외교』, 일조각, 2017.
다카시로 코이치 저,『후쿠자와 유키치의 조선정략론 연구』, 선인, 2013.
도면회,「황제권 중심 국민국가체제의 수립과 좌절(1895~1904)」,『역사와 현실』50호, 2003.
독립협회,「독립협회토론회규칙」,『한국학보』15권 2호, 1989(1897).
박 벨라 보리소브나,「러시아공사관에서의 375일」,『한국정치외교사논총』18권 1호, 1998.
박영신,「독립협회 지도 세력의 상징적 의식 구조」,『동방학지』20호, 1978.
_____,「'위로부터의 개혁'에서 '아래로부터의 개혁'으로」,『현상과인식』20권 1호, 1996.
_____,『실천도덕으로서의 정치: 하벨의 정치 참여』, 연세대학교출판부, 2000.
_____,「'공공의 공간'의 형성과 확장: 한말 조선사회와 그 이후」,『사회이론』25호, 2004.
박영준,「서재필과 일본 군사유학」, 서재필기념회(엮음),『서재필과 그 시대』, 서재필기념회, 2003.

박영효 저, 이효정 옮김,『사화기략』, 보고사, 2018.
박은숙,『갑신정변 연구』, 역사비평사, 2008.
박은숙 엮고 옮김,『갑신정변 관련자 심문·진술 기록』, 아세아문화사, 2009.
박현숙,「윌슨의 민족 자결주의와 세계 평화」,『미국사연구』33집, 2011.
방선주,「서광범과 이범진」,『최영희 교수 화갑기념 한국사학논총』, 탐구당, 1987.
\_\_\_\_\_,「미국과 한국독립운동」, 국사편찬위원회 엮음,『한민족독립운동사』6권, 국사편찬 위원회, 1989.
백학순,「서재필과 해방정국」, 서재필기념회(엮음),『서재필과 그 시대』, 서재필기념회, 2003.
서울대 정치학과 독립신문강독회,『독립신문 다시읽기』, 푸른역사, 2004.
서재필,「재류 오십년간 미국사회의 동태」,『중앙』4월, 1935.
\_\_\_\_\_,「체미 오십년」,『동아일보』1935년 1월 3~4일, 1935.
\_\_\_\_\_,「회고 갑신정변」,『동아일보』1935년 1월 1~2일, 1935.
\_\_\_\_\_,「합병에서 독립까지 - 창창 40년의 풍상기」,『삼천리』속간 2호(6월), 1948.
서재필기념회 엮음,『서재필과 그 시대』, 서재필기념회, 2003.
설석규,『조선시대 유생상소와 공론정치』, 선인, 2002.
성희엽,『조용한 혁명 - 메이지유신과 일본의 건국』, 소명출판, 2016.
손금성,『회고 서재필』, 칼빈서적, 1995.
손세일,「한국민족주의의 두 유형 - 이승만과 김구 44」,『월간조선』11월호, 2005.
송건호,『서재필과 이승만』, 정우사, 1980.
\_\_\_\_\_,「제3편 해방 이후 - 송재 서재필의 두 번째 귀국」, 재단법인 송재서재필박사기념재단 엮음,『인간 송재 서재필』, 송재서재필박사기념재단, 2007.
송재서재필기념사업회 엮음,『可川世稿 : '可隱實記, 小松遺稿, 日峯遺稿, 小峯遺稿' - 송재 서재필 선생 유소년기의 배경』, 송재서재필기념사업회, 1995.
신동규,「갑신정변 체험기『遭難記事』필사 원본의 발굴과 사료적 특징」,『한일관계사연구』47집, 2014.
신동준,『개화파 열전』, 푸른역사, 2009.
신복룡,『한국분단사연구』, 한울, 2001.
신예용,「잊지 못할 서재필 박사님의 사랑」,『의협신보』1994년 4월 7일.
신용하,『독립협회 연구』, 일조각, 1976.
\_\_\_\_\_,「갑신정변의 주체세력과 개화당의 북청·광주 양병」,『한국학보』25권 2호, 1999.
심재기,「서재필과 한글발전운동」, 서재필기념회 엮음,『서재필과 그 시대』, 서재필기념회, 2003.

안춘식,「유일한의 기업활동과 경영전략」,『경영사학』 9집, 1994.
양동안,「1948년 남북협상의 허와 실」,『한국사시민강좌』 38집, 2006.
왕현종,「대한제국기 입헌논의와 근대국가론 - 황제권과 권력구조의 변화를 중심으로」,『한국문화』 29집, 2002.
우신于晨 저,「1885년 청·일 천진조약의 재검토」,『명청사연구』 43집, 2015.
유영구,『남북을 오고간 사람들』, 글, 1993.
유영렬,『개화기의 윤치호 연구』, 한길사, 1985.
윤대식,「태양을 꿈꾼 정치 지성의 서사: 좌우 합작에 대한 여운형의 의도」,『한국동양정치사상사연구』 17권 1호, 2018.
윤병욱,『나라 밖에서 나라 찾았네 - 미주한인독립운동사의 재인식』, 박영사, 2006.
윤성렬,『도포 입고 ABC 갓 쓰고 맨손체조 - 신문화의 발상지 배재학당 이야기』, 학민사, 2004.
윤치호 저, 송병기 옮김,『국역 윤치호 일기』 1권, 연세대학교 대학출판문화원, 2001.
윤치호 저, 박정신 외 옮김,『국역 윤치호 영문 일기』 1~10권, 국사편찬위원회, 2014~2016.
이광린,『개화당 연구』, 일조각, 1973.
_____,「서재필의 개화사상」,『동방학지』 18호, 1978.
_____,「해리 힐맨 고등학교를 찾아서」, 현종민 엮음,『서재필과 한국민주주의』, 대한교과 서주식회사, 1990.
_____,『한국개화사상연구』, 일조각, 1995.
이광수,「갑신정변 회고담 - 박영효 씨를 만난 이야기」,『동광』 19호, 1931.
이규완,「조선개화당사건 갑신대변란의 회상기, 그 일도 벌서 44년이 되었다」,『별건곤』 3호, 1927.
이기문,「『독립신문』과 한글 문화」,『주시경학보 4집』, 주시경연구소(탑출판사), 1989.
이대순,「성주 이씨 가은 이기대 공을 위시한 연 4대의 행적 약기」, 송재서재필기념사업회(엮음),『可川世稿 : '可隱實記, 小松遺稿, 日峯遺稿, 小峯遺稿' - 송재 서재필 선생 유소년기의 배경』, 송재서재필기념사업회, 1995.
이배용,「구한말 미국의 운산금광 채굴권 획득에 대하여」,『역사학보』 50·51합집, 1971.
이승만 저, 이정식 엮고 옮김,「청년 이승만 자서전」,『신동아』 9월호, 1979.
이승만 저, 류석춘 외 엮음,『국역 이승만 일기』, 대한민국역사박물관, 2015.
이이李珥,「辭大司諫兼陳洗滌東西疏」,『국역 율곡집』, 민족문화추진회, 1968.
이정식,『구한말의 개혁독립투사 서재필』, 서울대학교출판부, 2003.

_____,『이승만의 구한말 개혁운동』, 배재대학교출판부, 2005.
_____,『대한민국의 기원』, 일조각, 2006.
이황직,「근대 한국의 초기 공론장 형성 및 변화에 관한 연구」,『사회이론』32호, 2007.
_____,『독립협회, 토론공화국을 꿈꾸다』, 프로네시스, 2007.
_____,『군자들의 행진 - 유교인의 건국운동과 민주화운동』, 아카넷, 2017.
_____,『민주주의의 탄생』, 아카넷, 2018.
_____,「서재필 2차귀국기 정치 활동의 주도성 연구」,『현상과인식』42권 4호, 2018.
_____,「서재필의 라디오 토크 '국민의 시간' 연구」,『사회이론』57호, 2020.
이희재,「19세기 유생 이교문의 위정척사 사상」,『공자학』31호, 2016.
임창영 저, 유기홍 옮김,『위대한 선각자 서재필 박사 전기』, 공병우글자판연구소, 1987.
장영민,「미국공보원의 5·10총선거 선전에 관한 고찰」,『한국근현대사연구』41집, 2007.
전영우,『한국 근대 토론의 사적 연구』, 일지사, 1991.
정교 저, 변주승 외 옮김,『대한계년사』1~10권, 소명출판, 2004.
정구충,「의사로서의 서재필」, 서재필기념회 엮음,『개화 독립 민주』, 서재필기념회, 2001.
정수복,『시민의식과 시민참여』, 아르케, 2002.
정운현,「독립문 편액은 누구 글씨인가?」, <인터넷 연재 - '한국 100년사의 잊혀진 순간들' 제13화>(https://storyfunding.daum.net/project/2556), 2016.
정진석,「한성순보 주보에 관한 연구」,『신문연구』36호, 1983.
_____,『독립신문·서재필 문헌해제』, 나남출판, 1996.
_____,『선각자 서재필』, 기파랑, 2014.
조동걸,『한말 의병전쟁』, 독립기념관 한국독립운동사연구소, 1989.
주진오,「19세기 후반 개화개혁론의 구조와 전개」, 연세대학교 사학과 박사학위논문, 1995.
채백,『독립신문 연구』, 한나래, 2006.
최기영 엮음,『서재필이 꿈꾼 나라』, 푸른역사, 2010.
최문형,「열강의 대한 정책에 대한 일 연구 - 임오군란과 갑신정변을 중심으로」,『역사학보』92집, 1981.
한성무,「구한말 묄렌도르프의 친러정책(1884~1885) 추진 배경에 관한 연구: 독일 변수를 중심으로」, 부산대학교 정치외교학과 석사학위논문, 2019.
한홍수,「제1편 개화기 - 송재 서재필의 첫 번째 귀국」, 송재서재필박사기념재단 엮음, 『인간 송재 서재필』, 송재서재필박사기념재단, 2007.
현봉학, 「의사로서의 서재필」, 현종민 엮음, 『서재필과 한국민주주의』, 대한교과서주식회사, 1990.
현종민 엮음, 『서재필과 한국민주주의』, 대한교과서주식회사, 1990.
홍선표, 「서재필의 독립운동(1919~1922) 연구」, 『한국독립운동사연구』 7호, 1993.
\_\_\_\_\_, 『서재필 - 생애와 민족운동』, 독립기념관 한국독립운동사연구소, 1997.
황현 저, 허경진 옮김, 『매천야록』, 서해문집, 2006.
(저자 미상), 「충달공 김옥균 선생」, 『개벽』 3호, 1920.

### · 외국 일간신문

Delaware County Daily Times
Evening star
Honolulu Star-Bulletin
Philadelphia Inquirer
Philadelphia Record
Reading Times
San Francisco Chronicles
The Honolulu Advertiser
The Inter Ocean
The News
The San Francisco call
The Wilkes-Barre Record
The Washington Herald
The Washington Post
The Washington Times
Western Methodist
Wilkes-Barre Times Leader

### · 외국간행 잡지

Korea Review
Korean Publication
The Korean Repository
The New Korea

· 외서

Beede, Benjamin R., *The War of 1898 and U.S. Interventions, 1898-1934: An Encyclopedia*, New York: Routledge, 2010.

Freely, Austin J. and David L. Steinberg, *Argumentation and Debate*, Belmont: Wadsworth, 2000.

Jaisohn, Philip, *My Days in Korea*, Sun-Pyo Hong(ed.), Seoul: Yonsei University Press, 1999.

Kim, Henry Cu, *The Writings of Henry Cu Kim* (Edited and Translated by Dae-Sook Suh), Honolulu: University of Hawaii Press, 1987.

Korean mission to the Conference on the limitation of armament, *Korea's Appeal to the Conference on Limitation of Armament* (Presented by Senator Mr. Spencer), Washington D.C.: Washington Government Printing Office, 1922.

Liem, Channing, *America's Finest Gift to Korea: The Life of Philip Jaisohn*, New York: The William-Frederick Press, 1952.

McHale, Shawn, "From Asia to America : Uncovering the Forgotten History of GW's First Asian Students," *GW Magazine*, Fall, 2007.

Oppenheim, Robert, *An Asian Frontier: American Anthropology and Korea, 1882~1945*, Lincoln and London: University of Nebraska Press, 2016.

Parsons, Talcott, "The Distribution of Power in American Society," *World Politics*, Vol. 10, No. 1, 1957.

Vancil, David L., *Rhetoric And Argumentation*, Boston: Allyn and Bacon, 1993.

安西敏三,『福澤諭吉と自由主義 - 個人・自治・国體』, 慶應義塾大學出版會, 2007.

· 번역서

로버트 올리버 저, 서정락 옮김,『이승만』, 단석연구원, 2010.
로버트 올리버 저, 박일영 옮김,『이승만 없었다면 대한민국 없다』, 동서문화사, 2008.
알렉시 드 토크빌 저, 이용재 옮김,『아메리카의 민주주의』, 아카넷, 2018.
호머 헐버트 저, 신복룡 옮김,『대한제국멸망사』, 집문당, 1999.
에릭 에릭슨 저, 윤진·김인경 옮김,『아동기와 사회』, 중앙적성출판사, 1988.
한나 아렌트 저, 이진우·태정호 옮김,『인간의 조건』, 한길사, 1996.
에릭 홉스봄 외 저, 박지향·장문석 옮김,『만들어진 전통』, 휴머니스트, 2004.
I. B. 비숍 저, 신복룡 옮김,『조선과 그 이웃 나라들』, 집문당, 2000.
위르겐 하버마스 저, 한승완 옮김,『공론장의 구조변동』, 나남출판, 2001.

G. W. F. 헤겔 저, 임석진 옮김, 『법철학』, 집문당, 1988(1821).
스토 퍼슨스 저, 이형대 옮김, 『미국지성사』, 신서원, 1999.
후쿠자와 유키치 저, 남상영·사사가와 고이치 옮김, 『학문의 권장』, 소화, 2003.
아담 쉐보르스키 저, 임혁백·윤성학 옮김, 『민주주의와 시장』, 한울아카데미, 1997.

· **검색 데이터베이스**

독립기념관 한국독립운동정보시스템.
한국사 데이터베이스.
국립중앙도서관 디지털화자료 검색.

## 찾아보기

ㄱ

가쓰라-태프트 밀약 211, 219~220, 267, 269
갑신정변 8~9, 13, 26, 28, 31, 34, 36, 41, 43, 47, 50~55, 57, 59~60, 62~66, 68, 72, 77, 86, 106~107, 113, 218, 259
갑오경장 9
강송파姜松坡 310, 312
강화도조약 35
개화당 36, 38~40, 45, 47~50, 52~57, 62~63, 66, 104, 113
게이오기주쿠慶應義塾 41, 69, 113, 121
고무라 주타로小村壽太朗 117
고영근高永根 184
고종 34, 44~45, 48~62, 103, 108~109, 112, 115~116, 118~119, 132~133, 136~137, 145~147, 164~169, 173~175, 177, 179~180, 182~185, 190~200, 204, 216, 246
고토 쇼지로後藤象次郎 52
공립협회共立協會 201, 218
공병우公炳禹 308

곽기락郭基洛 35
관민공동회 189, 193~194
광무협회 158, 160
교전소校典所 168~169
구미위원부 235, 238, 244, 247, 250~251, 269
국제연맹 224, 232
국제연합 268~269, 283, 293
권재형(권중현)權在衡 132~133, 148, 153, 168
그레이브스, 조셉 238
그레이트하우스, 클레런스 C. R. Greathouse 168
기삼연奇參衍 29
기우만奇宇萬 27, 29
기정진奇正鎭 26, 29
길영수吉永洙 184, 197
김가진金嘉鎭 118, 132~133, 136, 168
김경현金敬鉉 62
김구金九 202, 270~271, 273~274, 276, 290~291, 294~299, 301~308, 313, 318, 320

김규식金奎植  12, 217, 224, 244, 270~271, 273, 276, 294~299, 301~308, 313, 318, 320
김도태金道泰  27, 75, 80~81, 249, 308
김두봉金枓奉  298
김만식金晩植  50
김병기金炳冀  48
김병로金炳魯  317
김병시金炳始  167~168
김병연金炳淵  37
김병태金炳台  48
김성규金成圭  298
김성근金聲根  28~29, 32~40
김양수金良洙  255~256
김억金億  308
김여제金輿濟  27, 308
김연근金淵根  138
김영석金永奭  61~62
김옥균金玉均  8, 36~41, 43~45, 47~61, 66~69, 72, 86, 106~107, 113~114, 121~122, 216, 258
김온순金蘊淳  32, 36
김원봉金元鳳  295
김윤식金允植  49, 62, 64
김일성金日成  270, 298~299
김종철金鍾哲  255
김종한金宗漢  133
김창숙金昌淑  202
김평묵金平默  35
김하규金河揆  308
김혁수金赫洙  138
김현구金鉉九  236, 238
김홍륙 독다 사건  191

김홍륙金鴻陸  180, 191~192
김홍집金弘集  35, 49, 62, 64, 102~103, 108, 119, 131, 166
김흥경金興京  144

## ㄴ

남궁억南宮檍  133, 178, 186
남로당  270, 274, 285, 293, 303
남북협상  297, 299~301, 303, 307~308
노리스, 조지George W. Norris  245~246
노병선盧炳善  138, 144
노상익盧相益  37
니콜라이 2세  120, 147, 165

## ㄷ

다케조에 신이치로竹添進一郞  54, 57~60, 65, 67
대한민국임시정부  9, 202, 231~233
대한인국민회(국민회)  152, 224~228, 233~235, 247, 256, 260, 270, 294
도야마학교  41, 43~45, 53, 86, 106
독립문  130~136, 169, 226, 277
『독립신문』  8, 75, 79, 101, 112, 116, 118, 122, 126~130, 134~135, 137, 143, 145, 157, 160~162, 167, 172, 174, 176, 179~181, 183~188, 204~205, 209~210, 213, 215, 222, 259, 263
독립협회  8~13, 16, 57, 83, 89, 130, 132~136, 142~144, 146~150, 152~159, 161, 168~171, 173, 175~184, 186~187, 189~206, 209~210, 212~213, 227~228, 230, 233, 235, 239, 241, 249, 258, 278, 284~285, 306, 309, 314~

315
돌프, 프레드Fred A. Dolph 238, 247~248
디머, 해롤드Harold Deemer 213~214, 250
디머앤드제이슨상회Deemer and Jaisohn 214

㉣
라디오 토크 278~284, 288
러일전쟁 65, 200, 216, 218~220
러젠드르, 샤를Charles LeGendre 168~169
로덴, 밴 215
로바노프-야마카다 의정서 165
로버츠, 제임스Roberts B. James 70, 75
로버트, 헨리Henry M. Robert 139, 183
루미스, 헨리Henry Loomis 70
루스벨트, 시어도어Theodore Roosevelt 211, 219
루스벨트, 프랭클린Franklin Roosevelt 265, 268~269
류동렬柳東說 201
류영모柳永模 202
류영석柳永錫 138, 186
류재현柳載賢 54, 57
류혁로柳赫魯 50, 60, 106
리노니아 소사이어티The Linonia Society 77, 140
리드, 월터Walter Reed 87, 91~92, 210
리빙우드, 프랭크Frank Livingwood 248
리홍장李鴻章 49~50, 62~64

㉤
마오쩌둥毛澤東 321
만민공동회(1차) 127, 173, 176~177, 179~182, 185, 190, 218
만민공동회(2차) 184, 189
맥킨리, 윌리엄William McKinley 211, 218, 245
메이슨, 오티스Otis T. Mason 84
메이지유신 9, 35, 64
모스, 제임스James R. Morse 176
모스크바삼상회의 270, 276
목적론적 역사관 6
묄렌도르프Paul Georg von Möllendorff 50~51, 63, 67~68
무라카미 마사즈미村上正積 55
무어, J. E. 238
문경호文耿鎬 138, 144
뮤리엘(딸) 34, 36, 38, 92~93, 209, 254, 271~272, 280~281, 319
뮤리엘(부인)Muriel Josephine Armstrong 95~97, 105, 218, 262~263, 319
미국-스페인 전쟁 210~211, 219, 238
미소공동위원회 1차 270
미소공동위원회 2차 275
민상호閔商鎬 133
민승호閔升鎬 51
민영기閔泳綺 156
민영목閔泳穆 56
민영익閔泳翊 49~52, 54~55, 71
민영환閔泳煥 120, 147, 165, 193, 200, 217
민응식閔應植 45~46
민족자결주의 224, 243
민족자주연맹 298
민족혁명당 295
민종묵閔種默 144, 174, 178, 196~197

민종식閔宗植 37
민찬호閔讚鎬 224, 233
민태호閔台鎬 50~51, 56
밀러, 허버트Herbert Adolphus Miller 239

Ⓑ
박규수朴珪壽 39~40, 48
박세환朴世煥 148
박영교朴泳敎 39, 61
박영일朴永一 238
박영효朴泳孝 12, 38~39, 42~43, 48, 50~51, 53~55, 57, 59~61, 67~69, 71~73, 101~109, 113~115, 122, 191~192, 197~200, 218
박용만朴容萬 228, 257
박은식朴殷植 201~202
박응학朴應學 41
박정양朴定陽 49, 102, 118~119, 168, 193~195
박제가朴齊家 48
박제경朴濟敬 50, 61
박제순朴齊純 190
박지원朴趾源 39~40, 48
박진섭朴晋燮 236
박헌영朴憲永 270
발라, 존 크레이그John Craig Ballagh 70
배재학당 8, 77, 119~120, 134, 136~139, 142~144, 146~148, 153, 158~159, 178~179, 195, 199~200, 218, 228, 232, 256, 319
백기호白基昊 308
백낙운白樂雲 41
백붕제白鵬濟 308

백성기白性基 152~153
백인제白麟濟 308
범태평양회의 240, 253~254, 256
베네딕트, 조지George Benedict 239
베델, 어니스트Ernest T. Bethell 201
벡, 스티픈Stephen. A. Beck 240, 246
변수邊燧 50, 60, 68
변하진卞河璡 195
병인양요 34
봉원사 38, 40, 48
북미대한유학생대회 251
북학파 48, 66
브라운, 맥레비McLeavy Brown 168, 174~175
비숍, 이사벨라Isabella Bird Bishop 146, 163, 175
빌링스, 존 쇼Dr. John Shaw Billings 84~87, 91

Ⓢ
사바친Sabatine 134
3·1운동 185, 201~202, 226~229, 237, 245~246, 249, 263
서광범徐光範 37~40, 48~50, 55, 57, 59~61, 67~69, 71~73, 101, 103, 107, 109
서광언徐光彦 25~28, 61
서광하徐光夏 32
서영석 138
서재우徐載愚 61
서재창徐載昌 55, 61
서재춘徐載春 61
서재형徐載衡 61

성기운成岐運 168
성낙훈成樂熏 298
손금성孫金聲 38, 59, 69, 280~281
손승용孫承鏞 120
송언용宋彦用 143
송종익宋鍾翊 238
송진우宋鎭禹 255~256, 258
순종 133
스미스, 토마스Thomas B. Smith 215
스콧, 에드윈Edwin L. Scott 79, 81~84
스탈린, 이오시프 268
스턴버그, 조지George M. Sternberg 87, 91
스테파니(딸) 209
스페에르, 알렉시Alexei de Speyer 174~176, 180, 184
스펜서, 셀든Selden P. Spencer 248
신기선申箕善 145, 166~167, 192~193
신미양요 34
신민회 201~202
신복모申福模 44, 53
신영철申永哲 290
신응희申應熙 41, 60, 106, 112
신중모申重模 41, 43~44, 61
신채호申采浩 201
신한청년당 224
신흥모申興模 61
신흥우申興雨 143, 255~256
심상훈沈相薰 60
심의석沈宜碩 133~135
12정당협의회 298

ⓞ

아관파천俄館播遷 57, 118, 145, 147, 164~166, 173~174, 191
아펜젤러, 헨리Henry G. Appenzeller 108, 119, 134, 136~137, 143, 156, 187, 195, 213
안경수安駉壽 132~133, 135, 156, 183, 191~192
안동원安東源 308
안영수安寧洙 195
안재홍安在鴻 47, 258, 277, 318, 321
안중근安重根 217
안창호安昌浩 12, 201~202, 224~226, 228~229, 233, 235, 256~257
안태국安泰國 201
알렉산드르 2세 165
알렉산드르 3세 165~166
알렌, 호러스 뉴튼Horace Newton Allen 117, 175~176, 185
암스트롱, 조지George B. Armstrong 93; 96
애국부인회 294
앰벌리Emberly, W. H. 213
얄타밀약설 269
얄타회담 269
양기탁梁起鐸 201
양주삼梁柱三 221
양홍묵梁弘默 138, 143, 178, 186, 195
어윤중魚允中 49, 113, 119
엄 상궁 118
에와친목회 218
여규형呂圭亨 37
여운형呂運亨 270, 295~296
여준呂準 202

영남만인소 35
오감吳鑑 61
오경석吳慶錫 48
오기영吳基永 319
오세창吳世昌 133, 317
오장경吳長慶 50
워싱턴 군축회의 244, 246~250
웨베르, 카를 167, 174, 176, 191
웨베르-고무라 각서 165
웰치, 윌리엄William H. Welch 91~92
위안스카이袁世凱 45, 58~59, 117
윌슨, 우드로Woodrow Wilson 223~224, 243
유기환俞箕煥 153, 195~197
유길준俞吉濬 12, 49, 102~103, 105, 108~109, 112~116, 119
유대치劉大致 48
유맹劉猛 195
유억겸俞億兼 255~256
유원식劉元植 35
유일한柳一韓 231, 233, 246, 252~255, 266
유한양행 252, 254
유한주식회사 252~255
6·25전쟁 30, 320
윤경완尹景完 56
윤병구尹炳球 218~220
윤보선尹潽善 297
윤선학尹善學 35
윤시병尹始炳 196
윤영관尹泳觀 41, 61
윤영선尹永善 233, 236
윤영식尹榮植 37

윤용선尹容善 168
윤웅렬尹雄烈 53~54, 199
윤창렬尹昌烈 138
윤치호尹致昊 12, 44, 53, 69, 108, 116~118, 120, 126, 139, 146~148, 152, 156~157, 168, 176~178, 182~183, 186~187, 189~195, 198~199, 201, 212~213, 217, 236, 256, 261
윤태준尹泰駿 56
윤활란尹活蘭 256
윤효정尹孝定 178
을미개혁 112, 166
을사늑약 200, 216~217
의회설립운동 173
이갑李甲 201
이건영李建英 41
이건창李建昌 29
이건호李建鎬 152~153, 177~178
이경직李庚稙 152
이교문李教文 27~33
이규완李圭完 41~42, 55, 60, 68, 103, 106, 112, 197
이극로李克魯 298
이근호李根澔 133
이기대李箕大 26~27, 29, 32, 34
이기동李基東 184, 193, 195~197
이노우에 가오루井上馨 102
이도재李道宰 37, 166
이도철李道徹 116
이동녕李東寧 201
이동인李東仁 38, 48~49
이동휘李東輝 201
이만손李晩孫 35, 62

이범진李範晉 164, 174
이병두李柄斗 245~246
이병용李秉容 26
이병호李秉虎 41
이보배李寶培 304, 307
이상룡李相龍 202
이상재李商在 12, 132~133, 153, 168, 177~178, 191, 194~195, 198, 200, 202, 247
이성봉李聖鳳 308
이승구李升九 138
이승만李承晩 12~13, 138, 143, 179, 186, 195, 198~202, 216~220, 224~225, 228~231, 234~235, 241, 244, 246~247, 257, 269~271, 273~274, 276~277, 290~291, 293~294, 296~299, 301, 303~305, 307~309, 313, 315~317, 319
이승훈李昇薰 200~202
이완용李完用 10, 36, 132~133, 135~136, 153, 156~157, 168, 178, 190
이용설李容卨 308
이용순李龍淳 30
이용익李容翊 190
이윤용李允用 153
이이李珥 204
이익채李益采 138
이인종李寅鍾 61
이일李鎰 29~30
이재원李載元 57
이조연李祖淵 56
이준李儁 201
이준일 120

이지용李志容 26~29, 31~32
이채연李采淵 132~133, 135, 153, 168, 175, 193
이춘호李春昊 233
이충구李忠求 143
2·8 독립선언 225
이하영李夏榮 189, 209
이하응李昰應 → '흥선대원군' 볼 것
이항로李恒老 35
이회영李會榮 201~202
이희경李喜儆 253
이희정李喜定 61
1차 한인대회(1차 한인회의) 229, 232~233, 239, 250, 252, 317
임병직林炳稷 233
임오군란壬午軍亂 28, 45, 49~50, 52, 64, 66, 113
임은명林殷明 41~42, 68
임인호任寅鎬 138
임창영林昌榮 34, 36, 70, 81, 84, 92, 104, 210, 272, 280, 297, 304~307, 314, 316
임최수林㝡洙 116
임헌회任憲晦 26, 28

ⓧ
자유종 시당식 317
장대용張大鏞 44
장덕수張德秀 233, 283, 296, 298, 307
장도빈張道斌 201
장붕張鵬 179
장용남 196
전덕기全德基 201
정교鄭喬 12, 133, 177~179, 187, 190~

192, 194~195, 199
정규섭鄭圭燮 37
정낙용鄭洛鎔 156
정난교鄭蘭教 41, 60, 106
정범조鄭範朝 168
정인과鄭仁果 308, 314
정재규鄭載圭 29
정종진鄭種振 41
정한경鄭翰景 224~226, 229, 231, 233~234, 241, 253~254
정항모鄭恒謨 195
정행징鄭行徵 41
정형택鄭亨澤 298
제너럴셔먼호General Sherman 39
조 대비 34
조경한趙擎韓 298
조만식曺晚植 202, 269
조미수호조약 245
조병건趙秉健 152
조병세趙秉世 168
조병식趙秉式 156, 174~176, 190, 193~197
조병옥趙炳玉 92, 233
조성가趙性家 29
조소앙趙素昻 298
조영하趙寧夏 56
조일의정서 216
조한우趙漢禹 195
존스, 조지George H. Jones 156
좌우합작위원회 270
주상호周相鎬 12, 120, 122, 129, 138, 200
주석면朱錫冕 156
주시경周時經 → '주상호'를 볼 것

주요한朱耀翰 308
중전 민씨 34, 37, 45~46, 57, 104, 108, 118

ㅊ
채드윅, E. 월래스Wallace Chadwick 272
최능진崔能鎭 308, 314
최두욱崔杜旭 270
최시형崔時亨 6
최익현崔益鉉 27, 29, 166
최정덕 195, 199
최정식崔廷植 179
최제우崔濟愚 6
춘생문사건 116, 132, 147
충의계忠義契 53~54, 56, 61
츠지 가쓰사부로辻勝三郎 67

ㅋ
카터, 토마스Thomas H. Carter 211

ㅌ
탐킨스, 플로이드Dr. Floyd W. Tomkins 215, 239, 248
톈진조약天津條約 63
토마스, 찰스Charles S. Thomas 247~248
트루먼, 해리Harry S. Truman 267, 269

ㅍ
파리강화회의 224, 226, 229
페퍼, 나다니엘 238
포츠머스 조약 220
필립제이슨상회Philip Jaisohn & Company 215, 249~251

## ㅎ

하딩, 워렌Warren G. Harding 244~246, 248~249
하응선河應善 41
하지, 존John R. Hodge 271, 273, 306
하트, 에드워드Edward Hart 81~82
한국독립당 295, 303, 310
한국독립연맹 232~233
한국민주당 303
한국친우회 89, 228, 236, 239~244, 248~250, 252
한국통신부 228, 234~238, 241~243, 249~252
『한국평론』 227, 235~238, 243, 245, 251
한규설韓圭卨 153, 196, 217
한규직韓圭稷 45~46, 53, 55~56
한수의 여행 209, 236
한의동韓宜東 144
해리 힐맨 아카데미 76~79, 88, 138, 140, 144, 211, 213, 215, 241
헐버트Homer B. Hulbert 12, 66, 110, 115~116, 119~122, 126, 129, 187
헬믹 대령 277
현공렴玄公廉 179, 191
현순玄楯 244
현채玄采 191
현흥택玄興澤 133
협성회協成會 13, 16, 77, 130, 138~148, 152~153, 158~159, 161, 170, 173, 177~179, 181, 186, 195, 205~206, 212, 256
호남창의소 29
홀렌백, 존 웰스John Wells Hollenback 75~76, 78, 80, 89
홍명희洪命熹 298
홍순목洪淳穆 61
홍영식洪英植 38~39, 48~49, 55, 57, 59~61, 107
홍재학洪在鶴 35
홍정후洪正厚 179, 195
홍종우洪鍾宇 106, 184, 197
화이트, 제임스James E. White 93, 96, 210
황국협회 184, 193, 195, 197
황쭌셴黃遵憲 35
황현黃玹 9, 61
후쿠자와 유키치福澤諭吉 41, 69, 106, 113, 122
휴즈, 찰스Charles E. Hughes 245~246, 248~249
흥사단 256, 308~309, 312~314
흥선대원군 34, 39, 49, 165, 177, 217, 317